U0910228

汽修入门书系

汽车电工维修快速入门60天

刘春晖◎主编

本书从汽车电气设备的蓄电池、交流发电机及电压调节器、起动系统、点火系统、照明与信号系统、仪表与警告系统、汽车空调系统、汽车辅助电气设备以及汽车电工的准备工作和电工工具的使用等几个重要部分选取了60个典型内容，作为入门者的每天一个典型学习任务。内容方面针对某一个典型知识点，注重理论与实践的紧密结合，既有汽车电气设备的结构、原理、使用、检测、维修的相关知识，又有电路故障的诊断与排除知识，同时每一天的内容又附有与相关内容配套的1~2个维修案例，以帮助初学者提高维修技能。

本书适合广大汽车维修人员、驾驶人、汽车行业工程技术人员阅读参考，也可作为高职高专、技工院校汽车运用与维修技术、汽车检测与维修技术、汽车制造与装配技术、汽车电子技术等相关专业师生的实训教材。

图书在版编目（CIP）数据

汽车电工维修快速入门60天/刘春晖主编．—北京：机械工业出版社，2013.9（2014.10重印）

ISBN 978-7-111-43875-5

Ⅰ.①汽…　Ⅱ.①刘…　Ⅲ.①汽车－电工－维修－基本知识　Ⅳ.①U463.6

中国版本图书馆CIP数据核字（2013）第208412号

机械工业出版社（北京市百万庄大街22号　邮政编码100037）
策划编辑：连景岩　责任编辑：连景岩　杜凡如
版式设计：霍永明　责任校对：肖　琳
封面设计：鞠　杨　责任印制：乔　宇
北京机工印刷厂印刷（三河市南杨庄国丰装订厂装订）
2014年10月第1版第2次印刷
184mm×260mm·20.25印张·535千字
3 001—5 000册
标准书号：ISBN 978-7-111-43875-5
定价：49.80元

凡购本书，如有缺页、倒页、脱页，由本社发行部调换

电话服务	网络服务
社服务中心：(010)88361066	教材网：http://www.cmpedu.com
销售一部：(010)68326294	机工官网：http://www.cmpbook.com
销售二部：(010)88379649	机工官博：http://weibo.com/cmp1952
读者购书热线：(010)88379203	封面无防伪标均为盗版

前　言

近半个世纪以来，汽车技术的发展主要是汽车电气与电子技术的发展，汽车电子化是汽车发展的必由之路。随着汽车技术的发展，汽车电气系统方面的问题日渐成为汽车维修的难点。甚至有的汽车维修厂家，只要一听说客户故障是与汽车电气有关的问题就直接拒绝接收。随着汽车配置的提高，现代汽车维修技术已成为机电一体化相结合的技术，几乎每一个系统的故障都牵扯到机械和电气两个方面。汽车电气维修已经成为广大一线汽车维修人员一个不可回避的问题。

为帮助广大一线汽车维修人员尽快掌握汽车电气维修技能，本书将汽车常规电气系统的相关内容划分为60个典型模块。每个模块都是一个大致独立完整的技术专题，可以作为维修人员一天的学习内容。模块内容主要包括：针对相关专题知识点的学习目标；针对本专题知识点配套的典型故障维修案例的排除方法及排除过程；相关知识内容的作用、结构原理或工作过程等方面基础知识的介绍；针对本知识点所进行的拆装、检修、故障诊断、系统检查等实际操作方面的知识；在每一专题的最后还附有特别提示，用来对本专题内容中的知识点进行典型的概括和总结，同时还附有巩固典型知识点的作业，用以对所学内容的巩固和提高。

本书从汽车电气设备的蓄电池、交流发电机及电压调节器、起动系统、点火系统、照明与信号系统、仪表与警告系统、汽车空调系统、汽车辅助电气设备以及汽车电工的准备工作和电工工具的使用等几个重要部分内容中选取了60个典型内容，作为入门者每天一个典型内容进行学习。内容方面针对某一个典型知识点，注重理论与实践的紧密结合，既有汽车电气设备的结构、原理、使用、检测、维修的相关知识，又有电路故障的诊断与排除知识，同时每一天的内容又附有与相关内容配套的1~2个维修案例，以帮助初学者提高。维修案例内容的选取注重一线维修人员排除故障的思路。本书内容的选取以常见车型为主，如桑塔纳、奥迪、本田雅阁、别克、雪铁龙等，具有很强的典型性和代表性。为便于读者对照原厂、电路图检修故障，书中电气符号尽量与原厂电路图一致，因此与最新国家标准规定有所不同，提醒读者注意。书中“第2天”的内容中，电气符号均按国家标准规定所列，读者可参考。

本书适合广大汽车维修人员、驾驶人、汽车行业工程技术人员使用，也可作为高职高专、技工院校汽车运用与维修技术、汽车检测与维修技术、汽车制造与装配、汽车电子技术等相关专业师生的实训教材。

本书由山东华宇职业技术学院刘春晖主编，参加编写工作的还有张斌、张冰、王学军、李凤芹、黑会昌、张书华、王倩、赵传生、张文、魏金铭、柳学军、尹文荣、黄现国、魏代礼。

本书在编写过程中借鉴和参考了大量国内外的汽车技术资料、维修资料和相关书籍，在此向维修资料的作者及编者深表感谢！由于编者水平有限，书中难免有错误和不当之处，恳请使用本书的广大读者和有关专家批评指正。

编　者

目　录

第一章

万事俱备好工作——汽车电工的准备工作

第1天　用电危险请注意

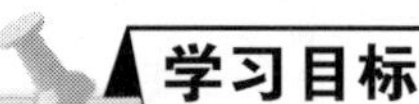

学习目标

1. 了解电流对人体的作用。
2. 掌握触电的形式和触电的保护措施。
3. 掌握安全用电常识。

基础知识

对于一线汽车维修人员，几乎每天都要接触到交流220V甚至交流380V的非安全电压，如操作举升机、使用真空泵给空调加制冷剂、操作砂轮机、给蓄电池充电等。掌握用电安全知识，合理、安全用电，是汽车维修人员更好地从事汽车维修工作的前提。因此，要确保用电安全，合理有效地使用电力资源，就必须让一切用电人员在思想上高度重视，并掌握安全用电的知识和技能。

一、电流对人体的作用

1. 电流对人体的伤害

触电是指由于人体与带电体的意外接触，而使人体承受过高的电压，以致引起死亡或局部受伤的现象。从本质上看，触电是指电流对人体的伤害。按人体受伤害的程度不同，触电分为电伤和电击两种。

（1）电伤　电伤是在电流热效应、化学效应、机械效应以及电流本身作用下造成的人体外伤。**常见的有灼伤、烙伤和皮肤金属化等现象。**灼伤主要是指电弧灼伤，造成皮肤红肿、烧焦或皮下组织损伤；烙伤是指皮肤被电器发热部分烫伤或由于人体与带电体紧密接触而留下肿块、硬块，使皮肤变色等；皮肤金属化则是指熔化的金属微粒渗入皮肤表层，使受伤部位皮肤带金属颜色且留下硬块。

（2）电击　电击是指人体内部器官受伤害，是由通过人体的电流而引起的。人体通过工频电流1mA时就会使人有麻木的感觉，10mA为摆脱电流；当人体通过50mA的工频电流经过一定时间就可使人致命。电流通过心脏危险性最大，通电时间越长，触电的伤害程度就越严重。

据有关资料表明，**工频电流10mA以上，直流在50mA以上的电流通过人体时，触电者已不能摆脱电源脱险，有生命危险**。在小于上述电流的情况下，触电者能自己摆脱带电体，但时间过长同样有生命危险。

2. 安全电流及有关因素

频率为30Hz至1000Hz的电流最危险，1000Hz以上的电流，随着频率的升高危险性将减小。**常见的工频电流50Hz至60Hz的危险性最大。**

通过人体的电流虽小，但时间过长也有危险。其危害程度取决于通过人体的电流大小与通电时间的乘积。通常通过人体的电流大小与通电时间的乘积在30mA·s以下时，人不致触电，若超过30mA·s，则有触电危险。

3. 安全电压和人体电阻

人体最小电阻一般在800～1000Ω，皮肤干燥时可达几万欧姆，而有汗或皮肤破损时电阻迅速减小。一般情况下，**对地电压低于40V为安全电压。但电气设备环境越潮湿，安全电压就越低。**

我国安全电压等级标准分为42V、36V、6V，可供不同条件下使用的电气设备选用。一般36V以下电压不会造成人员伤亡，故称36V为安全电压。通常机床上照明用电为36V，船舶、坦克、汽车电源用24V或12V。

二、触电形式

人体触电形式可分为单相触电、两相触电和因电气设备外壳漏电而触电等。

1. 单相触电

单相触电可分为三相四线制（中性点接地）单相触电和三相四线制（中性点不接地）单相触电。中性点接地的三相四线制单相触电如图1-1a所示。中性点不接地的三相电源单相触电如图1-1b所示，这种触电方式，**导线越长，对地电容越大，对人体的危害越大。**

2. 两相触电

两相触电如图1-2所示，这种触电方式是最危险的。

3. 因电气设备外壳漏电而触电

此形式的触电事故相当于单相触电，**大多数触电事故属于这一种**。图1-3所示为因电气设备外壳漏电而触电的示意图。为了防止因电气设备外壳漏电而触电事故的发生，对电气设备常采用保护接地和保护接零的保护装置。

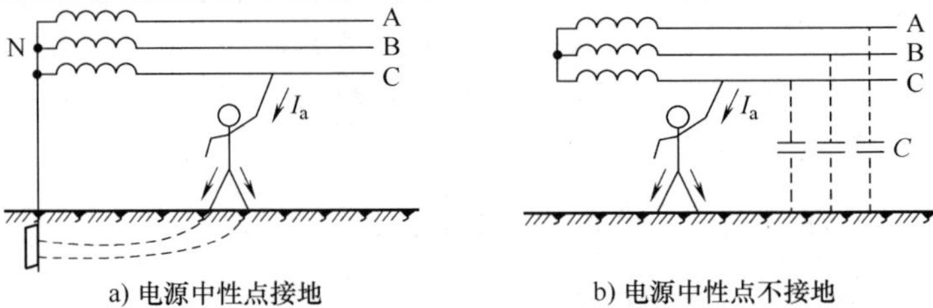

图1-1 单相触电的示意图

三、触电保护措施

1. 保护接地

(1) 工作接地　通常为了用电安全，电力系统均将中性点接地，称为工作接地。**接地电阻一般规定小于4Ω**，如图1-4所示。

(2) 保护接地　在无工作接地的系统中，可将电气设备的金属外壳、框架等用接地装置与大地可靠地连接。如图1-5所示。当设备某相绕组与机壳相碰，致使机壳带电时，若人

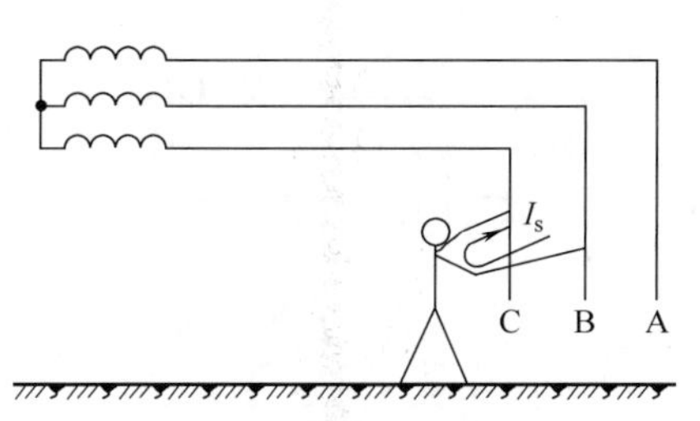

图 1-2　两相触电的示意图

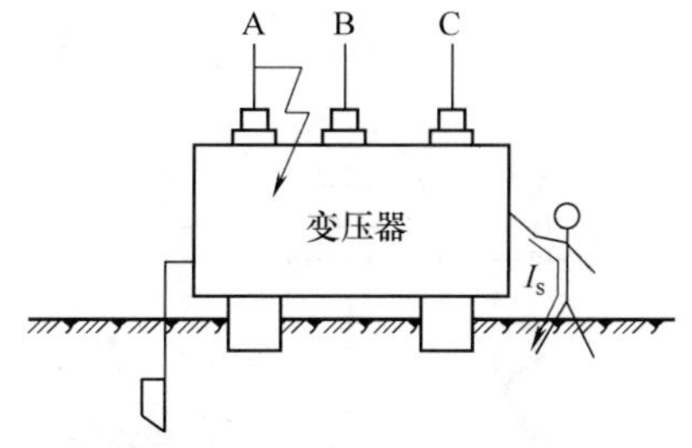

图 1-3　因电气设备外壳漏电而触电的示意图

体与机壳相接触，因接地电阻很小，远小于人体电阻，**电流绝大部分通过接地线入地**，从而保护了人身安全。

（3）重复接地　当电源变压器离用户较远时，为防止中线断线或线路电阻过大，应在用户附近将中线再接地，如图 1-6 所示。

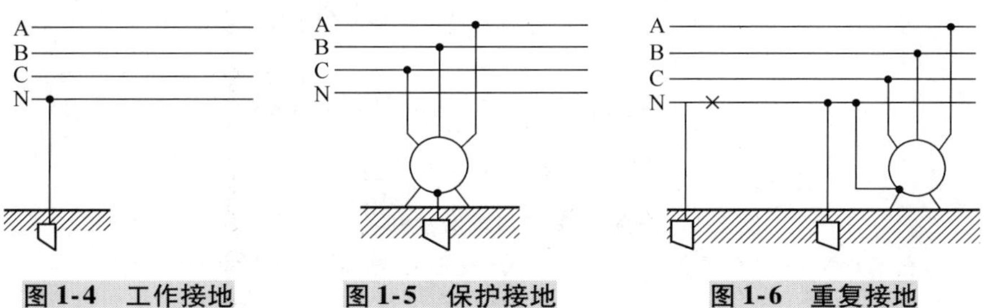

图 1-4　工作接地　　图 1-5　保护接地　　图 1-6　重复接地

2. 保护接零

在有工作接地的系统中应将电气设备的金属外壳或框架接零线，如图 1-7 所示。当设备的某相绕组与机壳相碰短路时，因有接零保护使该相电源短接，电流很大会很快将该相熔丝烧断而断电。**对于中点接地的三相四线系统，电气设备宜采取保护接零。**

采用保护接地和保护接零的注意事项：

① 不允许在同一电源上把一部分用电设备采用接零保护，另一部分采用接地保护。

② 在采用保护接零时，接零的导线必须连接牢固，以防脱线。在零线上不允许安装熔断器和开关。为使相线碰壳时保护电器能可靠地动作，要求接零的导线阻抗不能太大。在安装完毕后，必须严格检测接地电阻值是否合乎要求。

③ 配电箱进线处零线接大地，配电箱出线引出相线（L），工作零线（N）和保护零线（也称地线）用“⏚”表示。插座和插头的正确接法如图 1-8 所示。

3. 漏电保护开关

在检测与判断出漏电时，漏电保护开关能自动切断故障电路。图 1-9 所示为目前通用的电流动作型漏电保护开关的工作原理，当设备发生漏电或单相接地故障时，由于主电路电流的相量和不再为零，零序互感器的铁心有零序磁通，其二次侧有电压输出，经放大器 A 判断、放大后，输入脱扣器 YR，令断路器 QF 动作，从而切除故障电路，避免人员发生触电事故。

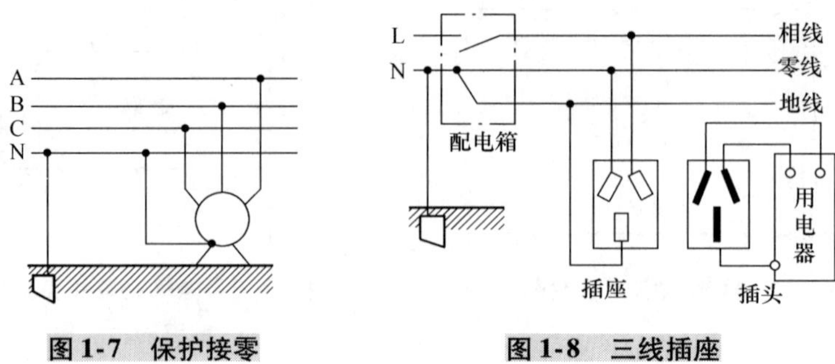

图 1-7 保护接零

图 1-8 三线插座

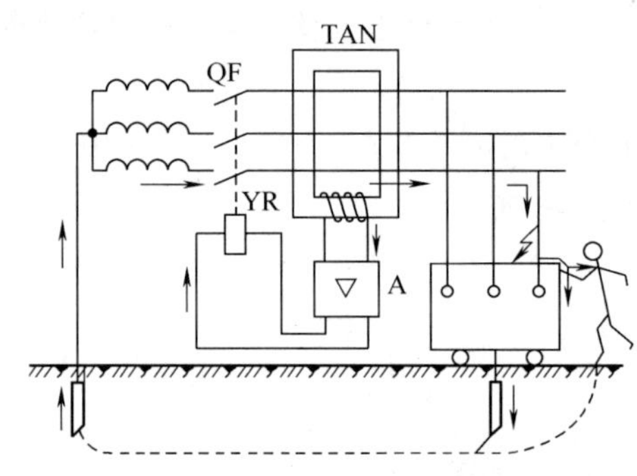

图 1-9 电流动作型漏电保护开关工作原理图

TAN—零序互感器 A—放大器 QF—主回路断路器（内含脱扣器 YR）

四、安全用电常识

① 严格按操作规程作业。在任何情况下都不得用手来鉴别导体是否带电。

② 禁用钢丝代替电器的熔丝，禁止用一般胶布或医用胶布代替电工胶布。

③ 常用电器的开关应接在相线上，这样开关断电后，电器不会有电压。

④ 更换熔丝时应先切断电源，不得带电操作。

⑤ 拆开断裂的暴露在外部的带电接头，必须及时用绝缘物包好并悬挂到人身不会碰到的高处，以防有人触及。

⑥ 工厂车间内的照明灯具应按规定使用（有的只允许使用 36V 的）；在特别潮湿的场所只允许使用 12V 以下的照明灯。

⑦ 当遇到有人触电时，应迅速切断电源，或尽快用干燥的绝缘物（如棍棒等）打断电线或拨开触电者，切勿直接用手拉触电者。当触电者脱离电源后，再根据具体情况救治。

⑧ 当发生电气火灾时，首先应切断电源，然后灭火。在切断电源前严禁用水或一般酸性泡沫灭火器来灭火，只能用二氧化碳、二氟一氯、一溴甲烷（即 1211）、二氟二溴式干粉灭火器。在灭火器材不足的情况下，可借助细砂子或细土灭火。

特别提示

汽车维修工作中要经常用到220V或380V的非安全电压，掌握一些安全用电常识，了解一些有关触电的形式和触电的保护措施等方面的相关知识，是汽车维修人员做好汽车维修工作的前提和基础。

你学会了吗?

1. 电流对人体有哪些作用?
2. 触电的形式和触电的保护措施有哪些?
3. 安全用电常识有哪些?

第2天　电路元件与图形符号要牢记

学习目标

1. 了解汽车电路图中的图形符号及文字符号的类别。
2. 掌握汽车电路图中的不同图形符号和文字符号的外形及含义。

基础知识

电路图中的符号是电子电路中的重要元素，是真实反映汽车电子电路配置和工作情况的标识，正确识读这些符号对于掌握汽车电子电路工作过程和规律有着非常重要的意义。但是，**由于目前尚无权威、统一的国际标准，不同汽车生产厂家都有自己规定的电路图符号。**我国在参照国际标准（ISO、IEC）的基础上，根据我国国情制定了自己的规范，已在汽车图书、杂志、图样设计和交流中得到广泛应用。

一、图形符号

1. 图形符号的种类

汽车电路图中常用的图形符号，可分为7类：限定符号（表1-1）；导线、端子和导线的连接符号（表1-2）；触点与开关符号（表1-3）；电器元件符号（表1-4）；仪表符号（表1-5）；各种传感器符号（表1-6）；电气设备符号（表1-7）。

表1-1　限定符号

序号	名称	图形符号	序号	名称	图形符号	序号	名　称	图形符号
1	直流	—	4	负极	−	7	接地	⊥
2	交流	~	5	中性点	N	8	交流发电机输出接线端	B
3	正极	+	6	磁场	F	9	磁场二极管输出端	D+

表 1-2　导线、端子和导线的连接符号

序号	名　　称	图形符号	序号	名　　称	图形符号	序号	名　　称	图形符号
1	接点		4	导线的连接		7	导线的交叉连接	
2	端子		5	导线的分支连接		8	导线的跨越	
3	可拆卸的端子		6	插头和插座		9	插座的一个极	

表 1-3　部分常用触点与开关符号

序号	名　　称	图形符号	序号	名　　称	图形符号	序号	名　　称	图形符号
1	动合（常开）触点		8	联动开关		15	液位控制	
2	动断（常闭）触点		9	手动开关的一般符号		16	钥匙开关（全部定位）	0 1 2
3	先断后合的触点		10	定位（非自动复位）开关		17	多档开关、点火、起动开关，瞬时位置为 2 能自动返回到 1（即 2 不能定位）	0 1 2 0,1
4	中间断开的双向触点		11	按钮开关				
5	双动合触点		12	能定位的按钮开关				
6	双动断触点		13	压力控制	p	18	节流阀开关	
7	凸轮控制		14	制动压力控制	BP			

表 1-4　部分常用电器元件符号

序号	名　　称	图形符号	序号	名　　称	图形符号	序号	名　　称	图形符号
1	电阻器		5	滑线式变阻器		9	PNP 型晶体管	
2	可变电阻器		6	分路器		10	集电极接管壳晶体管（NPN 型）	
3	压敏电阻器	U	7	晶闸管		11	具有两个电极的压电晶体	
4	热敏电阻器	θ	8	光敏二极管		12	电感器、线圈、绕组、扼流圈	

表 1-5　仪表符号

序号	名　　称	图形符号	序号	名　　称	图形符号	序号	名　　称	图形符号
1	指示仪表	*	4	车速里程表	v	7	温度表	θ
2	电压表	V	5	油压表	OP	8	燃油表	Q
3	电流表	A	6	转速表	n	9	时钟	

表 1-6　各种传感器符号

序号	名　　称	图形符号	序号	名　　称	图形符号	序号	名　　称	图形符号
1	传感器的一般符号	*	5	燃油表传感器	Q	9	爆燃传感器	K
2	温度表传感器	θ	6	油压表传感器	OP	10	转速传感器	n
3	空气温度传感器	θa	7	空气流量传感器	AF	11	速度传感器	v
4	冷却液温度传感器	θw	8	氧传感器	λ	12	空气压力传感器	AP

表 1-7　部分常用电气设备符号

序号	名　　称	图形符号	序号	名　　称	图形符号	序号	名　　称	图形符号
1	照明灯、信号灯、仪表灯、指示灯		7	扬声器		13	转速调节器	n
2	双丝灯		8	蜂鸣器		14	温度调节器	θ
3	荧光灯		9	元件、装置、功能元件		15	并励或他励绕组	
4	组合灯		10	分电器		16	集电环或换向器上的电刷	
5	预热指示器		11	火花塞		17	直流电动机	M
6	电喇叭		12	电压调节器	U	18	串励直流电动机	M

2. 图形符号的使用原则

1）在满足条件的情况下，应首先采用最简单的形式，但图形符号必须完整。

2）在同一张电路图中同一图形符号应采用同一种形式。

3）符号方位不是固定的，在不改变符号意义的前提下，符号可根据图面布置的需要旋转或呈镜像放置，但文字和指示方向不得倒置。

4）图形符号中一般没有端子代号，如果端子代号是符号的一部分，则端子代号必须注出。

5）导线符号可以用不同宽度的线条表示，如电源线路（主电路）可用粗实线表示，控制、保护线路（辅助电路）则可用细实线表示。

6）一般连接线不是图形符号的组成部分，方位可根据实际需要布置。

7）符号的意义由其形式决定，可根据需要进行缩小或放大。

8）图形符号表示的是在无电压、无外力的常规状态。

9）图形符号中的文字符号、物理量符号，应视为图形符号的组成部分。当用这些符号不能满足标注时，可按有关标准加以补充。

10）电器图中若未采用规定的图形符号，必须加以说明。

二、文字符号

文字符号由电气设备、装置和元器件的种类（名称）字母代码和功能（与状态、特征）字母代码组成，用于电气技术领域技术文件的编制，也可标注在电气设备、装置和元器件上或其近旁，以表明电气设备、装置和元器件的名称、功能、状态和特征。此外，文字符号还可与基本图形符号和一般图形符号组合使用，以派生新的图形符号。

文字符号分为基本文字符号和辅助文字符号两大类，基本文字符号又分为单字母符号和双字母符号。

1. 基本文字符号

（1）单字母符号 单字母符号是按拉丁字母将各种电气设备、装置和元器件划分为23大类，**每大类用一个专用单字母符号表示**，如“C”表示电容器类，“R”表示电阻类等。

（2）双字母符号 双字母符号是由一个表示种类的单字母符号与另一字母组成，其组合形式应**以单字母符号在前而另一字母在后的次序列出**，如“R”表示电阻，“RP”表示电位器，“RT”表示热敏电阻；“G”表示电源、发电机、发生器，“GB”表示蓄电池，“GS”表示同步发电机、发生器，“GA”表示异步发电机。常用的基本文字符号见表1-8。

2. 辅助文字符号

辅助文字符号表示电气设备、装置和元器件以及线路的功能、状态和特征。如“SYN”表示同步，“L”表示限制左或低，“RD”表示红色，“ON”表示闭合，“OFF”表示断开等。

常用辅助文字符号见表1-9。

表 1-8 常用的基本文字符号

设备、装置元器件种类	举例	基本文字符号	
		单字母	双字母
组件部件	晶体管放大器	A	AD
	集成电路放大器		AJ
	印制电路放大器		AP
非电量到电量变换器或 电量到非电量变换器	送话器、扬声器、晶体换能器	B	
	压力变换器		BP
	温度变换器		BT
电容器	电容器	C	
数字集成电路和器件	数字集成电路和器件	D	
保护器件	熔丝	F	FU
	限压保护器件		FV
发生器 发电机 电源	发生器	G	GS
	发电机		GA
	蓄电池		GB
继电器 接触器	交流继电器	K	KA
	双稳态继电器		KL
	接触器		KM
	簧片继电器		KR
电动机	电动机	M	

表 1-9 常用辅助文字符号

文字符号	名称	文字符号	名称	文字符号	名称	文字符号	名称
A	电流	L	低	D	数字	RD	红
A	模拟	N	中性线	D	降低	RES	备用
AC	交流	OFF	断开	DC	直流	RUN	运转
ACC	加速	ON	接通	E	接地	ST	起动
BW	向后	OUT	输出	IN	输入	STP	停止
C	控制	P	压力	INC	增	V	速度
D	延时（延迟）	R	右	IND	感应	V	电压

注：表中某些字母代表不同含义。

3. 文字符号的使用规则

1）单字母符号应优先选用。

2）只有当用单字母符号不能满足要求，需要进一步划分时，才采用双字母符号，以便较详细和更具体地表述电气设备、装置和元器件等。如“F”表示保护器类，“FU”表示熔丝，“FV”表示限压保护器件。

3）辅助文字符号也可放在表示种类的单字母符号后边组成双字母符号，如“ST”表示起动，“DC”表示直流，“AC”表示交流。为简化文字符号，若辅助文字符号由两个字母组成时，允许只采用其第一位字母进行组合，如“MS”表示同步电动机，“MS”中的“S”为辅助文字符号，即“SYN”（同步）的第一位字母。辅助文字符号还可以单独使用，如“ON”表示接通，“N”表示中性线，“E”表示接地，“PE”表示保护接地等。

三、图形符号、文字符号的识读

我国的汽车厂家众多，车系复杂，源于不同国家地区，执行的标准各不相同，所以有些元器件的图形符号、文字符号也不同车系电路图中有些差异。下面通过具体示例来说明。

图 1-10 所示为导线连接的两种形式。上海桑塔纳、南京依维柯采用图 1-10a 的形式，神龙富康、天津夏利则采用图 1-10b 的形式。汽车都装有硅整流发电机和电压调节器，不同的是有的采用内装式，有的采用外装式，即使同一结构形式，不同的车型所采用的电路图形符号也有所不同。图 1-11 为别克轿车内装调节器硅整流发电机的图形符号；图 1-12 为雪铁龙轿车内装调节器硅整流发电机的图形符号。

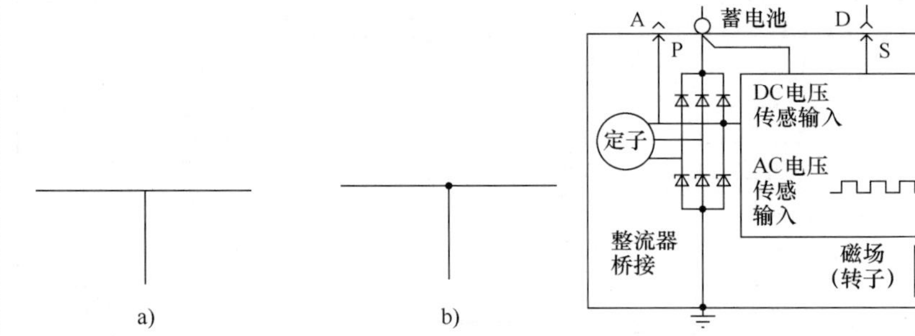

图 1-10　导线连接两种表示形式

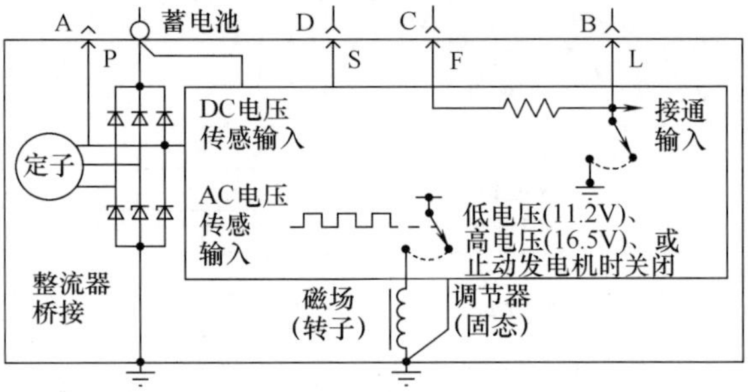

图 1-11　别克轿车硅整流发电机图形符号

汽车电路图形符号目前还没有统一的标准，国产汽车制造企业大都采用电气技术行业标准，而合资汽车制造企业大都沿用国外的原标准，所以在识图过程中应不断地总结经验，找出不同的电路中，采用的图形符号有哪些相同点和不同点，这样可以提高识图的速度。

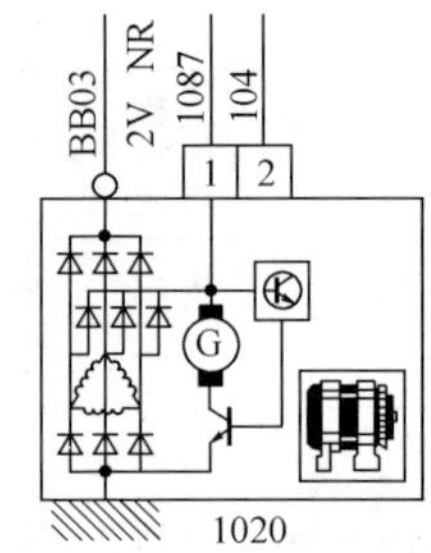

图 1-12　雪铁龙轿车硅整流发电机图形符号

特别提示

汽车电路中常用的图形符号、文字符号有很多，世界各大车系所用的图形符号、文字符号有很大的差别，这就要求广大读者在识读电路图时，了解相关车型的电路读图方法及符号。

你学会了吗?

1. 汽车电路图中的图形符号及文字符号有哪些不同的类别?
2. 不同图形符号和文字符号的外形及含义是怎样的?

第3天　学会汽车电器故障诊断方法

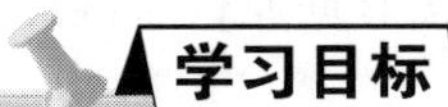

学习目标

1. 熟悉汽车电器常见故障的类型。
2. 掌握汽车电器故障诊断常用工具的使用方法。
3. 掌握线束插接器的检测方法。

维修案例

一、案例：利用串联试灯的方法快速解决雅阁漏电故障

(1) 故障现象　一辆2006年产本田雅阁2.4L CM5轿车，行驶里程8万km。用户反映**新装的蓄电池经常亏电，不能正常起动车辆。**

(2) 检查分析　根据驾驶人所反映的新蓄电池经常亏电的情况，说明车辆可能存在漏电现象。决定**利用在蓄电池负极串联试灯的方法检查漏电位置**，于是将蓄电池负极线拆下，将试灯接入负极接线柱和负极线之间。此时发现，试灯刚接入线路时，闪烁了几次就熄灭了，但间隔大约5s以后，试灯又重新点亮且不再熄灭，说明电路中的确存在漏电现象。

造成蓄电池亏电的可能原因包括：
① 车辆后加装设备如防盗器、音响、倒车雷达及导航设备等导致车辆漏电。
② 交流发电机不发电导致蓄电池亏电。
③ 原车某些电气元器件故障导致车辆漏电，如原车音响和座椅加热器等。

最初的检查已经确定车辆存在漏电现象，因此基本可以**排除发电机不发电的可能性**。仔细检查车辆，确认没有后加装的设备，然后将变速杆置于P位，拔出点火钥匙并关闭所有用电设备。再次将试灯串联在蓄电池负极接线柱与负极线回路中，待试灯点亮后，首先拔下发动机舱熔丝/继电器盒内22号熔丝（100A），试灯立即熄灭，由此判定22号熔丝所辖各支路中某处存在漏电情况。

查阅电路图（图1-13）可知，22号熔丝分出2条支路，一条支路去往交流发电机，经测量，发电机输出电压正常，说明交流发电机发电正常，排除此支路故障；另一条支路又分出多条支路，分别通过4号、8号、10号、15号、19号、20号和23号熔丝供电，于是依次拔下这些熔丝，当拔下20号熔丝时，试灯立即熄灭，由此确定了漏电点在20号熔丝之后的线路中。

根据电路图可知，20号熔丝共为6条支路提供电源，这6条支路分别通过12～17号熔丝供电。将20号熔丝装复原位，然后依次拔下12～17号熔丝，当拔下17号熔丝（20A）时，试灯立即熄灭，由此确定17号熔丝所辖支路漏电。

继续查阅电路图，发现17号熔丝为前排乘客侧电动座椅滑动电动机提供电源，经检查，前排乘客侧座椅前后移动电动机开关盖将开关卡滞在前移位置，将开关盖装回原位后试灯熄灭。又反复试验了几次，故障没有再出现，至此故障原因查明。

(3) 故障排除　修复右前座椅电动机前后移动开关，故障彻底排除。

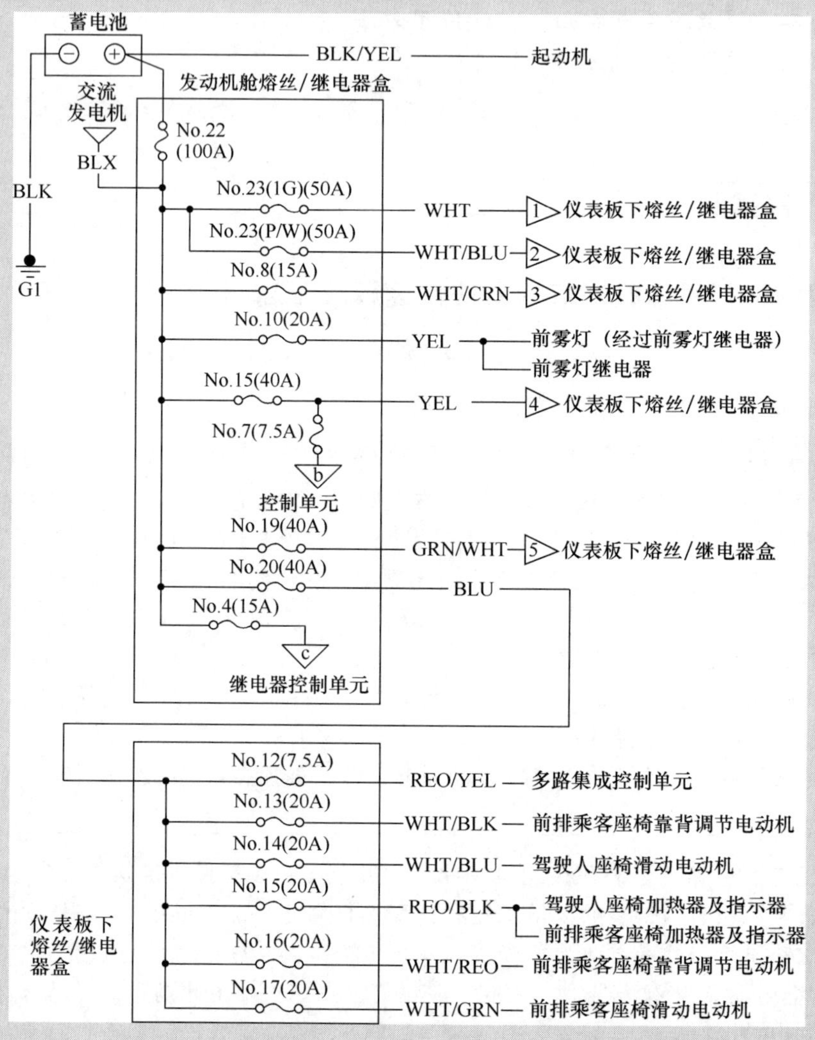

图1-13　本田雅阁车配电电路图

实际操作

二、用不同方法检查电路

1. 用测试灯检查电路

(1) 用测试灯查找短路位置　如果熔丝已熔断，说明已发生过短路，这时可用测试灯进行检查。如图 1-14 所示，首先将开关打开，拆下熔断的熔丝，并将测试灯跨接到熔丝端子上，观察测试灯是否点亮。

如测试灯亮，说明熔丝盒与开关之间出现短路，应修理熔丝盒与开关之间的线束。如果测试灯不亮，再将开关闭合，并断开前照灯插接器，观察测试灯是否亮，**如果灯亮，说明开关与插接器之间出现短路，应修理开关与插接器之间的线束。如果灯不亮，说明插接器与前照灯之间出现短路，应修理前照灯与插接器之间的线束。**

(2) 用自备电源测试灯检查开关导通性　用自备电源测试灯检查开关导通性时，接线方法如图 1-15 所示。**开关打开测试灯应不亮，开关闭合测试灯应亮，否则开关有故障。**

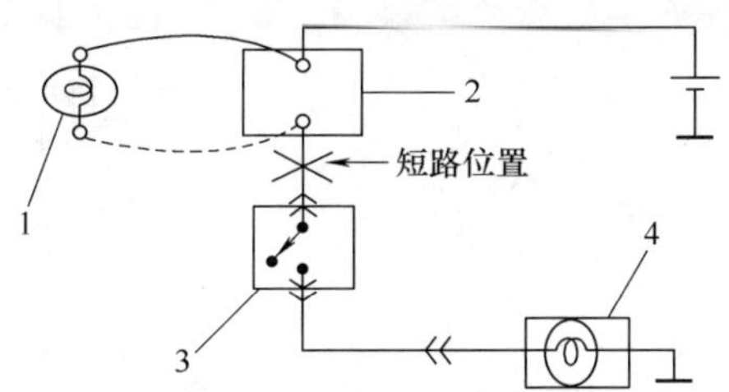

图 1-14　短路位置的检查

1—测试灯　2—熔丝　3—开关　4—前照灯

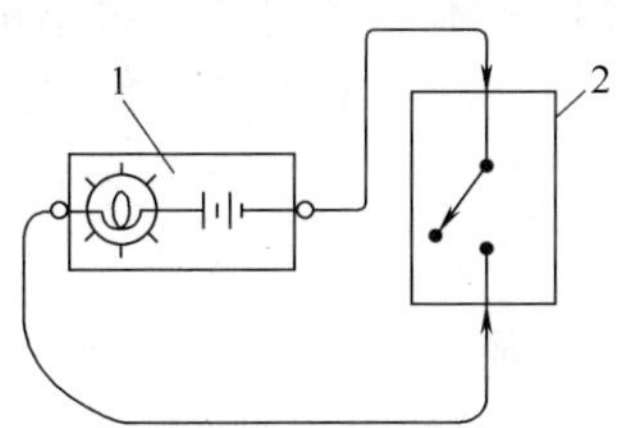

图 1-15　检查开关导通性

1—自备电源测试灯　2—开关

(3) 用测试灯查找断路位置　将测试灯的一根引线接地，另一根引线连接到开关插接器电源侧端子上，即图 1-16 中 a 点位置，测试灯应点亮；然后将测试灯连接到电动机插接器上，即图 1-16 中 b 点位置，**若将开关打开，测试灯应不亮；若将开关闭合，测试灯应点亮。否则说明开关及开关到电动机插接器之间的线路断路。**

2. 用跨接线检查电路

当怀疑某条线路断路是由于图 1-17 中的开关故障时，用跨接线将开关的 a、b 两端短接，若电动机工作，即可断定开关断路。

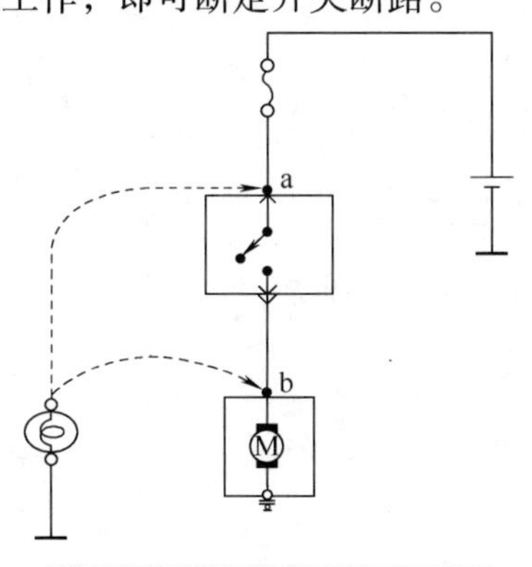

图 1-16　测试灯检查断路位置

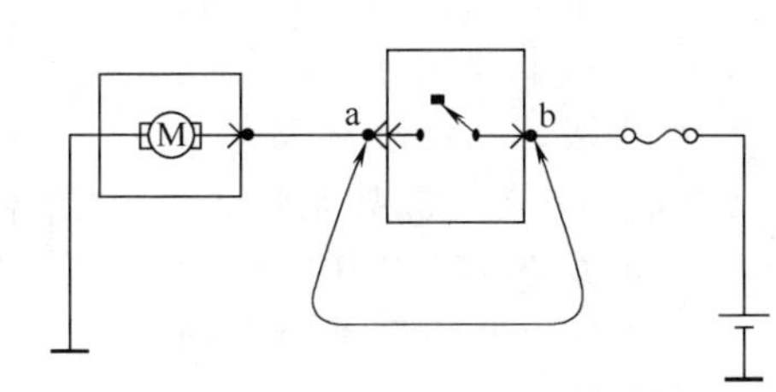

图 1-17　跨接线法检查断路

基础知识

三、汽车电器常见故障类型

汽车电器的故障总体上可分为两种类型：**一种是电器的故障；另一种是控制电路的故障。**

1. 电器的故障

电器故障是指电器自身丧失其原有功能，包括电器的机械损坏、烧毁，电子元件的击穿、老化、性能减退等。在实际使用中，常常因电路故障而造成电器故障。**电器故障一般是可修复的，但一些不可拆的电子设备出现故障后只能更换。**

2. 控制电路的故障

电路故障包括短路、断路、接线松脱、接触不良或绝缘不良等。这一类故障有时容易出现一些假象，给故障诊断带来困难。例如，某接地线与车身出现接触不良，就有可能造成电器开关失控，电器工作出现混乱。这是因为有的接地线为几个电器共用，一旦该接地线出现接触不良，它就把多个电器的工作电路联系到一起，就有可能通过其他电路找到接地途径，造成一个或多个电器工作异常。

(1) 短路故障

1）接地短路故障。接地短路是指电路未经过负载提前接地的一种故障现象。汽车电路中大部分接地短路故障是由于导线或电路元件的绝缘层破裂并且接地造成的，如图1-18所示。图 1-18a 所示为开关和用电设备之间的导线绝缘层破损导致接地短路，电流没有通过用电设备而直接返回接地端，从而导致用电设备不工作，电路中的电流升高，熔丝或其他电路保护装置断开。如果电路没有保护装置，则会引起线路或其他部件烧毁甚至燃烧。

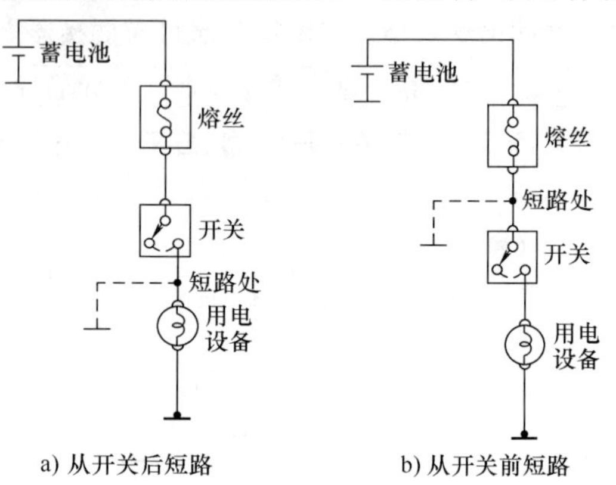

图 1-18 接地短路故障示意图

另一种形式的接地短路故障如图 1-18b 所示，电路在用电设备和开关之前接地，会导致用电设备不工作并且开关无法控制电路，熔丝也会马上烧断。如果没有电路保护装置，还有可能会烧毁电源。若出现这种情况，即使更换了熔丝，接通电路后，仍然会再次烧断熔丝。

2）与电源短路故障。在汽车电路故障中，还有一种短路形式是与电源短路，通常是一个电路的两个独立分支因导线绝缘层破损相互连接，一般会导致电路不能正常工作或者反应异常甚至烧毁。与电源短路故障示意图如图 1-19 所示。如图 1-19a 所示，右边电路用电设备前面的导线和左边电路用电设备与开关之间的导线短接，这样会造成左边的电路失效，而右边的电路正常。如图 1-19b 所示，两个独立的支路在开关前面短路，会使两个电路都不能单独控制，任何一个开关都可以同时控制这两个电路。

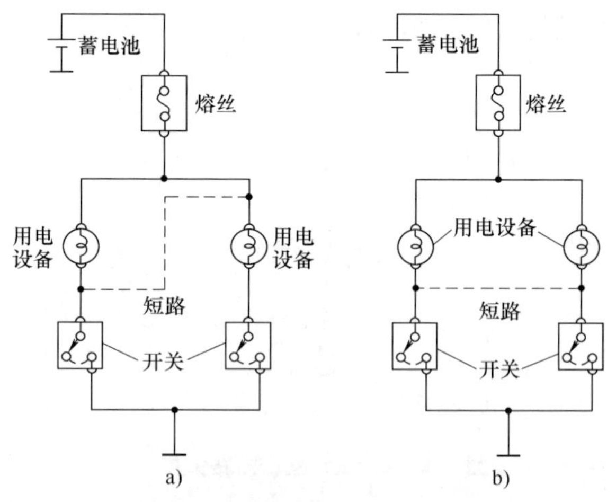

图 1-19 与电源短路故障示意图

(2) 断路故障 断路故障是一种不连续的、有中断的电路故障。电器部件接触不良就是一种轻微的断路现象。电路中的任何一部分出现问题都有可能导致断路，比如导线断开、电路部件烧毁、接头松动等。

1）串联电路中的断路故障。如果一个串联电路中有断路故障，则会导致整个电路都不导通。**检测电路中断路的方法是分别测量电路中各个部件两端的电压。**如果某一个部件的一端有电压，而另一端没有电压，则这个部件中间肯定有断路存在。举例如下：串联电路断路示意图如图 1-20 所示，用万用表测量熔丝后的电路 a 点处有电压，为 12V；再用万用表测量开关后的电路 b 点处没有电压（电压为 0V），说明开关有故障。

2）并联电路中的断路故障。在并联电路中出现断路故障比较复杂，如图 1-21 所示。如果在并联电路的主线路或接地电路中出现断路，则结果和串联电路中出现断路是一样的，整个电路都会失效。如果在并联电路的某个支路中出现断路，则只有这个出现断路的支路受到影响，其他支路还可以正常导通。

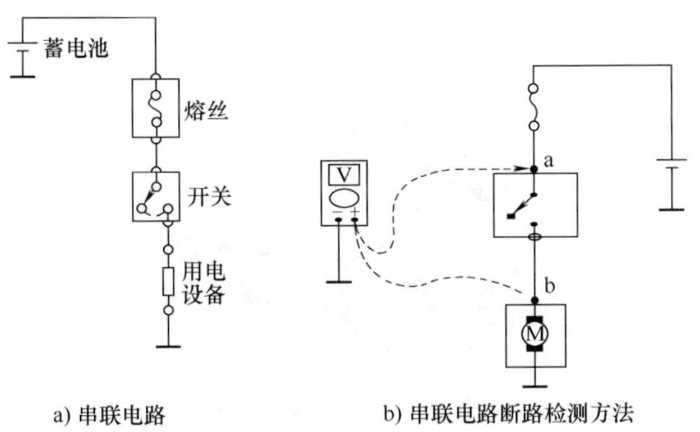

图 1-20　串联电路断路示意图

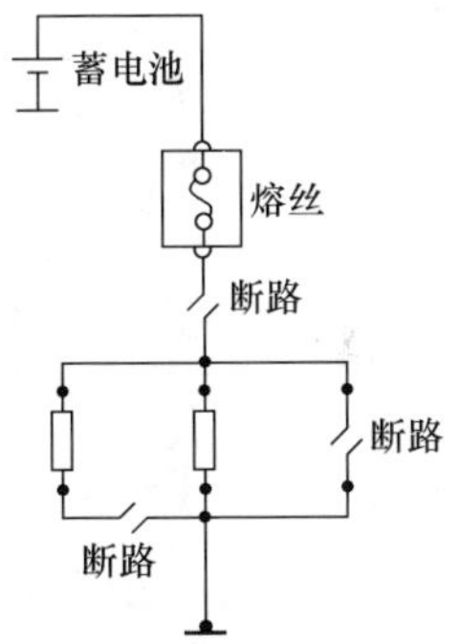

蓄电池
熔丝
断路
断路
断路

图 1-21　并联电路断路示意图

（3）高电阻（高阻抗）　高电阻现象在汽车电路中经常出现，高电阻会引起整个电路或某个器件断断续续地导通，或者电路中电流过低。例如，灯泡闪烁或者亮度降低，就有可能是高电阻引起的。**电路连接不好、松动或者接头不干净都有可能引起高电阻问题。**由于汽车的工作环境比较恶劣，如高速、高温、寒冷、颠簸、腐蚀等都会引起电路故障，在日常行车过程中要经常检查和注意保养电器。如果发现电器部件有异常或导线破裂、扭结、松动等，一定要及时检修。

四、汽车电器故障诊断常用工具

1. 跨接线

跨接线如图 1-22 所示，其两端的接头一般是不同形式的插头或鳄鱼夹，以适应对不同位置的跨接。跨接线主要用于电路故障诊断。当某个电器元件不工作时，可用跨接线将被检元件的接地端子直接接地，若电器元件工作恢复正常，则说明该元件接地电路有故障。同理，若用跨接线将蓄电池正极跨接到被检元件电源端子上时，电器元件工作恢复正常，则说明该电源电路有故障。

使用跨接线应注意以下两点：

① 用跨接线将蓄电池正极跨接到被检电器元件的电源端子上时，必须弄清被检元件规定的电源电压值。若将 12V 电源直接加在电器元件上，可能导致电器元件损坏。

② 不要用跨接线将被检元件电源端子直接接地，以免导致电源短路。

2. 测试灯（测电笔）

测试灯带有显示电路通、断的指示灯，对电路进行检测时，根据指示灯的亮度还可判断被测电路的电压高低。测试灯分为不带电源测试灯（12V 测试灯）和自带电源测试灯两种类型。

（1）不带电源测试灯（12V 测试灯） 如图 1-23 所示，它以汽车电源作为电源，由 12V 测试灯、导线和各种不同的端头组成，**主要用来检查系统内电源电路是否给电器各部件供电，**举例如下。

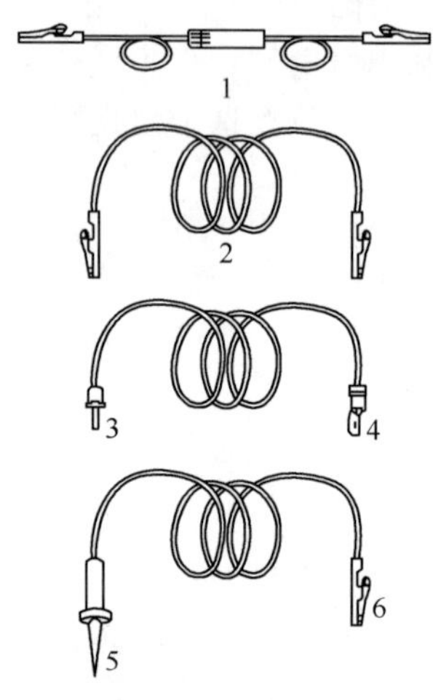

图 1-22 跨接线的形式

1—带直列式熔断器的鳄鱼夹 2、6—鳄鱼夹 3—针形端子 4—接片端子 5—探针

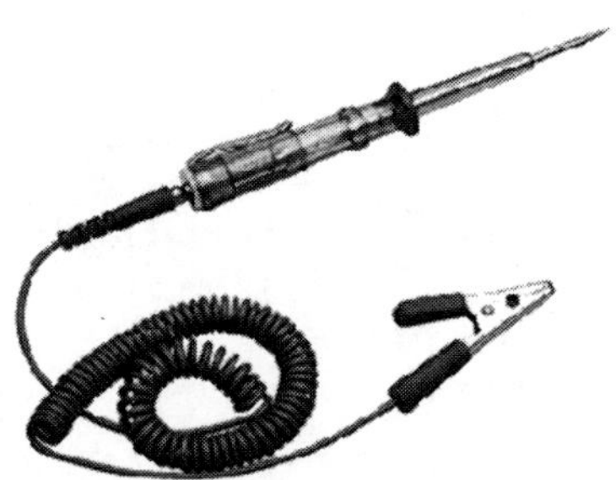

图 1-23 不带电源测试灯（12V 测试灯）

① 将 12V 测试灯一端接地，另一端接电器部件电源插头。如灯亮，说明该电器部件电路无故障。

② 如果灯不亮，再将 12V 测试灯接电源的一端去接电源方向的第二个接点。如果灯亮，说明故障在第一接点和第二接点之间，电路出现断路故障。

③ 如果灯仍不亮，则去接第三个接点、第四个接点……越来越接近电源，直至灯亮为止，断路发生在最后被测接点与前一个被测接点之间。

（2）自带电源测试灯 如图 1-24 所示，它以其手柄内装有的两节干电池作为电源，其余同 12V 测试灯，也是用于检查线路断路与短路故障。

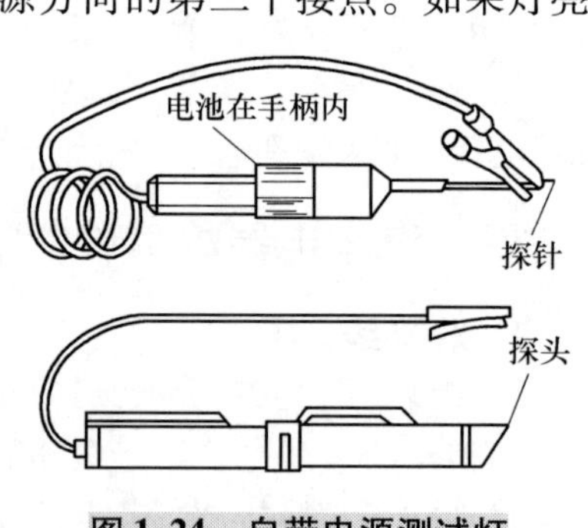

图 1-24 自带电源测试灯

1）检查断路。断开电器的电源电路，将自带电源测试灯的一端连接在电路首端，将另一端一个一个地分别连接其他各接点。如果灯亮，说明测点与电路首端导通；如果灯不亮，则断路发生在测点与前一接点之间。

2）检查短路。断开电器的电源电路，将自带电源测试灯一端接地，将另一端连接电器部件电路。如果灯亮，表示有短路故障。可一步一步地采取将电路接点脱开、开关打开或拆除部件等办法，直至使电源测试灯熄灭，则短路出现在最后开路与前一开路部件之间。

需要指出的是，如无特殊说明，不可用12V测试灯和自带电源测试灯检测电子控制单元（ECU）系统。

3. 探针

如图1-25所示，探针可直接扎入导线内部的金属，探针上的插口可与香蕉头连接，并与各种检测设备（如万用表、示波器等）连接，对电控系统的电压、电阻、波形等进行检测，特别适宜于不断开插接器情况下的动态检测。探针的运用使检测过程变得简单，避免在检测过程中因人为因素而造成失误。

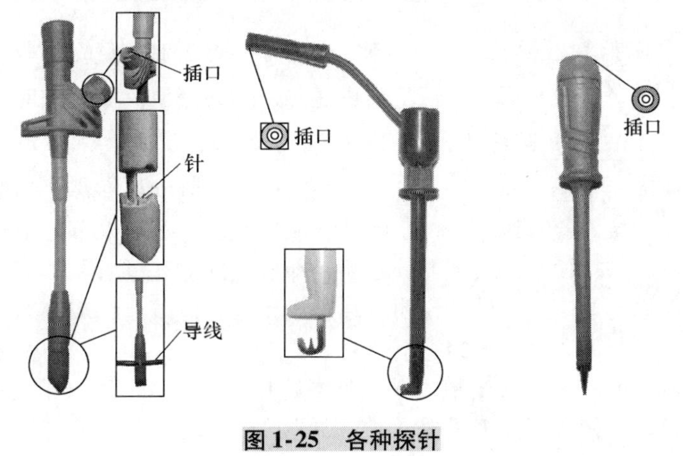

图1-25 各种探针

特别提示

1. 当我们用试灯测量相关电路是否有电时，切记要把试灯的一端就近接到车身的接地部位，另一端接被测部位，这样才能准确地测量出相关检测点是否有电。

2. 采用试灯，我们可以判断出某一根线是否有电，方法是将试灯的一端（鳄鱼夹端）接车身的可靠接地部位，另一端（探针端）接检测线，如试灯亮，则说明此端为电源端。同样的道理，我们也可判断某根线是否可靠接地，方法是将试灯的一端（鳄鱼夹端）接可靠的电源端，另一端（探针端）接待检测线，如试灯亮，则说明此线为接地线，并且接地良好。

你学会了吗?

1. 什么是短路？如何排除电路中的短路故障？
2. 什么是断路？如何排除电路中的断路故障？
3. 如何用测试灯和跨接线检测电路中的断路和短路故障？

第4天 别克车系电路图识读

学习目标

1. 了解别克车系车辆位置分区代码的分布。
2. 熟悉别克轿车电路图中各符号及图示的意义及作用。
3. 掌握别克轿车电路图的读图方法。
4. 掌握别克君越轿车冷却风扇控制系统的读图方法。

维修案例

一、案例：别克君越轿车冷却液温度过高故障

（1）故障现象　一辆 2008 款别克君越（SGM7240）轿车，据车主反映，该车**怠速时间较长后会出现发动机过热、冷却液温度高，同时冷却液温度警告灯点亮**的故障现象。

（2）故障诊断　首先进行基本检查，其相关部件没有发现异常。检查冷却风扇是否因故障而不能工作，结果发现 2 个冷却风扇电动机在高速和低速模式下均不工作。

接着检查线路。由于问题可能出在冷却风扇及其控制电路上，所以对冷却风扇及其控制电路进行检查。拔下左、右侧冷却风扇的电气插接器，直接施加蓄电池电压，左、右侧冷却风扇均能高速运转，说明**冷却风扇正常，故障原因应在风扇控制电路。**

拆下风扇 1 的继电器，在蓄电池正极电路与冷却风扇 1 继电器的风扇电动机供电电路（504）之间连接 1 根 20A 的熔断跨接线（在按以下步骤操作时，不要拆除连接的 20A 熔断跨接线，使用另外 1 根 20A 熔断跨接线），2 个冷却风扇仍不能运转；断开冷却风扇 2 的继电器，在冷却风扇低基准电路（532）与风扇 2 继电器的冷却风扇电动机供电电路（409）之间连接第 2 根 20A 熔断跨接线，2 个冷却风扇还是不工作。

在蓄电池正极电路与风扇 2 的冷却风扇电动机供电电路之间连接第 2 根 20A 熔断跨接线，右侧的冷却风扇不能运转。安装冷却风扇 2 的继电器，断开右侧冷却风扇的电气插接器，将第 2 根 20A 熔断跨接线从冷却风扇电动机供电电路连接到右侧冷却风扇电气插接器的接地电路上，左侧冷却风扇也不能运转。将第 2 根 20A 熔断跨接线从右侧冷却风扇电气插接器的冷却风扇电动机供电电路连接到接地良好的地线上，左侧冷却风扇正常高速运转。

上述检查表明，引起该车故障的原因是右侧冷却风扇电动机的接地电路断路。

电路分析：别克君越轿车发动机冷却系统控制电路如图 1-26 所示。冷却风扇系统由 2 个

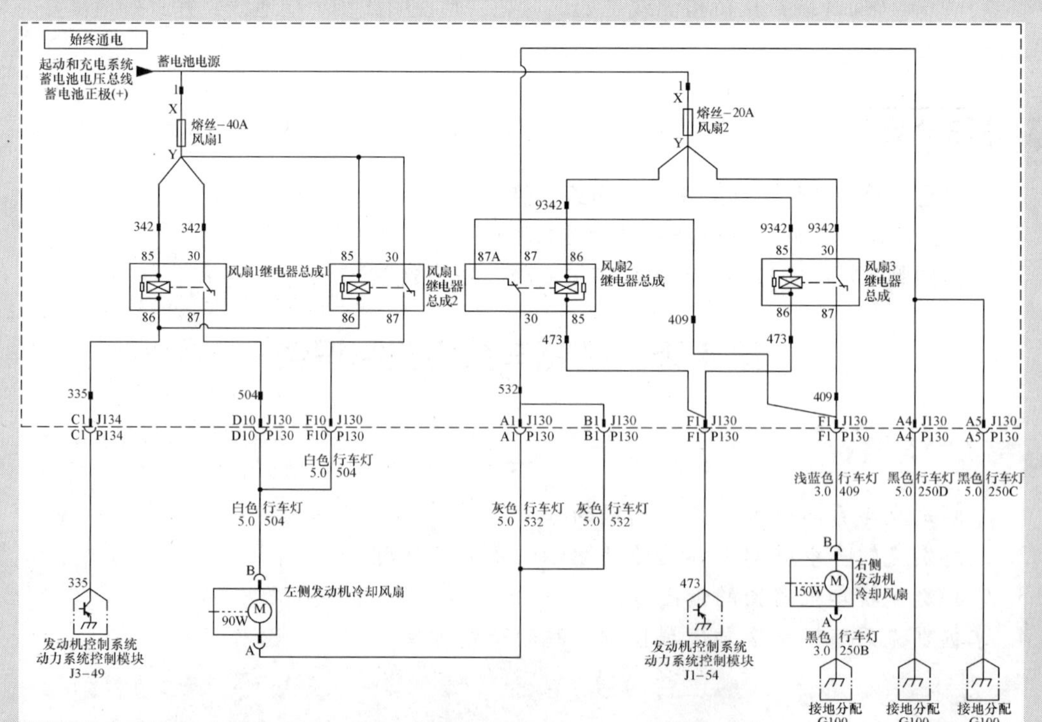

图 1-26　2008 款别克君越轿车发动机冷却系统控制电路

电动冷却风扇和4个风扇继电器组成。这些继电器以串联或并联形式布置，使发动机控制模块（ECM）能够控制2个风扇同时以低速或高速运转。

(3) 故障排除　通过分析发动机冷却风扇的控制电路可知，若接地分配250总线（G100）断路，就会导致左、右侧冷却风扇不能运转的现象。用万用表电阻档测量接地分配250总线（G100）的电阻为∞，说明接地分配250总线（G100）断路。**拆下接地分配250总线（G100），发现其连接端子严重锈蚀，造成接地不良，**对其进行处理后装复，左、右侧冷却风扇均运转正常，故障排除。

基础知识

目前，美国车系在我国保有量最大的是通用汽车公司生产的车型，主要包括别克、凯迪拉克和雪佛兰三大系列，这三个系列的电子电路图的识读方法基本相同，在此主要以别克系列车型为例说明通用车系汽车电路图的读图分析。

二、别克车系车辆位置分区代码

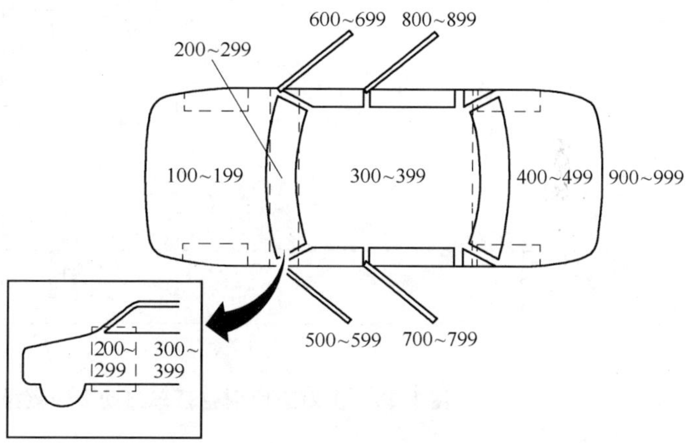

图1-27　车辆位置分区代码示意图

如图1-27所示，通用汽车电路图上所有的接地、插接器、贯穿式密封圈和接头都给定了识别代码，并与其在车辆上的位置相对应，其车辆位置分区情况见表1-10。

表1-10　车辆位置分区表

车辆位置分区代码	区位说明	车辆位置分区代码	区位说明
100～199	发动机舱（全部在仪表板前部） 001～099代表发动机舱内附加号（仅在使用完所有100～199后使用）	500～599	位于左前车门内
		600～699	位于右前车门内
200～299	位于仪表板区域内	700～799	位于左后车门内
300～399	乘员室（从仪表板到后车轮罩）	800～899	位于右后车门内
400～499	行李箱（从后轮罩到车辆后部）	900～999	位于行李箱盖或储物舱盖

三、上海别克轿车自动变速器控制电路图读图分析

上海别克轿车自动变速器控制电路图如图1-28所示，图中说明如下：

1——电源接通说明。在电路图上方用黑框表示，框内文字说明框下熔丝在什么情况下发热（电源接通）。“常电源”，则表示该电路任何时间都有电，电压为蓄电池工作电压；如

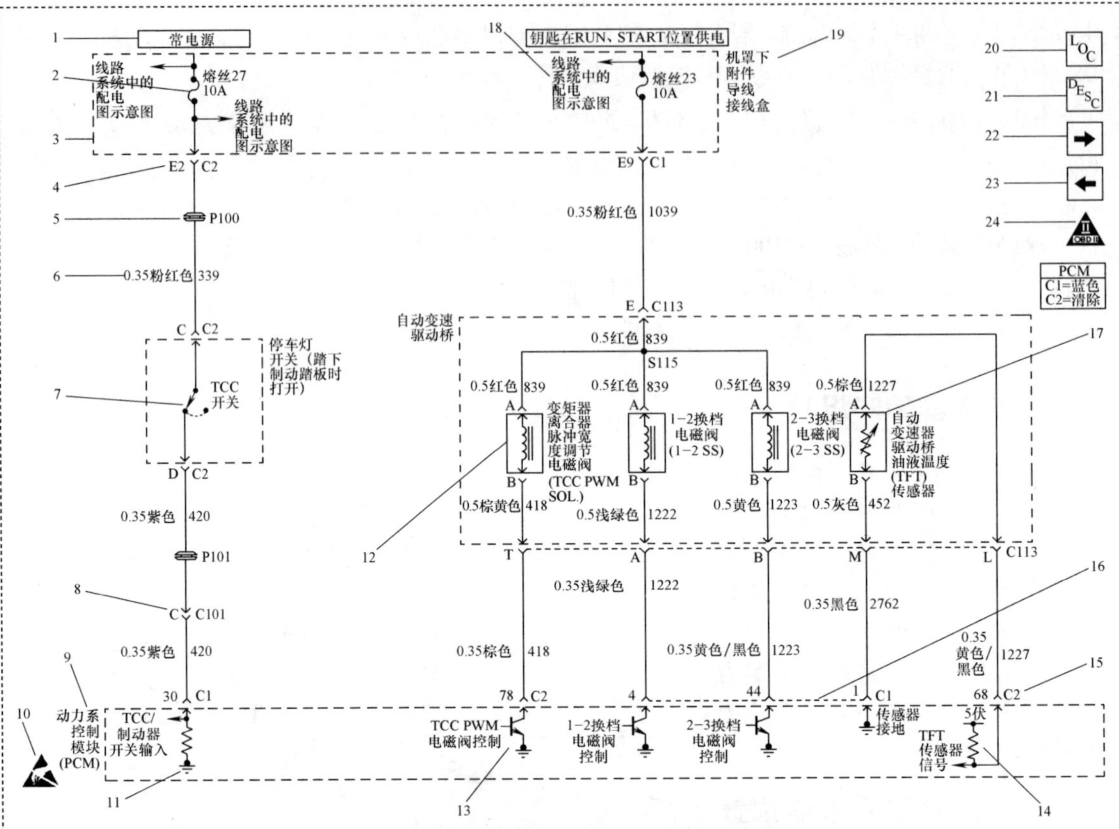

图 1-28　上海通用别克轿车自动变速器控制电路读图分析

果框内是“钥匙在运行（RUN）或起动（START）位置或检测时供电”表示线路在点火开关处于点火或起动档时有电，电压为蓄电池工作电压；如果是“钥匙在起动位置时供电”表示该电源只在点火开关处于起动位置时供电。

2——表示 27 号 10A 的熔丝。

3——电路配电盒。虚线框表示没有完全表达出接线盒全部，只是接线盒（配电盒）中的一部分。

4——接线盒插接器连接标注。表示导线由发动机舱盖下熔丝接线盒的 C2 连接插头的 E2 端子引出。连接插头编号 C2 写在右侧，端子编号 E2 写在左侧。该标注表示 339 号电路从 C2 插头的 E2 号端子引出。

5——表示密封圈代号。P100 表示贯穿式密封圈，其中 P 表示密封圈，100 为其代号。

6——电路标注。表达该电路导线的横截面积、颜色和电路编号。其中，左边数字表示导线横截面积，右边数字为电路编号，中间标注导线的颜色。图中的“0.35 粉红色”表示导线横截面积为 0.35mm²，线的颜色为粉红色。数字“339”是车辆位置分区代码，表示该线束位置在乘客室。

7——元件标注。表示 TCC（液力变矩器中的锁止离合器控制）开关，图中表示 TCC 开关处于接通状态，其开关信号经过 P101 和 C101，由动力控制模块（PCM）中的 C1 插头 30 号端子进入 PCM 中。

8——线间插接器标注。右侧“C101”表示连接插头编号（其中 C 表示连接插头），左侧“C”表示直列型插接器的 C 端子。

9——表示输出电阻器，这里用来把 TCC 和制动灯开关的信号以一定的电压信号的形式输出给动力控制模块 PCM 的内部控制电路。

10——表示动力控制模块 PCM 是对静电敏感的部件。

11——符号表示接地。

12——表示在自动变速器内部的 TCC 锁止电磁阀，此电磁阀控制液力变矩器内部锁止离合器的结合。它在点火开关处于点火或起动档时，通过 23 号 10A 的熔丝供电。

13——表示带晶体管半导体元件控制的集成电路。这里为动力控制单元 PCM 内部集成的控制电路，控制电磁阀驱动电路，通过 PCM 接地。

14——表示输出电阻。PCM 提供 5V 稳压通过内部串接电阻与自动变速器油温传感器（TFT）连接，同时将自动变速器油温传感器（NTC 型电阻）信号传给 PCM。

15——表示动力制模块 PCM 的 C2 连接插头的 68 号端子。

16——虚线表示 4、44、1 号端子均属于 C1 连接插头。

17——表示自动变速器内部的自动变速器油温传感器，它是一个随温度增加阻值减小的 NTC 型电阻。

18——电路省略标注。用文字注明了连接的电路，那些电路与本电路不一致，故而省略。在图中表示导线通往发动机舱盖下附件熔丝接线盒的其他电路，对目前所显示的电气系统没有作用，是一种省略的画法。

19——元件标注。用文字注明部件的名称及所处的位置。发动机舱盖下附件熔丝接线盒位于发动机的左侧（从车的前面看）。

20——主要部件列表图标。示意图上的图标用于链接“主要电气部件列表”。

21——说明与操作图标。示意图上的图标用于链接“特定系统的说明与操作”。

22——下页示意图图标。示意图上的图标用于进入子系统的下一个示意图。

23——前一页示意图图标。示意图上的图标用于进入子系统的前一页示意图。

24——本图标为车载诊断（OBD-Ⅱ）图标。

特别提示

通用车系在中国包括别克、雪佛兰和凯迪拉克三大系列。在电路的读图方面，别克系列车型有很强的代表性，并且其图形的分布、元器件的排列等方面非常直观，电路图走向清晰、原理易懂，令人易于接受。

你学会了吗?

1. 别克车系车辆位置分区代码的分布是怎样规定的?
2. 别克车系电路图中各符号及图示的意义及作用各是怎样的?
3. 如何对别克轿车自动变速器电路进行读图?
4. 别克君越轿车冷却风扇控制系统的风扇高低速的控制原理是怎样的?

第二章

工欲善其事必先利其器——汽车电工工具使用

第5天　学会使用指针式万用表

学习目标

1. 熟悉指针式万用表的结构。
2. 掌握指针式万用表的使用方法。

实际操作

一、指针式万用表的使用方法

1. 各种参数的测量

(1) 测量直流电流

① 测电流之前，首先将红表笔插入“＋”孔、黑色表笔插入“COM”孔，然后根据被测电流的大小将转换开关拨到某一量程上。

② 测量时，将万用表串入电路中，使电流从“＋”孔流入“COM”孔流出，当指针偏转停止后，按第二条刻度线读数。当被测电流超过500mA、小于10A时，测量直流电流用10A量程，此时转换开关拨到500mA档，红表笔插入10A插孔进行测量，按面板上第二条刻度线读数。读数时，选10A刻度值，用直接读数的方法确定被测电流值。

被测电流的读数方法有直读法和比例读数法两种：

直读法是指根据指针静止位置确定被测电流值的方法，适用于开关选择的量程等于刻度线刻度值的情况，如开关拨到50量程，而第二条刻度线选50刻度类型，则指针的读数就是被测电流值。

比例读数法是指将指针静止状态下的读数乘以或除以一个比例系数得到被测电流值的方法，适用于开关所选量程不等于刻度线所选刻度的情况，如开关拨到0.05量程而第二条刻度线的刻度值仍选50，0.05是50的1/1000，因此将指针的读数除以1000就得到被测电流值，又如开关拨到500量程而第二条刻度线选250刻度类型，500是250的2倍，因此将指针的读数乘以2就是被测电流值。

注意：测量电路中的电流时，一定要注意被测电路与万用表串联，绝对不能并联。

第二章

（2）测量直流电压

① 测量之前，红表笔插入“+”孔、黑表笔插入“COM”孔，然后根据被测电压大小将转换开关拨到电压档适当量程上。如果被测电压值未知，开关应拨到最大量程。

② 测量时，两支表笔接在被测电路的两端，使万用表与被测电路并联，同时红表笔接在被测电路的高电位端、黑表笔接低电位端。被测直流电压的读数仍使用第二条刻度线，可按直读法或比例读数法读数。

测量电压时，万用表的内阻越高，从被测电路取用的电流越小，被测电路受到的影响也越小，通常用万用表的灵敏度来表示这一特征。

汽车电路系统测量注意：汽车电路系统中，整个的汽车车身包括发动机、变速器等金属部件作为一个整体，是汽车上的零电位点。当进行各个检测端子的电压测量时，万用表的黑表笔一定要搭接在汽车的车身金属部位（零电位点），红表笔接被测点。

（3）测量电阻

① 测量电阻之前，首先把红表笔插入“+”孔、黑表笔插入“COM”孔，然后把选择开关拨到电阻档某一适当量程上，并短接两支表笔观察指针是否在0Ω处，若不在要转动电阻调零钮，校正指针，称为电阻调零。每变换一次量程都必须重新调零。

② 测电阻时，两支表笔接电阻两端，按第一条刻度线读数。方法是把指针静止时的读数乘以所选量程的倍数即为被测电阻值，如电阻量程选“×100Ω”档，当指针的读数为20时，则**被测电阻的数值为20×100Ω = 2000Ω。**

测量电阻时，如果被测电阻连接在电路中，测量时应先将电源除去后再进行测量，否则不但测量无效，还会损坏表头。如果被测电阻在电路中有并联支路，其测量结果是被测电阻与并联支路电阻并联后的等效电阻，而不是被测电阻的阻值，因此应把被测电阻的一端与电路断开后再测量。此外，**测高电阻（>10kΩ）时，应注意不要用双手同时接触表笔的带电部分，以免形成人体的并联电路。**

③ 用万用表电阻档测量小功率晶体管的参数时，**要注意一般不能用“R×1”或“R×10k”档**。因为“R×1”档综合内阻很小，测量时电流较大。而“R×10k”档的表内电源电压较高，这两种情况下都有可能损坏晶体管。另外，要注意万用表的红表笔是与表内电池的负极相连接的，而黑表笔是与表内电池的正极相连接的。

注意：电阻测量完毕，应将转换开关拨到交流电压的最大量程，以免下次使用时误用档位而损坏仪表，同时也能避免转换开关在电阻档时，两只表笔不慎短接而消耗电能。

第二章

2. 指针式万用表使用时的注意问题

① 使用前，应检查指针是否在零位，如果不在，应用一字螺钉旋具调整机械零位调整旋钮（调整）。

② 使用前要选好量程，拨准转换开关的位置。

③ 测量电压或电流时，如被测的数量事先无法预估，应选用最大量程档试测；如发现指针偏转太小，再逐步转换到适当量程进行实测。

④ 测量电阻时，先将转换开关拨到电阻（Ω）档位，把两个表笔短接在一起，看指针是否指在0Ω，如这时不指在0Ω，再旋转电阻调零旋钮使指针指向0Ω。所选档位应使指针指向刻度盘的右侧，这样读数误差小一些。在电阻档，表内电池电压极性与表面上的“+”、“-”表笔插孔极性相反。

⑤ 测量直流电压、电流时，要注意表笔红色为“+”，黑色为“-”。一方面要严格按红、黑插入表孔的“+”、“-”；另一方面接入被测电路的“+”、“-”要正确。如果一时不清楚可以测试，办法是选用大的量程，将两表笔快速接在被测电路上，快接快离，如发现指针顺转，说明接对了；反之，将两表笔极性调换。测量直流电流时注意，电流一定要从电流表的红表笔流入，黑表笔流出，有时线路的接线极性并不一定符合红“+”、黑“-”的接线。

⑥ 尽量训练单手操作测量，另一只手不要触摸被测物。

⑦ 不要带电转动转换开关。

⑧ 测量读数时，要看准所选量程的标度线，特别是测量10V以下小量程电压档，读数时要细心。

⑨ 每次测量完毕，应将转换开关拨到交流电压最大量程位置，避免将转换开关拨到电流或电阻档，以防下次测电压时忘记转动转换开关而将表烧坏。

⑩ 万用表长期搁置不用时，应将电池取出，以防止电池腐蚀。

基础知识

二、指针式万用表

图2-1是MF47型万用表的面板图，面板上布置有刻度盘、转换开关、插孔以及调零旋钮等。

1. 刻度盘（表头）

刻度盘是读取测量值的地方，由多条刻度线组成。右侧标有“Ω”符号的第一条刻度线是直流电阻刻度线，用于读取电阻值；左端标“V”、右端标“mA”的第二条刻度线为交、直流电压和直流电流刻度线，用于读取交、直流电压和直流电流值；右侧标有“h_{FE}”

字样的第四条刻度线、右侧有“L（H）”的第五条刻度线，分别是电容和电感刻度线，用于读取电容和电感值。第六条“－dB”、“＋dB”刻度线是音频电平的刻度线。

2. 转换开关用于选取档位和量程

MF47 型万用表共有“mA”、“$\underline{V}$”、“$\underset{\sim}{V}$”、“Ω”、“ADJ”和“h_{FE}”六个档位，每个档位又有多个量程。如“mA”档就有 0.05mA、0.5mA、5mA、50mA、500mA 五个量程。每一档设置多个量程的目的在于可以根据被测量和参数的大小，**选择合适的量程，以减小读数误差并保证万用表的安全。**

3. 输入插孔有四个，用于插入表笔

表笔有红表笔、黑表笔两支，一般情况下红表笔插入“＋”插孔，黑表笔插入公共端“COM”插孔；当测量高电压（大于 1000V）时，黑表笔不动，红表笔移至“2500V”插孔；当测量大电流（大于 500mA）时，黑表笔不动，红表笔移至“10A”插孔。

4. 机械调零旋钮和电阻调零旋钮

机械调零旋钮用于校正指针与机械零点的偏差，机械零点在刻度盘下方中间处；在测量之前，观察指针是否在机械零点，如不在，需要用工具转动机械调零旋钮使指针返回零点。电阻调零旋钮用于电阻的测量，每次测电阻之前，估计电阻值的大小并把转换开关变换到某一量程，将红黑表笔短接并观察指针是否在“Ω”刻度尺的“0”刻度处（第一条刻度线）最右端，**若不在，要用手转动旋钮使指针指向“0”刻度，避免产生测量误差。**如果手动转动旋钮，无法使指针达到“0”位，应考虑更换万用表内部电池。其主要技术规格见表 2-1。

图 2-1　MF47 型万用表面板图

表 2-1　MF47 型指针式万用表技术规格

测量种类	测量范围	灵敏度	精度等级
直流电流	0～0.05mA～0.5mA～5mA～50mA～500mA	—	2.5%
直流电压	0～1V～2.5V～10V～50V～250V～500V～1000V	—	2.5%（0～1000V） 5%（2500V）
交流电压	0～10V～50V～250V～500V～1000V～2500V	—	5%
电阻	×1　×10　×100　×1k　×10k	—	—
晶体管直流放大倍数	h_{FE}：0～600	—	—
电感	L：2～1000H	—	—
电容	0～0.03μF～0.1μF～0.3μF	—	—
音频电平	－10dB～＋22dB～＋36dB～＋50dB	—	—

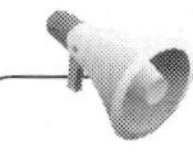

特别提示

当我们用万用表测量电压时，**切记要把万用表的黑表笔就近接到车身的接地（搭铁）部位，另一端接被检测部位**，这样才能准确地测量出相关检测点的电压，**切记一般不要连接在被测用电器或继电器等的两端**。

你学会了吗?

1. 如何使用指针式和数字式万用表测量直流电压?
2. 如何使用数字式万用表测量导线的通断?
3. 为什么不能用万用表带电测量电阻?

第6天　学会使用数字式万用表

学习目标

1. 熟悉数字式万用表的结构。
2. 掌握数字式万用表的使用方法。
3. 掌握汽车专用数字式万用表的使用方法。

维修案例

一、案例：利用数字万用表排除桑塔纳3000轿车不能起动故障

(1) 故障现象　一辆2008年产桑塔纳3000 1.8L轿车，行驶里程5.7万km。用户反映该车在**行驶中突然熄火**，然后**再也无法起动**。

(2) 检查分析　上述故障是在一个十字路口转弯时出现的，当时车速很慢，车辆在其他方面没有异常的表现。手头只有一块数字式万用表，基于故障现象，决定首先从油路和电路入手对故障进行检查。

首先检查油路部分：打开点火开关，能清晰地听到电动燃油泵预工作的声音，这说明油路的控制线路以及燃油泵继电器无故障；将燃油压力表联到油路中，起动发动机使起动机运转，测得的燃油压力为250kPa，并且燃油压力保持良好，此数据表明，从燃油泵到喷油器处的油路系统没有故障。根据以上对油路的检查推断，如果未喷油，4只喷油器不会同时出现不喷油的机械故障，因此，对4只喷油器的检查要从控制线路入手。拔下喷油器的插头，打开点火开关，用万用表分别测量每只喷油器插头1号端子的对地电压均为4.5V左右，而正常情况下，喷油器的供电电压应为12V（图2-2）。

根据测量的数据推断，喷油器的供电线路中存在虚接现象。经测量，喷油器的线束正常，因为该线路是从燃油泵继电器上引出的，遂检查燃油泵继电器（图2-3）。燃油泵继电器有30、85、86和87号4个端子，其中30号端子是提供蓄电池电压的常电源端子，87号端子连接燃油泵、喷油器和点火线圈。当打开点火开关时，继电器触点闭合，30号端子和87号端子接通，燃油泵、喷油器和点火线圈就应该得到12V左右的蓄电池电压。此时，用万用表测得30号端子的供电电压为12V左右，说明燃油泵继电器输入线路无故障，于是将检查重点放在输出线路上。

图2-2　测量喷油器的供电电压

图2-3　燃油泵继电器的端子排列

将继电器拔下，拆下继电器后面的塑料壳，检查触点，未发现烧蚀。将继电器装回原位，打开点火开关，测得喷油器插头上的1号端子的对地电压仍为4.5V左右。由于燃油泵继电器同时控制燃油泵、点火线圈和4只喷油器，于是对燃油泵和点火线圈的供电电源进行测量。测得的数据：燃油泵插头1号端子和4号端子的电压为12V左右，点火线圈插头上2号端子和4号端子的电压为4.5V左右。根据所测数据来看，完全可以断定燃油泵继电器功能有效，故障应该在燃油泵继电器的输出线路上。

燃油泵继电器的输出线路分为两条：一条线路经熔丝S1（10A）后为燃油泵供电，另一条线路经熔丝S2（10A）后同时为点火线圈和喷油器供电。由此可见，喷油器和点火线圈同在第二条线路上，它们的供电电压均为4.5V左右，有可能是此条线路中存在虚接故障导致的。

将熔丝S2拔下仔细检查，发现熔丝的一个端子的根部已经烧蚀了，但烧蚀部位藕断丝连，这种虚接现象正是导致故障出现的根源。

（3）故障排除　更换熔丝S2（10A），重新测量点火线圈和喷油器的供电电压，均为12V左右，此时起动车辆，发动机正常起动运转，故障彻底排除。

实际操作

二、数字万用表的使用

1. 各种参数的测量

（1）直流电压（DCV）和交流电压（ACV）的测量　电源开关置于ON位置，测直流电压时，应将量程开关拨至 DCV（直流电压）范围内的合适量程；测交流电压时，将量程开关拨至 ACV（交流电压）合适量程。红表笔插入 V/Ω 孔，黑表笔插入 COM 孔，并将测试笔连接到测试电源或负载上，读数即显示测量值。若被测电压超过所选档位量程，则显示器显示过量程“1”，此时应将档位改为高一档量程，直至显示正常的数值。在测量直流电压时，数字万用表能自动显示极性。在测量仪器仪表的交流电压时，应当用黑表笔去接触被测电压的低电位端（如信号发生器的公共端或机壳），以消除仪表对地分布电容的影响，减小测量误差。

（2）直流电流（DCA）和交流电流（ACA）的测量　将量程开关拨至 DCA（直流电流）或 ACA（交流电流）范围内的合适量程，红表笔插入 mA 孔（≤200mA 时）或 10A 孔（>200mA 时）。黑表笔插入 COM 孔，并通过表笔将万用表串联在被测电路中即可。在测量直流电流时，数字万用表能自动显示极性。

（3）电阻的测量　将量程开关拨至 Ω（电阻）范围内的合适量程，红表笔插入 V/Ω 孔，黑表笔插入 COM 孔。如果被测电阻超出所选择量程的最大值，万用表将显示过量程“1”，这时应选择更高的量程。对于大于 1MΩ 的电阻，要几秒钟后读数才能稳定，这是正常的。当检查电路中的电阻时，应先切断被测线路的电源，并将所有电容放电。

（4）二极管的测量　将量程开关拨至“⊳|”档，将黑表笔插入 COM 插孔，红表笔插入 V/Ω 插孔（**注意红表笔极性为正**）。测量时，万用表将显示二极管的正向压降。通常好的硅二极管正向压降显示值为 0.4～0.7V，好的锗二极管正向压降为 0.15～0.30V，若被测二极管是坏的，将显示“000”（短路）或“1”（开路）。进行反向检查时，如果被测二极管是好的，将显示过量程“1”；若损坏，就显示“000”或其他值。

注意：数字万用表电阻档所能提供的测试电流很小。因此，对二极管、晶体管等非线性元件，通常不测正向电阻而测正向电压降。

另外，该量程还可以利用蜂鸣器做连续检查，如果所测电路的电阻在 30Ω 以下，表内的蜂鸣器有声响，表示电路导通。

应该注意的是，在汽车电器及电子控制系统中测量同一导线两端间的通断时，不建议使用此档位，因只要是 30Ω 以下的电阻，其蜂鸣器便会鸣响，使人误认为此导线导通良好。汽车电子控制系统中，一般要求其导线的电阻小于 0.5～1.5Ω。为避免出现这样的情况，测量同一导线间的通断时，一般使用万用表的 200Ω 档，测量时能够直接显示出所测导线的电阻值。

（5）晶体管放大倍数 h_{FE} 的测量　将量程开关拨至 h_{FE} 档，根据被测晶体管的类型，将其插入 NPN 型或 PNP 型对应的插口中，这时显示器上将显示 h_{FE} 的近似值。

应该注意的是，使用 h_{FE} 插口测量晶体管时，由于测试电压较低，向被测管提供的基极电流很小，集电极电流也很小，使被测管在低电压、小电流状态下工作，测出的 h_{FE} 仅供参考。

2. 数字万用表使用注意事项

① 如果预先无法估计被测电压或电流大小，则应先拨至最高量程档测量一次，再视情况逐渐把量程减小到合适位置。测量完毕，应将量程开关拨到最高电压档，并关闭电源。

② 测量电压时，应将数字万用表与被测电路并联，数字万用表具有自动转换功能，测直流电压不必考虑正、负极性。但是，如果误用交流电压档去测量直流电压，或误用直流电压档去测量交流电压，将显示“000”，或在低位上出现跳数。测试表笔插孔旁边⚠符号，表示输入电压或电流不应超过指示值，这是为了保护内部线路免受损伤。

③ 严禁在测高电压（220V 以上）或大电流（0.5A 以上）时拨动量程开关，以防止产生电弧，烧毁开关触点。

④ 数字万用表本身具有自动调零功能，在使用时不需手工调零。

三、汽车万用表的使用

1. 汽车万用表使用方法

① 信号频率测试。测试项目选择开关置于频率（Freq）档，黑线（自汽车万用表接地插孔引出）接地，红线（自汽车万用表公用插孔引出）接被测信号线，显示屏即显示被测频率。

② 温度检测。测试项目选择开关置于温度（Temp）档，按下功能按钮（℃/℉），将黑线接地，探针线插头端插入汽车万用表温度测量插孔，探针端接触被测物体，显示屏即显示被测温度。

③ 点火线圈初级电路闭合角检测。测试项目选择开关置于闭合角（Dwell）档，黑线接地，红线接点火线圈负接线柱，发动机运转，显示屏即显示点火线圈初级电路闭合角。

④ 频宽比测量。测试项目选择开关置于频宽比（Duty Cycle）档，红线接电路信号，黑线接地，发动机运转，显示屏即显示脉冲信号的频宽比。

⑤ 转速测量。测试项目选择开关置于转速（RPM）档，转速测量专用插头插入接地插孔与公用插孔中，感应式转速传感器（汽车万用表附件）夹在某一缸高压点火线上，在发动机工作时，显示屏即显示发动机转速。

⑥ 起动机起动电流测量。测试项目选择开关置于 400mV 档（1mV 相当于 1A 的电流，即用测量电流传感器电压的方法来测量起动机起动电流），把霍尔式电流传感夹夹到蓄电池电源线上，其引线插头插入电流测量插孔，按下最小/最大功能按钮，然后拆下点火高压线，用起动机转动曲轴 2～3s，显示屏即显示起动电流。

⑦ 氧传感器测试。拆下氧传感器线束插接器，将测试项目选择开关置于“4V”档，按下 DC 功能按钮，使显示屏显示“DC”，再按下最小/最大功能按钮，将黑线接地，红线与氧传感器相连；然后以快怠速（2000r/min）运转发动机，使氧传感器工作温度达 360℃以上。此时，如可燃混合气浓，氧传感器输出电压约为 0.8V；如可燃混合气稀，氧传感器输出电压为 0.1～0.2V。当氧传感器工作温度低于 360℃时（发动机处于开环工作状态），氧传感器无电压输出。

2. 汽车万用表检查电控系统的注意事项

① 除在测试过程中特殊指明外，不能用指针式万用表测试 ECU 和传感器，应使用高阻抗数字式万用表，万用表内阻应不低于 10MΩ。

第二章

② 首先检查熔丝、易熔线和接线端子的状况，在排除这些地方的故障后再用万用表进行检查。

③ 在测量电压时，点火开关应接通（ON），蓄电池电压应不低于11V。

④ 测量电阻时要在垂直和水平方向轻轻摇动导线，以提高准确性。

⑤ 检查线路断路故障时，应先脱开ECU和相应传感器的插接器，然后测量插接器相应端子间的电阻，以确定是否有断路或接触不良故障。

⑥ 检查线路接地短路故障时，应拆开线路两端的插接器，然后测量插接器被测端子与车身（接地）之间的电阻值。电阻值大于1MΩ为无故障。

⑦ 在拆卸发动机电子控制系统线路之前，应首先切断电源，即将点火开关断开（OFF），拆下蓄电池极柱上的接线。

⑧ 测量电子控制器各个端子的电阻时，不要直接用普通万用表的电阻档测量，尤其要注意不要将较高电压引入电子控制器内部，以免损坏电子控制器内部的元件。

⑨ 所有传感器、继电器等装置都是和ECU连接的，而ECU又通过导线和执行部件连接，所以在检查故障时，可以在ECU插接器的相应端子上进行测试。

四、数字万用表

数字万用表是在直流数字电压表的基础上扩展而成的，主要由模拟量-数字量（A/D）转换器、计数器、译码显示器和控制器等组成。DY2201型数字万用表的外形及面板分布如图2-4所示。面板上装有液晶显示屏、电源开关、转换开关、输入插孔、温度插孔、晶体管插孔和数据保持键等操作装置。

图2-4　DY2201型数字万用表

1. 电源开关和显示屏

① 数字式万用表设有电源开关，控制万用表的电源状态，有ON和OFF两种状态。使用时将开关置于ON状态，以接通电源；使用完毕置OFF状态，关闭电源。

② 接通电源后，显示屏应有数字显示，如果没有或有数字显示但同时显示“[电池符号]”符号，则说明表内电池电压已不足，应予更换。测量时，对四位半数字表，显示屏最大显示值为19999或－19999，对三位半数字表，最大显示值为1999或－1999。当被测量超过最大显示值，则显示屏显示数字“1”，表示过量程或溢出，此时应换用更高量程进行测量。过量程符号“1”还会现在其他场合，如在测电阻时，若表笔开路，则显示屏也会显示“1”；又比如，测二极管反向状态时也会显示过量程符号，表示反向电阻很高。因此，测量时应注意区分，不能混淆。有时显示值中带负号“－”，这表示表笔的极性与被测点的极性相反。有时显示值中带有小数点，读数时必须注意。另外读数时，要等到显示值稳定后才能读取。如果显示值一直不能稳定，就读取平均值或者最大值。

2. 转换开关

与指针式万用表一样，首先是选择档位和量程。测量之前，将转换开关拨到合适的档位和量程上。因数字万用表有测量保护装置，因此测量时可转动开关转换量程。

3. 插孔

① 数字万用表在面板的最下方布置了四个输入插孔。其中“COM”是公共插孔，作为各种测量的公共端使用；“VΩ”孔用于电压和电阻的测量；“mA”和“20A”分别用于小于2A和小于20A电流的测量。测量时，“COM”孔插入黑表笔，其他孔插入红表笔，不能用错。

② 为了测出β值，面板上设有“NPN”和“PNP”插孔，测量时，转换开关转到h_{FE}档，将晶体管三个电极分别插入对应的E、B、C插孔中，显示屏的读数即为β值。这个β是近似值，不是精确值，故该值在判断晶体管性能时，只起参考作用。

4. 数据保持（DATA HOLD）键

在测量过程中，若看不清屏幕，无法读数时，可以锁定显示。这时只要按数据保持（DATA HOLD）键就可以了。

五、汽车万用表

汽车万用表也是一种数字多用仪表，其外形和工作原理与数字式万用表相似，只是增加了几个汽车专用功能而已。在发动机电控系统故障的检测与诊断中，除经常需要检测电压、电阻和电流等参数外，还需要检测转速、闭合角、频宽比（占空比）、频率、压力、时间、电容、电感、温度、半导体元件等，但是这些参数用一般数字式万用表无法检测，需用专用仪表即汽车万用表。

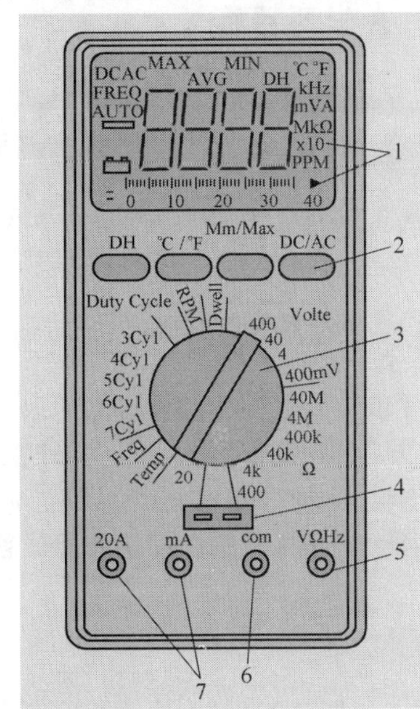

图2-5 汽车万用表

1—4位数字及模拟量（棒型图）显示器 2—功能按扭 3—测试项目（功能）选择开关 4—测量温度插孔 5—测量电压、电阻、频率、闭合角、频宽比（占空比）及转速公用插孔 6—公共接地插孔 7—测量电流插孔

如图2-5所示，汽车万用表主要由数字及模拟量显示屏、功能按钮、测试项目选择开关、温度测量座孔、公用座孔（用于测量电压、电阻、频率、闭合角、频宽比和转速等）、接地插孔、测量电流插孔等构成。另外，为了实现某些功能，例如测量温度、转速等，汽车万用表还配有一些配套件，如热电偶适配器、热电偶探头、电感式拾取器以及AC/DC感应式电流夹钳（5～2000A）等。

特别提示

在检测导线连接状态时不建议使用数字万用表的通断档测二极管档，原因在于汽车是低压12V供电，即使线路中只存在十几欧姆的电阻也可能会导致故障发生，所以在检测线路时应尽量用万用表电阻档200Ω量程检测导线的通断。

你学会了吗?

1. 数字式万用表的结构是怎样的?
2. 如何使用数字式万用表进行各类电参数的测量?

第7天　学会使用示波器

学习目标

1. 了解示波器的结构及功能。
2. 掌握示波器的波形测量及识读方法。

基础知识

示波器是利用示波管内电子束在电场或磁场中的偏转，显示随时间变化（波形）的电压信号的一种观测仪器。它不仅可以定性观察电路（或元件）的动态过程，而且还可以定量测量各种电学量，如电压、周期、波形的宽度及上升、下降时间等。**用双踪示波器还可以测量两个信号之间的时间差或相位差，显示两个相关函数的图像。**常用示波器如图2-6所示。

一、示波器

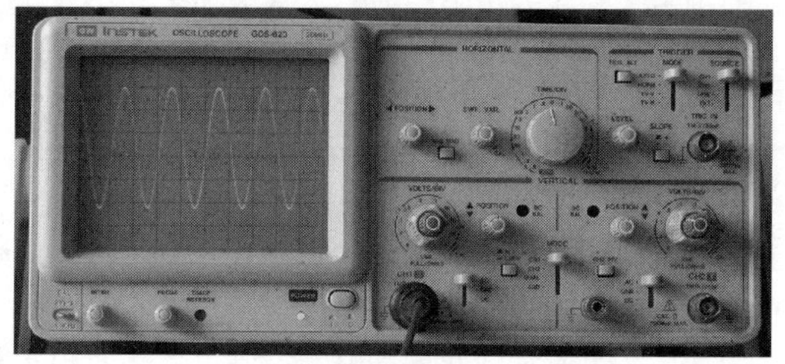

图2-6　常用示波器

示波器可以看做是在规定时间内读出并显示电压的快速反应电压表。图2-7所示的示波器屏幕按时间和电压划分成小单元格，这些单元格在屏幕上形成栅格。**栅格作为测量基准，时间由波形在水平方向的运动表示，电压由波形的垂直位置来测量。**如图2-8所示，由于示波器以时间为横坐标显示电压，所以波形从左边（测量开始）向右边（测量结束）移动。另外，通过调节单元格的数值可以改善电压波形曲线。例如，可以调节垂直方向的标度，以每单元格表示0.5V电压，水平方向的标度可以调节为每单元格代表0.005s。电压读数在示波器屏幕上表现为波形或踪迹，即波形可以表示电压随时间的变化情况，波形的振幅变化表明电压在变化。当波形是一条水平直线时，电压为常值，逐渐上升的波形或下降的波形表示电压在逐渐增大或减小，波形的突然上升或下降表明电压突然发生变化。这样就可以观察电压在非常短暂的时间内所发生的微小变化，也就是说示波器可以显示电压发生的任何变化。

几乎所有的示波器都有如图2-9所示的垂直（y轴）、水平（x轴）和触发调节装置。垂直调节装置实际上控制每个单元格所表示的电压高低，如果将示波器设定为每格表示0.5V（500mV），则5V电压信号将需要10个单元格。同样，如果将示波器设定每格表示1V，则5V只需要5个单元格。在使用示波器时，**垂直设定对于准确读取电压非常重要**，如果将单格电压设定得过低，波形可能就会在屏幕以外，如果将单格电压设定得过高，波形就会变得过小、

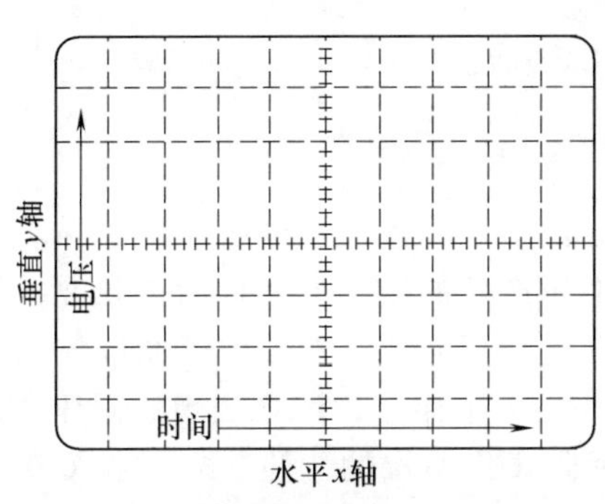

图 2-7　示波器屏幕上作为时间和电压基准的栅格

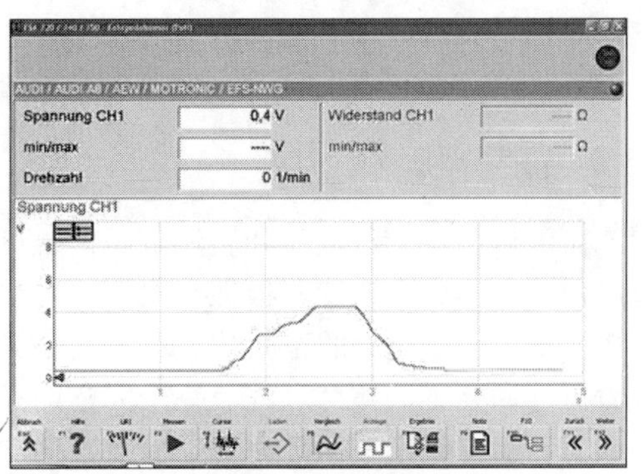

图 2-8　随时间变化的电压波形

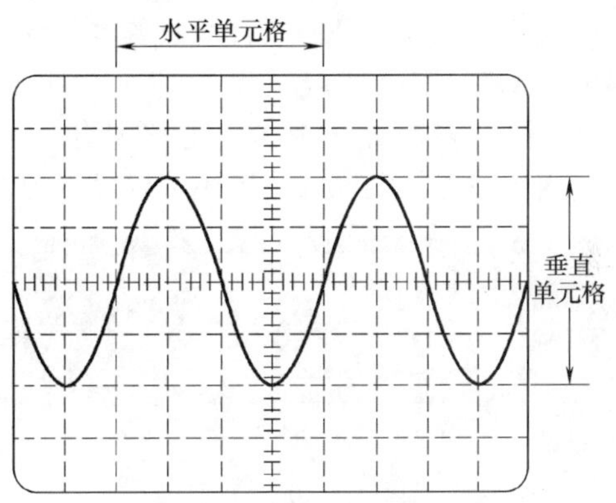

图 2-9　垂直、水平单元格

平坦而难以读取。通过垂直位置调节装置可以将波形垂直地移动到屏幕任何位置。水平位置调节装置实际上控制每个单元格所表示的时间，它可以调节波形的水平位置。如果将每个单元格表示的时间设定得太小，可能无法在屏幕上显示完整波形，同样，如果将每个单元格表示的时间设定得太大，波形就可能被挤压得难以仔细观察清楚。每个单元格所表示的时间范围可以从几毫秒到几秒。触发调节装置控制波形何时开始穿过示波器屏幕。在尝试观察某信号的正时时，合适的触发可使波形在屏幕上相同点处反复开始、结束。示波器触发调节装置一般有正常（NORM）和自动（AUTO）两种模式。**在 NORM 模式下，电压信号没有出现在设定的时基时，屏幕上将不会显示波形，而在 AUTO 模式下，显示波形与时基无关**。

由于汽车电路在工作过程中，存在间歇的接通和断开，如果电路存在电源短路或断路故障，就会产生瞬时间歇性的噪声或干扰。因为示波器显示的是真实电压，所以在真实电压显示过程中也伴随着图 2-10 所示的各种噪声或干扰所产生的杂波，致使信号发生变化，这些问题可能只出现在某一瞬间，也可能会持续一段时间。示波器对于查找这类问题和其他偶发问题的原因很方便。

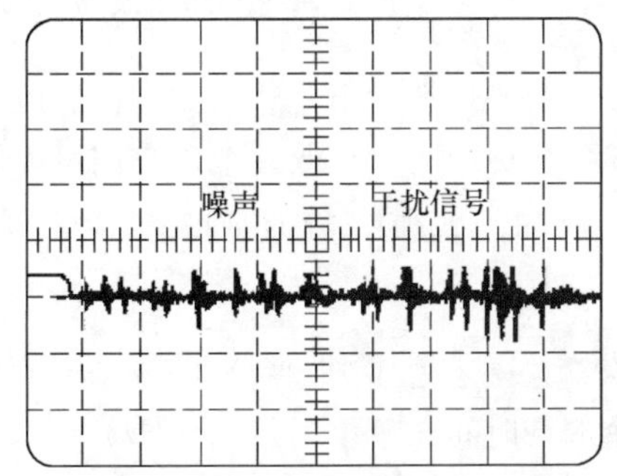

图 2-10　在电压信号上可能出现的噪声和干扰引起的杂波

示波器有双踪示波器（图 2-11）或多踪示波器。示波器有多个通道接口，能够同时显示两个或多个波形，把示波器连接到 2 个或 4 个不同的信号，即可以把 2 种或 4 种信号波形同时显示出来，通过同时监视两个波形，可以将一个良好的或正常的波形与正在显示的波形进行比较。但由于示波器的屏幕比较有限，同时显示多个（两个以上）波形时单个波形的幅面比较小，不便于观察分析波形中的细微变化。

汽车专用示波器的功能分为基本功能和附加功能，基本功能就是对汽车电控系统中的模拟信号和数字信号进行波形显示，附加功能包括万用表功能和发动机性能测试功能。

二、波形分析

示波器可以显示交流电压和直流电压，既可以分次显示，也可以同时显示，一般的交流信号每过一段时间就会改变其极性和振幅。由交流电压产生的波形通常称为正弦波，其波形如图 2-9 所示，一个完整的正弦波显示出电压从零变化到正峰值，然后向下经过零到达负峰值，最后再返回到零的整个过程。一个完整的正弦波是一个循环，**1s 内出现的循环次数就是信号的频率，检查频率或循环时间是检查某些电气元件工作情况的一种方法**。输入传感器是最常见的产生交流电压信号的元件，可以利用示波器检查该电压，还可以检查交流电压波形是否有噪声和干扰，这些噪声和干扰可能会向电控单元发送错误信息。

直流电压波形是一条直线或者电压变化很慢的线条，有时直流电压波形表现为方波，这时电压发生了迅速变化（图 2-12）。可以通过观察波形两边是否垂直、顶部是否平直来识别方波。方波表示电压施加（电路闭合）、维持（电路保持闭合）和无电压（电路断开）过程。当然，直流电压的波形还可以显示为电压逐渐变化。

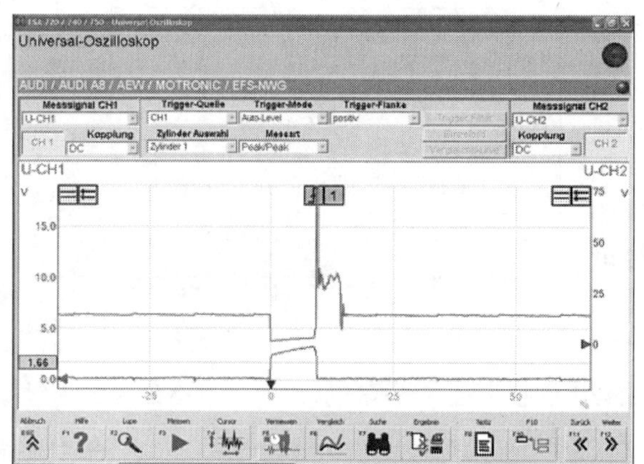

图 2-11　双踪示波器

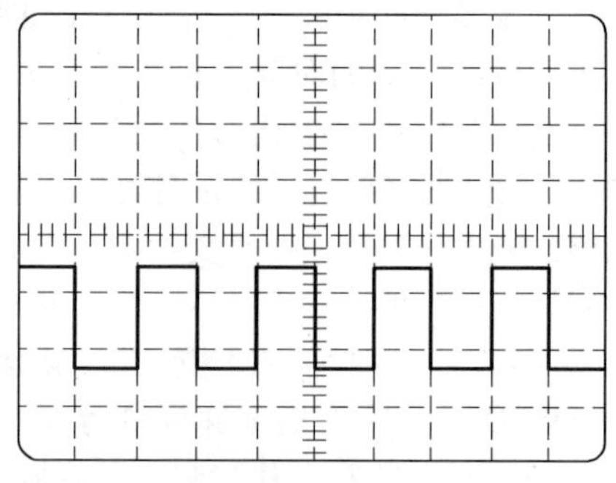

图 2-12　典型的方波（通—断或高—低）

对于任意一个传感器或执行器以及电路，所有的汽车电子信号都具有以下可度量的 5 个参数指标中的一个或几个，它们可以用来对波形（图 2-13）加以分析判断。

（1）幅值　幅值是指信号在一定点上的瞬时电压。幅值有最大值和最小值，单位为伏特（V）。

（2）频率　波形的频率表示信号每秒的周期数，是信号波形变化的节奏，频率 = 1/一个周期时间，单位为赫兹（Hz）。

（3）形状　波形的形状是指信号的外形特征，指明它的曲线、轮廓、上升沿、下降沿等。

（4）脉冲宽度　波形的脉冲宽度表示信号负电压部分的宽度，通常以毫秒（ms）表示。脉冲宽度也是指信号所占的时间或占空比，**占空比表示信号的脉冲宽度与信号周期的比值，用百分比表示**。例如，脉冲宽度 = 15ms，一个周期时间 = 35ms，占空比 =（15ms/35ms）×100% =42.85%。

（5）阵列　波形的阵列是指组成信息信号的重复方式。

三、汽车专用示波器简介

不同品牌的汽车专用示波器，其功能和使用方法大体相同，常用的 FLUKE98 型汽车示波器的外观及组成如图 2-14 所示。

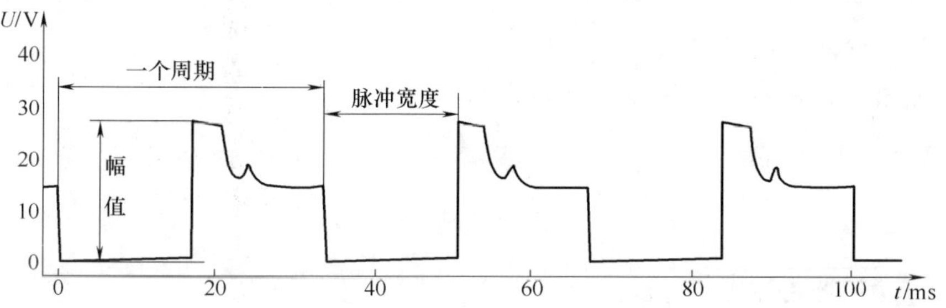

图 2-13　波形的部分参数指标

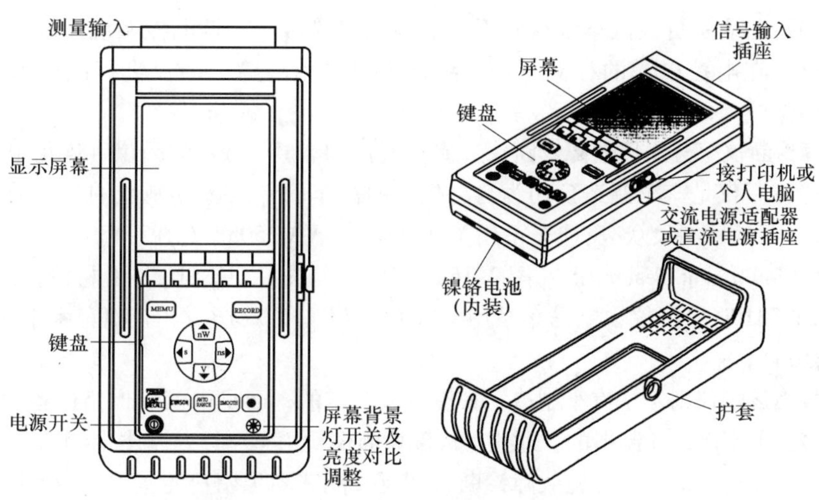

图 2-14　FLUKE 98 型汽车示波器外观及组成

特别提示

通过分析示波器显示波形进行汽车故障的检测与诊断，更加直观地判断现代汽车电控系统的故障所在，从而能够更加准确地确定故障部位。

你学会了吗？

1. 示波器的结构及功能有哪些？
2. 示波器的波形测量及识读方法是怎样的？

第8天　学会使用故障诊断仪

学习目标

1. 了解故障诊断仪的功能及类型。
2. 掌握专用型、通用型故障诊断仪的区别。

基础知识

一、故障诊断仪的类型

汽车故障诊断仪是目前汽车维修必不可少的检修仪器。一旦电控系统出现故障，便以故障码的形式储存在电控单元的存储器中，维修人员可用故障诊断仪进行故障诊断、系统匹配、读取和清除故障码等操作。

汽车故障诊断仪可分原厂故障诊断仪（专用型）和非原厂故障诊断仪（通用型）两类。

原厂故障诊断仪是汽车制造公司为自己生产的汽车而专门设计制造的，一般只在特约维修站（4S店）配备，如大众/奥迪车系用VAG 1552 、VAS 5052（图2-15），丰田车系用智能检测仪IT-Ⅱ（Intelligent Tester-Ⅱ)(图2-16a)，日产车系用CONSULT-Ⅱ检测仪（图2-16b），本田车系用MTS3100检测仪，宝马车系用GT1检测仪（图2-16c），奔驰车系用STAR2000检测仪（图2-16d）。

通用型故障诊断仪则不是汽车制造厂家提供或指定的，而是由汽车保修设备制造公司为适应诊断检测多种车型而设计制造的。通用型故障诊断仪适用车型广，基本上涵盖了欧、美、日、韩及国产车系，其功能也与专用型故障诊断仪相近，能够满足用户的基本需要。国内公司生产的通用型故障诊断仪有元征X-431（图2-17a）、金德KT600系列（图2-17b）以及金奔腾等。通用型故障诊断仪对某些车系的部分电控系统故障是无法检测到的。

a) VAG 1552故障诊断仪

b) VAS 5052故障诊断仪

图2-15　大众/奥迪车系的专用故障诊断仪

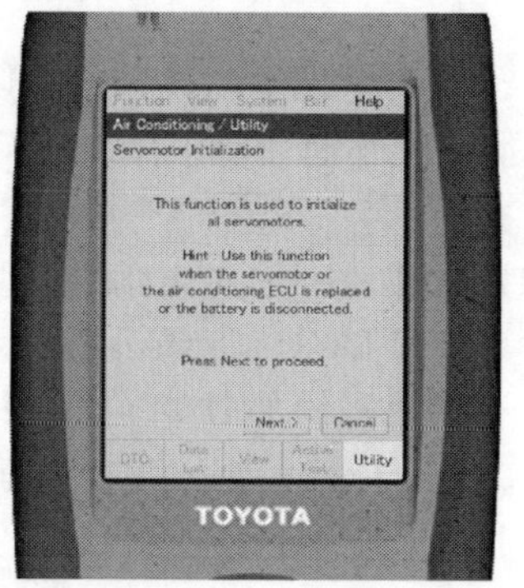

a) 丰田车系用智能检测仪IT-Ⅱ

b) 日产车系用CONSULT-Ⅱ检测仪

c) 宝马车系用GT1检测仪

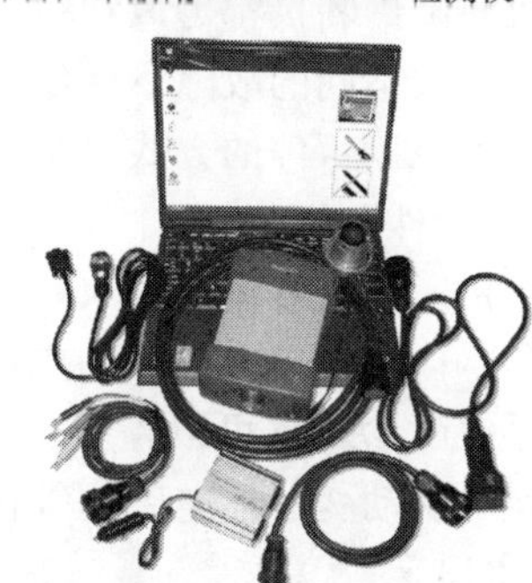

d) 奔驰车系用STAR2000检测仪

图 2-16　专用型汽车故障诊断仪

a) 元征X-431检测仪

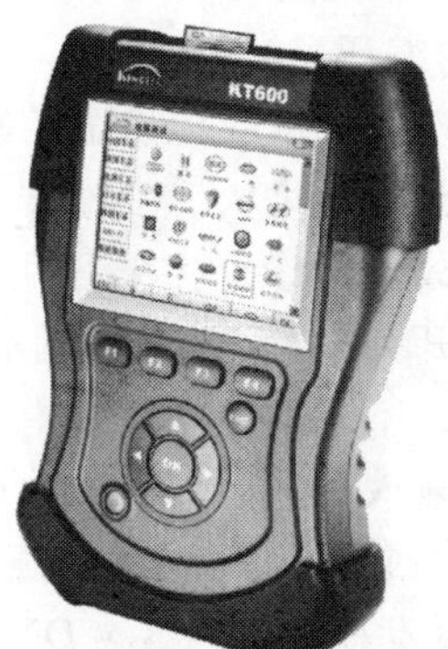

b) 金德KT600通用检测仪

图 2-17　通用故障诊断仪

二、故障诊断仪的功能

故障诊断仪的功能分为基本测试功能和特殊测试功能，基本测试功能包括读取和清除故障码，特殊测试功能包括动态数据流测试、执行元件测试、基本设定和控制单元编码等。

1. 读取故障码

故障诊断仪可以读出存储在电子控制单元中的故障码，并在显示屏上显示出来，故障码的含义也可通过按键的操作将其从故障诊断仪中调出。在未清除故障码之前，可以重新阅读故障码。

第二章

2. 清除故障码

电控系统的故障被排除后，必须清除掉存储在电子控制单元中的故障码，以免干扰下一次故障码的读取。使用故障诊断仪可以方便、快捷地清除掉存储在电子控制单元中的故障码。

3. 动态数据流测试

将车辆各系统运行过程中控制单元的工作状况和各种输入、输出电信号的瞬时数值，以串行方式经故障诊断座传送到故障诊断仪，并在故障诊断仪显示屏上显示出来，从而使整个控制系统的工作状况一目了然，供检修人员查阅。对于无故障码的故障，建议仔细观察计算机的输入和输出信号，作为识别这类故障的辅助方法，这可以通过观察串行数据流来完成。

现在许多故障诊断仪可以在动态数据流测试时，通过操作观察其所测数据的动态波形。

4. 定格数据

大多数故障诊断仪都可以在行车时记录数据，这些信息是其他方法很难或根本无法获得的。这些记录被不同的故障诊断仪生产者分别称为“快照”、“影片”或“影像”。重放记录时，故障码可以以暂停的方式显示，可以从容地仔细研究传感器及执行器的活动。

5. 执行元件测试

在发动机运转过程中或熄火状态下，通过故障诊断仪向各执行元件发出强制驱动或强制停止的指令，以查找出有故障的执行元件或控制电路。此项功能可以检查执行元件的工作状态，如通过故障诊断仪可以检查电动汽油泵继电器、喷油器、废气再循环阀、怠速控制阀、空调离合器、自动变速器电磁阀等执行元件是否工作。

6. 基本设定

此项功能可以对汽车上的电控系统进行基本设定。当电控系统某些部件维修后，或更换了电子控制单元，由于电控系统中的初始值发生了变化，所以必须进行重新设定，例如点火正时的设定、节气门控制部件与电子控制单元的匹配、发动机开闭环的控制等。

7. 控制单元的编码

控制单元编码没有显示或更换了控制单元之后，必须对控制单元进行编码。如果发动机ECU编码错误将导致油耗增大，变速器寿命缩短，直至发动机无法起动。

对于电控系统故障的诊断主要采用两种不同的诊断模式：**一种是静态诊断**，简称KOEO诊断模式，即点火开关“开”、发动机不运转（Key ON Engine OFF）。在这种模式的诊断中，只需打开点火开关，不起动发动机，主要是在发动机静态时，将车用电控单元中所存储的故障码或电控单元的输入和输出信号的数据读取出来，利用电控单元内已存有的汽车电控系统的故障码或数据进行诊断。**另一种故障诊断模式是动态诊断模式**，简称KOER诊断模式，即点火开关“开”，发动机运转（Key ON Engine RUN）。在这种模式的诊断中，主要是在发动机运行状态下，利用故障自诊断系统测取故障码或数据流。

三、专用型、通用型故障诊断仪使用中的差别

1. 功能上的差别

故障诊断仪功能上的差别因厂家的技术支持而不同，具体功能差别见表2-2。

另外，专用型故障诊断仪可对车载电脑的程序进行重新编写，对控制单元编码，对汽车上电控系统进行基本设定，对车载音响的解码、保养灯清零等，许多通用型故障诊断仪不一定有此功能。

2. 故障描述上的不同

一些轿车上发生的一个常见故障是发动机故障指示灯点亮，导致车辆无法通过尾气排放检测。故障灯虽然点亮了，但车辆可能运行良好或发动机只有轻微的故障，如发动机怠速不稳等。

表 2-2　专用型、通用型故障诊断仪功能上的差别

种类＼功能	基本测试功能		特殊测试功能			
	读取故障码	清除故障码	动态数据流测试	执行元件测试	基本设定	控制单元编码
专用型故障诊断仪	√	√	√	√	√	√
通用型故障诊断仪	（有防盗）					
	√	√	√	部分	×	×

要想使发动机故障指示灯（MIL）熄灭，第一步就是读取故障码，在对车辆控制电脑的自诊断系统进行检查时，首先要搞清楚车辆控制电脑认定的故障是什么。如果使用原厂的故障诊断仪，只可以读取原厂定义的故障码来帮助诊断，通用型故障诊断仪可以诊断其他故障。

例如，对于读取到的故障码为 P1128，大众原厂故障诊断仪定义故障码为 17536，定义为混合气自适应过稀。福特故障诊断仪读取到的故障码 P1128，定义为加热式含氧传感器信号交换故障，通用型故障诊断仪读取到的故障码 P1128，定义为加热式氧传感器故障。

该故障码涉及发动机控制电脑能否改变燃油补偿，当混合气过稀时，燃油补偿用来修正混合气浓度，使之达到正常状态。控制电脑通过加大喷油器喷油脉宽的方法增加了喷油量，但氧传感器仍然指示混合气过稀。

（1）维修处理

1）定义为混合气自适应过稀。混合气自适应过稀的故障原因可能出在空气流量传感器或喷油器不喷油上。空气流量传感器是发动机用以确定合适的燃油混合气的传感器。发动机控制电脑通过计算发动机进气流量并结合发动机转速信号来确定发动机的负荷，确定合适的喷油量。

如果空气流量传感器损坏或空气流量传感器线路故障，将导致在发动机所有转速范围内出现混合气失常现象。如果空气流量传感器部件脏污，就无法准确读取进气流量，将导致在发动机所有转速范围内出现混合气失常现象。如果在空气流量传感器后部的进气管路的某个地方有真空泄漏，空气流量传感器就不能测量出发动机吸入的空气量，从而发动机控制电脑就不能指令喷油器喷射足够的燃油。由于发动机怠速时进气量很少，因此怠速时发生真空泄漏对混合气有很大影响。在高转速下工作时，发动机进气量比怠速状态要大得多，所以高转速下发生少量的真空泄漏对混合气的影响相对较小。

2）定义为加热式氧传感器信号交换故障。可能的故障部位有加热式氧传感器损坏、加热式氧传感器线路故障。如读取到这个故障码后就采取更换氧传感器的处理方法，或对线路进行检查维修，只会浪费时间，结果还是找不出故障所在。

3）定义为加热式氧传感器故障。如读取到这个故障码后就采取更换氧传感器的处理方法，这样做只能导致几天后故障灯再次点亮，用户只好将车辆送回返修。

（2）结论

① 如果发动机确实在混合气过稀的状态下运行，就不能怪氧传感器指示有错了。

② 专用型故障诊断仪和通用型故障诊断仪在故障描述上的不同，会错误地引导维修人员。

③ 不能盲目信任诊断仪，要按照正确诊断流程对汽车电控系统进行检查测试。

四、使用故障诊断仪检测电控系统时的注意事项

1）在检查非电控系统部分的故障时，故障诊断仪并不是很有用。

2）故障诊断仪不能自已思考或进行故障诊断，因此最重要的是要了解所检测系统的工作和测试程序，以正确地理解故障诊断仪所提供的信息，还要注意的是在某些条件下，故障诊断仪可能会显示错误的信息，因为故障诊断仪显示的系列数据受电控单元的影响。

3）故障诊断仪在检查单独的输入和输出回路时，会判断回路或零件是否作用正常。

4）当汽车无法提供数据或数据无法取出时，即无故障码输出时，故障诊断仪就无法发挥作用。

5）故障诊断仪使用方法简单，但一定要按规定进行操作，一些维修人员抱有“故障诊断仪使用方法简单，不必按规定进行操作”的心理，以至于在对电喷车辆进行维修时，操作方法过于随意，导致自诊断系统输出错码。

6）查找和排除故障时，要将故障诊断仪与维修手册结合起来，故障诊断仪可以迅速、准确地指出故障部位（元件）和某些故障原因，但必须参考各种汽车维修手册。

7）目前生产的汽车发动机控制单元中都有丰富的数据流存储调用功能，故障诊断仪最有用的功能之一就是它可以在路试中记录数据流读数，并可以重放以进行详细分析。依靠故障诊断仪和车上系统，可以获得数据记录。一旦故障诊断仪设置为记录状态时，它就可以将数据流记录在内部记忆缓冲存储器中。分析存储器中的数据可以找出间歇性故障的原因。另外，在分析某个元件的数据流时，不能只看这个元件的数据流及变化，而应将与该元件关系密切的几个元件的数据流汇集到一起，作综合分析，才能得到正确结论。

8）不论专用型还是通用型故障诊断仪，由于厂家不断有新车型出现，因此要不断定期对诊断仪的诊断软件进行升级，一般可通过网络在线升级或通过升级光盘进行。

特别提示

诊断汽车电控系统故障时，对于同一个故障，使用不同的故障诊断仪时可能显示不同的故障码及故障内容，从而对故障排除的结果有很大的差别，甚至有的根本无法排除故障。因此，进行汽车电控系统的故障诊断时，选择合适对路的故障诊断仪是关键。

你学会了吗?

1. 汽车故障诊断仪的功能及类型有哪些?
2. 汽车专用型、通用型故障诊断仪的使用区别有哪些?

第三章

蓄电池并不简单

第三章

第9天　如何拆卸和检查蓄电池

学习目标

1. 了解蓄电池的正负极性。
2. 掌握蓄电池的接线方法。
3. 掌握蓄电池各种检查方法的操作。

维修案例

一、案例：迈腾 1.8 TSI 轿车蓄电池缓慢放电

(1) 故障现象　一辆配备6档双离合器变速器（DSG）的迈腾1.8TSI轿车，刚买3个月，行驶里程为2550km。**停车一夜后，早上起动发动机时起动机无反应，仪表指示灯也很暗，且驾驶人能确定停车时所有用电器均已关断**，由此判定故障是蓄电池无电。用起动电源为该轿车供电，起动发动机，运转正常。

(2) 故障诊断　检测发电机的输出电压，为14.1V，正常。待蓄电池充电1h后用专用设备VAS 5097A测量蓄电池性能，打印结果如图3-1所示，起动功率很好，负载电压为10.3V，由此可判断蓄电池正常。根据上述检查结果判断，故障原因应是轿车某用电器在不正常放电。

断开点火开关，拔下钥匙并锁车，把万用表（量程打到10A档）串联到蓄电池负极桩头和负极接线之间，观察蓄电池放电电流的变化情况。观察到放电电流开始为0.37A，持续约10s后跳到8.25A，持续约3s后又跳回到0.37A，并按此规律往复周期变化。很明显这是不正常的，正常放电电流应该小于0.45A。用VAS 5051进行检查，各系统除了蓄电池电压过低外并无其他故障。因迈腾轿车的ECU控制单元及用电器多达几十个，如逐一查找将会费时费力，所以采用逐一拔出熔丝断电的方法来进行排查，当拔到熔丝SA5时，电流表的数字显示为0.37A不动，看来故障方向已经渐渐明朗，只要顺着熔丝SA5往下查就能找到故障点。查电路图发现实际车辆的配置和电路图不一致。看来查电路图这条路是行不通的，于是决定断

开熔丝 SA5 后再用 VAS 5051 查看网关列表。观察发现驾驶人侧座椅控制单元变成无法进入了（图 3-2）。但是当断开驾驶人侧座椅导线插接器时放电电流仍然大。检查发现驾驶人侧座椅控制单元电路和前乘员侧座椅调节电动机及 SC32-SC37 都由 SA5 熔丝供电，于是把它们一一断开。当断到前乘员侧座椅侧导线插接器时，电流表的数字显示为 0.37A 且保持不变，看来故障就出在前乘员侧座椅上。此车型座椅具有电动调节功能，当仔细检查调节开关时发现开关有卡滞现象，至此问题彻底查清楚了。前乘员侧座椅调节开关发卡，导致座椅一直处于调节状态，当调节到停止点时开关无法断开，从而引起电流过大，以致前乘员侧座椅调节电动机保护器热敏开关断开，随后该热敏开关便不断地冷却和再接通，致使蓄电池周期性大电流放电。

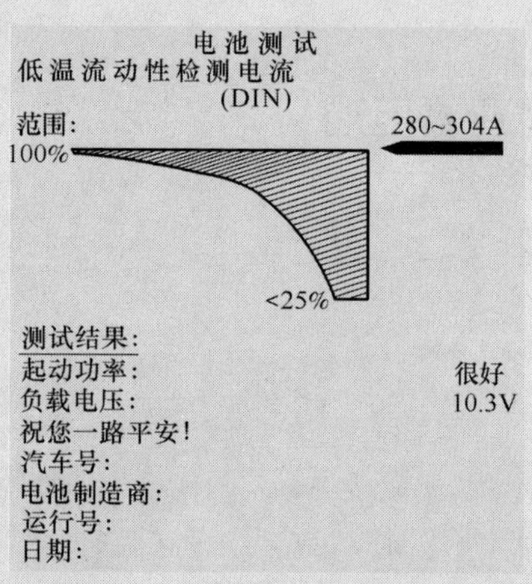

图 3-1　蓄电池性能检测结果

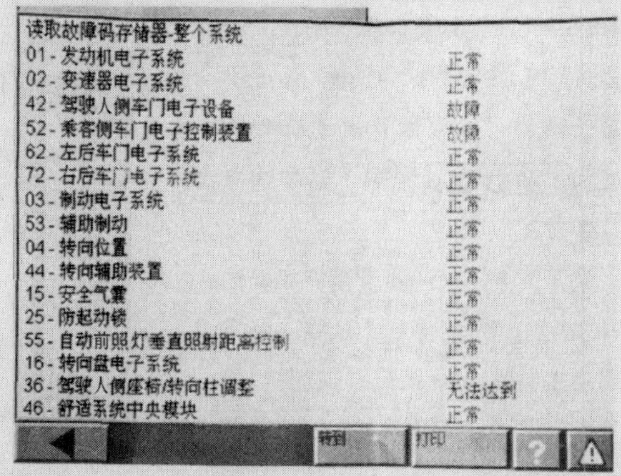

图 3-2　该车网关列表

(3) 故障排除　更换前乘员侧座椅调节开关后故障排除。

(4) 维修小结　如果以蓄电池容量为 60A · h、放电电流为 0.37A 来计算，则该车停放时间不能超过 7 天，否则汽车不能起动。是否还应考虑，迈腾轿车在刚停止时仍然还有部分控制单元未断电或 VAS5051 仍连接在车上（因有 0.37A 的放电电流存在），在停放持续更长时间后，汽车网络系统才能达到低放电电流的休眠状态，否则达不到长时间停放的要求。

二、蓄电池的拆装

1. 蓄电池的拆卸

从汽车上拆卸蓄电池时，应先拆接地电缆，后拆正极电缆。拆卸时，若发现蓄电池极柱螺栓锈蚀难以取出，切莫用锤或钳敲打，以避免极柱断裂、极板活性物质脱落。可用热水冲洗后，拧开螺栓，用夹头拉器将夹头取下，如图 3-3 所示。取下电池时应小心轻放，尽量用电池提把进行搬运，如图 3-4 所示。拆卸步骤如下：

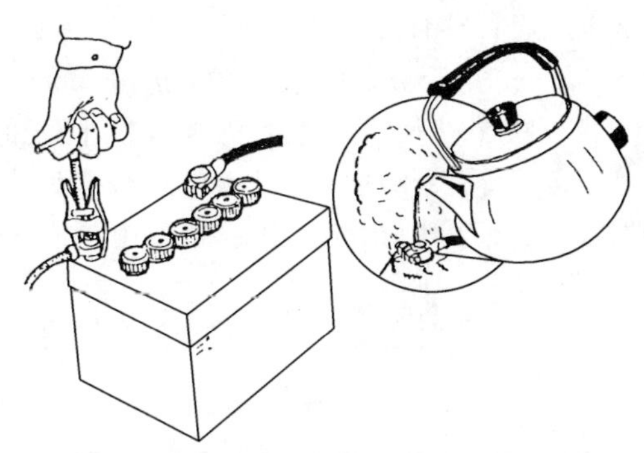

图 3-3　蓄电池极柱的拆卸及清理方法

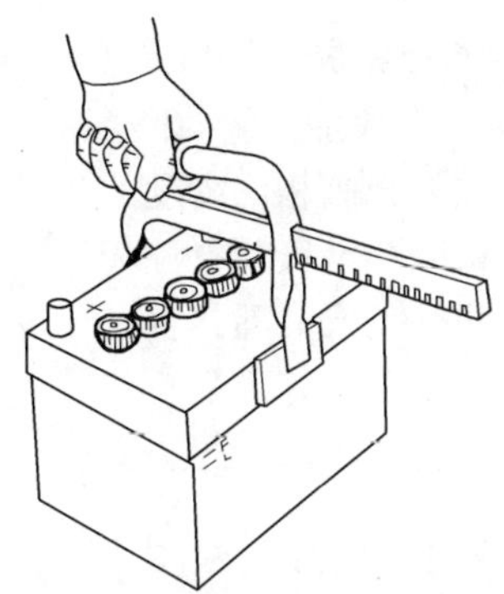

图 3-4　蓄电池的搬运方法

① 将点火开关置于“断开（OFF）”位置。

② 拆下蓄电池固定夹板的固定螺栓，取下固定夹板。

③ 拧松蓄电池正、负极柱上的电缆接头紧固螺栓，取下电缆。

注意：先拆卸负极电缆，后拆卸正极电缆。否则，在拆卸蓄电池正极过程中，如出现工具和车身金属部位碰触时，会出现短路现象，造成事故，如图 3-5 所示。

④ 从汽车上取下蓄电池。

⑤ 检查蓄电池壳体上有无裂纹和电解液渗漏痕迹，发现裂纹和渗漏应予更换蓄电池。

2. 蓄电池的安装

将蓄电池安装到汽车上时，应按下述程序进行。

① 检查蓄电池型号规格是否适合该型汽车使用。

② 检查电解液密度和液面高度是否符合技术要求，否则应予调整。

③ 根据正、负极柱和正、负电缆端子的相对位置，将蓄电池安放到固定架上。

④ 将正、负电缆端子分别与正、负极柱连接。

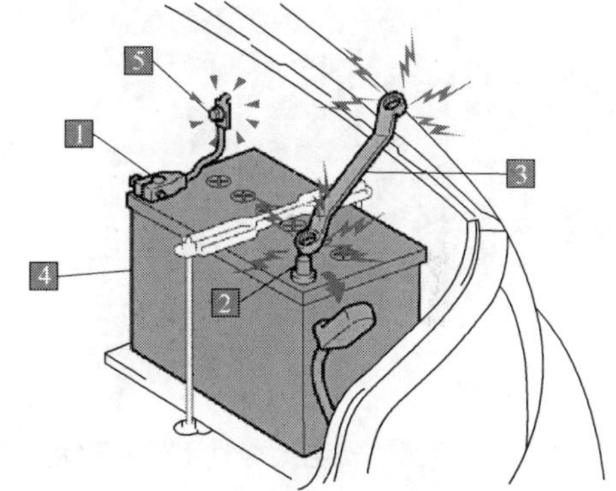

图 3-5　蓄电池的拆卸

1—蓄电池负极（－）
2—蓄电池正极（＋）
3—工具　4—蓄电池　5—接地点

注意：先连接正极电缆，后连接负极电缆，蓄电池正、负极一定不能接反，否则，将会造成汽车电子部件损坏。

⑤ 在正、负极柱及其电缆端子上涂抹一层润滑脂，以防极柱和端子氧化腐蚀。

⑥ 安装固定夹板，拧紧夹板固定螺栓。

三、蓄电池的检查

1. 蓄电池外壳的检查

蓄电池外壳出现裂纹，除了用肉眼观察之外，还可用以下方法检查。

第三章

① 将蓄电池壳注满电解液，然后搁置24h，查看其有无渗漏痕迹。

② 将蓄电池加注稀硫酸溶液（密度为1.1g/cm³）至离蓄电池外壳上边缘2mm，然后将蓄电池放入充满相同密度的稀硫酸溶液的容器中，并使蓄电池壳内与容器中的液面高度一样。将一个电极与电源相连，另一个电极与电压表相连，此时若电压表指针发生偏转，即表明外壳有渗漏；否则，说明其外壳完好。还可用相同方法检查蓄电池相邻单格之间的隔板是否完好。

2. 蓄电池电压降的检测

在检查蓄电池工作性能的时候，可以通过检测蓄电池电压降的方法进行判断。

1）检测蓄电池电压降时，可用万用表分别测量蓄电池正、负电极极柱与对应导线间的电压降，测得的电压应不大于0.5V（理想状态为0V）。

2）如果电压大于0.5V，说明蓄电池极柱与对应的导线之间的电阻过大，原因是极柱与导线接触不良（不紧固或有氧化物析出），应清理蓄电池极柱（蓄电池极柱上的氧化物如图3-6所示），并重新紧固蓄电池导线。

3. 免维护蓄电池工作状况的检查

免维护蓄电池的上面都设有观察窗，可以直接通过观察窗观察孔中的颜色，来确认蓄电池工作状况。观察窗的位置如图3-7所示。

图3-6 蓄电池极柱上的氧化物

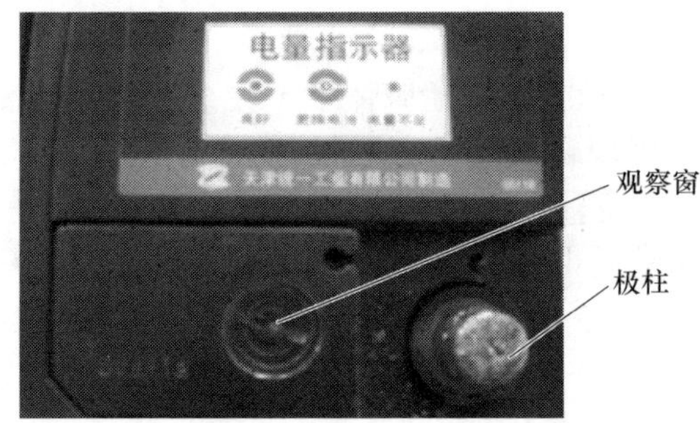

图3-7 蓄电池上观察窗的位置

4. 电解液液面高度的检查

（1）玻璃管测量法 如图3-8所示，电解液液面高度可以用玻璃管测量，将内径为5～6mm的玻璃管从蓄电池的加液口插入，直至压到防护板，顶住极板组为止，然后用大拇指堵住玻璃管的上口提出，**如果玻璃管下端液柱长度为10～15mm**，说明电解液的液面符合要求。

（2）观察液面高度指示线法 使用透明塑料壳体的蓄电池，在壳体上标有两条高度指示线，如图3-9所示。**正常电解液液面介于两线之间，最好要常维持在最高线**，以免液面过低露出蓄电池的极板造成硫化，液面过低时加入蓄电池补充液补充。

（3）通过“电眼”观察液面高低 从加液孔观察判断液面高度，如图3-10所示。**加液孔下缘形成中央小圈时合格，形成大圈时为液面过低**。若电解液不足，一般应及时添加蒸馏水。若液面降低，且的确为溅出或倾倒造成，应补加密度相同的电解液并充电调整。

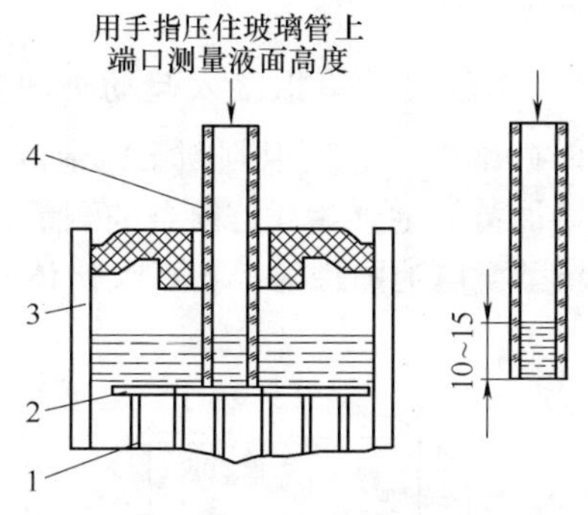

图 3-8　用玻璃管测量电解液液面高度

1—极板　2—极板防护片　3—容器壁　4—玻璃管

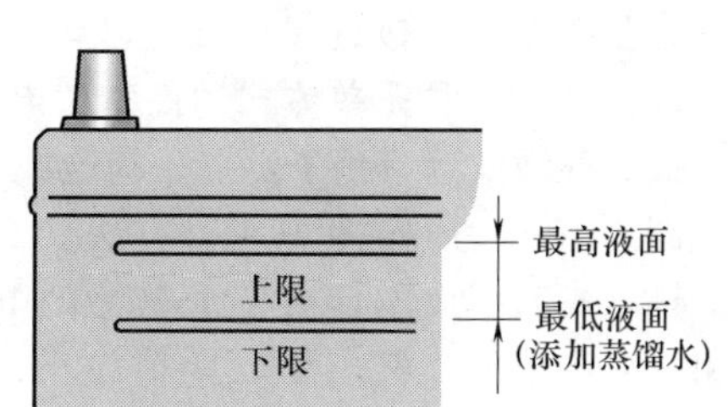

图 3-9　液面上限、下限标记

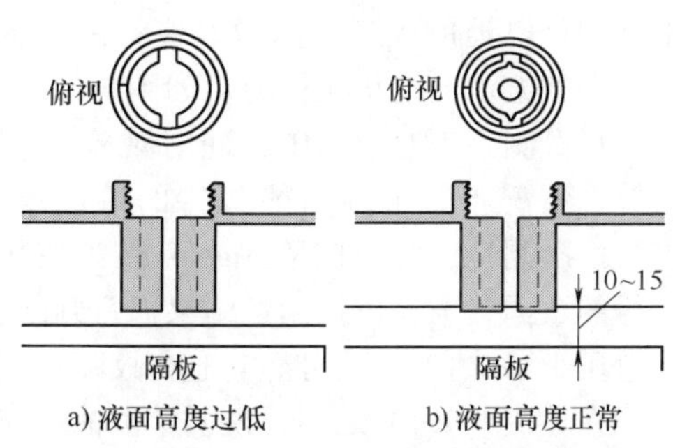

图 3-10　从“电眼”观察液面的高低

电解液、补充液、纯净水等的区别：电解液是用专用的蓄电池用硫酸与蒸馏水按一定的比例配制而成的，密度一般为 1.26 ~ 1.28g/cm^3 稀硫酸溶液；蓄电池补充液是指含有极微量的硫酸的蒸馏水；而纯净水一般是指人能够饮用的，含有对人体有用的一些离子如钙、镁离子等而含其他杂质少的较为洁净的水。在蓄电池的电解液缺少时，除非确实知道液面降低的原因是因蓄电池倾倒电解液洒出所致，一般不允许加入电解液而要加入补充液。而纯净水及其他的如河水、井水、开水等因其内含有的钙、镁离子容易形成原电池导致自放电，因此在电解液缺少时一定不要加这些类型的所谓“纯净”的水。

5. 电解液密度的检查

在标准的电解液密度下，通过测量电解液的密度就可以大致判断蓄电池的放电程度。电解液的密度可用专用的吸式电液密度计测量，如图 3-11 所示。

测量时先将密度计下部的橡皮吸管插入蓄电池的单格电池内，用手捏一下橡皮球，然后慢慢松开，电解液就被吸入玻璃管中，此时密度计的浮子浮起，其上刻有读数，浮子与液面（凹面）相平行的读数就是该电解液的密度。多数电解液密度计密度标注的范围为**1.10 ~ 1.30，并分为红、黄、蓝三个标志区域**：1.10 ~ 1.15 之间为红色区域，在标准的电解密度下，如电解液的实际密度在此区域内则说明蓄电池已亏电；1.15 ~ 1.25 之间为蓝色区域，在标准的电解密度下，如电解液的实际密度在此区域内则说明蓄电池存电正常；1.25 ~ 1.30 之间为黄色区域，在标准的电解密度下，如电解液的实际密度在此区域内则说明蓄电池电解液的密度过大，应进行调整。

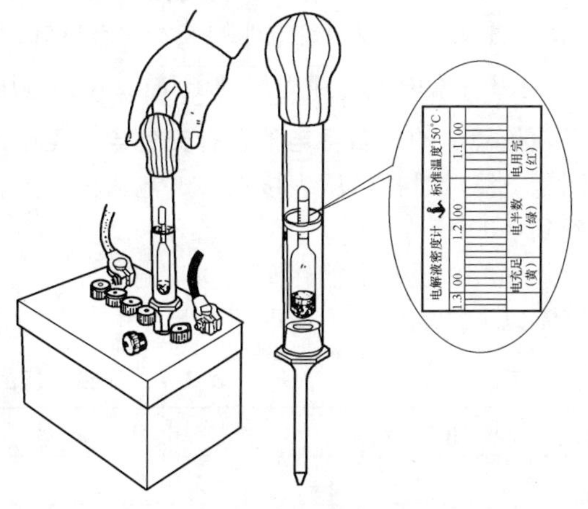

图 3-11　测量电解液的密度

6. 蓄电池的性能及放电程度的检查

(1) 用高率放电计测量蓄电池的放电程度 高率放电计模拟接入起动机的负荷，测量蓄电池在大电流（接近起动机的起动电流）放电时的端电压，用以判断蓄电池的放电程度和起动能力。**一种是单体式的高率放电计，用于普通蓄电池外露式连接条的测量，另一种是整体式高率放电计，用于测量干荷电或免维护等新型蓄电池的性能。**下面以整体式高率放电计（图3-12）为例说明其检查方法。

整体式高率放电计由一个20V的电压表和一个定值的负载电阻（阻值较小，依靠电流的热效应工作）组成。测量前保证蓄电池要在充足电的状态，否则不能正确判断蓄电池的性能好坏，同时认清高率放电计和蓄电池的极性。测量时应将两叉尖紧压在蓄电池的正负极柱上，如图3-12所示。每次测量时间为20s，同时观察大负荷放电情况下蓄电池所能保持的端电压，进行三次测量，每次间隔3min，以第三次测得的数据为准，依据测量结果进行判断：端电压小于9.0V，说明蓄电池有故障；端电压在9.0~11.5V之间，说明蓄电池性能较好；端电压大于11.5V，说明蓄电池性能良好。

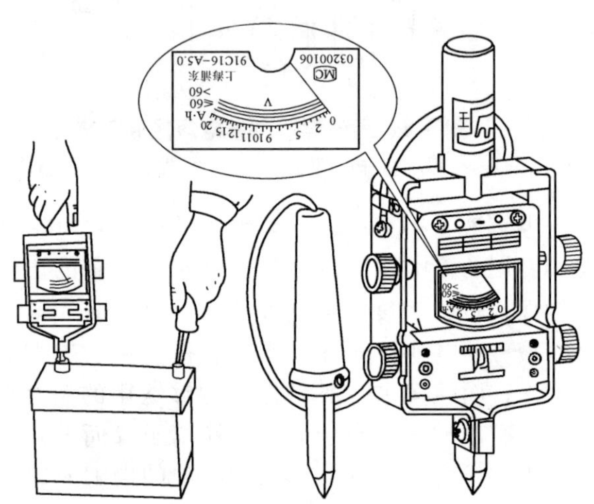

图3-12 高率放电计的结构

不同厂家的高率放电计，负荷电阻值不同，放电电流和电压表读数也就不同。使用时应参照原厂说明书规定。

(2) 就车进行起动机的起动检查 蓄电池存电状况检查最直观的方法是就车起动检查，检查前应首先确定起动机及其接线的完好性，并将蓄电池充足电。起动时，拔下分电器中央高压线并接地，将万用表接在蓄电池正负极柱上，**测量蓄电池电压，一般应不低于9.6V**。起动时如能顺利起动，说明蓄电池的技术状态良好，如起动困难或起动机不转，说明蓄电池性能不良。

(3) 蓄电池开路电压的测量 开路电压用来确定蓄电池的充电状态。检测时，蓄电池必须是稳定的，**若蓄电池刚补充完电，至少应等待10min**，让蓄电池的电压稳定后，再进行测量。测量时把电压表接在蓄电池两极柱上，跨接时应认准极性。测量开路电压，读数要精确到0.1V。

一般来说蓄电池在25℃时处于较佳状态的读数应为12.4V左右，若充电状态达75%或75%以上，就可认为蓄电池充足了电，其对应关系见表3-1。

表3-1 开路电压的检测结果表明充电状态

开路电压/V	充电状态	开路电压/V	充电状态
≥12.6	100%	12.0~12.2	25%~50%
12.4~12.6	70%~100%	11.7~12.0	0~25%
12.2~12.4	50%~75%	≤11.7	0

注意：如果汽车有许多常接蓄电池的用电气设备如计算机、时钟、存储式收音机等，在读取电压表读数之间应脱开蓄电池的负极电缆。

四、蓄电池技术状态指示器

目前，装备全密封型免维护蓄电池的车型越来越多，由于这种蓄电池盖上没有设加液孔，因此不能用密度计测量电解液的密度，为此在这种免维护蓄电池盖上设有一只蓄电池技术状态指示器，在蓄电池上的安装位置如图 3-13 所示。蓄电池技术状态指示器的结构如图 3-14a 所示。蓄电池技术状态指示器又称为内装式密度计，由透明塑料管、底座和两只小球（一只为红色、另一只为蓝色）组成，借助于螺纹安装在蓄电池盖上，两只颜色不同的小球安放在塑料管与底座之间的中心孔中，红色小球在上，蓝色小球在下。由于两只小球由密度不同的材料制成，因此可随电解液密度变化而上下浮动。

图 3-13　蓄电池技术状态指示器的安装位置

蓄电池技术状态指示器是根据光学折射原理来反映蓄电池技术状态的。当蓄电池存电充足，电解液密度大于 1.22g/cm^3 时，两只小球向上浮动到极限位置，经过光线折射小球的颜色，从指示器顶部观察到的结果如图 3-14b 所示，中心呈红色圆点，周围呈蓝色圆环，表示蓄电池技术状态良好，英文标示为“OK”。

当蓄电池充电不足、电解液密度过低时，蓝色小球下移到极限位置，观察结果如图3-14c 所示，中心呈红色圆点、周围呈无色透明圆环，表示蓄电池充电不足，应及时补充充电，

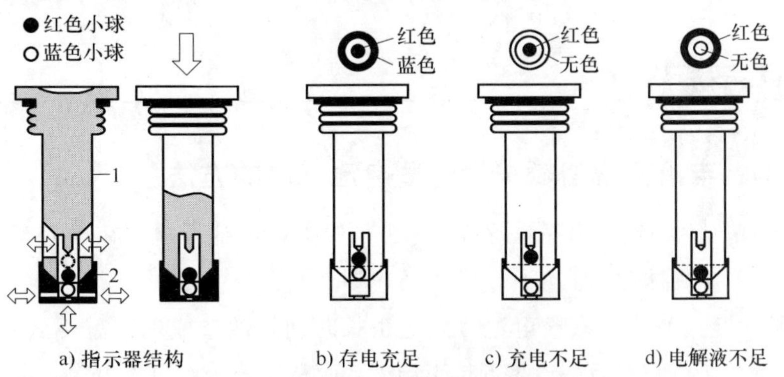

图 3-14　蓄电池技术状态指示器结构原理

1—透明塑料管　2—指示器底座

英文标示为“Charging necessary”。

当电解液液面过低时，两只小球都将下移到极限位置，观察结果如图 3-14d 所示，中心呈无色透明圆点，周围呈红色圆环，表示电解液不足，蓄电池无法继续使用，必须更换蓄电池。如果这种指示器安装在干荷电蓄电池上，则表示必须添加蒸馏水，英文标示为“Add distilled water”。

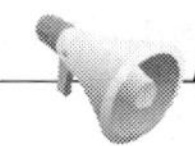

特别提示

1. 当使用较长时间的蓄电池正负极柱难以拆下时，最好的方法是用滚烫的热水慢慢冲刷，以使极柱上出现的氧化物分解掉，然后再进行拆卸，会收到意想不到的良好效果。

2. 拆卸和安装蓄电池的正负极柱导线时，切记拆卸时先拆蓄电池的负极线，后拆卸蓄电池的正极线，安装时按照相反的顺序。

你学会了吗?

1. 在车上如何正确地拆卸与安装蓄电池?
2. 电解液密度计密度标注的范围是怎样的? 每个区域各表示怎样的含义?
3. 整体式高率放电计检测蓄电池放电程度的方法是怎样的?

第 10 天　如何进行蓄电池的充电

学习目标

1. 正确识别蓄电池的正负极柱。
2. 掌握蓄电池充电的正确连接方法。
3. 能够对常见车用蓄电池进行正确充电操作。

维修案例

一、案例：丰田普锐斯轿车铅酸蓄电池充电的方法

(1) 故障现象　一辆丰田普锐斯轿车，由于铅酸蓄电池亏电，在插入车钥匙后，仪表板无信号显示，车辆无法起动。

(2) 故障诊断　该车铅酸蓄电池亏电是由长时间停放造成的，需要从外部对其充电。由于铅酸蓄电池位于汽车右后部，靠近行李箱盖，而行李箱盖由电控开关控制开启，车身外部无机械钥匙孔，在铅酸蓄电池亏电的情况下无法打开，因此如何对铅酸蓄电池充电成了难题。如果从汽车前部进入，不但要拆卸很多附件，而且铅酸蓄电池放置的位置空间狭小，光线较暗，极不方便充电作业。经过分析与实践，发现按照以下步骤可以方便地完成铅酸蓄电池的充电作业。

1）打开发动机舱盖，在发动机舱左侧可看到一个熔丝盒，然后打开熔丝盒盖，可看到一个红色的盖子。

2）打开红色的盖子，可发现一个螺杆（图3-15），然后将一个12 V铅酸蓄电池的正极与该螺杆连接，负极接地，如图3-16所示。

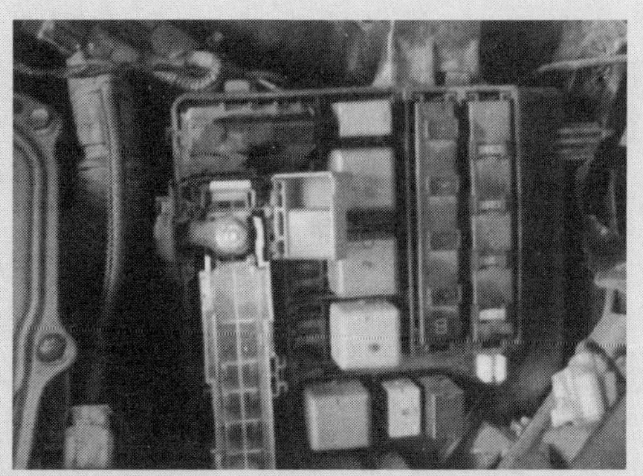

图3-15　熔丝盒内红色盖子下的螺杆

3）插入车钥匙，打开“POWER”开关，仪表板正常显示，然后打开行李箱盖。

4）对行李箱内的铅酸蓄电池进行充电作业，如图3-17所示。

5）充电作业完成后试车，仪表板正常显示，车辆起动正常。

（3）故障分析　由于该车采用混合动力，车辆的起动及动力的转换均由电控系统控制，无专用起动开关，因此当为电控系统及仪表供电的铅酸蓄电池的电量不足时，车辆将无法起动。本案例重点是介绍一种给丰田普锐斯轿车铅酸蓄电池充电的方法，希望能帮助维修人员提高维修效率。

图3-16　从外部并联的12V铅酸蓄电池

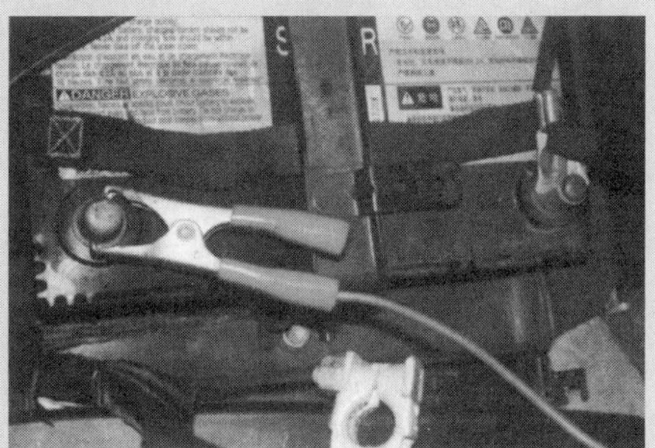

图3-17　正在充电的铅酸蓄电池

实际操作

二、蓄电池极柱极性的识别

将蓄电池安装到汽车上使用时，需要将蓄电池的正极柱与通往起动机的电缆（电源线）连接，将蓄电池的负极柱与接地电缆（即接地线）连接。在蓄电池充电时，需要将蓄电池的正极柱与充电机的正极连接，将蓄电池的负极柱与充电机的负极连接。因此，必须正确识别蓄电池极柱的极性，才能正确连接蓄电池电路。在蓄电池正极柱上或正极柱周围的蓄电池盖上标有“+”或“P”标记；在负极柱上或负极柱周围的蓄电池盖上标有“-”或“N”标记，如图3-18所示。对于使用一段时间后标记模糊不清难以辨别的蓄电池，可用下述方法进行判别。

1）观察极柱颜色进行判别。使用过的蓄电池，其正极柱呈深棕色，负极柱呈深灰色。

2）用直流电压表检测判别。将电压表连接蓄电池的正负极柱，按表针偏摆方向判断其正负极性。如表针正摆（即向右偏摆），则表的正极所连极柱为蓄电池正极；若表针反摆（即向左偏摆），则表的负极所连极柱为蓄电池正极。

3）用电解方法进行判别。将蓄电池的两个极柱各连接一根导线，并将导线的另一端分别插入电解液中（注意导线端头切勿相碰），此时导线周围产生气泡较多者所连极柱即为蓄电池负极。

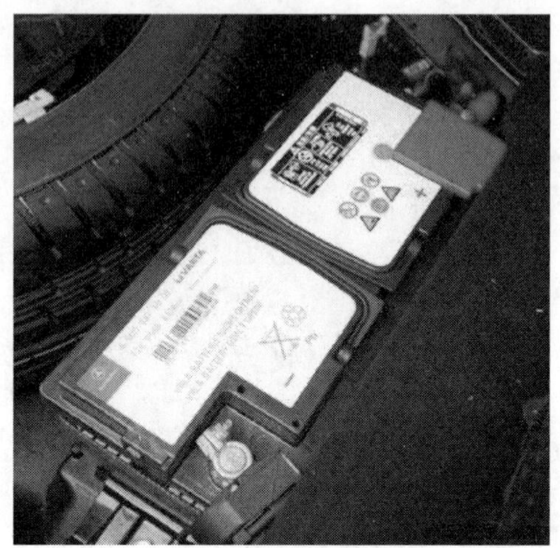

图3-18　蓄电池的极柱

4）根据极柱粗细判别。极柱较粗的为蓄电池的正极，极柱较细的为蓄电池的负极。

5）根据使用一段时间后极柱上产生的氧化物判别。产生绿色的氧化物较多的是蓄电池的正极，较少的为负极。

6）根据蓄电池线所接的部件判别。正极接起动机的主接线柱，且正极一般有多根电源线引出，负极接车身或发动机的接地部位。

三、蓄电池充电作业方法

目前较常用的充电机如图3-19所示。具体充电作业方法如下：

1）在将蓄电池与充电机连接之前，应将蓄电池极柱和表面清理干净，将液面高度调整至正常水平。

2）按图3-20所示正确连接充电机和蓄电池。

3）将充电机上的电压调节旋钮调至最小位置。

4）打开交流电源开关。

5）打开充电机上的电源开关，调节电压旋钮，观察电流表读数，直到电流表读数指示出所确定的电流值为止（按照充电规范，确定充电电流大小）。

6）通过加液孔观察蓄电池的内部情况，用万用表测量蓄电池两端的电压，当有连续气泡冒出或连续3h电压不变时，应立即停止充电。

7）停机时，必须先沿逆时针方向调节电流调节旋钮使电流表指针调至零位后，再切断电源开关使充电机停止工作。

图3-19　常用充电机

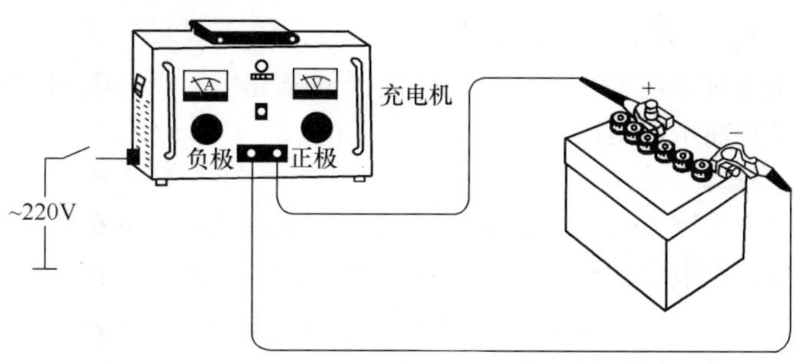

图 3-20 连接蓄电池与充电机

四、蓄电池充电的注意事项

1）严格遵守各种充电方法的操作规范。

2）处于寒冷天气的蓄电池在充电之前需检查电解液是否结冰，不可对结冰的蓄电池进行充电，否则会引起爆炸。

3）补充充电前需检查电解液的液面高度，电解液不足时应补充蒸馏水。

4）充电过程中应注意测量电解液的温度，当温度超过 40℃时应将电流减半，如温度继续升高达 45℃时应停止充电，待冷却至 35℃以下时再充电。也可采用风冷或水冷的方法来降温。

5）初充电应连续进行，不可长时间间断。

6）室内充电时，应旋下加液孔盖，使氢气和氧气能顺利排出。

7）充电室要安装通风设备，在充电过程中通风设备应不停地工作，以排出有害气体，避免爆炸危险及损害操作人员的健康。

8）充电室要严禁烟火。

基础知识

放电后的蓄电池必须通过充电才能重新投入使用。新蓄电池和修复后的蓄电池在首次使用前必须进行初充电。蓄电池在正常使用过程中为了保持一定容量，延长其使用寿命，还要进行一些必要的补充充电、均衡充电等维护性充电作业。因此，充电作业是保证蓄电池在整个使用过程中技术性能良好、延长其使用寿命的一个重要环节。

五、蓄电池的充电

根据充电目的的不同，蓄电池的充电作业可分为初充电、补充充电等。目前一般多使用干荷电及免维护蓄电池，在使用过程中常采用补充充电的方式进行充电。

1. 补充充电

蓄电池在车辆上使用时，常有充电不足的现象，尤其是短途运输车辆，应根据需要进行补充充电。一般每月一次，如发现下列现象，必须随时进行充电。

1）当电解液密度降到 1.150g/cm^3 以下时。

2）冬季放电超过 25%，夏季超过 50% 时。

3）灯光比平时暗淡，表示电力不足时。

另外，蓄电池放置时间超过一个月时，应进行补充充电，以补偿自放电损失；当电解液消耗较多，补充大量蒸馏水后也应及时进行补充充电。

2. 预防硫化过充电

蓄电池在使用中，常因充电不足而造成硫化。为预防起见，可每隔三个月进行一次预防硫化过充电，即比平常充电时间更长，充电更完全。具体方法是，用平时补充充电的电流值将电池充足，中断 1h，再用 1/2 的补充充电电流值进行充电至“沸腾”；如此重复几次，直至刚接入充电，蓄电池立即“沸腾”时为止。

第三章

六、充电设备及充电方法

1. 充电设备

蓄电池是直流电源，必须用直流电充电。直流充电设备很多，常用的有电动机—发动机组和各种整流电源（整流器）。

整流充电设备是利用一些整流元器件将三相或单相交流电转变为直流电。最常用的是硅整流充电机和可控硅充电机，其结构简单、操作和使用维修方便、整流效率高、寿命长、工作稳定可靠，因此，在汽车运输企业已得到广泛应用。

2. 充电方法

为使充电电流 I_c 流过蓄电池，充电电源的电压 U_c 必须克服蓄电池的电动势 E 和内压降 I_cR_0。充电电流 I_c 的表达式为

$$I_c = \frac{(U_c - E)}{R_0}$$

蓄电池的充电方法有定流充电和定压充电两种，近年来快速充电（脉冲充电）也逐步推广。

(1) 定流充电　在充电过程中，充电电流保持一定的充电方法，称为定流充电，如图 3-21所示。由于充电电流 $I_c = \frac{(U_c - E)}{R_0}$，所以随着蓄电池电动势 E 的升高，要保持充电电流一定，必须逐步提高充电电压 U_c。当每单体电池的端电压升高到 2.4V 左右，电解液中开始产生气泡时，应将充电电流减少一半，直到蓄电池完全充足。R_0 是蓄电池的内阻。

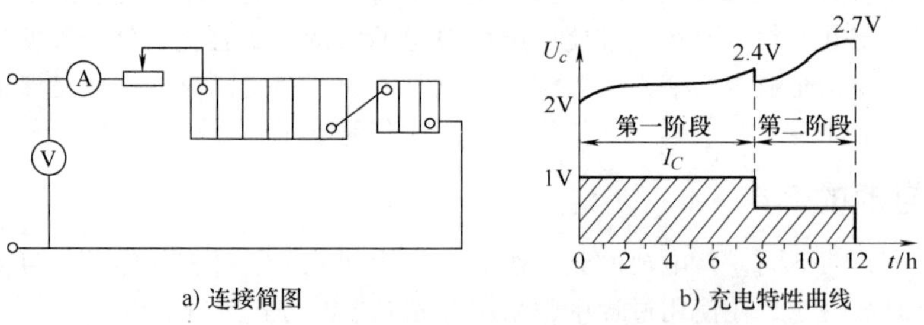

a) 连接简图　　b) 充电特性曲线

图 3-21　定流充电

采用定流充电时，被充电的蓄电池不论是 6V 或 12V 都可串联在一起，如图 3-21a 所示。所串联的蓄电池最好容量相同，否则充电电流的大小必须按照容量最小的蓄电池来选定，而容量大的蓄电池则充电太慢。

定流充电的优点是充电电流可以任意选择和调整，有益于延长蓄电池的使用寿命。因此可对各种不同情况的蓄电池充电。如新蓄电池的初充电、补充充电以及去硫充电均可采用这种方法。但它的缺点是充电时间长，并且需要经常调节充电电流。

（2）定压充电　充电过程中，电源电压 U 始终保持不变的充电方法称为定压充电，如图 3-22 所示。蓄电池在汽车上由交流发电机对其充电就属于定压充电，其充电电压由充电系统的电压调节器控制。

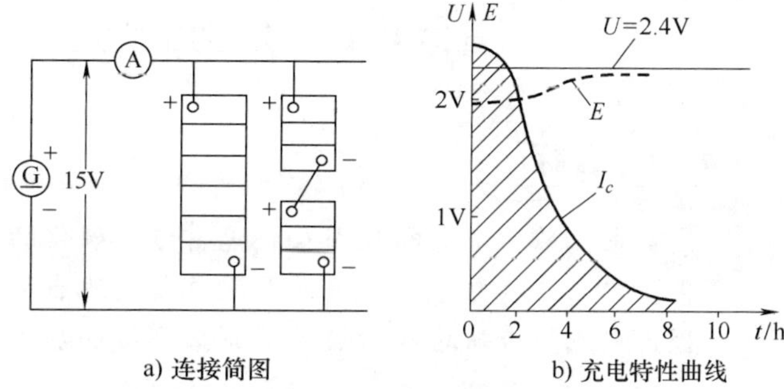

图 3-22　定压充电

在定压充电开始时，充电电流很大。此后随着蓄电池电动势 E 的增大，充电电流逐渐减小，至充电终了时，充电电流将自动降低到零，这样可不必由人照管。另外，定压充电时，充电电流很大，开始充电后 4～5h 内蓄电池就可获得本身容量的 90%～95%，因而可大大缩短充电时间。由于定压充电，充电时间短，不需照管且经济性高，所以较适合于蓄电池的补充充电。但定压充电时，不能调整充电电流的大小，所以不能用于蓄电池的初充电，也不能用来消除硫化，并且要求所有充电的蓄电池电压必须相同才行。

采用定压充电时，要选择好充电电压，若电压过高，不但充电初期充电电流过大，而且会发生过充电现象，以致引起极板弯曲、活性物质大量脱落，蓄电池温升过高；若充电电压过低，则会使蓄电池不能充电。一般每单体电池约需 2.5V，即 6V 的蓄电池充电，充电电源的电压应为 7.5V；对 12V 蓄电池充电，电源电压应为 15V。被充电的蓄电池，必须并联在充电电源之间。在汽车上由于蓄电池是和交流发电机并联的，所以蓄电池始终是在交流发电机的恒定电压（通过电压调节器调整）下进行充电的。

定压充电的优点是在充电初期，充电电流较大，充电速度较快，充电 4～5h，蓄电池的容量即可恢复 80% 以上，因此充电时间短。同时，充电电流能随电动势的上升而逐渐减小到零，使充电自动停止，这就不必由人工调节充电电流。

定压充电的缺点是充电电流大小不能调整，所以不能保证蓄电池彻底充足电，也不能用于蓄电池的初充电和去硫化充电。对于就车使用的蓄电池，为了防止其产生硫化故障，必须定期（每 2 个月）拆下用恒流充电方法充电一次。

特别提示

充电操作连接时，特别要注意分清蓄电池的正负极柱，在和充电机进行连接时，要分清充电机和蓄电池之间的正确连线。先将充电机的夹子夹到一个蓄电池的一个极柱上，再夹另一个极柱时，可以先触碰一下，观察有无强大的火花产生，同时观察充电机上的电压表的指示是否反偏，如出现指针反偏或产生较强的火花现象，说明极性接反，则调换后重新连接。

你学会了吗？

1. 蓄电池的极柱判别有几种方法？
2. 定压充电和定流充电有哪些区别？分别应用在哪些情况下？

第 11 天　蓄电池的常见故障诊断

学习目标

1. 掌握蓄电池硫化形成的原因及避免蓄电池硫化的方法。
2. 掌握蓄电池自放电形成的原因及避免蓄电池自放电的方法。
3. 掌握蓄电池极板短路和活性物质脱落形成的原因及避免的方法。

维修案例

一、蓄电池常见故障案例

案例 1：起动机运转无力，发动机不能起动。

检查电解液液面偏低，极板露出并且可观察到表面有一层白霜，说明有硫化现象，用密度计测量电解液密度为 1.27g/cm^3，正常，用高率放电计检查，测得负载电压为 5.5V，说明蓄电池容量严重不足，为什么测得电解液密度正常而容量又严重不足呢？

据用户说发现蓄电池液面降低后，及时补加了电解液，但很快又消耗，这样多次补充，便出现了上述故障。由此可见，故障是用户保养不当造成的。电解液消耗是因为过充电时将电解液中的水电解，补充时应加注蒸馏水或专用补充液，补加电解液会造成密度过高，加速了蓄电池硫化，蓄电池硫化后又使电解液过早出现“沸腾”现象，加快了电解液的消耗，再补充电解液后又加速了极板硫化，这样恶性循环使蓄电池早期损坏。

案例 2：蓄电池总亏电，发动机不能起动。

将蓄电池充电后，发动机能够顺利起动。车辆停放一夜后，第二天早晨再次起动发动机时故障复发，用高率放电计检测负载电压，结果电压仅为 6.5V，说明容量不足。怀疑车上有用电器漏电，作如下检查：关闭点火开关，拆下蓄电池负极柱，串接电流表，结果漏电电流在正常范围。重新将蓄电池充足电，当时用高率放电计检测正常，在车下放置 24h，再次测量容量又严重不足，说明蓄电池内部有“自行放电”现象。对于有自放电故障的蓄电池，可将其完全放电后再更换电解液。

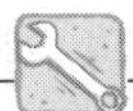

实际操作

二、蓄电池常见故障的排除

1. 极板硫化排除方法

轻度硫化的蓄电池可用小电流长时间（间歇过充电）充电的方法予以排除；硫化较严重者采用去硫化充电方法消除硫化，用快速充电机充电对于消除硫化有较显著的效果；硫化特别严重的蓄电池只能更换极板或报废。

2. 自放电排除方法

问题较轻的待完全放完电，使极板上的杂质进入电解液，倒出电解液，用蒸馏水反复清洗干净，再加入新电解液，充足电后即可使用；问题较严重的应将电池完全放电或过度放电后倒出电解液，取出极板组，抽出隔板，用蒸馏水冲洗之后重新组装，加入新的电解液重新充电使用。

3. 极板短路排除方法

出现极板短路时，必须将蓄电池拆开检查，更换破损的隔板，消除沉积的活性物质，校正或更换弯曲的极板组等。

4. 极板活性物质大量脱落排除方法

沉积物较少时，可清除后继续使用；沉积物较多时，应更换新极板和电解液。

三、如何在充电时判断蓄电池故障

蓄电池的技术状态或故障性质不同时，在充电中有不同的表现形式，所以可根据它在充电中的不同表现特征，进行分析判断确定故障原因，具体情况如下：

（1）蓄电池技术状态正常的判断　当蓄电池充电时，若端电压和电解液密度等参数的变化规律符合充电特性，电解液温度也在正常范围内变化，说明蓄电池技术状态良好，否则有故障。

（2）严重硫化的判断　蓄电池在充电时，出现充电电压偏高和电解液温度偏高现象，便是蓄电池硫化故障的基本特征。轻微硫化的蓄电池随着充电过程的不断进行，极板表面硫酸铅逐渐消失，内阻会逐渐减小，单格电压可能在数小时后降到2.2V左右，以后则缓慢上升，和良好蓄电池的充电规律基本相同。严重硫化的蓄电池，单格电池的充电电压还会高于2.8V，同时由于硫酸铅难于溶解还原，所以电解液密度很难上升，充电电流只是用于电解水，刚开始充电就会出现冒气泡的现象。

（3）活性物质严重脱落的判断　充电时电解液混浊是活性物质脱落故障的显著表现。由于沉淀池内沉积有大量脱落的活性物质微粒，充电中它们被翻腾上来，呈混浊状态。同时由于极板上的活性物质减少，蓄电池容量也相应减小，充电时间较正常情况缩短，电解液“沸腾”等充电终了的现象也会提前出现。

（4）严重短路的判断　充电时间长，电解液密度和端电压上升缓慢，这是蓄电池短路的特征。如果蓄电池内部有了严重短路，充电电流基本上全部通过短路漏掉，而其活性物质不参加电化学反应。所以无论充电时间怎样长，电解液密度和端电压都不会上升，蓄电池中更没有气泡产生，电解液好像一潭死水。

在实际使用中，蓄电池可能同时存在几种故障，充电中表现的现象就比较复杂，必须仔细观察、认真分析，才能得出正确结论。

基础知识

蓄电池在使用中所出现的故障多数是维护和使用不当而造成的。蓄电池常见的故障分外部故障和内部故障两类。蓄电池的外部故障，有壳体或盖子裂纹、封口胶干裂、极板松动或腐蚀等；内部故障有极板硫化、自放电、内部短路、活性物质脱落、极板拱曲等。下面简单分析几种常见的故障现象和原因及其排除方法。

1. 极板硫化

蓄电池长期充电不足或放电后长时间未充电，极板上会逐渐生成一层白色粗晶粒硫酸铅（$PbSO_4$），正常充电时不能转化为二氧化铅（PbO_2）和海绵状铅（Pb）的现象称为硫酸铅硬化或不可逆硫酸盐化，简称硫化，主要发生在负极板上。这种粗而坚硬的硫酸铅晶体很难重新溶解于电解液，充电时很难转变为活性物质。它的导电性差、结构致密、体积大，易堵塞极板孔隙，使电解液渗入困难、蓄电池容量降低、内阻增大，起动时不能供给大的起动电流，以致不能起动发动机。

（1）现象与特征　极板上有较厚的白霜，充、放电时会有异常现象。这种结晶电导率低，使蓄电池的内阻增加，导致充电时单格电压上升快，且迅速升高到 2.8V 左右，电解液温度迅速升高，常超过 45℃，但电解液密度却增加缓慢，且过早出现“沸腾”现象；由于极板上的有效活性物质减少，放电时容量明显下降，用整体式高率放电计检查时，蓄电池端电压急剧降低。

（2）造成原因

1）蓄电池长期充电不足或放电后未及时充电，导致极板上的硫酸铅有一部分溶解于电解液，环境温度越高，溶解度越大。当环境温度降低时，溶解度减小，溶解的硫酸铅就会重新析出，在极板上再次结晶，形成硫化。

2）蓄电池电解液液面过低，使极板上部外露与空气接触而被氧化（主要是负极板），在汽车行驶过程中颠簸，电解液上下波动，与极板的氧化部分接触，会生成大晶粒硫酸铅的硬化层，使极板的上部硫化。

3）长期过量放电或小电流深度放电，使极板深处活性物质的孔隙内生成硫酸铅，平时充电不易恢复。

4）新蓄电池充电不彻底，活性物质未得到充分还原。

5）电解液密度过高、成分不纯，外部气温变化剧烈。

因此，为了避免极板硫化，蓄电池应经常处于充足电的状态，放完电的蓄电池应及时充电，电解液密度要恰当，液面高度应符合规定。

2. 自放电

充足电的蓄电池，处于静置不工作的状态时，其容量自行损耗的现象称为自放电。

（1）现象与特征　铅蓄电池的正常自放电是由于蓄电池本身因素所造成的一种不可避免的现象。一般充足电的蓄电池在 24h 内的自行放电量超过蓄电池容量的 3% 时，则属于故障性自放电，这主要是使用维护不当造成的。

（2）造成原因

1）极板上活性物质和栅架的材料不同，在电解液中会产生不同电位而形成局部电池导致内部电流，形成自放电。

2）正极板 PbO_2 的分解和负极板 Pb 的自溶而形成自放电。

3）栅架与有效物质接触引起自放电。

4）蓄电池盖上积存有电解液、油污等引起自放电。

5）电解液浓度有差异，导致硫酸下沉，使得电解液下部密度比上部大，使极板上、下部产生电位差也会引起自放电。

6）蓄电池内部短路引起自放电。极板上活性物质脱落，下部积沉物过多使极板短路；隔板炭化、发脆甚至损坏使极板短路，造成自放电。

7）电解液中杂质含量过多，这些杂质在极板周围形成局部电池而产生自行放电。例如，当电解液中含铁量达 1% 时，一昼夜会将蓄电池全部放电。

3. 极板短路

蓄电池正负极板直接接触或被其他导电物质搭接称为极板短路。它会使蓄电池通过短路点放电，把电能白白地消耗掉。

（1）现象与特征　蓄电池的容量变小、开路端电压很低；用高率放电计测量端电压时很低或迅速下降到零；充电时，端电压和电解液密度上升很慢，甚至保持很低的数值就不再上升了，且充电末期气泡很少；充电时电解液温度迅速升高。

（2）造成原因　隔板质量不高或损坏使正负极板相互接触而短路；活性物质在蓄电池底部沉积过多、金属导电物落入正负极板之间；极板组严重弯曲等。

4. 极板活性物质大量脱落

铅蓄电池在使用过程中，正极板上的活性物质会逐渐脱落，蓄电池的容量也随之降低。只能用改善使用条件、在电解液中加入表面活性添加剂等方法来减缓脱落速度，但却难以根除。

（1）现象与特征　电解液混浊，并有褐色物质自底部上浮，蓄电池容量不足。

（2）造成原因　充电电流过大，电解液温度过高，活性物质膨胀松软脱落；经常过充电，致使极板孔隙中逸出大量气体，并对极板孔隙造成压力，使活性物质脱落；放电电流过大，接入起动机时间过长，致使极板拱曲引起活性物质脱落；电解液密度过低而冻结；在汽车行驶中，由于剧烈振动而导致活性物质脱落。

特别提示

1. 新蓄电池如长时间不用的话，经过几年后也会因蓄电池硫化而造成报废。因此，蓄电池在购买后要即时投入使用，同时在购买时要挑选生产日期较近的蓄电池，可避免因较长时间存放而产生硫化现象。

2. 做好蓄电池的维护是延长蓄电池寿命的前提，即使是目前装车使用较多的免维护蓄电池，对其进行经常的补充充电也是非常必要的。

你学会了吗？

1. 如何判断蓄电池产生了硫化现象？
2. 充电时怎样判断蓄电池的相关故障？
3. 影响蓄电池寿命的因素有哪些，应如何避免？

第四章

交流发电机及调节器

第12天　认识交流发电机的结构

学习目标

1. 学会电流表故障的判断方法。
2. 熟悉交流发电机各部分的名称及作用。
3. 掌握交流发电机各部件的结构原理。
4. 掌握交流发电机各部件的检测方法。

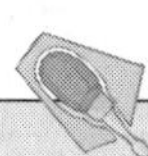

维修案例

一、案例：2006款宝马320i发电机故障

(1) 故障现象　一辆宝马E90车，配置N46发动机，行驶里程63000km。出现仪表板上充电指示灯亮，怠速时进档后发动机噪声大的现象。

(2) 故障诊断　发动机起动后，仪表充电指示灯亮，此时用万用表测量发电机与接地之间的电压为12V，接近于蓄电池电压，可以确认发电机不发电；怠速时，将变速杆移至R位或D位后，发动机噪声明显增大，此时使用听诊器检查，噪声来自发电机前部，空档后噪声正常。

根据电路图（图4-1）可知，发电机与DME采用BSD数据线进行信号传输，DME根据发动机负荷、IBS信号等对发电机输出进行控制。DME利用BSD对发电机进行诊断，并将发电机故障予以存储，同时DME通过CAN总线控制组合仪表上的充电指示灯点亮或熄灭。当发电机有以下故障时，DME通过CAN总线点亮仪表上的充电指示灯。

1）机械故障。发电机轴承卡死，不能转动；发电机传动带断等。

2）电气故障：发电机调节器损坏，电刷过度磨损，转子滑环磨损，转子或定子线圈短路或断路，二极管损坏等。

3）通信失灵：BSD导线损坏（发电机BSD导线短路时，发电机仍能以14V的恒定电压输出）。

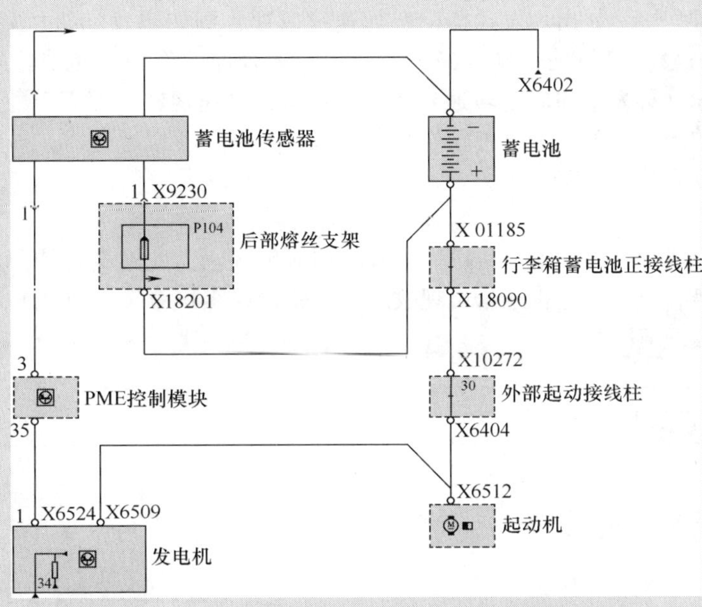

图 4-1　E90、E91、E92、E93 车型 BSD 发电机电路

根据发电机工作原理，结合 ISID 的诊断与检测计划，再依据实际测量值（发动机运行时，万用表测量值只有 12V，正常应在 14V 左右），可以判断不发电的原因应在发电机本身故障。解体发电机后发现电刷与滑环已磨损超过极限，如图 4-2 所示。正常滑环如图 4-3 所示。

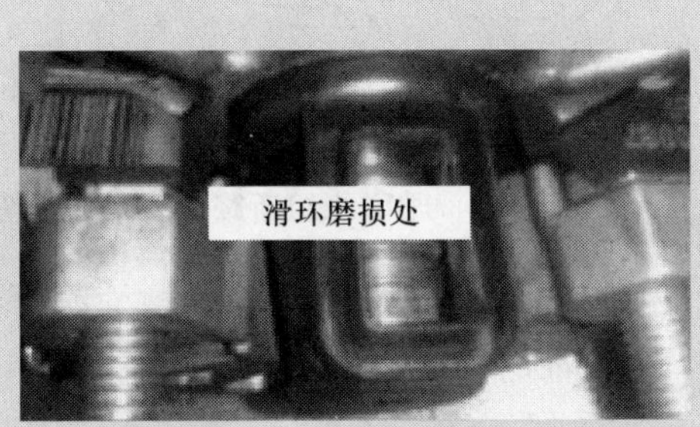

图 4-2　发电机磨损位置

图 4-3　发电机正常滑环

拆检发电机时，发现发电机带轮不能单向旋转（噪声也由此产生）。电刷与滑环也已磨损（电刷不可更换），故需要更换发动机总成。

宝马发电机传动带轮采用超越离合器，其主要特点如下：

① 单向传动。起动瞬间弹跳逆转都不产生传动力。

② 逆向旋差不产生逆电流，防止伤害车用电器。

③ 大幅降低运转时传动带的偏摆度。

④ 降低运转时传动带的张力振动及噪声。

⑤ 提升发电机系统及传动带使用寿命。

⑥ 满足运转时的惯性定律，提升空转时的转速。

第四章

⑦ 降低对发动机的反作用力，使发动机运转顺畅，可减少燃油耗损。

在汽车行驶过程中，如出现发动机突然加速或减速，例如当发动机从高速转到低速时，传统的传动带轮一般跟着传动带同时减速。而超越离合器的作用，使带轮外圈同步走向低速，而内圈的转速（即发电机转子转速）仍靠惯性持续高速运转，即高于外圈运转速度。此时，内、外之间的转速出现差量，带轮处在超越状态。当发动机加速时，外圈逐渐达到与内圈同速，才能恢复到接合状态。

（3）故障排除

更换发电机总成后，不发电与噪声大的故障同时解决。由此案例可知，对使用年限长或里程数较大的车辆，应在发电机还未出现故障时，就建议客户对发电机或起动机进行解体保养和检查，及早发现故障隐患。

实际操作

第四章

二、交流发电机的检查

1. 转子检查

（1）励磁绕组的断路或短路的检查　用万用表测量励磁绕组电阻，两表针分别触在两集电环上，如图4-4所示。正常阻值为2.7～20Ω（不同型号交流发电机略有差别）。如果阻值小于正常值则为短路，若阻值为无限大，则为线头脱焊或断路。

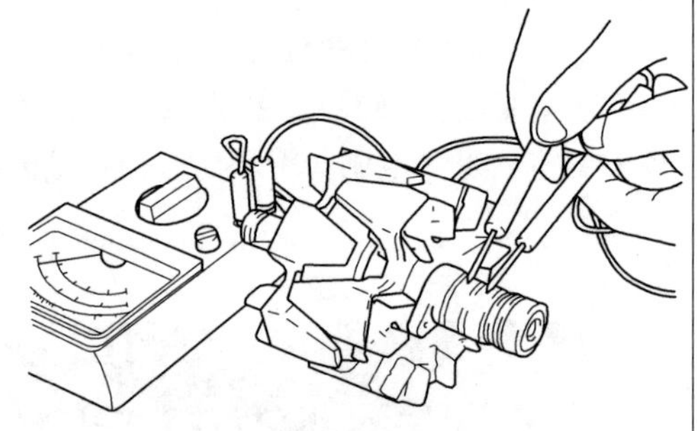

图4-4　励磁绕组断路、短路的测量

（2）励磁绕组和集电环接地的检查　即检查励磁绕组与铁心（或转子轴）之间的绝缘情况。如图4-5所示，将万用表电阻档置于“R×10k”，两表笔分别触爪极（转子轴）和集电环。若阻值为无限大为良好。若阻值较小说明励磁绕组有接地故障，应检修。

（3）集电环的检查　集电环表面应平整光滑，无明显烧损，否则应用“00”号纱布打磨。两集电环间隙处应无积物。集电环圆度误差不超过0.025mm，厚度不小于1.5mm。集电环厚度小于1.5mm时，应将旧集电环在车床上车除，重新镶嵌集电环，焊接绕组抽头。

2. 定子检查

（1）定子绕组断路的检查　如图4-6所示，用万用表“R×1”档检测定子绕组三个接线端，两两相测，阻值应在0.2～0.5Ω之间，若阻值为∞，说明绕组断路。断路故障应用35W 220V的电烙铁焊接修复，若不能修复，应更换定子绕组或定子总成。

（2）定子绕组接地检测　如图4-7所示，用万用表电阻最大档检测定子绕组接线端与定子铁心间的电阻，应为∞，否则说明有接地故障。或用数字式万用表导通档位，若为零且万用表发出响声，说明有接地故障，应更换定子绕组或定子总成。

因为定子绕组线径较粗，通过电流较大，发生断路或绕组接地故障多数情况是通过大电流发热造成的，因此通过检查定子绕组的外观是否有发黑、线圈表面是否有掉漆以及是否能够闻到焦糊味等也可检查定子绕组的完好性。

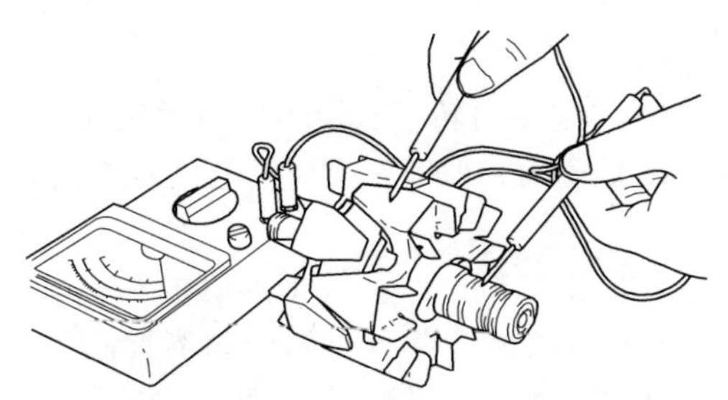
图 4-5　检测励磁绕组接地故障

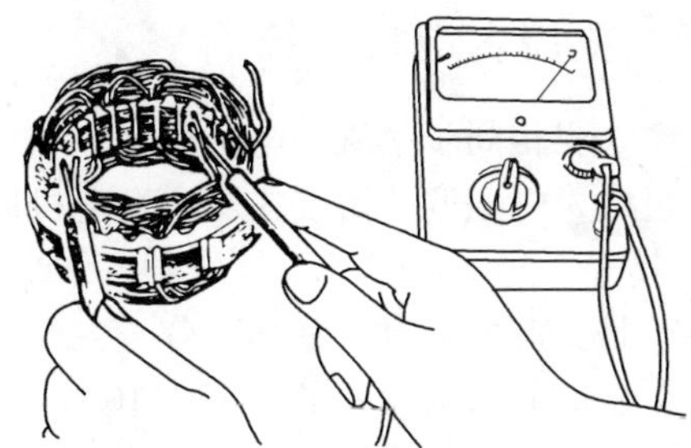
图 4-6　检测定子绕组断路故障

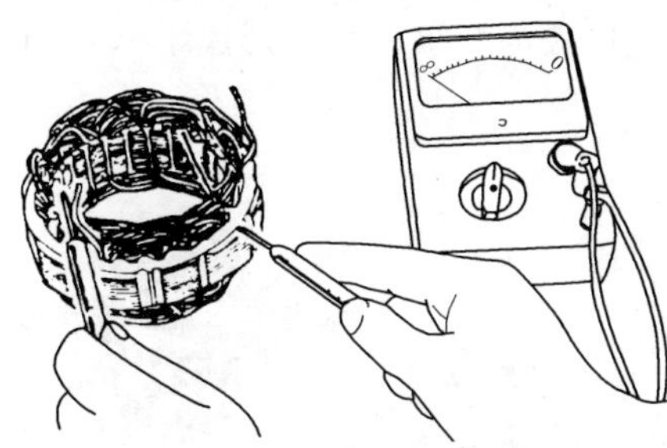
图 4-7　检测定子绕组接地故障

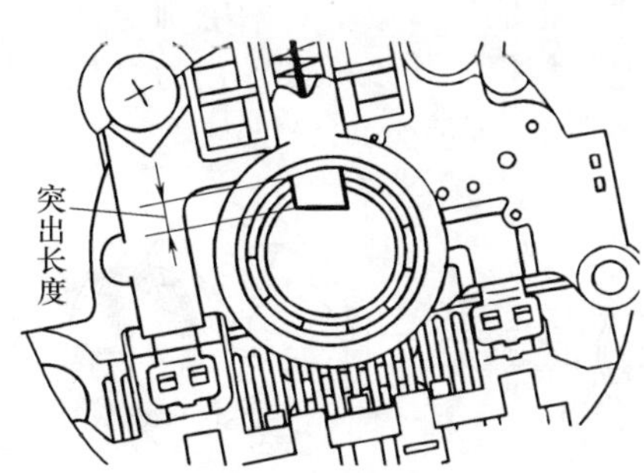

图 4-8　电刷突出长度的检查

3. 检查电刷组件

电刷表面不得有油污，且应在电刷架中活动自如，电刷磨损不得超过原高度的 1/2（用游标卡尺或钢板尺检测），突出长度的测量如图 4-8 所示；检测电刷弹簧压力时，当电刷从电刷架中突出长度 2mm 时，电刷弹簧力一般为 2～3N；电刷架应无烧损、破裂或变形。

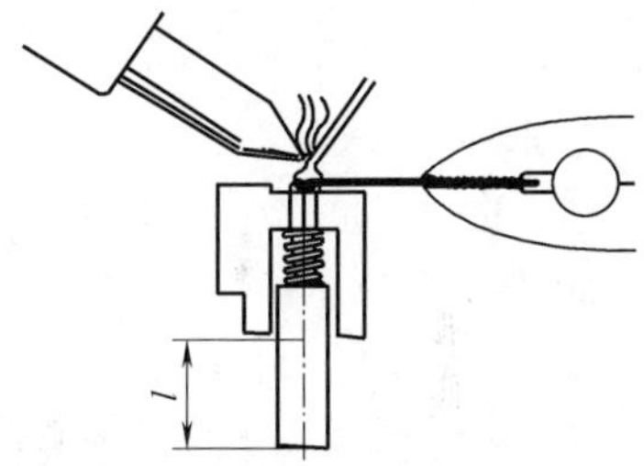

图 4-9　电刷突出高度及其更换方法

电刷突出长度又叫电刷突出高度，是指电刷露出电刷架的长度 l。更换电刷的方法如图 4-9 所示，先将电刷弹簧和新电刷装入电刷架，然后用鲤鱼钳或尖嘴钳夹住电刷引线，使电刷突出高度符合规定数值（一般为 14mm 左右），再用电烙铁将电刷引线与电刷架焊牢即可。

基础知识

交流发电机的作用是将来自发动机的机械能转变成电能。机械能通过带轮传给交流发电机，带轮带动转子转动而发出交流电，然后经二极管整流器整流变成直流电。

交流发电机的主要部件有产生磁场的转子、产生交流电的定子以及整流用的二极管；此外还有为了产生磁场而将电流提供给转子的电刷和集电环，使转子平滑转动的轴承、驱动带轮、前后端盖，冷却转子、定子及二极管的风扇，所有这些部件均安装在前后机架上。

三、交流发电机的结构

整体式三相同步交流发电机产生三相交流电。它主要由转子、定子、前后端盖、风扇及带轮等组成，电压调节器装在交流发电机后端的防护罩内，但不是交流发电机的组成部分。

1. 转子

转子是交流发电机的磁场部分，主要由转子轴、励磁绕组、两块爪形磁极和集电环等组成，转子总成的结构及外形如图 4-10 所示。两块爪形磁极（各具有六个鸟嘴形磁极）压装在转子轴上，在两块爪形磁极的空腔内装有导磁用的铁心，称为磁轭。铁心上绕有励磁绕组（又称转子线圈）。励磁绕组的两引出线分别焊在与轴绝缘的两个集电环上，集电环与装在后端盖上的两个电刷相接触。当两电刷与直流电源相接时，励磁绕组中便有磁场电流通过，产生轴向磁通，使得一块爪极被磁化为 N 极，另一块爪极为 S 极，从而形成了六对相互交错的磁极，如图 4-11 所示。

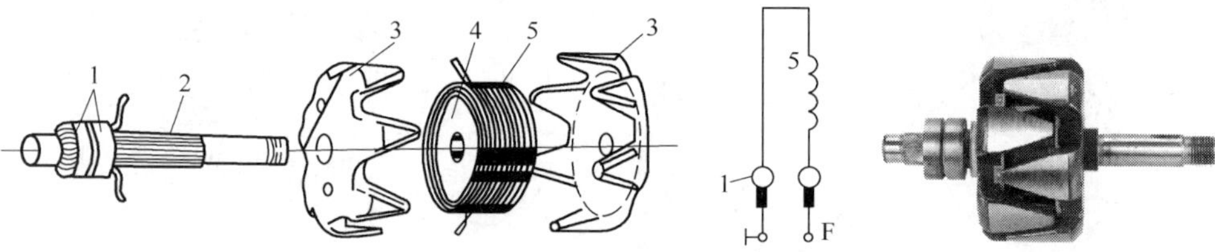

图 4-10　交流发电机转子

1—集电环　2—转子轴　3—爪极　4—磁轭　5—励磁绕组

2. 定子

定子的功用是产生感应电动势，它由定子铁心和三相定子绕组组成。定子总成的外形及结构如图 4-12 所示。定子铁心一般由相互绝缘且内圆带槽的环状硅钢片叠成，三相定子绕组对称安放在定子铁心槽内。

为了保证三相定子绕组能够产生频率和幅值相同、相位相差 120°的三相交流电，定子绕组线圈的绕制和在定子铁心槽中的嵌入应符合一定规律。

图 4-11　转子的磁场

图 4-12　定子总成的外形及结构

1、2、3、4—绕组引线　5—定子铁心

三相绕组的联结方法有星形联结（简称Y联结，图 4-13）和三角形联结（简称△联结，图 4-14）两种。Y联结即将三相绕组的三个末端连接在一起，将三相绕组的首端作为交流发电机的交流输出端，如图 4-13 所示。而△联结则是将每相绕组的首端和另一相绕组的末端依次相连接，因而有三个接点，这三个接点即为交流发电机的交流输出端，如图 4-14 所示。

汽车用交流发电机大多采用Y联结，只有少数大功率交流发电机采用△联结。

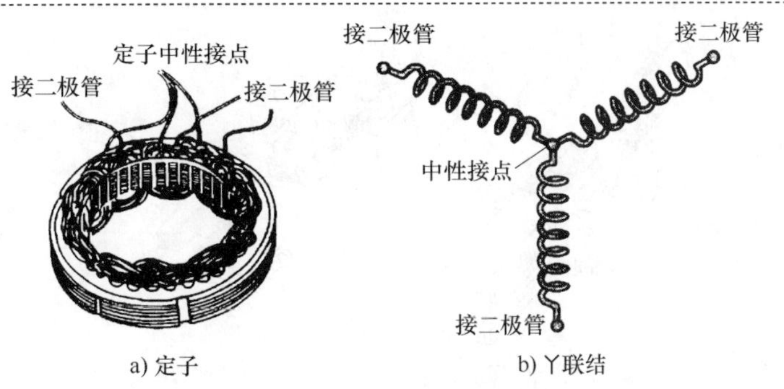

图4-13 三相绕组的Y联结

3. 前后端盖

端盖分前端盖（驱动端盖）和后端盖（整流端盖），其作用是支承转子并安装和封闭内部构件。前后端盖均由铝合金压铸或用砂模铸造而成，这是因为铝合金为非导磁性材料，可减少漏磁并具有轻便、散热性能良好的优点。为提高轴承孔的机械强度，增加其耐磨性，在交流发电机端盖的轴承座孔内镶有钢套。

（1）驱动端盖 装有支承转子轴前端的轴承。转子轴伸出端盖，冷却风扇和被发动机驱动的带轮装在此轴端。

（2）整流端盖 装有支承转子轴后端的轴承、整流器、电刷和电刷架，所有的接线柱也都装在整流端盖上。如果交流发电机采用内装的电压调节器，也装在整流端盖上，这种交流发电机称为整体式交流发电机。

图4-14 三相绕组的△联结

4. 电刷与电刷架

电刷总成由两只电刷、电刷弹簧和电刷架组成。两只电刷装在电刷架的孔内，借电刷弹簧的压力与集电环保持接触（图4-15c），用于给交流发电机转子绕组提供磁场电流。

电刷架由酚醛玻璃纤维塑料模压而成或用玻璃纤维增强尼龙制成，电刷架根据交流发电机类型的不同，其安装位置也有所不同。有的安装在交流发电机的后端盖上（外装式，图4-15a），这种结构便于电刷的维护与更换；有的与整流器安装在一起（内装式，图4-15b），维护或更换电刷时，需将交流发电机后端盖上的防护罩拆下。

交流发电机有内接地（俗称搭铁）和外接地之分，励磁绕组的一端经集电环和电刷在交流发电机端盖上接地的交流发电机称为内搭铁型交流发电机，如图4-16a所示。东风EQ1092型载货汽车用交流发电机即为内搭铁型交流发电机。励磁绕组的两端均与端盖绝缘，其中一端经电压调节器后接地的交流发电机称为外搭铁型交流发电机，两只电刷接线柱均与交流发电机外壳绝缘，分别用“F+（或F_1）”和“F-（或F_2）”表示（有的用“D_{F+}”、“D_{F-}”表示），如图4-16b所示。桑塔纳、捷达、红旗、奥迪、解放等大多数汽车均采用为外搭铁型交流发电机。

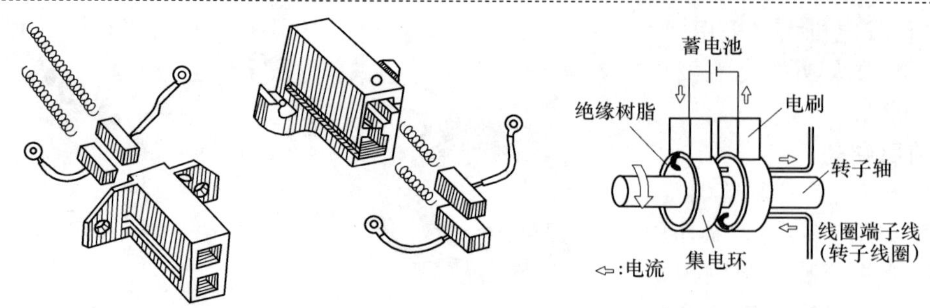

a) 能从外部拆装　　b) 不能从外部拆装　　c) 电刷和集电环的结构

图 4-15　电刷架结构

5. 带轮和风扇

交流发电机前端盖前装有驱动带轮，由发动机通过驱动带轮旋转，转子随驱动带轮一同转动。通风散热依靠风扇来完成，在前、后端盖上制有通风口，当风扇与驱动带轮一起转动时，空气便从进风口流入，经交流发电机内部再从出风口流出，由此便将内部热量带出，达到散热目的。散热风扇有 1 ~ 2 个，用铝合金板或钢板冲压或焊接而成。

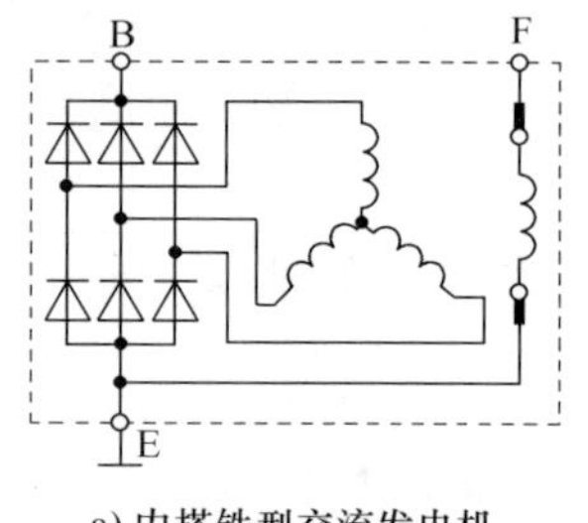

B　F_1　F_2　E

a) 内搭铁型交流发电机　　b) 外搭铁型交流发电机

图 4-16　交流发电机的接地形式

对于只有一个风扇的交流发电机，其风扇均装在前端盖与驱动带轮之间；对于有两个风扇的交流发电机，其风扇的安装形式有两种情况：

1）一个风扇安装在前端盖与驱动带轮之间，另一个风扇安装在后端盖与转子爪极之间，如北京切诺基（BJ2021 型）吉普车用交流发电机。

2）在前、后端盖内的转子爪极两侧各安装一个风扇，如丰田和夏利轿车用交流发电机。

特别提示

1. 在检查发电机的各部件时，一定要注意避免交流发电机内部线圈弯折而折断，或磕碰而导致线圈掉漆等的情况，否则会给交流发电机带来新的故障。

2. 在装配内装电刷式交流发电机时，要先使用钢针将两只电刷压入，再进行装配，否则将导致电刷折断。

你学会了吗?

1. 交流发电机的主要部件有产生磁场的________、产生交流电的__________以及整流用的________。

2. 什么是内搭铁型交流发电机？什么是外搭铁型交流发电机？

3. 如何检查交流发电机的转子？

4. 如何检查交流发电机的定子?
5. 如何检查交流发电机电刷的长度?

第13天　认识交流发电机的整流器

学习目标

1. 学会交流发电机整流器好坏的判断方法。
2. 熟悉交流发电机整流二极管不同极性的命名方法。
3. 掌握用万用表判断整流二极管极性和好坏的方法。

实际操作

一、整流二极管的检测

测量二极管，既可以使用指针式万用表，也可以使用数字式万用表。这两种仪表的测量原理如图4-17所示。**需要注意的是数字万用表红表笔是内部电池的正极，当使用其二极管档位测量时，显示的数值表示的是二极管的正向压降值，单位是V。**

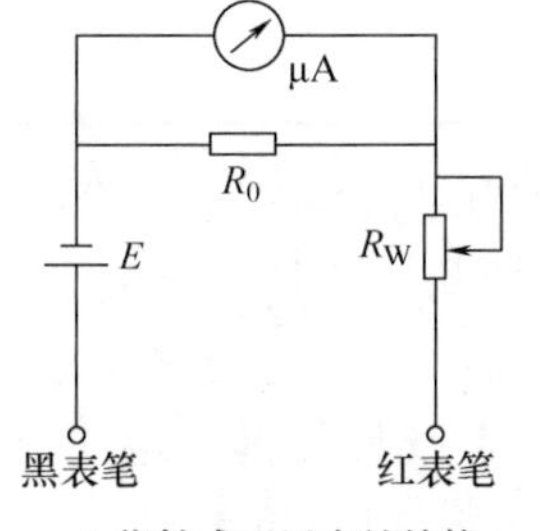

a) 指针式万用表的结构

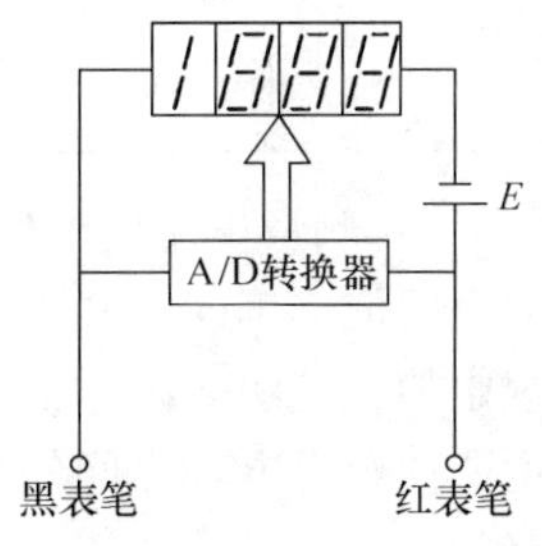

b) 数字式万用表的内部结构

图4-17　万用表结构图

当整流器的极性无法直观判别时，可用万用表判断二极管的极性，万用表的内部结构如图4-17所示。方法如下：

(1) 指针式万用表　黑表笔所接的是高电位，红表笔接的是低电位。极性判断的方法是选择万用表"R×100"或"R×1k"档，用红、黑表笔同时接触二极管的引线和外壳，然后对调表笔同时测量，在所测阻值小的那次测量中，黑表笔所接的是二极管的正极，红表笔所接的是二极管的负极。

(2) 数字式万用表　同指针式万用表相反，红表笔所接的是万用表的高电位，黑表笔所接的是万用表低电位。极性的判断方法是选择万用表的二极管档，用红、黑表笔同时接触二极管的引线和外壳，然后对调表笔测量，在所测量显示0.4～0.7V的值时，红表笔所接的是二极管的正极，黑表笔所接的是二极管的负极。检测方法如图4-18所示。

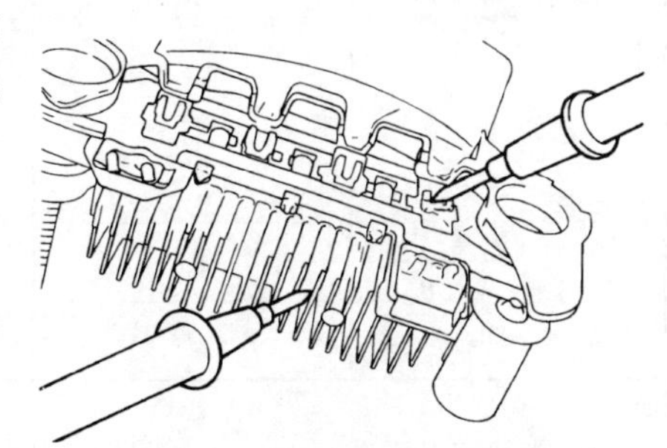
图4-18　整流器的检测方法

二、交流发电机的不解体检测

交流发电机发生故障修理前，应先进行机械和电气方面的检查或测试，以初步确定故障的部位和程度。

1. 机械方面的检查

1）检查外壳、挂脚等处有无裂纹或损坏。

2）转动带轮，检查轴承阻力，以及转子与定子之间有无碰擦。

3）手持带轮，前后、左右摇晃，以检查前轴承的轴向与径向间隙是否过大。

2. 电气方面的检查

解体前，可用万用表“R×1”档测量普通交流发电机各接线柱之间的电阻值，以初步判断交流发电机内部是否有电气故障及故障所在部位和程度。常用交流发电机各接线柱间电阻值见表4-1。

表4-1 常用交流发电机各接线柱间电阻值表

发电机型号	接线柱F与E间电阻/Ω	接线柱B与E间电阻	
		正向/Ω	反向/kΩ
JF11、13、15、21、132N	4 ~ 7	40 ~ 50	≥10
JFW14（无刷）	3.5 ~ 3.8	40 ~ 50	≥10
夏利JFZ1542	2.8 ~ 3.0	40 ~ 50	≥10
桑塔纳JFZ1913	2.8 ~ 3.0	65 ~ 80	≥10

1）测量交流发电机接线柱F与“－”（或E）之间的电阻值，即交流发电机磁场电路中的电阻值。不同类型的交流发电机，磁场电路的电阻值不同，一般只有几欧姆。如电阻超过规定值，说明电刷与集电环接触不良；小于规定值，表明磁场绕组有匝间短路；电阻为零，说明两个集电环之间短路或F接线柱接地；电阻为无限大即表针不动，说明磁场电路有断路处。

2）测量接线柱B（或“＋”）与E（或“－”），或者测量接线柱B（或“＋”）与F之间的正、反向电阻值，以判断硅整流二极管有无短路、断路故障。用MF47型万用表的黑表笔接触交流发电机外壳，红表笔接触交流发电机B（或“＋”）接线柱，测量反向电阻，阻值应为40 ~ 50Ω；交换红黑表笔，测量正向电阻，如电阻值为无限大即表针不摆动，说明硅整流二极管正常；如正向电阻值在10Ω左右，说明个别二极管击穿短路；如正向电阻值接近于零或等于零，说明正二极管和负二极管均有击穿短路故障。

3）测量接线柱N与E（或“－”）、接线柱N与B（或“＋”）之间的正反向电阻值，可进一步判断故障所在。判断方法见表4-2。

表4-2 测接线柱N与“－”和接线柱N与“＋”之间的正反向电阻值判断故障

测量部位	正向/Ω	反向/kΩ	故障判断
N与“－”（E）	10	≥10	负元件板或端盖上的三只负二极管良好
	0	0	负元件板或端盖上的三只负二极管有短路故障或定子绕组有接地故障
N与“＋”（B）	10	≥10	正元件板上的三只正二极管良好
	0	0	正元件板上的三只正二极管有短路故障

三、整流器的结构

交流发电机整流器的作用是将交流发电机定子绕组产生的三相交流电变换为直流电，一般由六只硅整流二极管和安装二极管的散热板所组成。汽车交流发电机用硅整流二极管的内部结构和工作原理与一般工业用硅整流二极管基本相同，但其外形结构却与一般二极管有所区别，如图 4-19 所示。

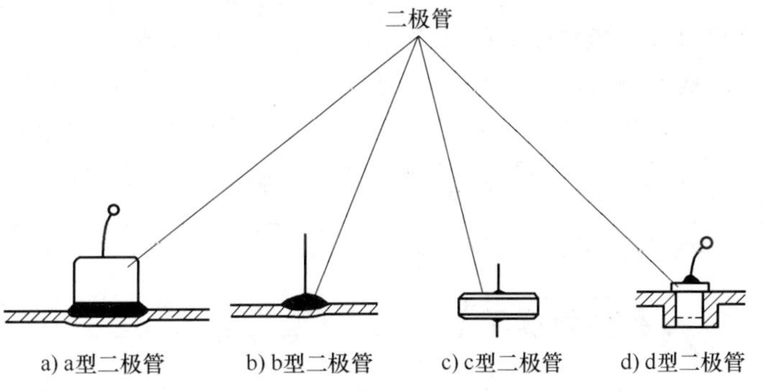

图 4-19　车用二极管的结构

图 4-19a 所示二极管（简称 a 型）是将二极管的外壳用焊锡焊到金属散热板上；图 4-19b 所示二极管（简称 b 型）是将二极管的整流结（即 PN 结）直接烧结在金属散热板上；图 4-19c 所示二极管（简称 c 型）是将二极管做成扁圆形，既可焊在金属散热板上，也可夹在两块金属板之间使用；图 4-19d 所示二极管（简称 d 型）是将二极管压装在金属散热板上的孔中使用。在这四种类型的二极管中，b、d 两种形式应用最广。

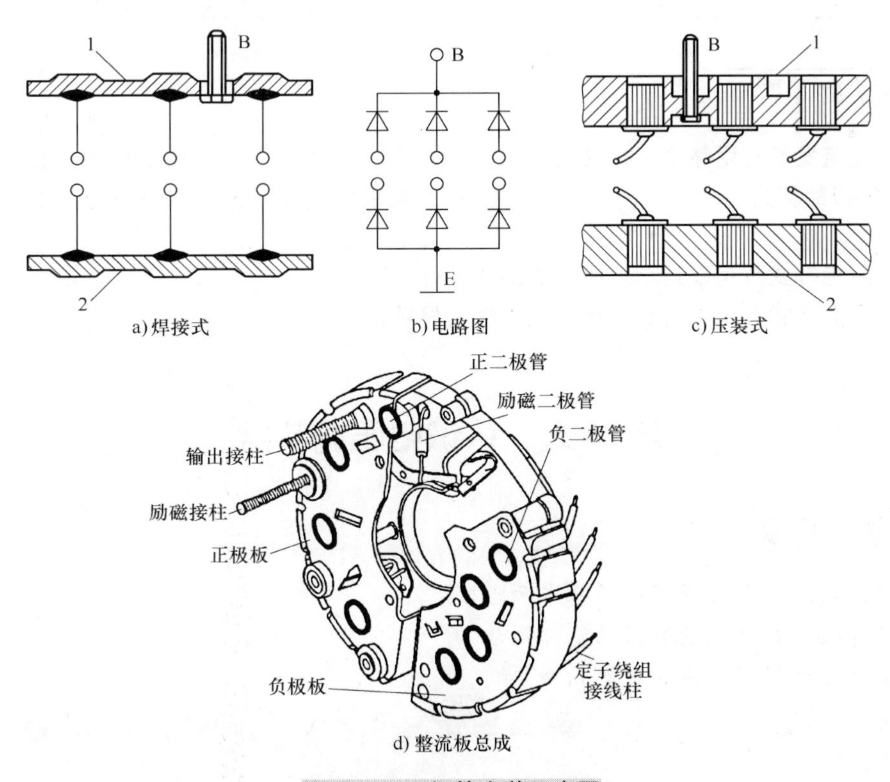

图 4-20　二极管安装示意图

1—正整流板　2—负整流板

汽车交流发电机用整流二极管有正二极管与负二极管之分。一只普通交流发电机具有三只正二极管和三只负二极管。引出电极为二极管正极，外壳为二极管负极的称为正二极管；引出电极为二极管负极，外壳为二极管正极的称为负二极管。

安装整流二极管的铝质散热板称为整流板。交流发电机的整流器多数都有两块整流板，如图4-20所示。安装三只正二极管的整流板称为正整流板；安装三只负二极管的整流板称为负整流板，负整流板的外壳直接接地，有的交流发电机直接将负极管焊接在后端盖上。在正整流板上制有一个螺孔，称为“输出”端子安装孔，螺栓由此从后端盖引出，作为交流发电机的“输出”端子，该端子为交流发电机的正极，标记为“B”、“B+”、“A”或“+”。整流器总成的形状各异，有长方形、马蹄形、半圆形和圆形等。

特别提示

1. 交流发电机整流二极管的正负极性是根据二极管引线的极性来命名的，引线是正极的二极管是正二极管，引线是负极的二极管是负二极管。无论是正二极管还是负二极管，在同一台交流发电机上的是完全相同的。

2. 所有正二极管的负极连在一起构成正极板，所有负二极管的正极连在一起构成负极板，区分正负极板可以根据其特征。正极板向外输电，因此正极板上连接有电枢接线柱。负极板的电位是0，因此负极板本身是接地的。

你学会了吗?

1. 汽车交流发电机用整流二极管有正二极管与负二极管之分。引出电极为二极管正极，外壳为二极管负极的称为________；引出电极为二极管负极，外壳为二极管正极的称为________。

2. 如何用指针式万用表判断二极管的极性及好坏?

3. 如何用数字式万用表判断二极管的极性及好坏?

第14天　认识电压调节器

学习目标

1. 掌握内接地式电压调节器的基本原理。
2. 掌握外接地式电压调节器的基本原理。
3. 掌握电压调节器接地形式的判断。

维修案例

一、案例：2006 款别克 GL8 车无法起动

(1) 故障现象　一辆上海通用别克 GL8 车，在行驶过程中仪表信息中心显示发电机充电指示灯点亮，将发动机熄火后再起动发动机，只听见起动机有“咔、咔”的声音，起动机并不转动，车辆无法起动。

(2) 初步检查　测量蓄电池电压为 11V，正常应该为 12.6 V 以上，用蓄电池分析仪分析，蓄电池需要充电，并联一备用蓄电池将该车起动后，测量蓄电池的电压仅为 12.70 V，用万用表直接测量发电机输出端和发电机壳体间的电压，依然是 12.7 V，通过基本测量，说明发电机不发电。

(3) 故障分析　发电机不发电的原因有以下几点：一是发电机本身故障导致不发电；二是发电机供电线路有故障。上海通用别克 GL8 车的充电系统由蓄电池、发电机、PCM 和仪表（IPC）组成，如图 4-21 所示。该系统的工作原理是，发电机采用内置式调压器，通过脉冲宽度调制（PWM）的方式控制励磁电流，从而控制发电机的输出电压。当发动机起动着机后，PCM 通过 225 号线 L 端子向发电机内部调节器提供 5V 电压，发动机通过传动带带动发电机旋转，电压调节器开始向转子线圈注入励磁电流，使发电机开始发电。在正常工作时，发电机的发电量不受 PCM 控制，当发电机内部调节器检测到发电机输出电压低于 11.2 V、高于 16.5 V 或发电机停止运转时，发电机内部调节器会把 L 端子的 5V 电压变成低电压，当 PCM 监测到 L 端子低电压时，PCM 通过二级串行数据总线向仪表（IPC）发出发电机故障灯点亮的指令。

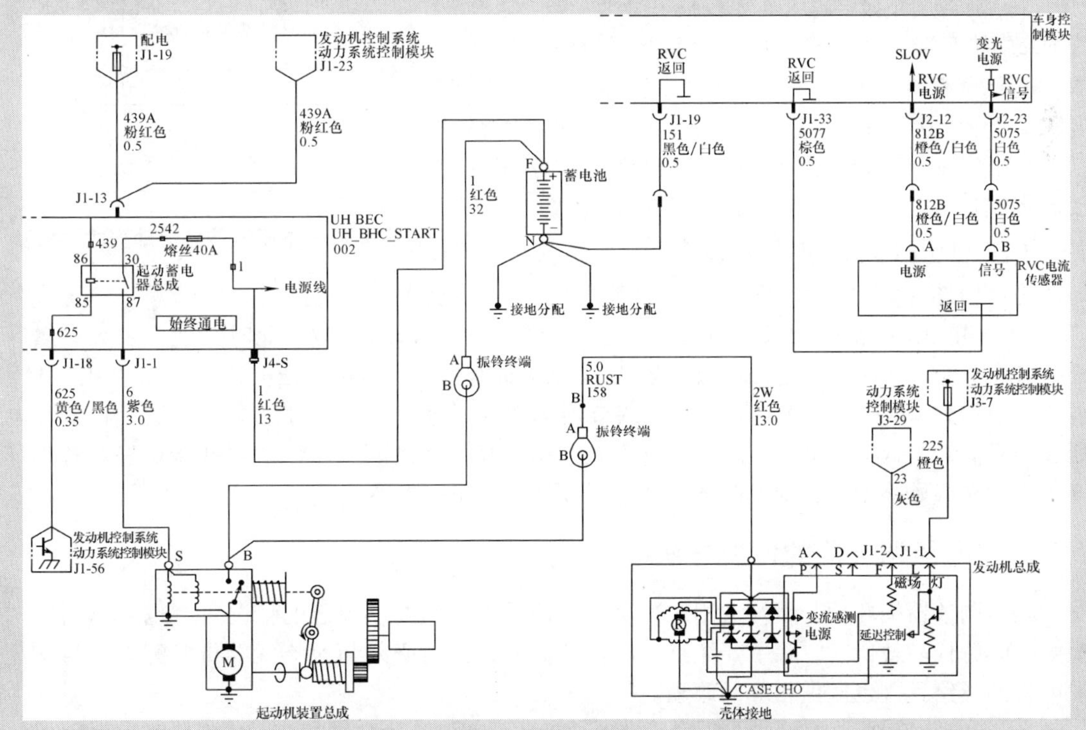

图 4-21　2006 款别克 GL8 车充电系统

第四章

(4) 故障诊断　并联备用蓄电池将发动机起动着机后用万用表测量蓄电池的电压，为11V；测量发电机输出端子至蓄电池正极间的电压降，为0.1 V；用试灯测量发电机输出端子，能够点亮试灯；不拔导线侧插接器的条件下用探针测量发电机插接器端子D上的电压，为蓄电池电压，并且能点亮试灯，端子B（L端子）为低电压，接近0V。拔下发电机导线插接器，将发动机起动后测量发电机端子B（L端子）上的电压，为5V。经过分析认为，是发电机内部调节器发生了故障，把5V电压变为低电压，PCM感知到L端子低电压后通过二级串行数据线点亮了发电机充电指示灯。

(5) 故障排除　更换发电机总成和蓄电池后试车，上述故障排除。

实际操作

二、电压调节器接地形式的判断与测试

电子电压调节器分为内接地型与外接地型，使用时要识别它的接地形式以及电压调节器的好坏，现分别介绍如下。

(1) 电压调节器接地形式的判断　一般电压调节器上没有标出内接地还是外接地的记号，使用中只能根据型号、使用车型来确定其接地形式。如搞不清其接地形式，可利用小灯泡的亮、灭来进行。如图4-22所示，将可调直流电源正极接在电压调节器B（或"+"）端，负极接电压调节器E（或"-"）端，将小灯泡一端接F端，另一端暂时悬空，稳压电源电压调到12V（28V电压调节器调到24V）。首先将小灯泡悬空的一端搭在电源端B上，接通开关SW，若灯亮，电压调节器为外接地型；若灯不亮，关断开关SW，并将小灯泡悬空的一端搭在接地端E上，此时灯亮，电压调节器为内接地型。

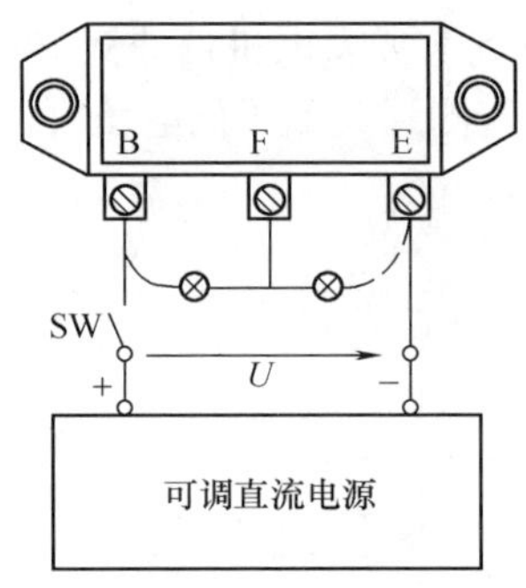

图4-22　电压调节器接地形式的检测

(2) 电压调节器性能好坏的测试　根据接地形式接好线路，如图4-23所示。先将可调直流电源电压调至12V（14V电压调节器）或24V（28V电压调节器），接通开关SW，此时灯泡应发亮；然后逐渐调高电源电压，小灯泡的亮度应随电压升高而增强，当电源电压升高到调节电压（14V电压调节器为13.5～14.5V，28V电压调节器为27～29V）时，小灯泡熄灭；最后将电源电压逐渐降低，当低于调节电压时，小灯泡又开始发亮，则说明电压调节器性能良好。若小灯泡始终发亮或始终熄灭，则说明电压调节器损坏，应予以更换。

三、电压调节器的代换方法

电压调节器损坏后，最好选用原型号电压调节器。但在不得已的情况下，也可以用别的型号临时替代。替代时，除了要注意电压调节器的调压值必须与交流发电机匹配外，与交流发电机的线路连接也应做相应的改动。

(1) 用触点式电压调节器替代　触点式电压调节器一般是控制交流发电机励磁绕组的电源线，为内接地型。

1）替代外装型内接地式电压调节器时，触点式电压调节器“+”接线柱接点火开关IG或15端子，F接线柱接交流发电机F接线柱（或“磁场”接线柱）。

2）替代外装型外接地式晶体管电压调节器时，应先将外接地式交流发电机改为内接地式交流发电机，即将交流发电机励磁绕组与“+”连接的一端直接接地，另一端接触点式电压调节器的F（磁场）端子，再按替代外装型内接地式电压调节器的接线方法，连接触点式电压调节器与交流发电机。

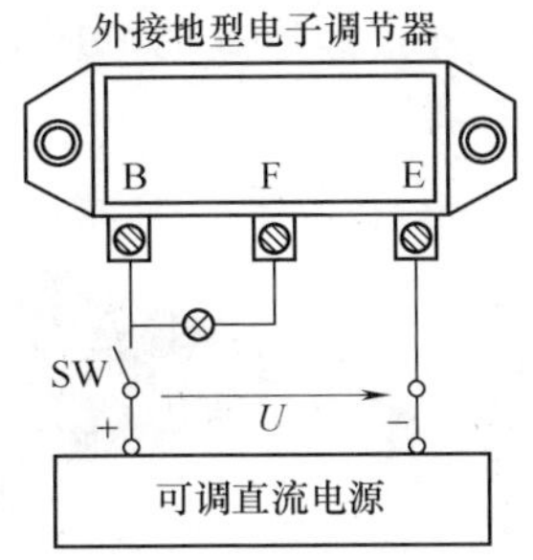

a) 外接地型晶体管电压调节器性能的检测

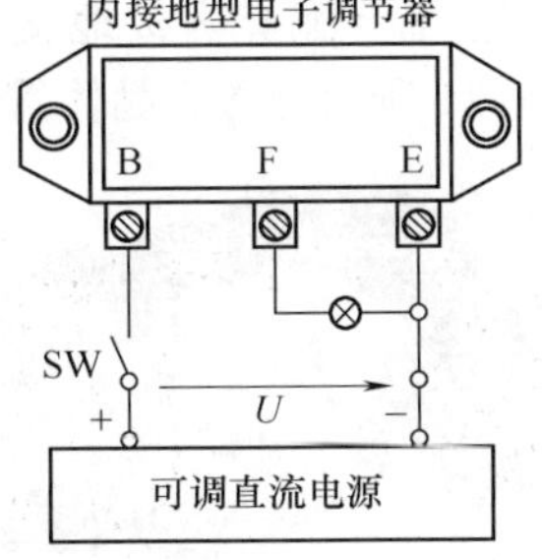

b) 内接地型晶体管电压调节器性能的检测

图4-23　电压调节器性能好坏的检测

3）替代内装型（整体式交流发电机）集成电路电压调节器时，因交流发电机的励磁绕组两端并未引出交流发电机壳体之外，且一般都带有充电指示灯的控制，所以交流发电机的改动较多。首先要将有故障的集成电路电压调节器从交流发电机内拆下；其次将励磁绕组的输入端（与充电指示灯L、励磁二极管VD_L相连的一端）完全断开，并引出交流发电机壳体外（注意与交流发电机壳体的绝缘），且定义该引出线为F接线柱；再次将励磁绕组的输出端（与集成电路电压调节器F接线柱相连的一端）直接接地；最后按替代外装型内接地式电压调节器的接线方法，连接触点式电压调节器与交流发电机。不过，充电指示灯的控制只能改为其他的控制形式。

（2）内或外接地式晶体管电压调节器的相互替代　正如触点式电压调节器替代其他形式的电压调节器一样，在内或外接地式晶体管电压调节器的相互替代时，不可能对晶体管电压调节器做任何改动，只能选择对交流发电机及其线路的连接做相应的变动。

1）内接地式晶体管电压调节器配外接地式交流发电机。将交流发电机励磁绕组的输入端F_1（与点火开关IG或15端子相连的接柱）定义为F接线柱，并与内接地式晶体管的F接线柱相连；将交流发电机励磁绕组的输出端F_2（与原外接地式晶体管的F相连的接线柱）直接接地；内接地式晶体管电压调节器的“+”端子接点火开关IG或15端子，“−”端子接地。

2）外接地式晶体管电压调节器配内接地式交流发电机。将交流发电机励磁绕组输出端的接地片拆去后，与外接地式晶体管电压调节器的F端子相连；将交流发电机励磁绕组的输入端子F接线柱与点火开关IG或15端子相连；外接地式晶体管电压调节器的“+”端子接点火开关IG或15端子，“−”端子接地。

基础知识

四、电压调节器的基本原理与类型

晶体管电压调节器是利用晶体管的开关特性制成的，即将晶体管作为一只开关串联在交流发电机的磁场电路中，根据交流发电机输出电压的高低，控制晶体管的导通和截止，调节交流发电机的磁场电流使交流发电机输出电压稳定在某一规定的范围之内。内接地形式的电压调节器要配套内接地交流发电机，外接地形式的电压调节器要配套外搭铁交流发电机，图 4-24 所示为常见晶体管式电压调节器。

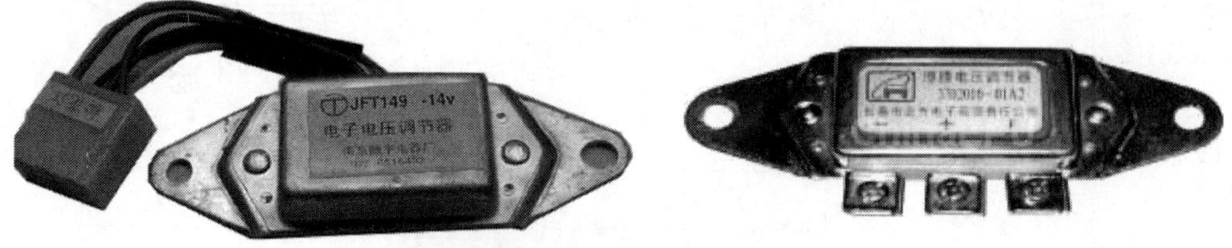

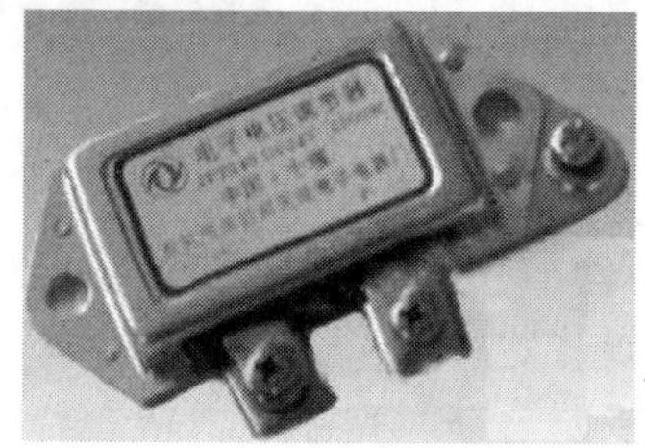

图 4-24　晶体管电压调节器外形

1. 外接地型电压调节器的基本电路

（1）电路结构　外接地型电压调节器的基本电路如图 4-25 所示，它通常由功率晶体管、信号放大和控制电路以及电压信号的检测电路三部分组成。

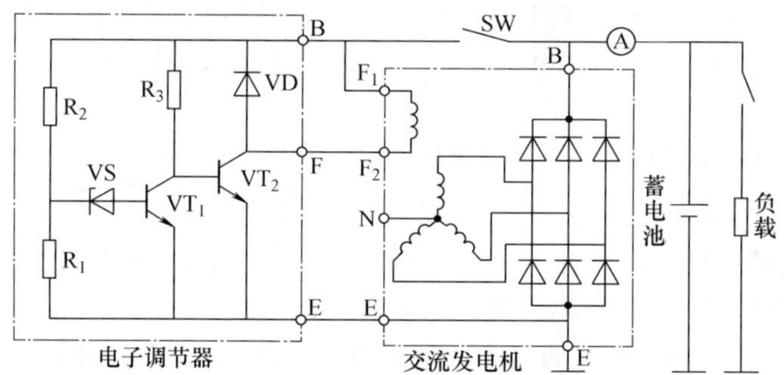

图 4-25　外接地型电子电压调节器的基本电路

（2）电子元器件的功能　电阻 R_3 既是 VT_1 的分压电阻，又是 VT_2 的偏流电阻。VT_2 为大功率晶体管（NPN 型），与交流发电机的励磁绕组串联，工作在开关状态，用来接通与切断交流发电机的励磁电路。VT_1 为小功率晶体管（NPN 型），用来放大控制信号。稳压管 VS 是感受组件，串联在 VT_1 的基极电路中，并通过 VT_1 的发射结并联于分压电阻 R_1 的两端，以感受交流发电机输出电压 U_B 的变化。

（3）电路的设计思想　当交流发电机输出电压 U_B 升高到调节电压上限 U_{B2}时，分压电阻 R_1 两端的电压 U_{R1}加在稳压管 VS 和 VT_1 的基极上，恰好能使稳压管 VS 反向击穿，为 VT_1 提供基极电流，使 VT_1 导通。

VD 是续流二极管，励磁绕组由接通变为断开状态时，产生的自感电动势（F 端高电位，B 端低电位）经二极管 VD 构成放电回路，防止晶体管 VT_2 被击穿损坏。

（4）电路工作原理　对于电子电压调节器来说，由于晶体管 VT_2 的状态转换（导通和截止）的频率很高，U_{B1} 和 U_{B2} 两者之间的差距非常小，所以交流发电机的输出电压 U_B 的波动非常小，再加上电容的滤波，所以交流发电机的输出电压很稳定。

2. 内接地型电子电压调节器的基本电路

内接地型电子电压调节器的基本电路如图 4-26 所示，内接地晶体管电压调节器也是由功率晶体管、信号放大和控制电路以及电压信号的检测电路三部分组成，该电路的特点是晶体管 VT_1、VT_2 采用 PNP 型，交流发电机的励磁绕组连接在 VT_2 的集电极和接地端之间，与外接地型电路显著不同，电路工作原理和结构与前述外接地型电子电压调节器类似。

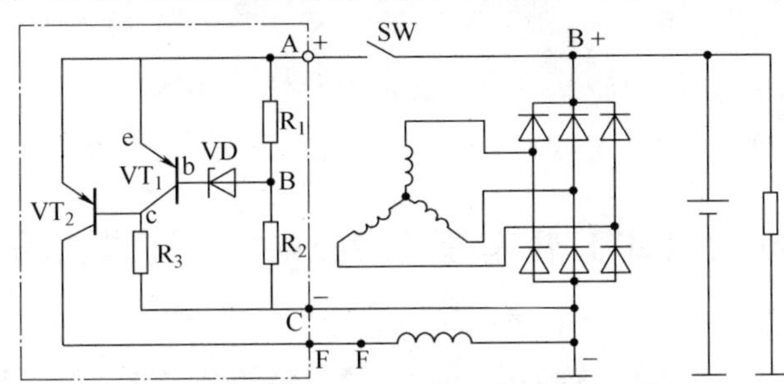

图 4-26　内接地型电子电压调节器的基本电路

现在汽车用接地形式不同的晶体管电压调节器，其调节机理和工作过程同上述两种基本电压调节电路是相同的，只不过在电路形式上要复杂一些，元器件数量多一些，控制功能多一些。

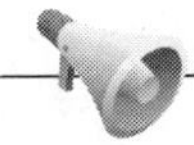

特别提示

1. 内接地与外接地式电压调节器虽然外形接线是完全一样的，但其内部结构却不一样，因而在使用前需要判明电压调节器的接地极性。

2. 电压调节器和交流发电机都有内接地和外接地的区分，并且在配用时，交流发电机和电压调节器的接地极性必须一致。当遇到两者极性不一致时，可以将交流发电机的极性改为同电压调节器的极性相一致。

你学会了吗？

1. 晶体管电压调节器是利用________的开关特性制成的，即将晶体管作为一只________串联在交流发电机的电路中，根据交流发电机输出电压的高低，控制________的导通和截止，调节交流发电机的________使交流发电机输出电压稳定在某一规定的范围之内。内接地形式的电压调节器要配套________交流发电机，外接地形式的电压调节器要配套________交流发电机。

2. 如何判断电压调节器的接地形式？

3. 不同类型电压调节器的接地形式如何替换？

第15天　认识充电指示灯控制电路

学习目标

1. 通过案例学会判断迈腾轿车充电指示灯点亮的故障排除方法。
2. 熟悉电源系统监测常采用的几种形式。
3. 掌握利用中性点电压控制充电指示灯的工作过程。
4. 掌握利用三个磁场二极管控制充电指示灯的工作过程。

维修案例

一、案例：诊断迈腾 B7L 轿车起动后充电指示灯常亮的故障

2012 年上市的迈腾 B7L 是大众 B 级车的第七代车型，代表大众 B 级车的最高水准，外观吸取大量辉腾的设计元素，因而被称为小辉腾。迈腾整体感觉既大气又精致，内部空间也堪比 C 级车，甚至许多功能配置在 C 级车上才能见到。

(1) 故障现象　一辆迈腾 B7L 轿车，起动后充电指示灯常亮。

(2) 故障诊断与排除　由于此车是新车，总计行驶里程不到 30km。根据故障现象，首先用 VAS5052A 检测发动机系统。中央电器控制单元（J519）、仪表控制单元（J528）、发电机本身、蓄电池及相关控制单元中均没有与充电指示灯点亮相关的故障码，J519 只报供电电压过低导致功能受限的故障存储。根据此车的电路结构（图 4-27）及故障现象判断，发动机起动后充电指示灯常亮的可能原因如下：

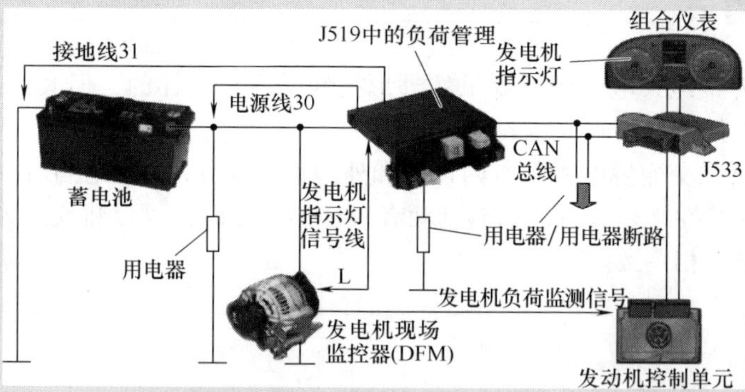

图 4-27　迈腾 B7L 轿车有负载的电源管理系统结构

① 发电机本身故障或者发电机连接线路故障及蓄电池自身损坏。

② 仪表本身及仪表线路有故障（由于充电指示灯点亮是通过仪表控制单元显示的）。

③ J519 自身原因及线路故障。

④ 发动机控制单元及线路故障。

根据以上 4 点分析，再次用 VAS5052A 进入发动机数据流 01-08-53 组，查看发电机数据流，发动机怠速转速为760r/min，发电机输出电压约为13.8V，负荷数约为56%，上述数值理论上属于正常。通过此数据，用万用表检测发电机B端子在起动后的发电机发电电压值，也在13.8V左右，这说明发电机应该是发电的。

那么，为什么此车在起动后充电指示灯还常亮呢？根据以上4点结合此车发电机电路图（图4-28）检查分析判断，发动机起动后检查发电机T2gc/2-DFM孔（01-08-53组数据）在发电机工作正常时的数据：发动机转速为840r/min，发电机输出电压约为13.84V，发电机负荷数为65.5%（发电机负载时负荷会随着车辆用电器的增加而变大），此线是发电机给发动机控制单元的发电负荷线。DFM检测发电机的发电量，在负荷过大、电量不够的情况下，用以提高发动机转速。再次检查发电机T2gc/1的L励磁线，在发动机未起动状态下断开T2gc/1孔导线插接器，接通点火开关，充电指示灯不亮，通过试灯或者接上发电机后充电指示灯点亮，等电位后充电指示灯熄灭。此车仪表是通过网关、数据总线与J519连接的，说明此线路及仪表没问题。那么为什么在起动后充电指示灯常亮呢？结合此车电路图仔细分析判断，故障原因可能出在J519或者发电机、蓄电池。由于此车是新车，考虑到蓄电池和发电机损坏的可能性很小，所以换掉J519，试车，问题解决。

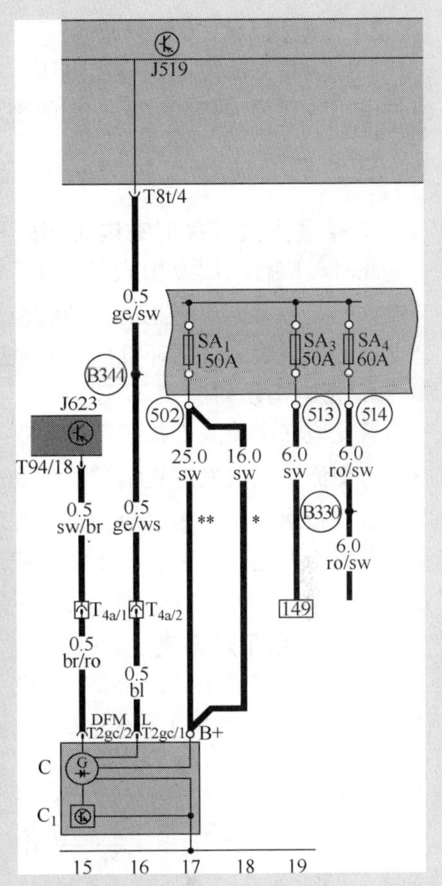

图4-28　迈腾B7L轿车交流发电机电路

实际操作

二、由中性点控制的充电指示灯电路的故障诊断

1. 接通点火开关时充电指示灯不亮

可能故障原因：①点火开关损坏；②充电指示灯损坏；③充电指示继电器触点表面腐蚀或接触不良。

2. 充电指示灯常亮不灭

首先应发动着车，再用万用表检查U_{B+}。若电压正常（即交流发电机发电），则可能：①中性线断开或中性点接柱因脏污而接触不良；②充电指示继电器线圈断路；③充电指示继电器触点烧结在一起。若交流发电机不发电，则可能：①连接线路有断路的情况或接柱因脏污而接触不良；②电压调节器损坏；③电刷过短或滑环脏污；④励磁绕组断路；⑤交流发电机定子绕组短路、断路、接地；⑥整流二极管有个别或部分被损坏。

3. 充电指示灯忽亮忽暗

其原因是交流发电机输出电压不稳。这时应检查：①电压调节器；②电刷和滑环；③交流发电机各部位连接处有无松动的现象。

三、三个磁场二极管控制充电指示灯的故障诊断

1. 接通点火开关时充电指示灯不亮

此时，应首先用万用表检查 D_+ 处有无电压。若无电压，则可能：①充电指示灯损坏；②点火开关损坏；③连接线路断路或接触不良。若有电压，则可能：①电压调节器损坏；②电刷磨损过短；③滑环脏污；④励磁绕组断路。

2. 充电指示灯常亮不灭

首先应在交流发电机运转的情况下用万用表检查 B_+ 处电压，以判断交流发电机是否发电。若交流发电机发电正常，说明励磁二极管 $VD_7 \sim VD_9$ 已全部被击穿断路，从而使 D_+ 处无电压。其励磁回路为蓄电池→点火开关→充电指示灯→电压调节器→励磁绕组→接地。若交流发电机不发电，则可能：①定子绕组断路；②定子绕组匝间短路；③定子绕组有接地的地方；④二极管 $VD_1 \sim VD_6$ 有一只或部分被击穿。

3. 充电指示灯微亮

充电指示灯微亮（图 4-29），说明 U_{B+} 和 U_{D+} 之间存在着电位差。先应在交流发电机运转的情况下检查 B_+ 和 D_+ 处的电压。若 U_{B+} 较低，则可能是 VD_1、VD_3、VD_5 中有1～2只二极管被击穿断路。这时，电流由 D_+→充电指示灯→用电设备，因此充电指示灯微亮。若 U_{D+} 较低，则可能是 $VD_7 \sim VD_9$ 中有 1～2 只二极管被击穿断路。这时，电流由 B_+→点火开关→充电指示灯→电压调节器→励磁绕组→接地。

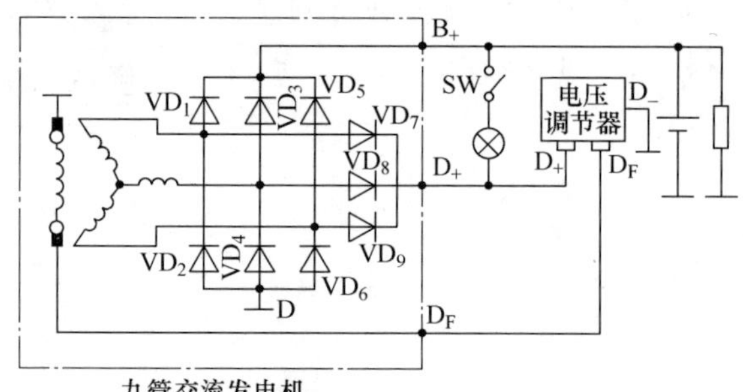

图 4-29 九管交流发电机充电系统电路

部分汽车充电指示灯电路中，在充电指示灯和 D_+ 之间接一只二极管，这只二极管的作用是保护 3 只励磁二极管，防止电流反向流入充电指示灯。

图 4-30 充电指示灯在仪表上的位置及符号

基础知识

采用电流表或电压表来监测电源系统的工作状况，具有显示准确、可靠的优点，但不醒目直观，同时驾驶人在行车时需不时地监视电流表或电压表的读数变化，因而对驾驶人的工作有一定影响。相比之下，充电指示灯就简单多了，只要指示灯不亮，驾驶人只管放心驾车而不用操心交流发电机的工作状况，只在电源系统有故障时它才点亮，而且醒目、直观，设置简单，价格便宜，也便于仪表小型化、轻量化，充电指示灯在仪表上的位置及符号如图4-30所示。因此，充电指示灯逐渐取代了电流表，被广泛用于现代汽车上。

国内外充电指示灯的设置方法各有特点，但从控制原理上可大致分为两种方式：利用中性点电压通过充电指示灯继电器控制和利用具有三个磁场二极管的九管交流发电机控制。

四、利用中性点电压控制充电指示灯

交流发电机定子绕组采用Y联结时都有一中性点 N，该点的直流平均电压与交流发电机的直流输出电压同步变化且为交流发电机输出电压的一半。所以，几乎所有采用Y联结的六管（或带中性点二极管的八管）交流发电机都是利用该点的电压，通过继电器或有关电子电路去控制充电指示灯的。

1. 金杯轿车的充电指示灯电路图

图 4-31 所示为金杯乘用车的充电指示灯电路，它是用充电指示继电器控制充电指示灯的典型电路。充电指示继电器磁化线圈的一端接交流发电机的中性点，另一端接地，其常闭触点与充电指示灯串联。

起动发动机后，交流发电机开始运转。随着交流发电机输出电压的升高，当交流发电机输出电压超过蓄电池电压时，中性点的输出电压使充电指示继电器动作，充电指示继电器的常闭触点被吸开，切断充电指示灯回路的电流，充电指示灯熄灭，表示交流发电机正常发电，并向蓄电池充电。若交流发电机不发电或其输出电压低于蓄电池电压时，交流发电机中性点输出电压为零或低于充电指示继电器的动作电压，其常闭触点仍然闭合，充电指示灯亮，表示蓄电池不充电。

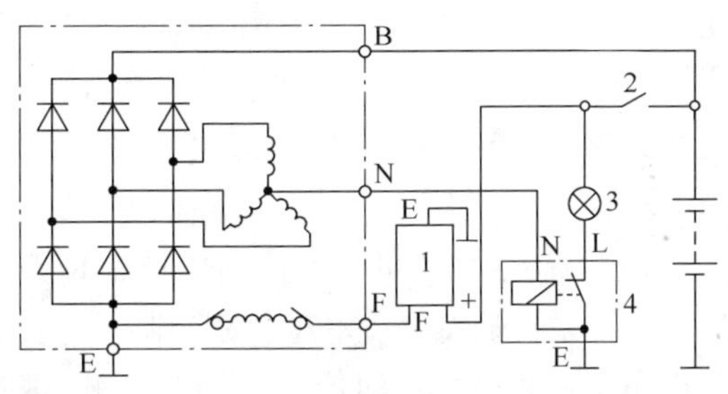

图 4-31　中性点控制的充电指示灯继电器电路

1—电压调节器　2—点火开关　3—充电指示灯具　4—充电指示继电器

> 注意：一般充电指示继电器的设计动作电压为 6 ~ 7V 之间，释放电压在 5V 以下，该继电器不能用 12V 或 24V 普通车用继电器代替。

在实际使用中，为了减少交流发电机与充电指示继电器、电压调节器等部件的连接导线，减少由于接线错误等造成的故障，通常都将充电指示继电器与电磁振动式电压调节器组合为一体，封装在一个壳体内，即形成具有电压调节和充电指示灯控制双重功能的组合继电器或双联电压调节器，如国产 JFT126 型双联电压调节器和日本丰田、日产车系早期使用的双

联振动式电压调节器等。随着电子技术的发展，此类组合继电器已完全实现电子模块化控制，如新型的微型汽车五菱之光、长安之星等。东风 EQ1092、解放 CA1092 型载货汽车采用的 JD136 型起动复合继电器中的保护继电器即起充电指示继电器的作用。需说明的是，上述复合继电器中的充电指示灯继电器都可单独使用，只要继电器的标称电压合适，可在找不到匹配条件下选用。

2. 日本丰田汽车的充电指示灯电路

图 4-32 所示为早期日本丰田汽车用双联电压调节器内部线路，该电压调节器由两部分组成，除了双级式电压调节器外，还有一只充电指示继电器。

(1) 电压调节过程　随着交流发电机转速的提高，当交流发电机输出电压达到工作电压时，磁化线圈 3 的电磁吸力增强，将触点臂吸下，使常闭触点 K_3 断开（K_4 仍处于打开状态），此时磁场电路为交流发电机输出端 B→点火开关 SW→电压调节器 IG 接线柱→调节电阻 R_{tj}→电压调节器 F 接线柱→交流发电机 F 接线柱→励磁绕组→接地→蓄电池负极。由于磁场电路中串入了调节电阻 R_{tj}，使磁场电流减小，交流发电机电压降低。当交流发电机电压下降而略低于工作电压后，通过磁化线圈 3 的电流减小，电磁吸力减弱，K_3 在弹簧拉力作用下重又闭合，调节电阻 R_{tj} 又被短路，使磁场电流增加，交流发电机电压再度升高。当交流发电机电压升至略高于工作电压后，K_3 又被打开。如此重复上述过程，使交流发电机电压在低速时保持稳定。当交流发电机在高转速时，即使 K_3 打开，调节电阻 R_{tj} 串入励磁绕组电路中，因其数值较小，交流发电机电压仍会继续升高，增大磁化线圈 3 的吸力，将触点臂吸的更低，而使高速触点 K_4 闭合。K_4 闭合时，由于励磁绕组的两端均接地而被短路，于是交流发电机电压急剧下降。与此同时，磁化线圈的吸力减小，触点臂在弹簧拉力的作用下，又停在中间位置，使 K_3、K_4 都打开，磁场电路中又串入了调节电阻 R_{tj}，电压重又升高。如此反复，高速触点 K_4 反复开闭使交流发电机电压保持稳定。

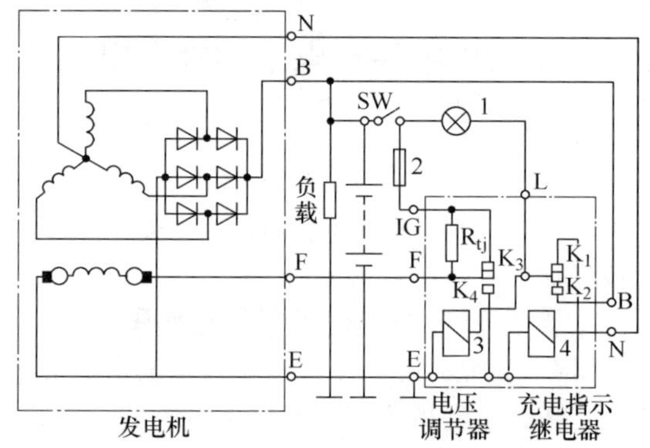

图 4-32　日本丰田汽车用双联电压调节器内部线路图

1—指示灯　2—熔断器　3、4—磁化线圈

(2) 充电指示灯点亮，指示系统故障　当交流发电机出现故障导致交流发电机不发电时，其中性点无电压，充电指示灯继电器不动作，则充电指示灯将会一直发亮，表示充电系统有故障。

特别提示

1. 各国车型的中性点控制充电指示灯不论电路采用何种形式，其最终充电指示灯的控制均是来自中性点（或三相绕组中的一相）的电压控制，即使是集成电路控制充电指示灯的电路或是目前最先进的采用总线技术控制的充电指示灯电路也是如此，这一点是我们判断充电指示灯工作的一个根本原则。

2. 采用三个专门磁场二极管控制充电指示灯电路，即使在采用集成电路或电脑控制的充电系统电路中，起充电指示灯控制作用的也是三个专门的磁场二极管，这一类充电系统的典型特征是采用九管或十一管交流发电机。

你学会了吗?

1. 常见的充电指示控制的形式有哪些?
2. 三个专门的磁场二极管是怎样控制充电指示灯工作的?

第16天　如何检修桑塔纳轿车充电系统

学习目标

1. 学会桑塔纳轿车充电指示灯常亮故障的判断思路。
2. 掌握桑塔纳轿车集成电路式电压调节器的外部接线及内部结构。
3. 根据所学知识判断桑塔纳轿车充电系统所发生的故障。

第四章

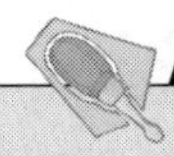

维修案例

一、案例：桑塔纳2000轿车充电指示灯常亮

(1) 故障现象　一辆行程为12.5万km的桑塔纳2000轿车，充电指示灯常亮。

(2) 故障检测　桑塔纳2000轿车充电系统电路如图4-33所示。首先检查发电机传动带的挠度，属正常；然后检查各导线的连接部位，无破损及松脱现象。用万用表测量发电机B_+接线柱与壳体间的电压为12V，说明蓄电池至发电机之间的线路正常。起动发动机并保持中速运转，用万用表测量发电机B_+接线柱与壳体间的电压，仍为12V（正常电压为13.5～14.5V），说明发电机的输出电压有问题。拆下发电机D_+接线柱上的蓝色导线，闭合点火开关，用万用表测量蓝色线与发电机壳体之间的电压为12V，说明预励磁电路（发电机电压低于蓄电池电压时的励磁电路）有电压供给，于是怀疑易损件电子调节器损坏。更换电子调节器后试车，故障依旧。对发电机进行保养，但保养后发电机仍不发电。更换一个新的发电机，故障仍未排除，感到故障有些棘手。

仔细分析检修经过，并参考该车有关充电电路的资料，认为有必要全面检测发电机励磁电路。将万用表（电流档）串接于D_+接线柱与蓝色导线之间，当测量预励磁电流时，发现电流表读数仅为58mA，远远低于170mA的正常值。打开仪表板对充电指示灯进行检查，发现充电指示灯线路中有两个电阻，其中一个电阻R_1与充电指示灯并联，另一个电阻R_2与充电指示灯串联。用万用表测量，与充电指示灯并联的电阻R_1阻值偏大。

(3) 故障排除　更换组合仪表板后面的电路板，故障排除。

(4) 维修总结　桑塔纳系列轿车均采用整体式交流发电机，充电指示灯为一个发光二极管，与电阻R_2串联后并接于发电机的预励磁电路中。所以，该充电指示灯仅能指示发电机是否充电，却不能指示预励磁电流是否正常（与采用灯泡作充电指示灯的车型不同）。在预励磁电路中，充电指示灯与电阻R_2串联后又与电阻R_1并联，当电阻R_1断路或阻值变大时，充电指示灯虽亮，但由于流经R_1的电流为零或达不到正常值，所以发电机仍不能发电。

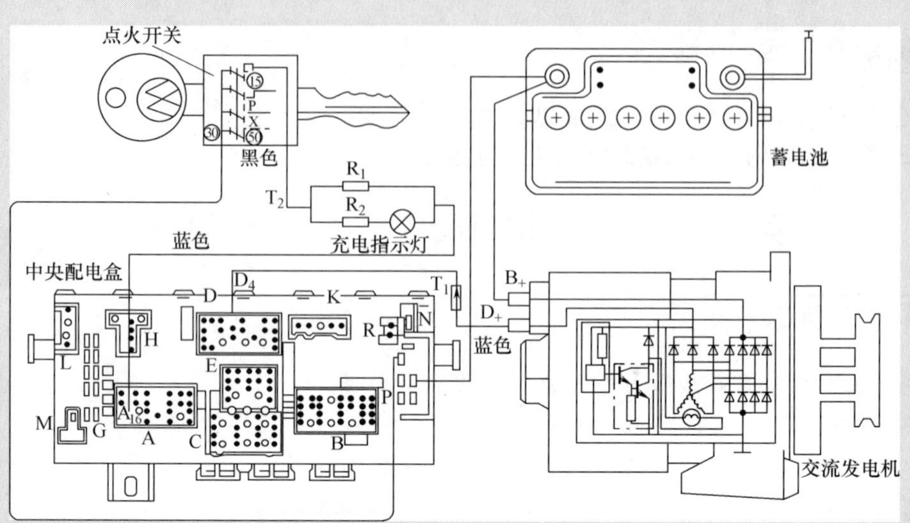

图 4-33　桑塔纳汽车充电系统电路

排除这起故障给我们两点启示：一是在排除交流发电机不发电故障时，不要一看到充电指示灯点亮就盲目认为发电机预励磁电路正常，而应全面分析充电系统电路的特殊性，从而判断励磁电流是否存在；二是不要盲目认为励磁电压正常发电机就能发电，还要进一步测量励磁电流的大小，由于某些原因造成励磁电路线路阻值变大，励磁电流过小时，发电机也不能发电。

此类故障，桑塔纳及捷达等大众系列轿车产生的概率较高。此车诊断更为简单的方法是将交流发电机 D_+ 端子导线拆掉后，将一试灯两端串接在交流发电机的 B_+、D_+ 端。起动过程及起动后观察：①起动过程中，充电指示灯是否熄灭，如充电指示灯熄灭，可说明交流发电机发电，故障在发电机之外；如充电指示灯不熄灭，故障在发电机。②充电指示灯熄灭，用万用表电压档接 B_+ 接线柱可进一步直观判断交流发电机的发电情况。

实际操作

二、桑塔纳轿车集成电路电压调节器的检查

由于集成电路都是用环氧树脂封装或塑料模压而成的全密封结构，损坏或失调后，只能更换新品，故只需判断电压调节器的好坏即可。在检查集成电路电压调节器之前，必须弄清楚集成电路电压调节器引出线的根数、外部接线端子的含义以及同交流发电机的接线方法，以防将电源极性接错。否则加上测试电压以后，电压调节器会瞬时短路而损坏。

（1）集成电路外部接线端子符号代表的含义

B_+（或 +B、BATT）：为交流发电机输出端子，用一根很粗的导线连至蓄电池正极或起动机上，交流发电机通过此线为全车用电设备供电和给蓄电池充电。

IG：通过线束接至点火开关，发动机正常运行时此线通电，电压调节器供电或提供电压检测信号，有的交流发电机上无此端子。

L：充电指示灯的连接端子，该导线向外通过点火开关连接仪表板上的充电指示灯，在交流发电机内一般接在电压调节器上。

D_+：充电指示灯的连接端子，此符号多出现具有三个磁场二极管的九管或十一管交流发电机中，在交流发电机内部与三个磁场二极管、励磁绕组、电压调节器连接在一起。

S（或 R）：为电压调节器的电压检测端子（蓄电池取样法中检测蓄电池的电压），通过一根稍粗的导线直接连接蓄电池的正极，中间一般没有开关控制或熔丝。

E：交流发电机和电压调节器的接地端子。

（2）桑塔纳轿车集成电路电压调节器的测试　桑塔纳轿车三引线集成电路电压调节器采用交流发电机电压检测法。首先要确定三根引线的名称和作用，以桑塔纳轿车的集成电路电压调节器为例：如图 4-34 所示，和交流发电机外壳相连的引线为 D_- 接线柱，为电压调节器的接地端（相当于 E 接线柱）；和交流发电机整流器相连的一电刷接线柱为 D_+，为电压调节器的信号检测端子（相当于 B 接线柱）；另一电刷为 D_F 为交流发电机的励磁线（相当于 F 接线柱），与交流发电机励磁绕组相连，同时此电压调节器的接地形式为外接地式。搞清三引线的作用后，测试电路如图 4-23a 所示连接，测试方法同上。

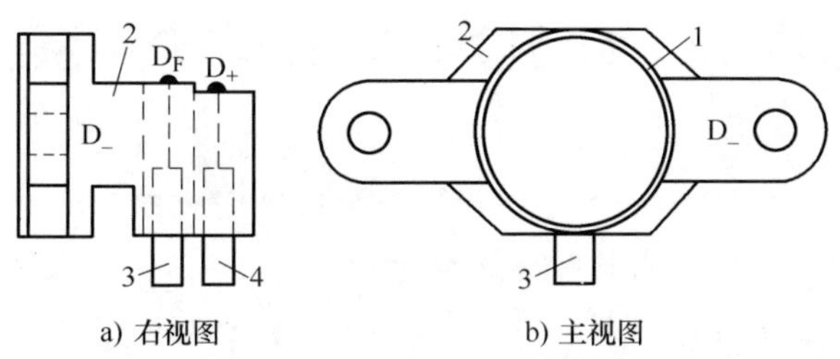

图 4-34　桑塔纳 IC 电压调节器与电刷组件

1—IC 电压调节器　2—电刷架　3—负电刷　4—正电刷

三、桑塔纳轿车充电系统的结构

桑塔纳轿车采用的是内装集成电路电压调节器（交流发电机电压取样法）的整体式交流发电机，其电源系统电路如图 4-33 所示。交流发电机的 3 个正极二极管与 3 个负极二极管组成一个三相桥式整流电路作为交流发电机输出，3 个磁场二极管与 3 个负极二极管也组成一个三相桥式整流电路，给励磁绕组提供励磁电流，其输出端 D_+ 用蓝色导线经蓄电池旁边的单端子插接器 T_1 后，与中央配电盒（也称为中央线路板）D 插座的 4 号端子连接，再经中央配电盒内部线路与 A 插座的 16 号端子相连。点火开关 30 号端子用红色导线经中央配电盒上的单端子插座 P 与蓄电池正极连接，点火开关 15 号端子用黑色导线与仪表板下方黑色插座的 14 号端子连接（图中未画出，而是用 T_2 端子代替），经仪表板印制电路上的电阻 R_1、R_2 和充电指示灯 LED 接回到黑色插座 10 号端子（图中未画出），再用蓝色导线与中央配电盒 A 插座的 16 号端子连接。

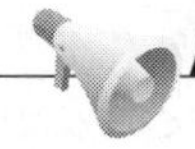

特别提示

1. 桑塔纳轿车的充电指示灯采用三个专门的磁场二极管进行控制，充电指示灯与磁场电路是串联关系，因此当磁场回路出现断路即建立不了磁场时，会出现交流发电机不发电的情况，但此时，充电指示灯却在闭合点火开关及正常行车过程中均不点亮。

2. 桑塔纳轿车出现充电指示灯点亮且不发电的情况，对发电机内部来说仅可能是定子绕组全部断路或所有二极管断路，这种可能性几乎没有。其他的情况即充电指示灯到交流发电机间线路接地，使充电指示灯点亮，同时没有励磁电流，因而造成交流发电机不发电。

你学会了吗?

1. 如何根据交流发电机插接器附近的缩写字母判断交流发电机各接线端子的作用?
2. 对于集成电路式电压调节器，如何找到电压调节器上最基本的电源线、磁场线和接地线?

第17天　如何检修丰田轿车充电系统

学习目标

1. 通过案例判断充电系统不同故障的诊断方法。
2. 了解丰田轿车交流发电机内部、外部接线的符号含义及作用。
3. 掌握丰田轿车充电系统的故障诊断及排除过程。

维修案例

一、案例：丰田轿车充电系统故障

1. 充电指示灯不亮

(1) 故障现象　点火开关处于ON位（发动机不运转）时，充电指示灯不亮。

(2) 故障原因　充电指示灯电路有故障。

(3) 故障诊断　将IC电压调节器插接器脱开，将点火开关置于ON位，用万用表检查IC电压调节器导线侧插接器端子L和端子IG的电压。若为12V，则IC电压调节器不能接通充电指示灯电路，应更换IC电压调节器；若导线侧插接器端子L无电压，则应检查充电指示灯线路是否断路（主要检查熔丝是否熔断）和灯泡是否烧坏。

2. 充电指示灯常亮

(1) 故障现象　发动机起动后充电指示灯不熄灭。

(2) 故障原因　发电机输出电压过低；发电机无输出电压；充电指示灯电路有故障。

(3) 故障诊断

1) 首先检查发电机传动带是否过松或打滑，正常情况下，在大拇指的压力下发电机传动带应有10～15mm的挠度。

2）起动发动机，并将发动机的转速提高至中速以上，观察充电指示灯是否熄灭，如果熄灭，则发电机的输出电压过低或发电机在低速时无输出电压，应检查各处线路连接是否良好和发电机各部分是否有故障（解体检查）。

3）将IC电压调节器插接器脱开，将点火开关置于ON位，观察充电指示灯是否熄灭，如果不熄灭，则充电指示灯至IC电压调节器导线侧插接器端子L的线路有接地故障。

4）连接IC电压调节器插接器，用万用表检查发电机接线端子B在发动机运转中是否有输出电压，若有，则IC电压调节器不能断开充电指示灯电路，应更换IC电压调节器。

5）检查在点火开关处于ON位时，IC电压调节器导线侧插接器端子S是否有电压（应有12V电压），若没有电压，则蓄电池至IC电压调节器导线侧插接器端子S的线路有断路故障，应检修线路。

6）将发电机拆下并解体，对IC电压调节器、电刷、滑环、定子和转子进行检查，并视情况进行修理。

3. 充电电流过大

（1）故障现象　起动发动机后接通前照灯时，前照灯特别亮，灯泡常烧坏，点火线圈过热，蓄电池电解液消耗量过大。

（2）故障原因　蓄电池有故障或磁场电路有故障。

（3）故障诊断

1）检查蓄电池是否有故障（如内部短路），若蓄电池有故障，则更换蓄电池。

2）检查IC电压调节器是否有故障，若有故障，则更换IC电压调节器。

3）拆下发电机，检查其磁场绕组是否直接接地短路（不经过晶体管Tr_1），若是，检修磁场绕组或更换转子（或发电机）。

实际操作

二、丰田轿车集成电路电压调节器检测

检测丰田轿车集成电路电压调节器时可按图4-35所示方法进行线路连接。

1）检查时，在电压调节器B、S与E端间各接一只0～16V的可调直流电源，B与F端间接一只12V 4W的仪表灯泡（代替充电指示灯），并在IG与B端间接1只开关K_1。开关K_1闭合时，试灯1、2应点亮。

2）P与E端之间接一只6V蓄电池和一只开关K_2，当开关K_2闭合时试灯2应熄灭，当开关K_2断开时试灯2应点亮。

3）调节可调直流电源1，当电压升高到15.5V以上时试灯2应熄灭，当电压下降到13.5V以下时试灯2应点亮。

4）调节可调直流电源2，当电压下降到13.5V以下时试灯1应点亮。

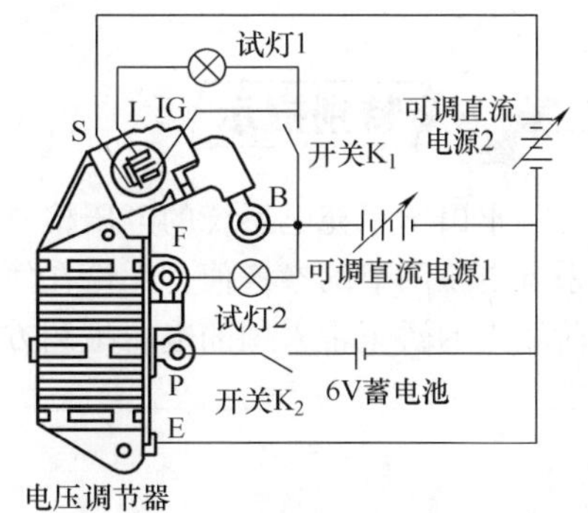

图4-35　丰田轿车集成电路电压调节器检测接线图

若检测结果不符合上述要求，表明电压调节器已损坏。

基础知识

三、丰田轿车充电系统的构成

图 4-36 所示为丰田轿车交流发电机及单片式集成电路电压调节器的外形图，集成电路电压调节器装于交流发电机内部，构成整体式交流发电机。集成电路电压调节器共有 7 个接线柱，其中 B、F、P、E 接线柱用螺钉直接与交流发电机相连，接线插座内的 IG、L、S 接线柱用插接器引出，其功能与夏利轿车多功能集成电路电压调节器基本相同。图 4-37所示为丰田轿车装用多功能 M 型 IC 电压调节器的整体式交流发电机的电路图，称为 MIC 的混合集成电路，大多数丰田轿车都使用这种集成电路电压调节器。

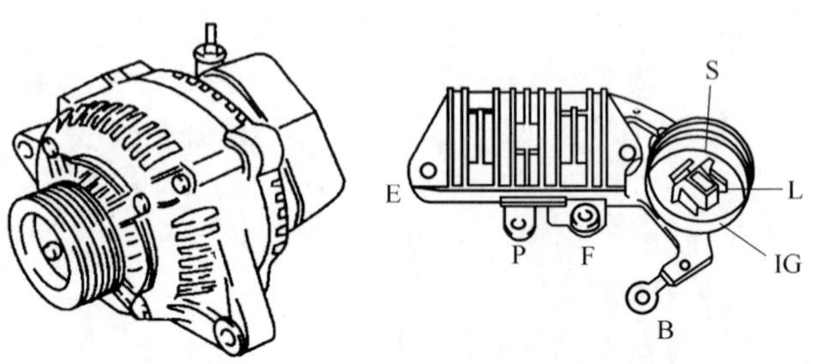

图 4-36　丰田轿车交流发电机用电压调节器的外形

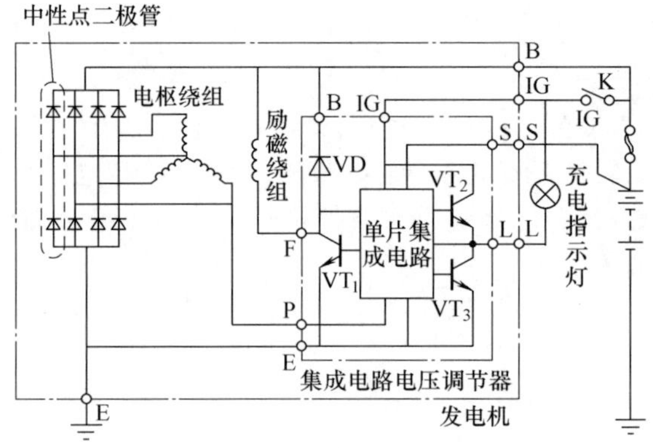

图 4-37　丰田轿车充电系统电路图

特别提示

丰田车系充电系统的电压检测法采用蓄电池电压检测法，即将蓄电池的端电压作为充电系统电压调节的参考值，无论在何种情况下，均能保证蓄电池充电良好，这是在目前用电负荷较大的轿车常采用的电压检测方法。

你学会了吗?

1. 丰田轿车集成电路式电压调节器 7 个接线柱的名称和作用是怎样的?
2. 简要叙述丰田轿车充电系统的检测过程?

第 18 天　如何检修本田雅阁轿车充电系统

学习目标

1. 熟悉通过案例判断本田轿车充电系统故障的方法。
2. 了解本田雅阁轿车外部接线端子的名称及含义。
3. 掌握本田雅阁轿车充电系统的工作过程。

实际操作

一、本田雅阁轿车充电系统的检测

1. 充电指示灯故障检测

本田雅阁轿车充电指示灯故障检测流程如图 4-38 所示。

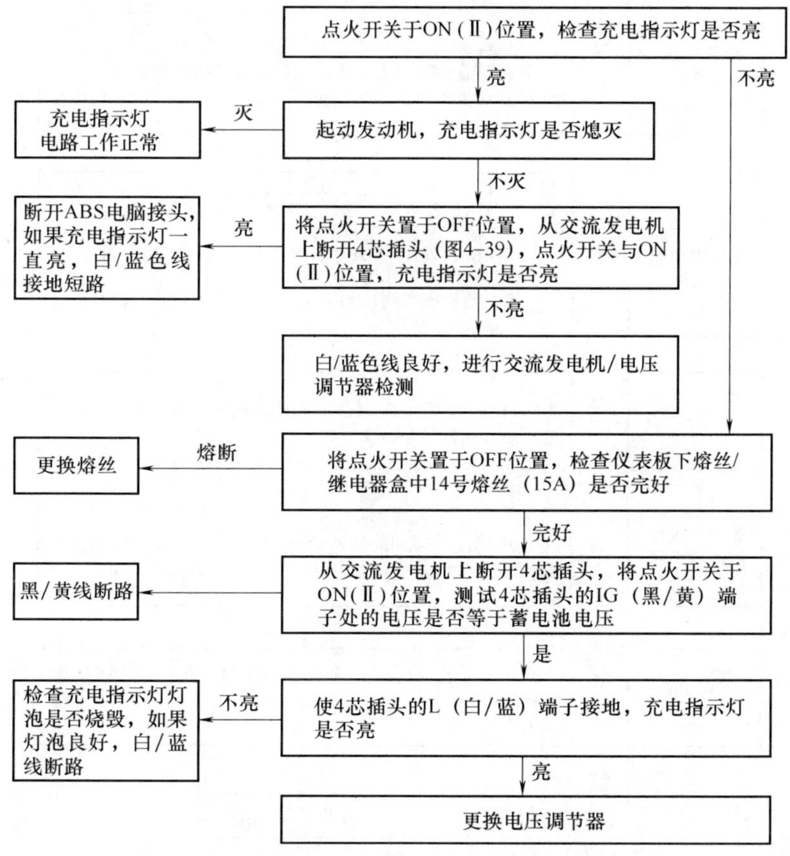

图 4-38　本田雅阁轿车充电指示灯故障检测流程

2. 交流发电机/电压调节器的检测

本田雅阁轿车交流发电机电压调节器故障检测流程如图4-40所示。注意，确保蓄电池充足电后再作检查。

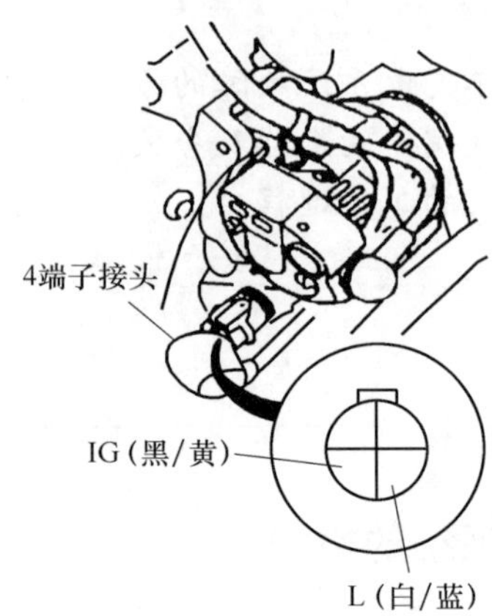

图4-39 发电机4芯插头位置

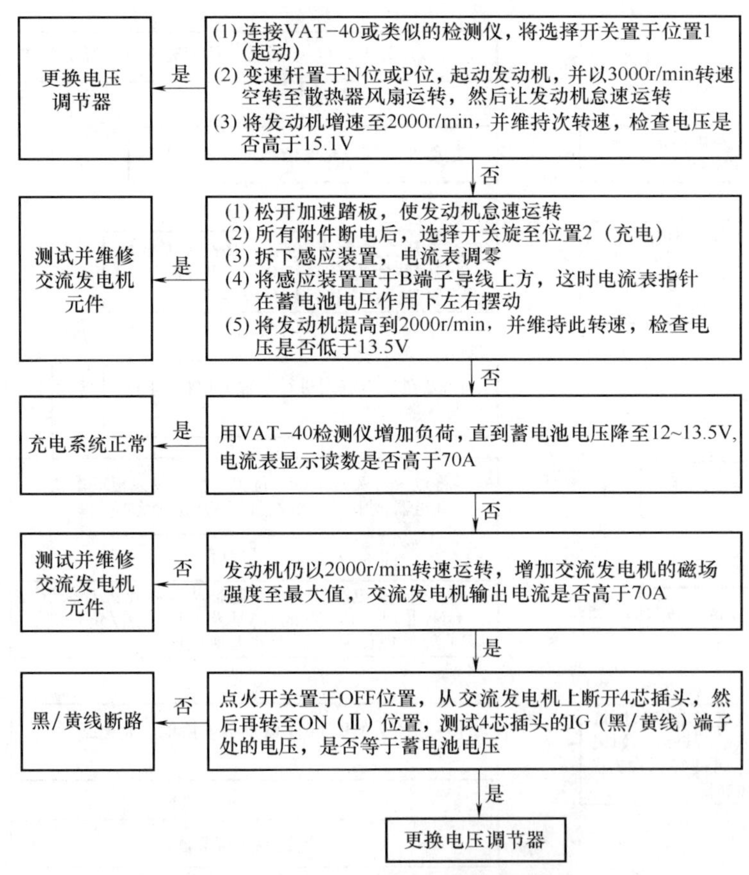

图4-40 本田雅阁轿车交流发电机电压调节器故障检测流程

二、本田雅阁轿车充电系统电路分析

1. 数字式电压调节器的结构原理

广州本田采用的电脑控制电压调节器是现代轿车采用的一种新型电压调节器，由负荷检测仪（ELD）测量系统总负荷后，向 ECM/PCM 发送信号，然后由 ECM/PCM 控制交流发电机电压调节器，适时地接通和断开磁场电路，既能可靠地保证汽车电器系统正常工作，使蓄电池充电充足，又能减轻发动机负荷，提高燃料经济性。

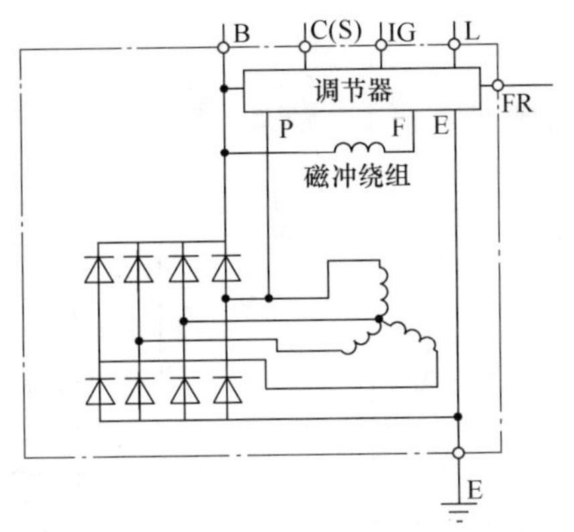

图 4-41 广州本田雅阁数字式电压调节器

图 4-41 所示为广州本田雅阁轿车直列 4 缸发动机配用的交流发电机电压调节器电路图，交流发电机整流器为八管。电压调节器为内装式外接地型，由 ECM（PCM）控制。

在交流发电机内部有 P、F 和 E 接线柱，其中，P 端接交流发电机定子绕组某一相上，该点电压为交流发电机输出直流电压的一半；F 端与励磁绕组相连，电压调节器由此端子控制励磁绕组工作；E 为电压调节器接地端。在电压调节器的外部有 B、C（S）、IG、L 和 FR 接线柱，其中，B 端子为交流发电机输出端接线柱，交流发电机发出的电通过此端子供给全车用电设备和给蓄电池充电；IG 端子接点火开关；L 端子接充电指示灯或与 ECM/PCM 连接；C（S）端子接 ECM/PCM，发动机电脑通过该接线柱对交流发电机的发电量进行控制；FR 也接 ECM/PCM，发动机电脑通过该端子检测交流发电机的发电情况。

2. 本田雅阁轿车 2008 新款充电系统电路结构

本田雅阁轿车 2008 新款充电系统电路如图 4-42 所示。交流发电机采用两套Y联结的定子绕组，每套定子绕组各用各的 6 个二极管进行三相桥式全波整流。这样做适合汽车用电量大的需要，用两组定子绕组供电，每组绕组的线径可以细一些，整流二极管的功率也可减小，易散热、寿命长。交流发电机电压调节器的端子 FR、L、C 直接与 PCM 连接，IG 端子接点火开关。充电指示灯和交流发电机间没有直接连线，而是仪表控制单元和 PCM 间通过 CAN 线进行充电指示灯的控制。

3. 本田雅阁轿车充电系统工作原理

汽车电路中电负荷检测仪（ELD）检测到电路中负载总电流的大小后，把负荷电流信号送给 PCM；电压调节器 FR 接线端子把交流发电机电压信号送给 PCM，PCM 根据这两个信号判断励磁电路应该接通还是断开，输出控制信号到 C（S）端子，驱动电压调节器的控制电路，适时地接通和断开励磁绕组电路，以此控制交流发电机的输出电压。

当交流发电机电压低于蓄电池电压很多或电负荷信号电压较小时，C（S）端子获得的电压接近于 0，电压调节器接通 F 与 E 端的接地电路，交流发电机励磁绕组电流增大；随着交流发电机电压升高到蓄电池标准或以上电压，或负荷信号电压接近蓄电池标准电压时，该端子电压等于蓄电池的端电压，当此电压达到规定的调节电压时，使电压调节器断开 F 与 E 端的接地电路，切断励磁绕组电流。由此获得 PCM 对交流发电机发电量的精确控制，减少发动机的机械负载，并提高汽车的燃油经济性。

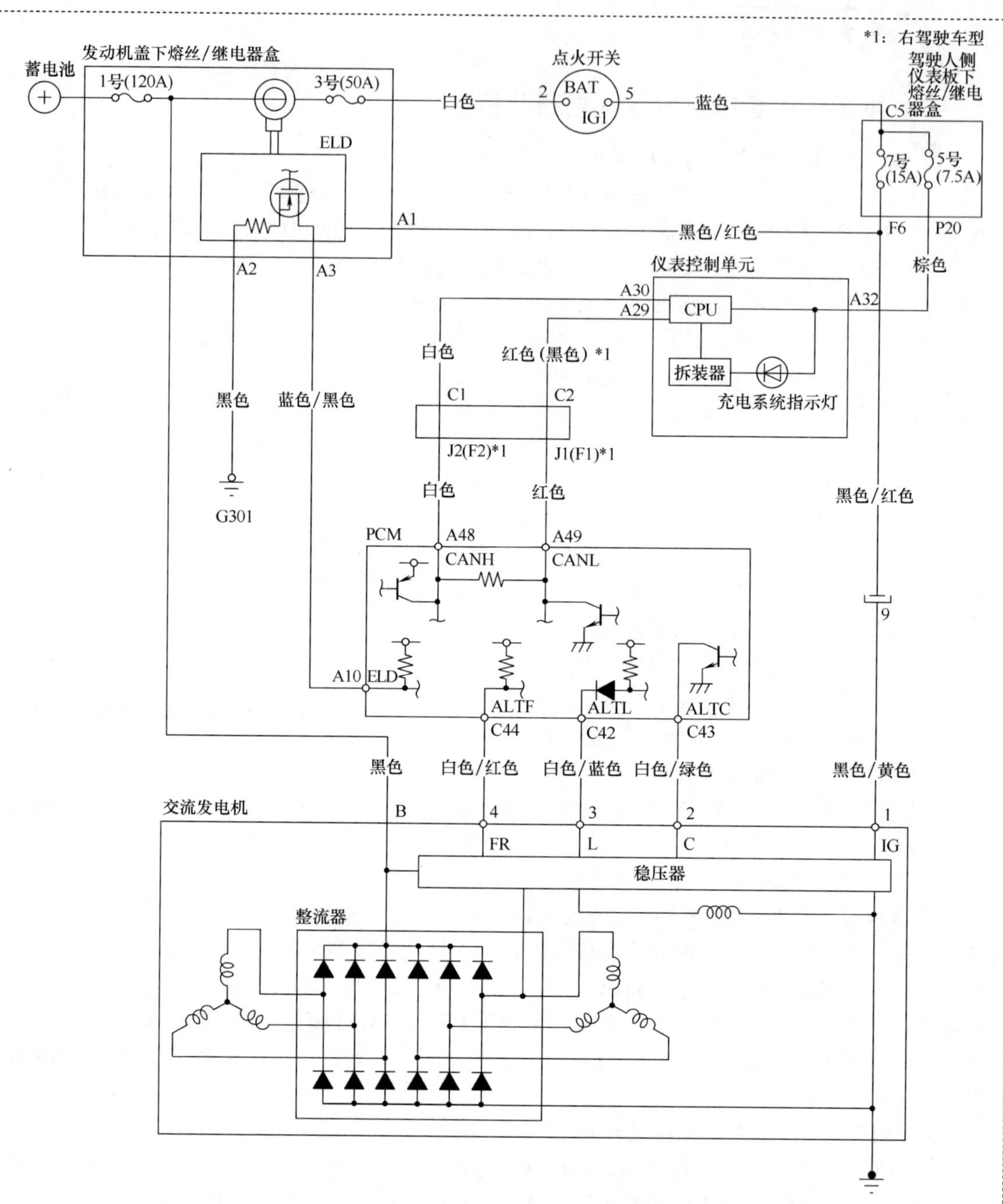

图 4-42　2008 款本田雅阁轿车充电系统电路

在发动机起动前，首次将点火开关转至 RUN 位置时，蓄电池电压通过熔丝加到仪表控制单元充电系统指示灯上，在交流发电机未运转时，交流发电机 L 端子输出低电平，此信号通过 CAN 线传输到仪表控制单元，仪表控制单元控制充电指示灯点亮。发动机运转后，如交流发电机工作正常，蓄电池电压仍然通过熔丝加在充电指示灯上，但随着交流发电机输出电压的升高，电压调节器同时得到即时的电压信号后，控制 L 端子输出高电平，此信号通过 CAN 线传输到仪表控制单元，仪表控制单元控制充电指示灯熄灭，表示充电系统进入正常工作状态。当充电系统因故障而不发电时，交流发电机定子绕组的一相端子无电压输出，电压调节器检测到这一信号后，控制 L 端子输出低电平，此信号通过 CAN 线传输到仪表控制单元，仪表控制单元控制充电指示灯点亮，表明充电系统出现故障，应及时进行检修。

特别提示

本田车系充电系统的故障率相对较低，究其原因在于其交流发电机的设计相对较为合理，充电指示功能能够反映实际交流发电机的工作情况，特别是新车型中采用负载检测仪进行电量的检测，充电指示灯采用总线控制，更使得本田车系充电系统的功能更加强大和完善。

你学会了吗？

1. 新款本田车系充电系统的电路结构是怎样的？
2. 如何对本田雅阁轿车充电指示灯进行检测？
3. 如何对本田雅阁轿车电压调节器进行检测？

第 19 天　如何检修马自达轿车充电系统

学习目标

1. 熟悉通过案例判断马自达轿车充电系统故障的方法。
2. 了解马自达 3 轿车交流发电机的结构及充电系统的控制过程。
3. 掌握马自达 3 轿车的检测及故障判断过程。

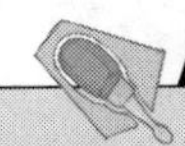

维修案例

一、案例：马自达 6 轿车发电机充电指示灯点亮

（1）故障现象　一辆 2008 年出厂的一汽马自达 6 轿车，行驶里程为 50 万 km。驾驶人叙述：在一次出差途中，遇到一段积水较深的路面（大约有膝盖深，长 30m 左右），因有急事便驾车冲了过去。在返回途中，发现仪表板上的充电指示灯点亮。将发动机熄火后再接通点火开关，充电指示灯正常点亮，起动发动机后充电指示灯熄灭，但几秒钟后，充电指示灯再次点亮，该车继续行驶至蓄电池无电，发动机熄火。

（2）故障诊断　将蓄电池拆下进行充电。第 2 天早上，将充足电的蓄电池连接好，起动发动机，发动机顺利起动，充电指示灯熄灭几秒后又重新点亮。用万用表测量交流发电机的输出电压，怠速时为 12.3V；使发动机加速后再进行测量，电压降至 12V 以下。由此可确定，充电系统不正常。

打开发动机舱盖，查看与发电机相连接的导线共有三根，1 根较粗的接发电机的接线柱 +B，另外两根线共用一个插接器，其中一根为蓝色，另一根为黄/红色。为了弄清这两根导线的去向，将仪表板拆卸下来，脱开仪表板插接器，选择数字万用表的通断档检测仪表板导线侧插接器各端子与发电机导线侧两个端子间的导通状态，发现均不导通，也就是说，发电机的这两根导线没有连接到仪表板（**注意：要断开蓄电池的负极接地线，在测量电阻时其线路不可带电，否则会影响测量结果，甚至损坏万用表**）。

由于充电指示灯的控制信号必须要由元器件来控制，如果不是受发电机直接控制，那还有一种可能，就是这两根导线都去了 PCM（Power Control Module，动力控制模块），由 PCM 根据发电机的信号来控制仪表板上的充电指示灯工作。于是，脱开 PCM 插接器（注意：保持蓄电池负极接地线断开），发现有两根导线的颜色与发电机的两根导线的颜色相同，且检测结果表明，蓝色导线、黄/红色导线分别与发电机导线侧插接器两个同色导线相通，也就是说，发电机的两根导线全部与 PCM 相连接，这两根导线中，一根用于传输发电机的信号，另一根用于传输发电机励磁电流的控制信号。

该车充电系统的电路原理如图 4-43 所示，+B 为发电机的输出接线柱，在发动机运行时给全车供电。发电机插接器端子 P 从发电机三相定子绕组中的一相引出，PCM 根据此端子信号控制充电指示灯亮灭和输出脉宽调制信号。发电机插接器端子 D 与功率晶体管的基极相连，PCM 利用脉宽调制信号来控制功率晶体管的导通和截止，从而控制发电机的励磁电流，调节发电机的输出电压。当发电机插接器端子 P 的信号电压不符合标准时，PCM 即判定充电系统出现故障，停止向发电机插接器端子 D 输出脉宽调制信号并点亮充电指示灯（表示充电系统有故障，需进行维修）。

起动发动机，进行发电机插接器端子（图 4-44）测量（线路连接完好的情况下），结果如下：发电机插接器端子 P 上的电压为 0V（不正常），发电机插接器端子 D 上的电压为 1 ~ 2V（由于是占空比信号，所以万用表检测不准，只能做参考）。由此可以判定，故障出在发电机上。

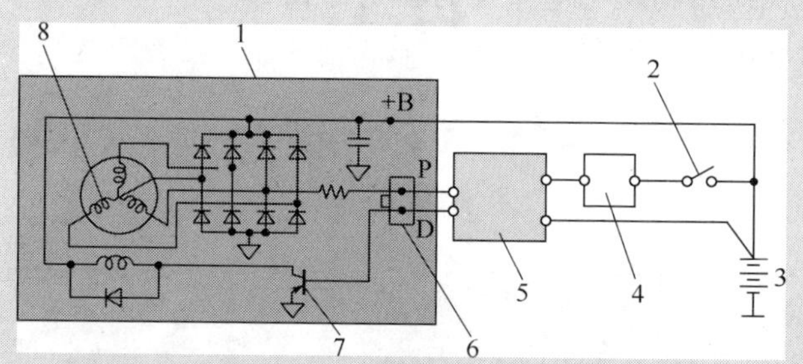

图 4-43　马自达 6 轿车充电系统的电路原理

1—发电机　2—点火开关　3—蓄电池　4—充电指示灯　5—PCM
6—发电机插接器　7—功率晶体管　8—发电机三相定子绕组

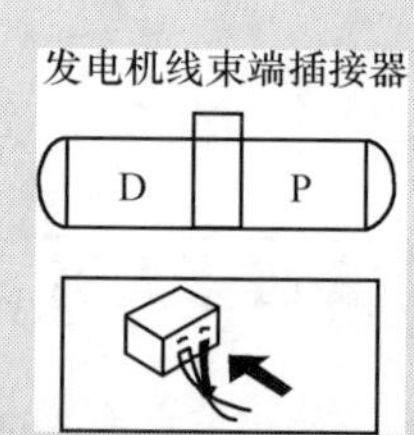

图 4-44　发电机插接器端子的位置

(3) 故障排除　更换发电机后起动发动机，充电指示灯正常熄灭。用万用表测量接线柱 +B 的输出电压，为 14V 左右，加速后输出电压略有升高。上述故障排除。

(4) 维修总结　当代汽车发电机的控制技术发展较快，在鉴别时不可大意。案例的重点在于理解 PCM 对发电机的控制原理，以及对发电机信号和脉宽调制信号的检测方法。另外，在检测导线的连接状态时不建议使用万用表的通断档或二极管档，原因在于汽车是低压 12V 供电，即使线路中只存在十几欧姆的电阻也可能会导致故障发生，所以在检测线路时应尽量用万用表电阻档检测电阻。

二、马自达轿车充电系统的检查

发电机检查注意：不要直接将蓄电池正极电压加载到发电机的接线端 D 上，否则这可能会损坏发电机的内部零部件（功率晶体管）。

(1) 发电机警告灯的检查　在确保蓄电池已充满电，确认驱动带的偏差/张力是正确的情况下，点火开关转至 ON，确认发电机警告灯变亮。如果它不变亮，应检查发电机警告灯及线束。如果发电机警告灯及线束都正常，则检查 PCM。发电机警告灯在发动机起动后应熄灭。如果它不熄灭，检查在车载诊断系统中是否显示下述 DTC 中的任何一个：P0112、P0113、P2502、P2503、P2504。

(2) 发电机电压参数的检查　在确保蓄电池已充满电，确认驱动带的偏差/张力是正确的情况下，关闭所有电负载。起动发动机，确认发电机在发动机运转时转动顺畅，且没有任何噪声。用测试仪测量各个接线端的电压，如图 4-45 所示为接线端子的排列，表 4-3 为各端子的标准参数。

表 4-3　充电系统各端子的标准参数

接线端	IG-ON/V	怠速（20℃）/V
B	B +	13.0 ~ 15.0
P	大约 1.0 或更低	大约 3.0 ~ 8.0
D	大约 0	打开以下电负载：①前照灯②鼓风机电动机③后窗除霜器，并确认电压读数增加

(3) 电流检测　由于充电电流在发动机起动后迅速降低，因此请尽快进行以下程序，并读取最大的电流值。

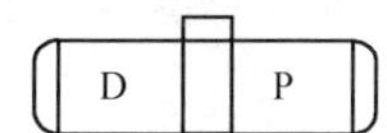

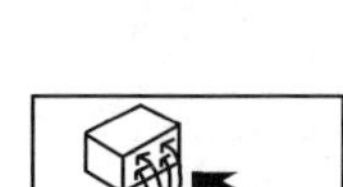

图 4-45　交流发电机接线端子

① 确保蓄电池已充满电。

② 确认驱动带的偏差/张力是正确的。

③ 断开蓄电池负极电缆。

④ 在发电机接线端 B 和线束之间连接一个可读取 120A 或更高电流的测试仪。

⑤ 连接蓄电池负极电缆。

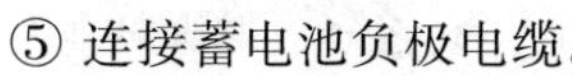

⑥ 关闭所有电负载。

⑦ 起动发动机。

⑧ 使发动机的转速增大到 2500r/min。

当汽车的电负载较低时，尽管发电机是正常的，但是无法检测到规定的电流。在这种情况下，增加电负载（如打开前照灯并使前照灯亮片刻，然后使蓄电池放电或者类似的方法），重新检查。

如果发电机本身的温度或者环境温度非常高，那么也无法检测到规定的电流。在这种情况下，使发电机冷却，重新检查。

⑨ 打开以下电负载：前照灯（远光灯）、鼓风机电动机（高）、后车窗除霜器、停车灯，

并且确定电流读数增加且大于以下所示的最小值。如果与规定不符，则执行 PCM 与发电机的检查。

最小电流：70% 额定输出电流（额定输出电流：90A，环境温度 20℃，电压 13.0 ~ 15.0V，发动机与发电机都已冷却）。

(4) 充电系统的故障自诊断　当 PCM 在发动机运转时，判断发电机输出电压是否高于 17V 或蓄电池电压是否低于 11V，如出现此种情况，将显示故障码 P2502（充电系统电压问题）。

当 PCM 在发动机运转时需要来自发电机的大于 20A 的电流，并判断发电机的输出电压是否低于 8.5V，如出现此种情况，将显示故障码 P2503（充电系统电压问题）、P2504（充电系统电压问题）。

当 PCM 在发动机运转时，判断发电机输出电压是否高于 18.5V 或蓄电池电压是否高于 16.0V，如出现此种情况，将显示故障码 P2504（充电系统电压问题）。

PCM 监控备用蓄电池的正极电压，如果 PCM 检测到蓄电池正极电压持续 2s 低于 2.5V，PCM 即可确定备用电压电路存在故障，并显示故障码 P2507（PCM B + 电压低）。

三、马自达轿车充电系统的结构

1. 发电机结构

新马自达 3 充电系统采用了带有内置式功率晶体管的非调节型发电机，由于除去了调压器，发电机由 PCM 进行控制。由从 PCM 发送到发电机内置功率晶体管的负荷信号来增加或降低励磁线圈里的励磁电流，如图 4-46 所示为交流发电机结构分解图，调节器部件如图中所示。

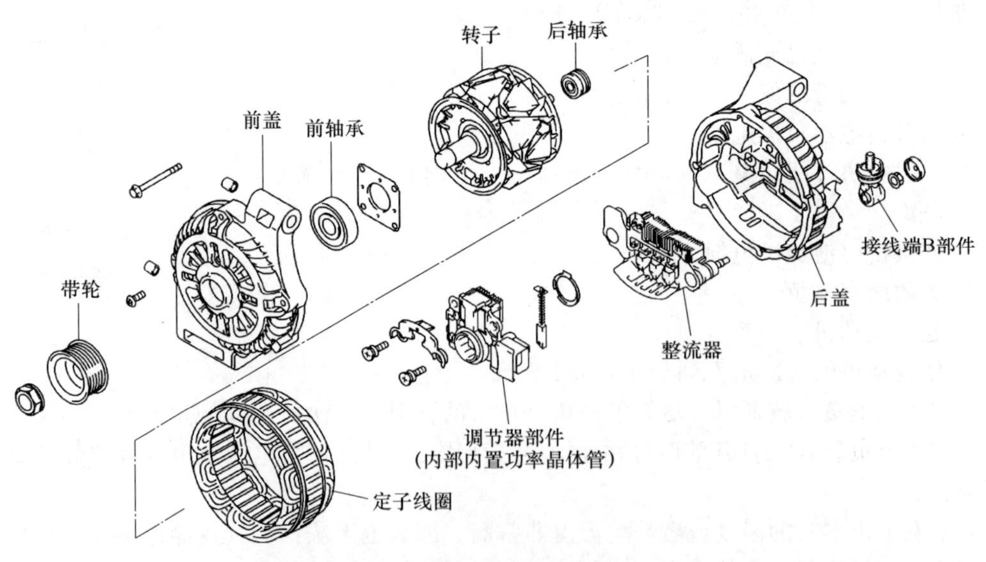

图 4-46　新马自达 3 交流发电机结构分解图

2. 发电机控制

根据发动机的工作状态和电负载状态对发电机的电压进行优化控制，可以提高怠速稳定性以及相应的负载性能。图 4-47 所示 PCM 根据来自输入设备的输入信号确定发动机工作条件和电负荷条件，并控制发电机磁场线圈的励磁时间。

通过向装在发电机内的功率晶体管发送负荷信号，PCM 将增大或减小磁场线圈的励磁电流。通过改变负载信号的占空比可以改变功率晶体管的励磁时间，从而改变磁场线圈的励磁电流。例如，当蓄电池电压低时，送到功率晶体管负载信号的占空比就会高，如图 4-48 所示，从而磁场线圈的励磁电流增加。

为了保持最佳的蓄电池电压，PCM 根据目标发电机电流（目标发电电流）及当时的发电机转速计算目标励磁电流。发电机转速由发电机带轮与曲轴带轮传动比和发动机转速计算而来。PCM 将对由进气温度、发动机转速和车速计算得来的目标蓄电池电压（调节电压）与当前的蓄电池电压进行比较，并根据其差值计算所需的发电机电流。

当使用电负载时，由于蓄电池电压随功率消耗的增大而降低，怠速期间的目标自转速度相应增加。

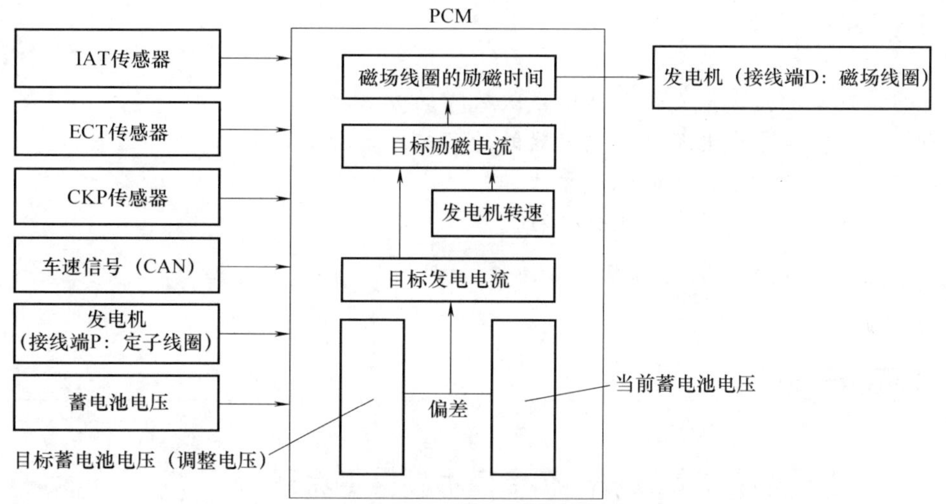

图 4-47　发电机控制框图

由于除去了调压器，发电机由 PCM 进行控制。由从 PCM 发送到发电机内置功率晶体管的负荷信号来增加或降低励磁线圈里的励磁电流，仪表组件上的发电机报警信号灯在以下条件下点亮。

① 充电系统电压低。

② 充电系统电压高。

③ 进气温度（IAT）传感器电路输入低。

④ 进气温度（IAT）传感器电路输入高。

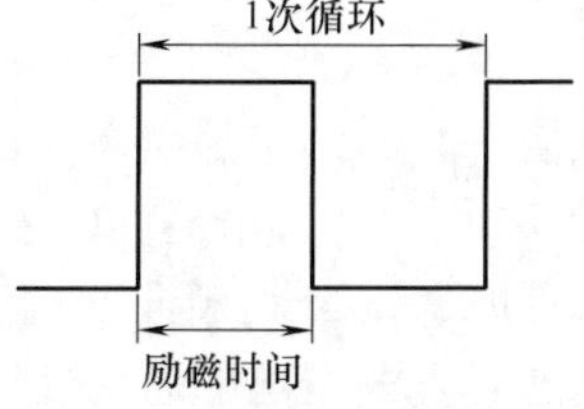

图 4-48　交流发电机 1 次循环中的励磁时间比

特别提示

1. 新型马自达系列车型的电压调节器集成在发动机电脑 PCM 中，其电压调节的功能全部由发动机电脑 PCM 来完成，在交流发电机中仅有大功率晶体管作为励磁绕组的开关控制功能。

2. 通过电脑 PCM 控制的电压调节方式采用占空比调节，这同其他的如集成电路或晶体管式的电压调节器的调节机理是不同的。

你学会了吗?

1. 简述马自达轿车充电系统的工作过程。
2. 如何进行充电系统的常规检查?

第 20 天　如何检修别克轿车充电系统

学习目标

1. 熟悉通过案例判断别克轿车充电系统故障的方法。
2. 了解别克轿车集成电路电压调节器的外部接线名称及含义。
3. 掌握别克轿车充电系统的测试方法。
4. 掌握别克轿车充电系统的工作过程。

维修案例

一、案例：2004 款君威轿车充电指示灯偶尔点亮

(1) 故障现象　一辆 2004 款 2. 0L 君威轿车，行驶里程 20 万 km，其仪表板上的充电指示灯偶尔点亮，更换发电机后，故障依旧。

(2) 故障诊断　君威轿车的充电系统电路如图 4-49 所示。发电机内的调节器是否工作取决于其 L 端子的指令，在发动机正常运转时，发动机控制模块（ECM）向发电机 L 端子提供 5V 电压，调节器向转子提供磁场脉冲。当点火开关接通但发动机没有运转或发动机转速过低时，ECM 切断向 L 端子的电压输出，以减小不必要的额外负荷。一旦发动机起动，调节器通过发电机内部的交流传感输入检测到发电机运转，则 ECM 向发电机 L 端子提供 5V 电压，调节器开始根据发电电压来调节转子的磁场电流，进入正常工作阶段。

君威轿车的充电指示灯是由 ECM 通过二级总线控制的，仪表板上的警告灯与发电机之间没有直接连线。发电机电压调节器控制 L 端子接地，ECM 收到此信号后，通过二级总线控制充电指示灯点亮。当电压调节器检测到 L 端子为 0V 时，启用备用功能。

交流传感输入是检测发电机 P 端子的输出交流脉冲，即检测发电机是否运转；直流传感输入是检测发电机输出电压的高低，按照普通充电系统控制交流发电机输出电压的高低。

用 TECH-2 读取故障码，没有故障记忆。起动发动机，读取数据流，显示发电机 L 端子为“中止”，而正常状态下发电机 L 端子应为“启用”。利用示波器检测 L 端子的信号，始终为 0V。检测 L 端子到 ECM 的线路，连接良好，但与接地之间存在短路现象。经检测，发现右前照灯的线路有短路现象。

(3) 故障排除　将右前照灯的线束重新包裹好后，故障彻底排除。

(4) 维修总结　由于 L 端子存在接地现象，L 端子的电压为 0V，ECM 认为有故障，所以点亮充电指示灯。

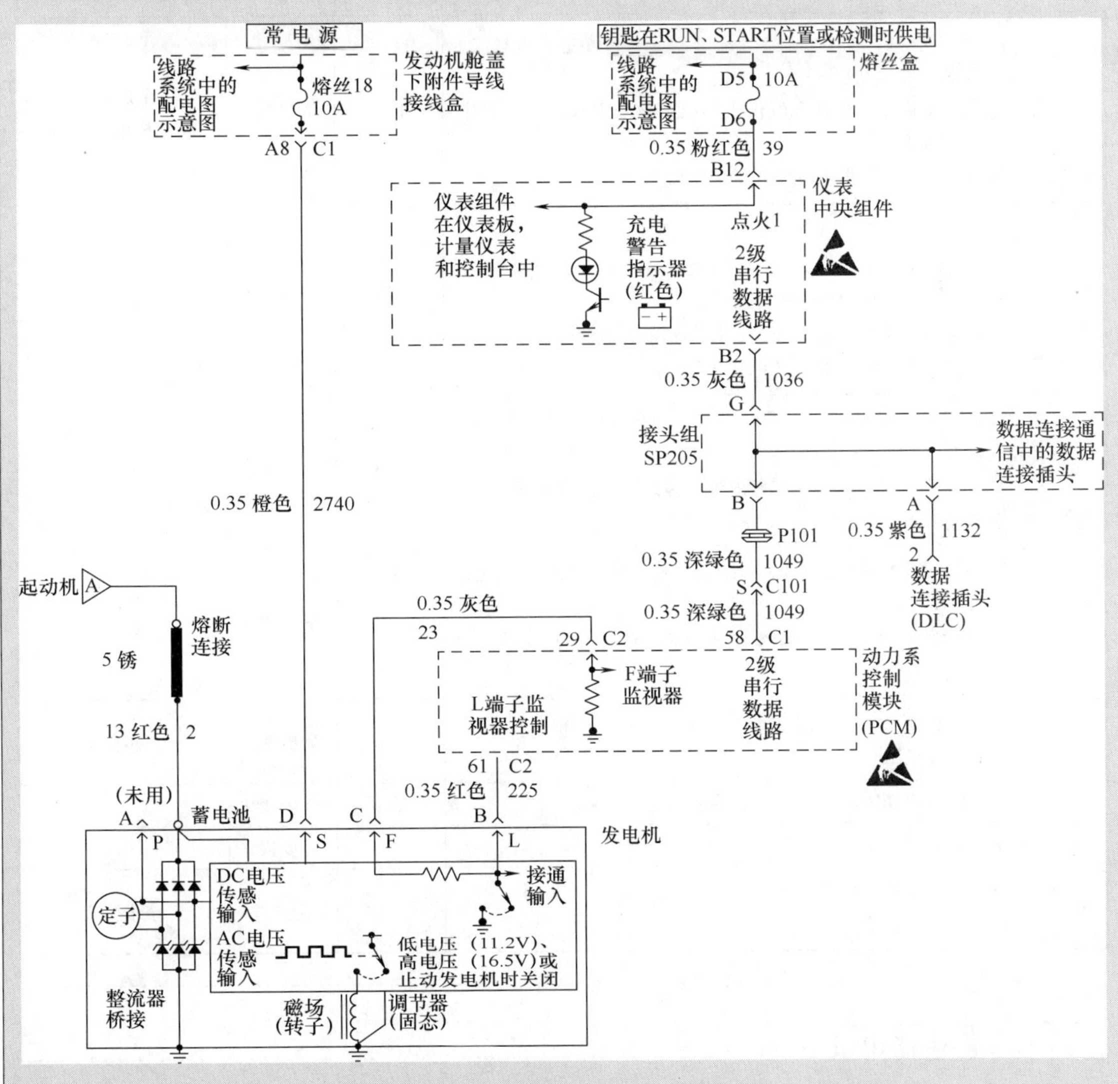

图 4-49　别克君威轿车充电系统

实际操作

二、别克轿车充电系统测试

别克君威轿车充电系统测试见表4-4。

表4-4 别克君威轿车充电系统测试

步骤	操作	数值	是	否
1	是否执行了起动和充电诊断系统检查	—	至步骤2	至诊断系统检查-起动和充电
2	1. 起动发动机 2. 安装故障诊断仪 3. 使用故障诊断仪，观察仪表板组合仪表IPC数据列表中点火装置参数 故障诊断仪是否指示电压低于规定值	13V	至步骤3	至症状-发动机电气系统
3	1. 关闭点火起动开关 2. 将充电系统检测仪连接到蓄电池上按制造商指南操作 3. 以2500r/min的转速操作发动机 4. 必要时，调整碳堆稳压器，以得到最大电流输出 发动机输出是否介于规定的10A范围内	98A	至步骤9	至步骤4
4	1. 将发动机转速维持在2500r/min，并在负载测试值下连续操作发电机 2. 测量发电机输出端子和蓄电池正极端子之间的电压降 电压是否高于规定值	0.5V	至步骤6	至步骤5
5	1. 将发动机转速维持在2500r/min，并在负载测试值下连续操作发电机 2. 测量蓄电池负极端子与发电机金属壳体之间的电压降 电压是否高于规定值	0.5V	至步骤7	至步骤8
6	测试电机输出端子与蓄电池正极端子间的蓄电池正极电路是否存在高电阻	—	至步骤9	至步骤7
7	修理发电机壳体和蓄电池负极端子间的高电阻	—	至步骤9	—
8	更换发电机	—	至步骤9	—
9	操作系统，检查维修效果 故障是否已排除	—	系统正常	至步骤3

基础知识

三、别克轿车充电系统

1. 交流发电机内部电路结构

别克轿车装用上海法雷奥交流发电机，交流发电机内部装用摩托罗拉公司的电压调节器，电路如图4-50所示。

该交流发电机采用两套独立的定子绕组 R_1 和 R_2，都有自己独立的整流器。VD_1 ~ VD_6 组成绕组 R_1 的三相全波整流电路；VD_7 ~ VD_{12} 组成绕组 R_2 的三相全波整流电路；输出端并联后向外供电。这种双定子绕组连接方式的特点是，在输出功率一定的情况下，每相绕组的导线直径可以减小，整流二极管也可以减小，有利于交流发电机散热，延长使用寿命。由图 4-50 可知两个定子绕组均为△联结，与Y联结相比，它可以输出较大的电流，抗过负荷能力较强，但输出电压稍有减小。

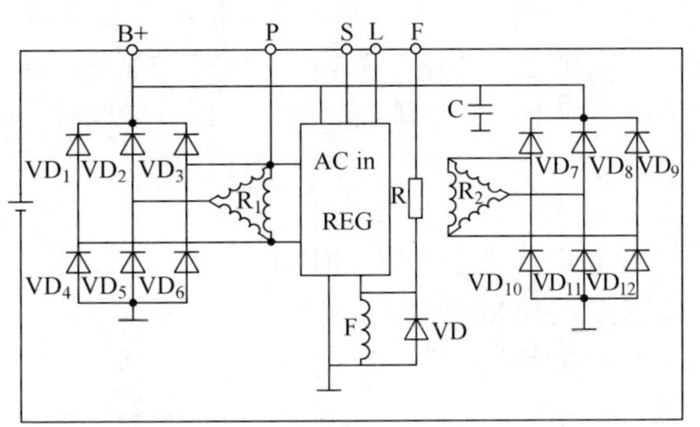

图 4-50 别克轿车交流发电机电路

R_1—定子绕组 1 R_2—定子绕组 2 REG—电压调节器 F—励磁绕组 R—隔离电阻 VD—续流二极管 VD_1 ~ VD_{12}—整流二极管 C—防干扰电容

2. 交流发电机控制电路功能

(1) 充电控制 交流发电机 F 端子是磁场脉冲数据输出端，接 PCM，PCM 用该数据计算交流发电机 PWM。如图 4-51 所示，在别克 GL8 车型中，交流发电机插头四个端子中只接有 2 根导线，使用的是 S 和 L 端子，F 和 P 端子未使用，所以用 TECH 2 检测不到 GL8 的交流发电机 PWM 数据。在 GL8 维修资料中，PCM 测量交流发电机 PWM 应为 85% ~95% 。

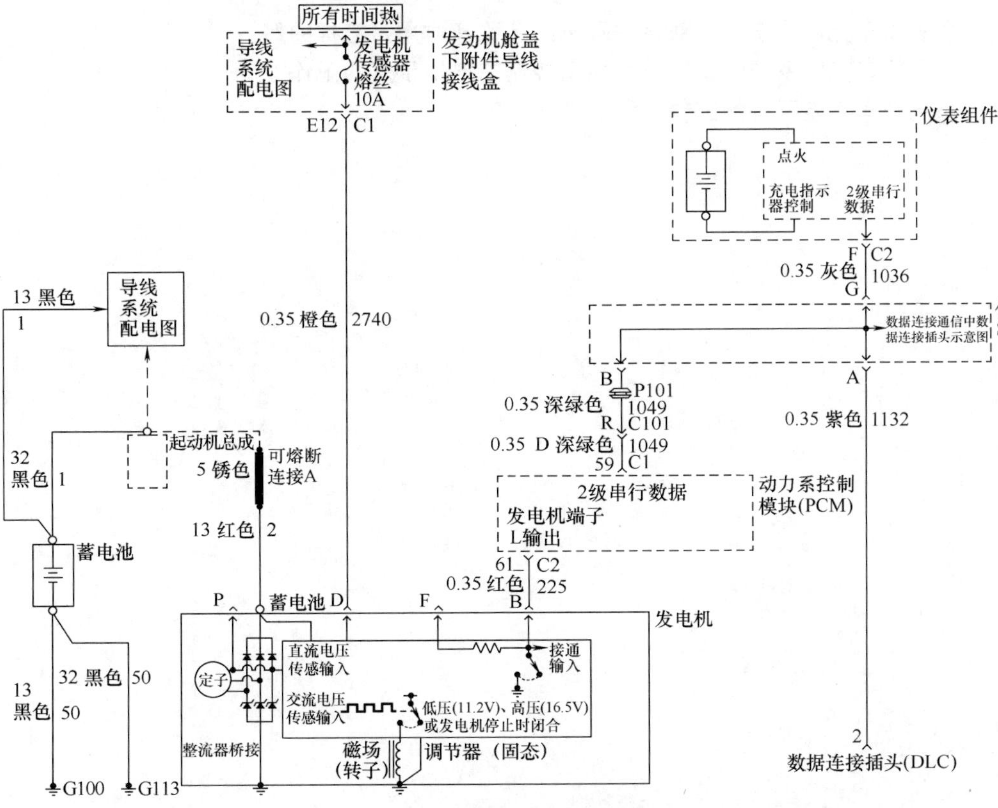

图 4-51 别克 GL8 充电系统

(2) 警告控制 别克轿车充电指示灯是由 PCM 通过二级总线控制的，仪表上的警告灯与交流发电机之间没有直接连线。PCM 控制充电指示灯点亮的条件是 PCM 插头 C2 的 61 端子检测到交流发电机 L 端接地。当发生以下情况时，电压调节器控制 L 端接地，PCM 收到此信号后，通过二级总线控制充电指示灯点亮。

① 系统电压低于 11.2V 时。

② 系统电压高于 16.5V 时。

③ 交流发电机不转时。

④ S 端参考电压丢失时。

特别提示

别克系列轿车有的车型在交流发电机内部电压调节器有一个直流电压输入端（DC in）和一个交流电压输入端（AC in）。直流输入端可以在交流发电机插头未连接时（S、L、F、P 断开），用来向电压调节器提供工作电源和调节参考电压；电压调节器通过交流电压输入端感知交流发电机是否运转，即在不插交流发电机插头的情况下发电电压仍正常。这是别克系列交流发电机区别于其他车型的一个特点。

你学会了吗?

1. 别克系列轿车充电系统的外部接线端子的名称和作用是怎样的?
2. 别克系列轿车充电系统的二级总线如何控制充电指示灯的工作?
3. 别克系列轿车充电系统的工作过程是怎样的?

第五章

这就是起动机

第21天　认识起动机的结构

学习目标

1. 能够通过起动机起动无力的故障案例判断起动机的常见故障。
2. 熟悉起动机各部分的结构。
3. 掌握起动机直流电动机部分的结构原理。
4. 掌握直流电动机各部分的检测方法。

实际操作

一、直流电动机的检修

1. 电枢的检修

电枢绕组易发生的故障有断路、短路和接地。

（1）电枢绕组接地的检查　如图5-1所示，用万用表测量换向器的每个铜条与电枢轴之间的电阻，应为∞，否则表示换向器铜条有短路，应更换电枢。

（2）检查换向器表面　如图5-2所示，若换向器表面粗糙，用砂纸轻轻打磨。

2. 换向器的检修

（1）换向器最小直径的检查　如图5-3所示，用卡尺检查换向器的外径，不得小于使用极限值（QD1225为33.5mm）。超过极限值时，更换电枢。

（2）换向器磨损的检修　如图5-4所示，检查换向器的绝缘云母片的深度，标准值为0.5～0.8mm，使用极限值为0.2mm。超过极限值时，应用锉刀进行修整，修整时锉刀要与换向器外圆母线平行。

3. 电刷的检修

（1）电刷长度的检查　如图5-5所示，用卡尺检查电刷长度，应不小于新电刷的2/3（QD1225最小长度为11.5mm）。如果小于极限值，应予以更换。电刷与换向器的接触面积应大于75%。电刷在电刷架内应活动自如无卡滞现象。

1
2
3

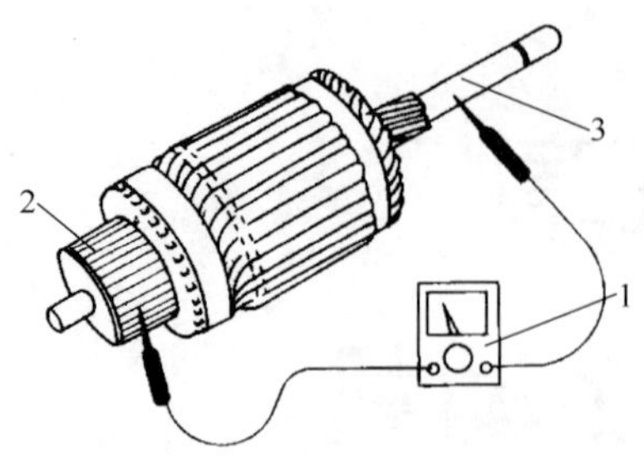

图 5-1　电枢绕组接地的检查

1—万用表　2—换向器　3—电枢轴

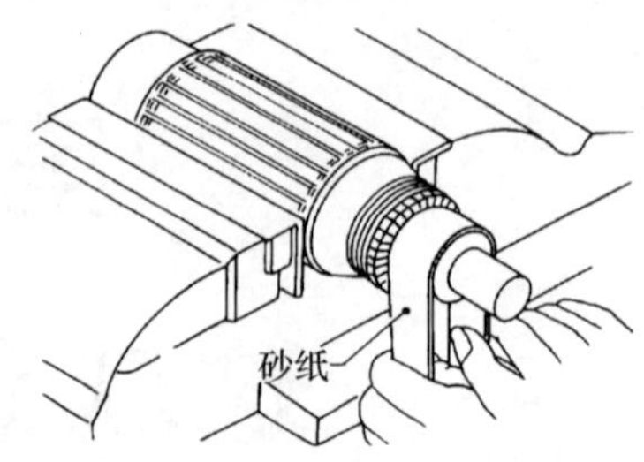

砂纸

图 5-2　换向器表面的检查

1
2

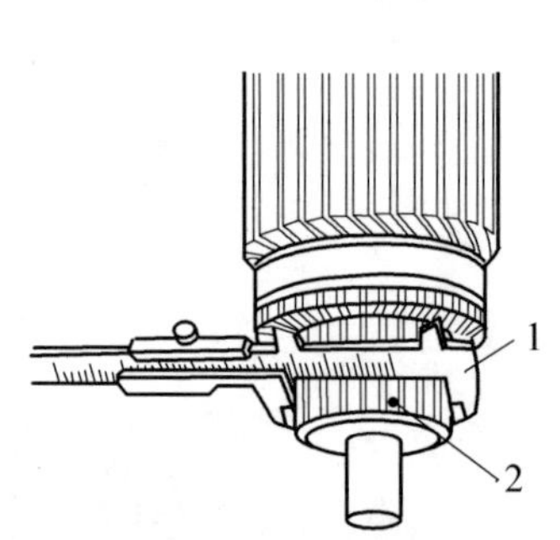

图 5-3　换向器的最小直径检查

1—游标卡尺　2—换向器

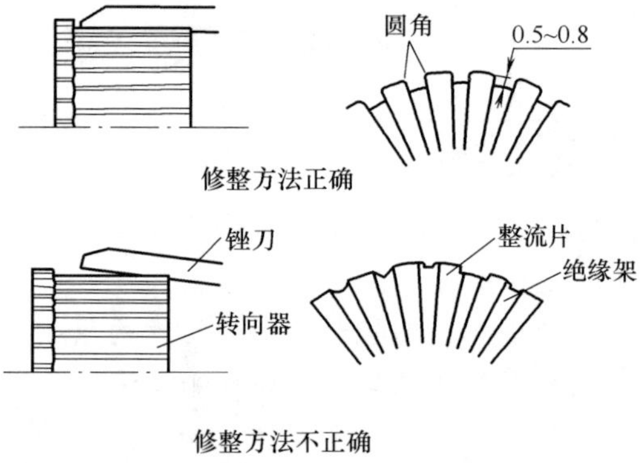

圆角
0.5~0.8
修整方法正确
锉刀
整流片
绝缘架
转向器
修整方法不正确

图 5-4　换向器的磨损情况检查

(2) 电刷弹簧拉力的检查　如图 5-6 所示，用弹簧称测量弹簧拉力，应在 18 ~ 22N 之间。如果达不到规定值，应更换新的弹簧。

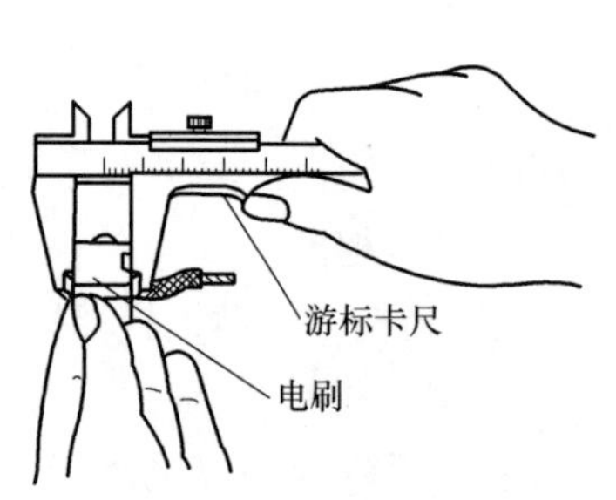

游标卡尺
电刷

图 5-5　电刷长度检查

电刷弹簧
电刷

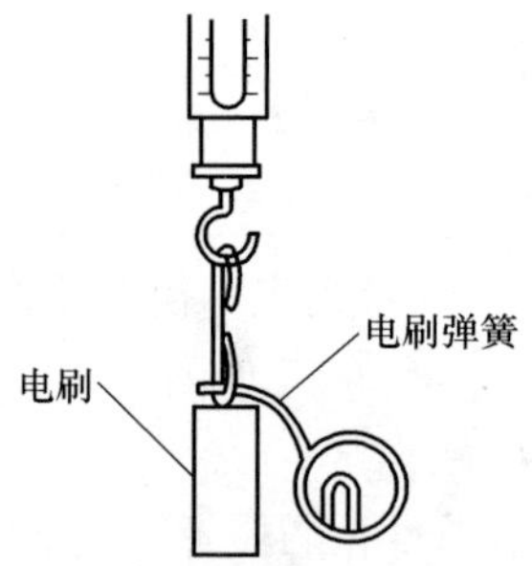

图 5-6　电刷弹簧拉力检查

4. 磁场绕组的检修

(1) 磁场绕组断路的检修　如图 5-7 所示，用万用表测量磁场绕组的正极端与电刷之间的电阻，应为 0。否则，说明磁场绕组断路，应更换。

(2) 磁场绕组对壳体短路的检修　如图 5-8 所示，用万用表检查磁场绕组的正极端与定子壳体之间的电阻，应为∞。否则，表示磁场绕组与壳体短路，应更换。

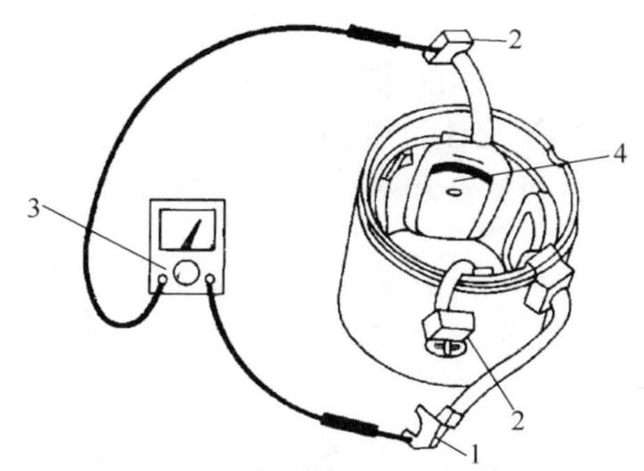

图 5-7　磁场绕组的断路检查

1—磁场绕组的正极端　2—电刷
3—万用表　4—磁场绕组

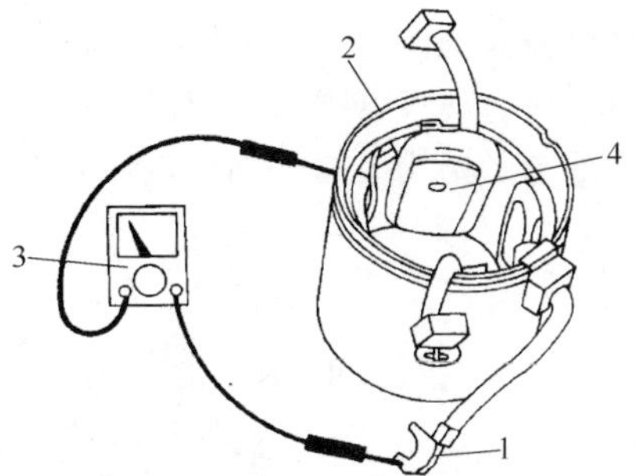

图 5-8　磁场绕组对壳体短路检查

1—磁场绕组的正极端　2—定子壳体
3—万用表　4—磁场绕组

基础知识

二、直流电动机的构造

各型电磁式起动机的结构大同小异，如图 5-9 所示，起动机主要由直流电动机（右下部分）、传动装置（左下部分，单向离合器和拨叉）和控制装置（上半部分，电磁开关）三部分组成。

直流电动机的作用是产生力矩，一般均采用直流串励式电动机。串励是指电枢绕组与磁场绕组串联。串励直流电动机主要由机壳、磁极、电枢、换向器及电刷等组成，如图 5-10 所示。

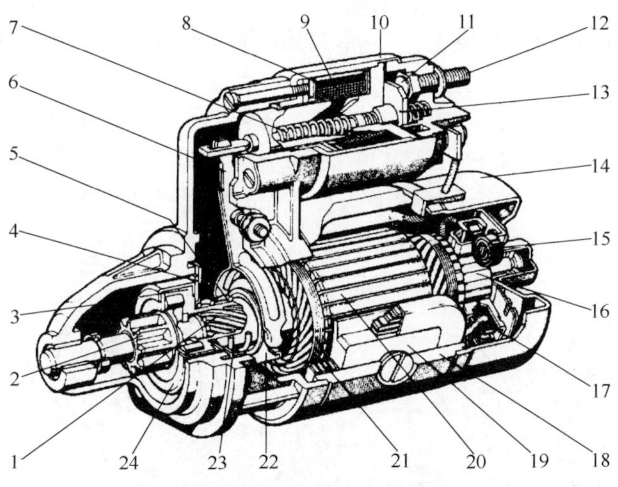

图 5-9　起动机结构剖视图

1—电枢轴螺旋键槽　2—驱动齿轮　3—离合器驱动座圈（外座圈）　4—离合器制动盘　5—啮合弹簧　6—拨叉　7—复位弹簧　8—保持线圈　9—吸引线圈　10—电磁开关壳体　11—电动机开关触点　12—接线端子 30　13—开关接触盘　14—换向器端盖　15—电刷弹簧　16—换向器　17—电刷　18—电动机壳体　19—磁极　20—电枢　21—磁场绕组　22—滑环　23—支撑盘　24—单向离合器

1. 机壳

电动机壳体的作用是固定机件和构成导磁回路。壳体用铸铁浇注或钢板卷焊而成，一端开有窗口，作为观察电刷与换向器之用，平时用防尘箍盖住。机壳上只有一个电流输入接线柱并在内部与磁场绕组的一端相接。壳内壁固定有磁极铁心和磁场绕组，如图5-11所示。

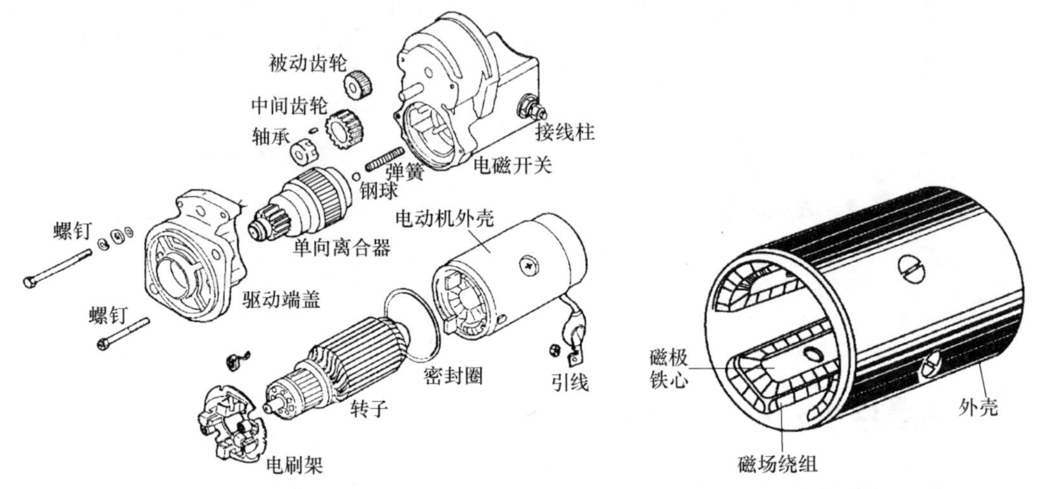

图5-10 直流电动机的组成

图5-11 安装磁极的机壳

2. 磁极

磁极是直流电动机的定子部分，其作用是产生电枢转动时所需要的磁场，它由磁极铁心和磁场绕组组成（永磁式直流电动机的磁场为永久磁场，由永久磁铁构成），它是直流电动机的定子部分。铁心用低碳钢制成马蹄形，并用螺钉固定在电动机壳体的内壁上，其上套有磁场绕组，磁场绕组的一端接在与外壳绝缘电磁开关的主接线柱上，另一端与两个非接地电刷相连，通过非接地电刷为电枢供电。当磁场绕组接通电流时，在磁极中就会产生磁场（即电磁场）。

起动机用直流电动机的显著特点是磁极多、磁场绕组的横截面积大，目的是增大起动机的电磁转矩。其磁极一般为4极，由4个磁场绕组形成两对磁极并两两相对，功率超过7.5kW的起动机有用6极的。定子与转子铁心形成的磁回路如图5-12所示。磁场绕组用矩形截面的裸铜条绕制。

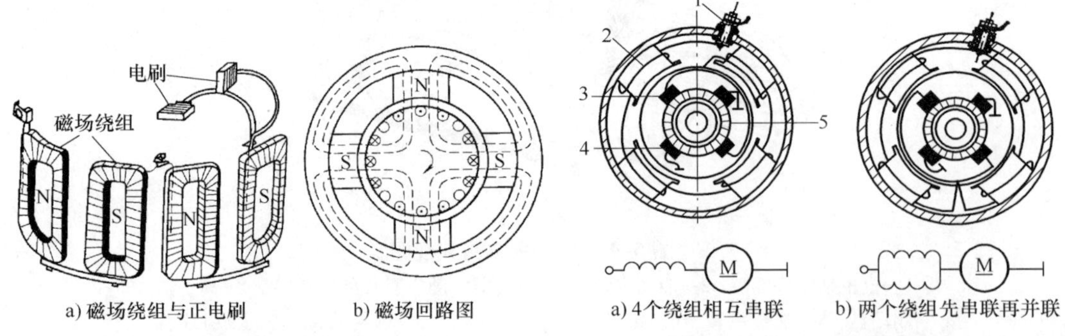

a) 磁场绕组与正电刷　b) 磁场回路图

图5-12 磁场绕组与磁场回路

a) 4个绕组相互串联　b) 两个绕组先串联再并联

图5-13 磁场绕组的接法

1—绝缘接线柱　2—磁场绕组　3—绝缘电刷　4—接地电刷　5—换向器

磁场绕组的连接方法有两种，一种是四个绕组串联后再与电枢绕组串联，如图 5-13a 所示；另一种是两个绕组先串联再并联，然后再与电枢绕组串联，如图 5-13b 所示。现代汽车起动机普遍采用后一种连接方式，其目的是减少电阻，增大电流和电磁转矩。无论采用哪一种连接方式，其四个磁场绕组所产生的极性必须是相互交错的，即同名磁极相对。

3. 电枢

电枢是直流电动机的转子部分，作用是产生电磁转矩，其结构如图 5-14 所示，主要由铁心、电枢绕组、电枢轴及换向器组成。

4. 换向器

换向器的作用是保证电枢绕组产生的电磁转矩的方向保持不变，即把通入电刷的直流电流转换为电枢绕组中导体所需要的交变电流。换向器由较厚的铜片压装在电枢轴上，相邻铜片之间用云母片绝缘。如图 5-15 所示，铜片 1 嵌在换向器轴套 2 和压环 3 组成的槽中，铜片之间以及铜片与轴套、压环之间均用云母绝缘。铜片一端有焊接电枢绕组线头的突缘。

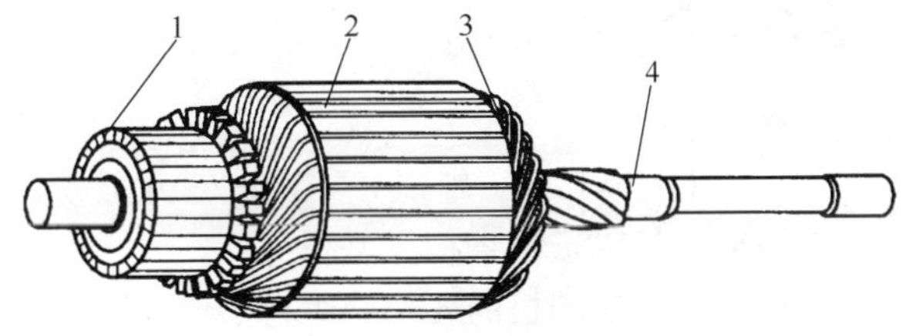

图 5-14 电枢

1—换向器 2—铁心 3—电枢绕组 4—电枢轴

5. 电刷与电刷架

电刷与电刷架的作用是将电流引入电枢，使电枢产生连续转动，电刷及电刷架的外形与结构如图 5-16 所示。电刷由铜与石墨粉压制而成，加入铜是为了减少电阻并增加耐磨性，起动机电刷的铜质量分数为 80% 左右，石墨质量分数为 20% 左右。电刷装在电刷架中借弹簧压力被紧压在换向器上，电刷弹簧的压力一般为 11.7 ~ 14.7N。通常直流电动机内装有四个电刷，其中两个电刷与外壳直接相连构成电路接地，称为接地电刷；另外两个连接磁场绕组和电枢绕组，与外壳绝缘，称为绝缘电刷。有些电动机是通过磁场绕组与外壳连接构成接地电路，故这种电动机的所有电刷都与机壳绝缘，称为绝缘刷架，如微型轿车所采用的起动机。

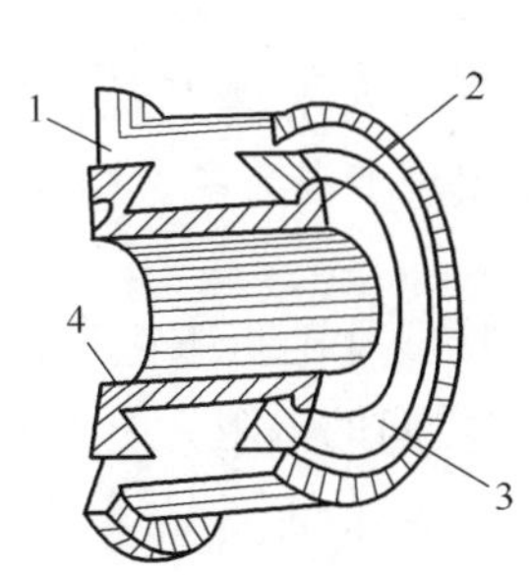

图 5-15 换向器的剖面图

1—铜片 2—轴套 3—压环 4—云母

图 5-16 电刷与电刷架

6. 端盖

起动机有前后两个端盖。前端盖一般用钢板压制而成，后端盖多为灰铸铁浇注而成。它们分别装在机壳的两端，靠两个长螺栓与起动机机壳紧固在一起。两端盖内均装有青铜石墨轴承套或铁基含油轴承套，以支承电枢轴。

特别提示

车用起动机的直流电动机部分采用串励式直流电动机，即直流电动机的磁场和电枢两者采用串联关系，其优点是起动转矩大，在起动时达到最大起动转矩，同时具有软的机械特性，即轻载时转速高、重载时转速低。这是车用起动机采用直流串励式电动机的主要原因。

你学会了吗？

1. 起动机主要由__________（右下部分）、____________（左下部分，单向离合器和拨叉）和__________（上半部分，电磁开关）三部分组成。
2. 直流电动机磁极的结构是怎样的？
3. 如何对直流电动机的各部分进行检修？

第22天　认识起动机电磁开关

学习目标

1. 了解起动机电磁开关各接线柱的名称及作用。
2. 掌握起动机电磁开关的基本工作过程。
3. 掌握起动机电磁开关的检修检查方法。

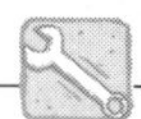

实际操作

一、电磁开关的检修及识别

1. 电磁开关检修

（1）弹簧复位功能检查　用手先将挂钩及活动铁心压入电磁开关，然后放松，如图5-17所示，活动铁心应能迅速复位。如铁心不能复位或出现卡滞现象，则应更换复位弹簧或电磁开关总成。

（2）保持线圈的检修　如图5-18所示，从磁场绕组接线柱上拆下磁场绕组正极端后，用万用表检查电磁开关接线柱（端子50）与电磁开关壳体之间的电阻，应为0～2Ω。否则，表示保持绕组断路，应更换电磁开关。

（3）吸引线圈的检查　如图5-19所示，从磁场绕组接线柱上拆下磁场绕组正极端，用万用表（R×1档）检查电磁开关与磁场绕组接线柱之间的电阻，应为0～2Ω。否则，表示吸引线圈断路，应更换电磁开关。一般来说，同一起动机的保持线圈电阻较吸引线圈电阻大一些。

2. 电磁开关安装时的注意事项

当电磁开关的固定螺栓丢失后装配调整时，要注意螺栓的长度，小心螺栓过长而顶破线圈骨架（有的型号电磁开关不会发生此故障），引起接地。紧固螺栓时最好配弹簧垫圈。

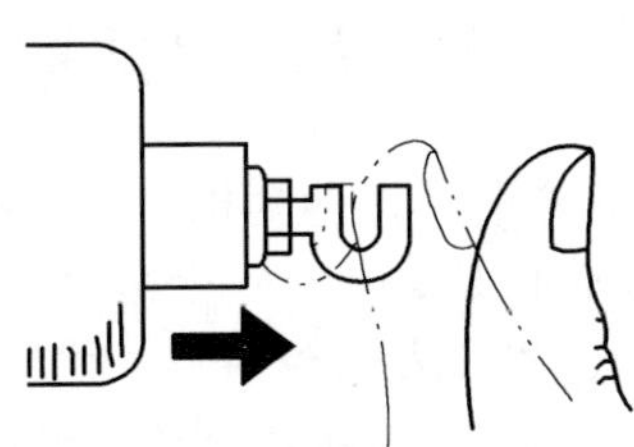

图 5-17　检查弹簧复位功能

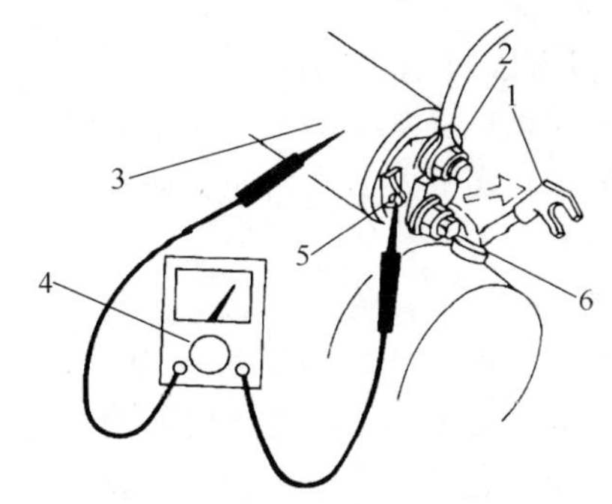

图 5-18　保持线圈检查

1—磁场绕组正极端　2—主接线柱（端子 30）
3—电磁开关　4—万用表　5—电磁开关接线柱（端子 50）　6—磁场绕组接线柱（端子 C）

起动机在工作时电流较大，接线柱 B 和接线柱 M 会发热，每次保养起动机时应用扳手预紧螺母，新出厂的电磁开关也应检查一下，这样处理后的电磁开关才耐用。为了减少接触不良，接线柱 B 和接线柱 M 的导线应用两个平垫夹紧。电磁开关绝缘盖的两个紧固螺栓因受触点的冲击振动，极易松动，每次保养起动机时应紧固一下。为减少活动铁心在工作时的阻力，应在活动铁心表面上涂上一层薄薄的机油（冬天应用防冻机油）。

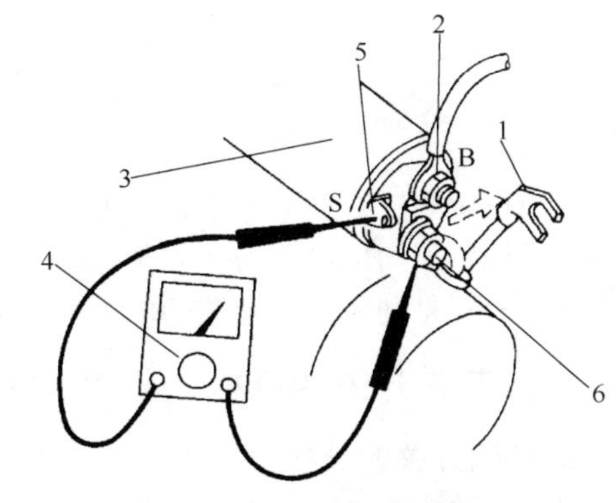

图 5-19　吸引线圈检查

1—磁场绕组的正极端　2—主接线柱（端子 30）
3—电磁开关　4—万用表　5—电磁开关接线柱（端子 50）　6—磁场绕组接线柱

3. 电磁开关常见故障的修复

(1) 主触点不导通或接触不良　拧下绝缘盖上的两个固定螺栓，用 220V/100W 电烙铁烫开连接片处的焊锡，使线圈的引线接头脱开，将绝缘盖与线圈壳体分开，取出接触盘及连杆。如果接触面烧损严重，可将接触面反过来安装使用；如果接触面烧损较轻，可用细砂纸打磨处理。再检查绝缘盖内两个触点，接触面烧损严重的，可将两个接线柱拧下对调使用；接触面烧损较轻的，可用细砂纸打磨处理，两个触点高度必须保持一致。

(2) 接线柱 B 或接线柱 M 螺纹损坏　起动机电磁开关火线接线柱由于经常拆装电源线，接线柱螺纹损坏的故障比较常见。接线柱一般是 M8 或 M10 的铜螺栓，传统的修理方法是从车上拆下起动机，再拆下电磁开关，将电磁开关拆解后，还得拧下接线柱铜螺栓，再用板牙套螺纹。

(3) 线圈烧毁后的重绕　取下绝缘盖后，将电磁开关夹到台虎钳上，在电磁开关边缘先用钢锯每隔 1cm 锯成小口，用平头扁铲撬开壳体。重绕线圈时，应注意漆包线的直径、匝数及绕线方向，应与原来的相同。一般保持线圈较细绕在内层，吸引线圈较粗绕在外层，两个线圈之间以及线圈与外壳之间必须绝缘好。各引出线头上应套上绝缘管，以防漆包线的绝缘漆掉皮接地。将毛毡、线圈组、挡铁放入外壳后铆好。

4. 起动机接线柱识别窍门

四接柱式起动机（如 QD124）共有四个接线柱，两个粗，两个细，对于一般初学者来说不太容易区分。其实只要认真研究，便不难发现每个接线柱的结构特点，从而找出它们的区别所在。

两个粗接线柱一个接蓄电池，一个经起动机外壳上的导电片接起动机内部的磁场绕组。所以，带导电片的粗接线柱应接直流电动机磁场绕组，而不带导电片的粗接线柱应接蓄电池。如果把导电片去掉，单就电动机开关而言，怎样区分这两个粗接线柱呢？电动机开关内部的吸引线圈经焊点接到其中的一个粗接线柱上，再经磁场绕组、电枢绕组、负电刷接地。所以，带一个线头的粗接线柱应接磁场绕组，不带线头的粗接线柱应接蓄电池。

两个细接线柱的区分方法是带两个线头（吸引线圈和保持线圈经焊点焊接到一起后再连到细接线柱上）的细接线柱是吸拉接线柱，即电磁开关接线柱；另一个细接线柱直接连到电动机开关内部的弹片上，所以不带线头的细接线柱是点火线圈附加电阻短路开关接线柱。

电磁控制装置在起动机上称为电磁开关，它的作用是控制驱动齿轮与飞轮齿圈的啮合与分离，并控制电动机电路的接通与切断。在现代汽车上，起动机均采用电磁式控制电路，电磁式控制装置是利用电磁开关的电磁力操纵拨叉，使驱动齿轮与飞轮啮合或分离。

二、电磁开关的结构及控制过程

1. 电磁开关的结构

电磁开关主要由电磁铁机构和电动机开关两部分组成。电磁铁机构由固定铁心、活动铁心、吸引线圈和保持线圈等组成。固定铁心与活动铁心安装在一个铜套内。固定铁心固定不动，活动铁心可在铜套内作轴向移动。活动铁心前端固定有推杆，推杆前端安装有主接触盘；活动铁心后端用调节螺钉和连接销与拨叉连接。铜套外面安装有一个复位弹簧，其作用是使活动铁心等可移动部件复位。

2. 电磁开关的接线柱识别

一般电磁开关绝缘盖（也叫开关盖）上有三个接线柱，分别是接线柱 B（或 30）、接线柱 M（或 C）和起动接线柱 S（或 50）；有的电磁开关绝缘盖上有四个接线柱，分别是接线柱 B（或 30）、接线柱 M（或 C）、起动接线柱 S（或 50）和点火接线柱 R（或 15a），如图 5-20所示。接线柱 B 和接线柱 M 通常是 8mm 或 10mm 粗铜质螺栓，有接线片的为接线柱 M，是串励电动机励磁绕组供电端接线柱；剩下的一根是接线柱 B，为蓄电池的电源线接线柱。起动接线柱 S 和点火接线柱 R 通常是 4mm 或 5mm 粗铁质螺栓，有接线片的是起动接线柱 S，上面的电线通往起动继电器；剩下的一个接线柱是点火接线柱 R，上面接的电线通往点火线圈的附加电阻。电磁开关的外壳也是一个无形的接线柱 31，即接地。

电动机开关由主接触盘和触点组成。主接触盘固定在活动铁心推杆的前端；两个触点分别与连接引线端子 C 和电源端子 30 的螺柱制成一体。在开关触点旁边，设有一个小铜片制成的附加电阻短路开关，并与接线端子 15a 相连，该铜片的端面应稍微偏后于电动机开关触点所在的平面，以便主接触盘接通开关触点时，短路开关能可靠接通，附加电阻能被可靠短路。电磁开关内结构如图 5-21 所示。

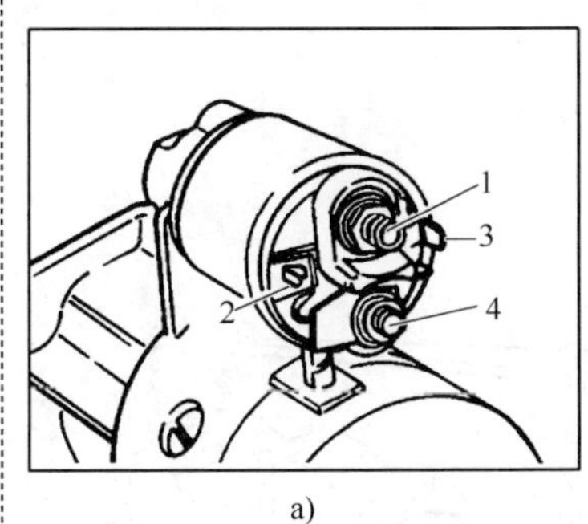

a)

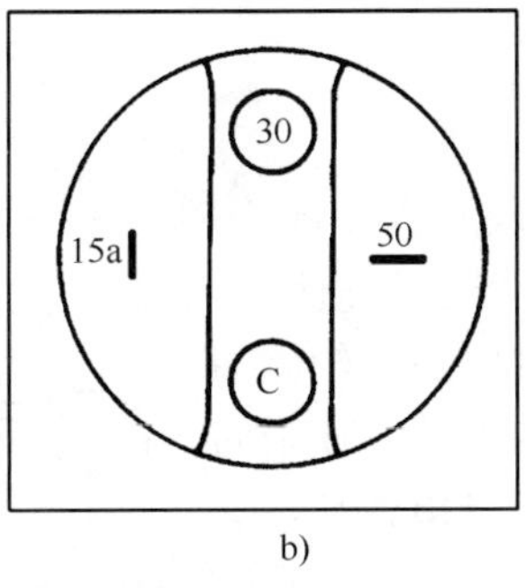

b)

图 5-20 电磁开关端子位置

1—电源主接线柱端子 30 2—附加电阻短接线端子 15a 3—起动机接线柱端子 50 4—直流电动机端子 C

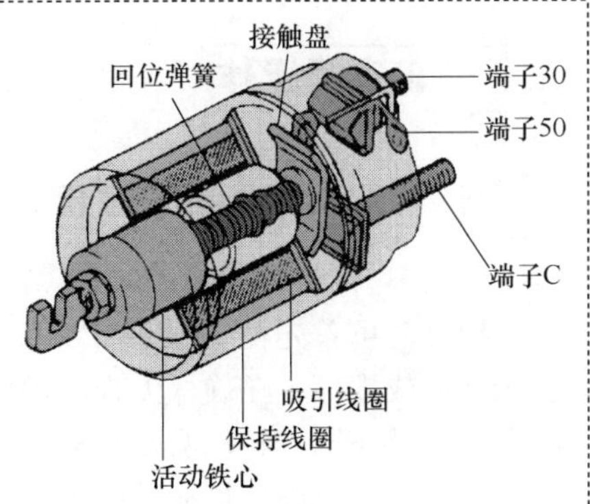

图 5-21 电磁开关的结构

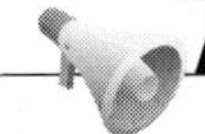

特别提示

起动机电磁开关中的吸引线圈和保持线圈的区别在于：

① 线径不同，吸引线圈的线径比保持线圈要粗，通电时吸引线圈产生的磁场要强。

② 位置不同，在自然状态下，保持线圈距离活动铁心的距离比吸引线圈要近，这样布置的目的是只在吸引线圈的吸力作用下，便可将活动铁心吸过来；按里外位置来说，保持线圈在吸引线圈的外面。

③ 线圈的连接点不同，吸引线圈和保持线圈的起点均为起动机电磁开关的起动接线柱50，保持线圈的终点为电磁开关的外壳，吸引线圈的终点为直流电动机主接线柱 C。

④ 阻值不同，保持线圈的阻值比吸引线圈的阻值稍大一些，大约都在 0 ~ 2Ω。

你学会了吗?

1. 如何识别不同类型起动机电磁开关各接线柱名称及功能?
2. 如何检修起动机电磁开关?
3. 如何对电磁开关的常见故障进行修复?

第 23 天 认识起动机的传动机构

学习目标

1. 熟悉通过案例排除单向离合器的方法。
2. 了解单向离合器的几种常见类型及应用。
3. 掌握滚柱式单向离合器的结构和工作过程。
4. 了解摩擦片式和弹簧式单向离合器的结构和工作过程。

实际操作

一、单向离合器的检查

单向离合器常见的故障是打滑、驱动齿轮损坏等。

检测时可首先检查驱动齿轮和花键以及飞轮齿圈有无磨损或损坏，在确保无损坏的情况下，握住单向离合器的外座圈，转动驱动齿轮，应能自由转动，反转时应锁住，否则应更换单向离合器。

具体可用扭力扳手来检测。将单向离合器夹在台虎钳上，用扭力扳手转动，如图 5-22 所示，应能承受制动实验时的最大转矩而不打滑。如 2201 型起动机，其单向离合器能承受25. 5N · m的转矩而不打滑，否则应拆开进行修理或更换。摩擦片式单向离合器在承受大于 117N · m 转矩时不应打滑，而在承受大于 176. 4N · m 的转矩时应能打滑。若不符合规定，可在压环与摩擦片之间增减垫片予以调整。

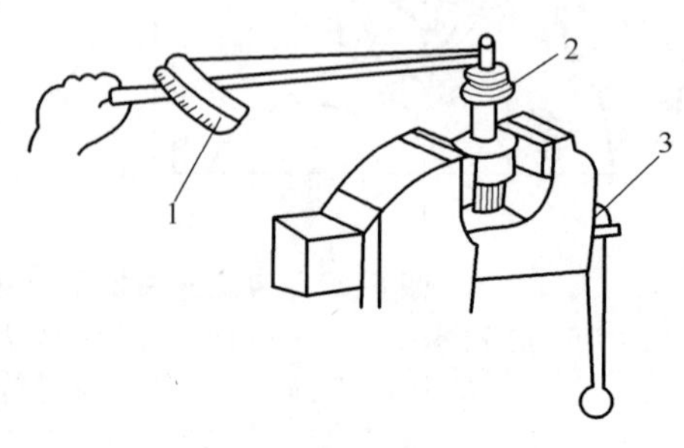

图 5-22 单向离合器检查

1—扭力扳手 2—单向离合器 3—台虎钳

基础知识

单向离合器有滚柱式、摩擦片式、弹簧式、棘轮式等不同形式。滚柱式和弹簧式离合器主要用于功率较小的汽油发动机起动机，摩擦片式离合器可以传递较大转矩，主要用于柴油发动机起动机。

二、滚柱式单向离合器

滚柱式单向离合器是利用滚柱在两个零件之间的楔形槽内的楔紧和放松实现力矩传递和打滑的。

滚柱式单向离合器的结构如图 5-23 所示。传动导管与外座圈制成一体，外座圈内圆制成十字形空腔。驱动齿轮另一端的内座圈伸入外座圈的空腔内，将十字形空腔分割成楔形腔室，如图 5-24 所示。

滚柱有 4 ~6 只，安放在楔形腔室内。弹簧一端套有弹簧帽，并安放在外座圈的径向小孔中。弹簧帽压在滚柱上，弹簧另一端压在铁皮外壳上，铁皮外壳将内外座圈卷压包装在一起。当起动机尚未投入工作时，弹簧张力将滚柱压向楔形室较窄一端。传动导管套装在电枢轴上，导管内圆制有内螺旋键槽，与电枢轴上的外螺旋键槽配合而传递动力。驱动齿轮与内座圈制成一体，并套装在电枢轴的光轴部分，既可轴向移动，也可绕轴转动。

三、摩擦片式单向离合器

摩擦片式单向离合器是利用分别与两个零件关联的主动摩擦片和被动摩擦片之间的接触

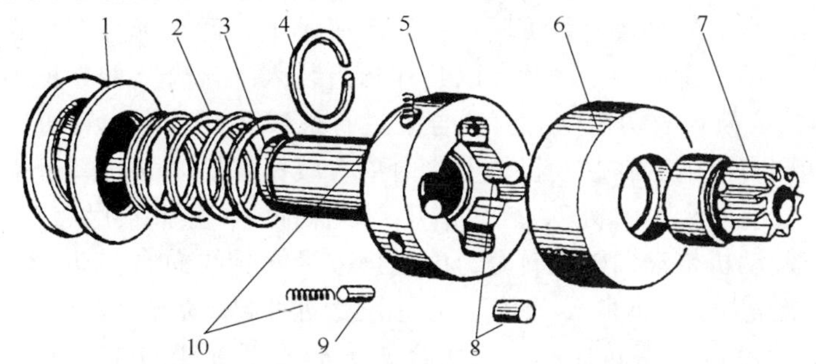

图 5-23　滚柱式单向离合器的结构

1—滑环　2、10—弹簧　3—传动导管　4—卡环　5—驱动座圈
6—壳体　7—驱动齿轮　8—滚柱　9—弹簧帽

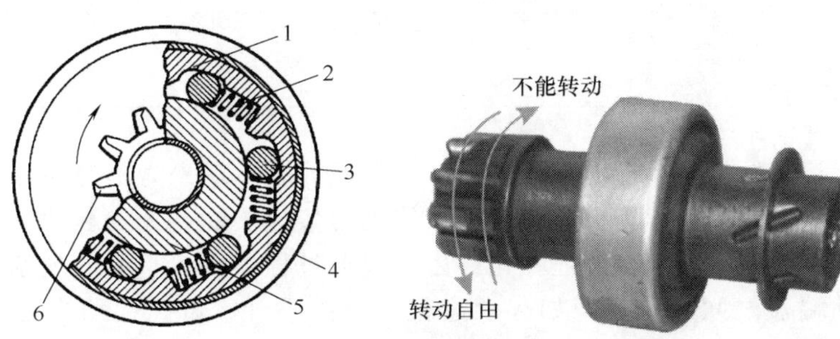

图 5-24　滚柱式单向离合器楔形槽结构及工作原理

1—驱动座圈　2—滚柱弹簧　3—滚柱　4—壳体　5—内座圈　6—驱动齿轮

与分离实现力矩传递和打滑的。摩擦片式单向离合器多用于柴油发动机使用的功率较大的起动机上。其内部结构与工作原理如图 5-25 所示。

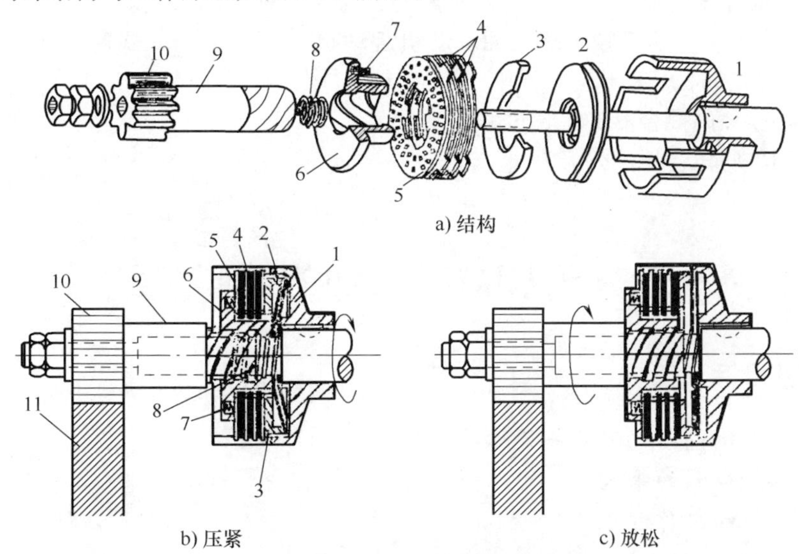

图 5-25　摩擦片式单向离合器

1—外接合鼓　2—弹性圈　3—压环　4—主动片　5—被动片　6—内接合鼓
7—小弹簧　8—减振弹簧　9—齿轮柄　10—驱动齿轮　11—飞轮

第五章

摩擦片式单向离合器的外接合鼓1固定在起动机轴上，两个弹性圈2和压环3依次沿起动机轴装进外接合鼓中，青铜的主动片4以其外凸齿装入外接合鼓的切槽中，钢制的被动片5以其内齿插入内接合鼓6的切槽中。内接合鼓具有螺线孔并旋在起动机驱动齿轮柄9的三线螺纹上，齿轮柄则自由地套在起动机轴上，内垫有减振弹簧8并用螺母锁着以免从轴上脱落。内接合鼓6上具有两个小弹簧7，轻压诸片，以保证它们彼此接触。

工作原理：当起动机带动曲轴旋转时，内接合鼓沿螺旋线向右移动，将摩擦片压紧（图5-25b）时，利用摩擦力使电枢的转矩传给飞轮。发动机起动后，起动机驱动齿轮被飞轮带动而转动，当其转速超过电枢转速时，内接合鼓则沿着螺旋线向左退出，摩擦片放松（图5-25c），这时驱动齿轮虽高速旋转，但不驱动电枢，从而避免了电枢超速飞散的危险。

注意：摩擦片式单向离合器能传递较大转矩，但摩擦片磨损后，摩擦力会大大降低，故需经常调整。

特别提示

目前轿车上常用的单向离合器为滚柱式，其常见的故障现象为单向离合器打滑，即在起动时，带动发动机转动过程中突然打滑，致使动力传递中断，无法起动发动机，此时可更换单向离合器；另外单向离合器还存在打齿及起动过程中分离不开的现象，如打齿可在电磁开关与驱动端盖之间加垫片，如起动过程中分离不开，可在起动机与飞轮壳之间加垫片。

你学会了吗？

1. 单向离合器有滚柱式、摩擦片式、弹簧式、棘轮式等不同形式。________式和________式离合器主要用于功率较小的汽油发动机起动机，________式离合器可以传递较大转矩，主要用于柴油发动机起动机。
2. 简述滚柱式单向离合器的工作过程。
3. 如何检测单向离合器的好坏？

第24天　认识起动机的工作过程

学习目标

1. 熟悉通过案例判断电磁开关故障的思路。
2. 了解起动继电器的结构。
3. 掌握起动机的工作过程。
4. 掌握起动机的调整和试验方法及操作。

一、案例：爱丽舍轿车起动机故障

(1) 故障现象 一辆爱丽舍轿车，接通点火开关起动档后，起动机有“嗒嗒”的响声，但发动机不能起动。

(2) 故障分析 根据故障现象，首先检查蓄电池。蓄电池电量充足，正、负极电缆连接紧固可靠。检查发动机飞轮齿圈，无缺齿现象。拆检起动机，其电刷长度、电刷弹簧弹力均正常，但换向器有轻微烧蚀，用细砂纸打磨光滑后，电刷与换向器接触良好。检查转子绕组，无断路、短路现象，电磁开关动作灵活。检查接触盘与两个主接线柱，接触良好，通断正常。单向离合器不打滑，轴承套与起动机轴配合间隙亦在正常范围之内。

将起动机装复后，接通点火开关起动档，起动机有“嗒嗒”的响声，但发动机仍不能起动，故障诊断工作一时陷于困境。

仔细分析起动机的工作原理，当接通点火开关起动档时，蓄电池电流经点火开关至电磁开关接线柱 c（图5-26），此后分为两路：一路经保持线圈 4 接地；另一路经吸引线圈 3、主接线柱 b、起动机 5 的转子线圈接地。此时因吸引线圈和保持线圈通电，产生电磁合力，吸引电磁开关的活动铁心。活动铁心一方面带动拨叉将驱动齿轮推出与飞轮啮合，一方面推动接触盘 1，使接触盘与主接线柱 a、b 接通。于是，蓄电池提供的强大起动电流经过主接线柱 a、接触盘、主接线柱 b 进入起动机转子线圈，使其产生强大的电磁力，驱动发动机飞轮旋转。

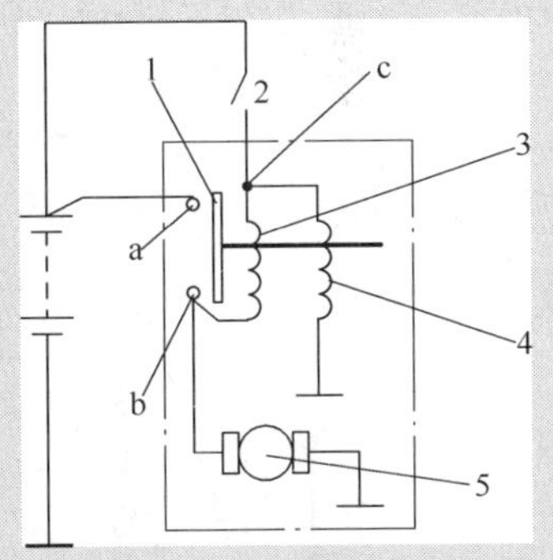

图 5-26 起动机结构简图

1—接触盘 2—点火开关 3—吸引线圈 4—保持线圈 5—起动机 a、b—主接线柱 c—吸引线圈、保持线圈公共接柱

当接触盘与主接线柱 a、b 接通的瞬间，吸引线圈 3 两端因被接触盘 1 短路而使电磁力消失，此时是靠保持线圈 4 产生的电磁力克服电磁开关和起动机回位弹簧的力，使驱动齿轮和接触盘保持在工作位置，让起动机完成起动任务的。如果保持线圈 4 断路，当点火开关旋至起动档时，吸引线圈产生的电磁力吸引电磁开关的活动铁心，也可使驱动齿轮与飞轮啮合，使接触盘 1 与主接线柱 a、b 接通，但因此时吸引线圈两端被接触盘短路，其电磁力消失，于是在回位弹簧的作用下，活动铁心又带动驱动齿轮和接触盘回位，接触盘回位后，吸引线圈又产生电磁力，吸引电磁开关的活动铁心……如此反复，于是驱动齿轮不断地被驱动与回位，起动机起动时就有“嗒嗒”的响声。

(3) 故障排除 根据这一原理，拆检起动机电磁开关，用万用表电阻档检测，其吸引线圈正常，但保持线圈断路。更换一个电磁开关后，将点火开关旋至起动档，起动机迅速带动发动机起动，故障排除。

实际操作

二、起动机的调整

修复后的起动机必须进行认真的调整。在使用中如有齿轮啮合不良、有冲撞声、起动困难等现象，均应作必要的调整。

（1）驱动齿轮与止推垫圈之间的间隙调整　如图 5-27 所示，先将电磁开关的活动铁心推至使其开关刚好接通的位置，测量驱动齿轮与止推垫圈之间间隙，一般应为 4～5mm，如不符，可拧入或旋出连接螺杆 3 进行调整。然后再将活动铁心顶到极限位置，此时驱动齿轮与止推垫圈之间间隙应为 1.5～2.5mm，如不符，可调整齿轮行程限位螺钉 1。

（2）电磁开关的调整　电磁开关的调整主要是调整点火线圈附加电阻短路接线柱与接触片的接通时刻，调整时只需将辅助接触片作相应的弯曲。目前此种配置正面临淘汰。

（3）驱动齿轮端面与驱动端盖突缘面之间的间隙调整　有些汽车（如 EQ1090、BJ212 等）的起动机，规定了起动机驱动齿轮端面与驱动端盖突缘面之间的距离，如图 5-28 所示。EQ1090 规定值为 29～32mm，BJ212 的为 32.5～34mm。如不符，可调整齿轮行程限位螺钉 1。

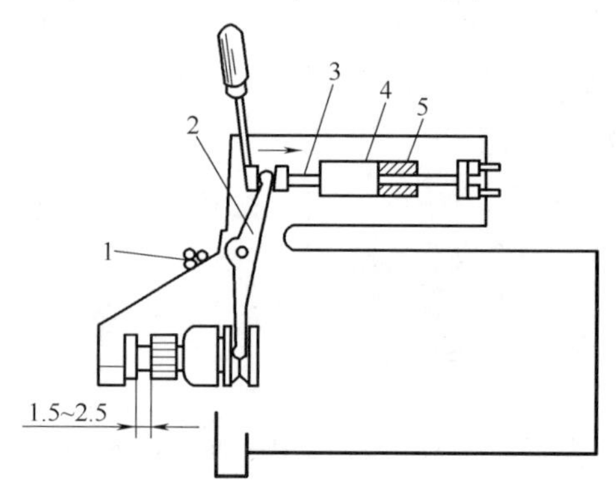

图 5-27　驱动齿轮与止推垫圈之间的间隙调整

1—齿轮行程限位螺钉　2—拨叉　3—连接螺杆
4—活动铁心　5—挡铁

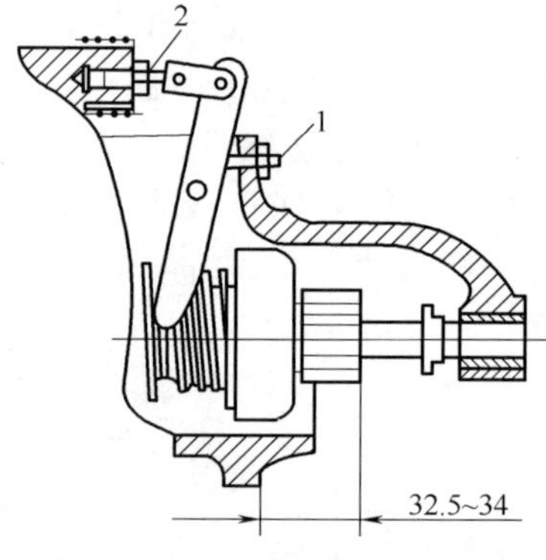

图 5-28　驱动齿轮端面与驱动端盖突缘面之间的间隙调整

1—齿轮行程限位螺钉　2—连接螺杆

三、起动机的简易试验

1. 电磁开关简易试验

（1）吸拉动作试验　将起动机固定在台虎钳上，拆下起动机端子 C 上的磁场绕组电缆引线端子，用带夹电缆将起动机 C 端子和电磁开关壳体与蓄电池负极连接，如图 5-29 所示。用带夹电缆将起动机端子 50 与蓄电池正极连接，此时驱动齿轮应向外移动。如驱动齿轮不动，说明电磁开关有故障，应予以修理或更换。

（2）保持动作试验　在吸拉动作基础上，当驱动齿轮保持在伸出位置时，拆下电磁开关端子 C 上的电缆夹，如图 5-30 所示。此时驱动齿轮应保持在伸出位置不动，如驱动齿轮回位，说明保持线圈断路，应予以修理。

（3）回位动作试验　在保持动作的基础上，再拆下起动机壳体上的电缆夹，如图 5-31 所示。此时驱动齿轮应迅速回位，如驱动齿轮不能回位，说明回位弹簧失效，应更换弹簧或电磁开关总成。

2. 空载性能简易试验

测试起动机的空载性能时，先将蓄电池充足电，然后按下述方法和程序进行。

1）将磁场绕组引线（永磁式起动机为正电刷引线）电缆连接到电磁开关端子 C 上。

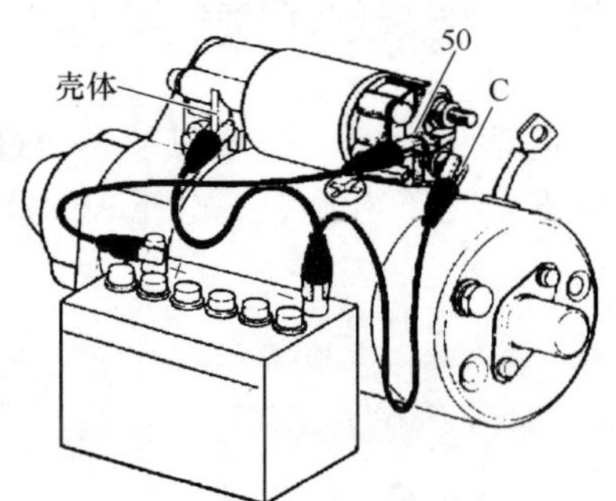

图 5-29　吸拉动作试验线路

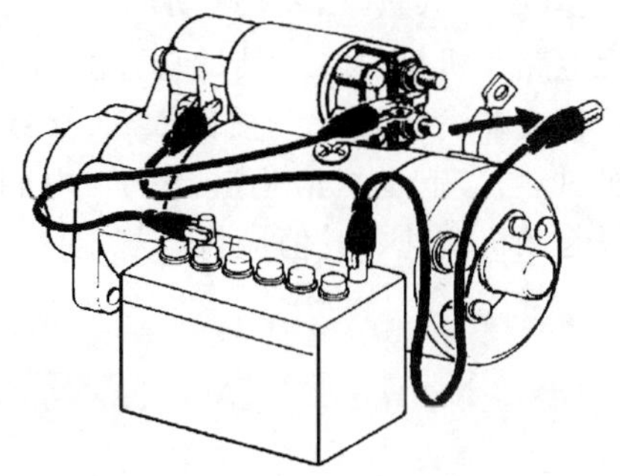

图 5-30　保持动作试验方法

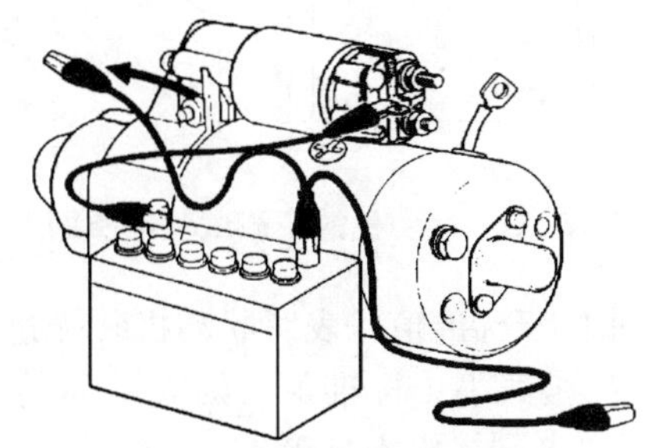

图 5-31　回位动作试验方法

2）用带夹电缆将蓄电池负极与电磁开关壳体连接，将量程为 0～100A 以上的直流电流表连接在蓄电池正极与电磁开关的端子 30 之间，如图 5-32a 所示。

3）当将端子 50 与端子 30 连接时，如图 5-32b 所示，驱动齿轮应向外伸出稳定运转。测量电流、电压和转速等各项指标应符合空载性能指标规定。

一般说来，当蓄电池电压大于或等于 11.5V 时，消耗电流应不超过 90A，转速不低于 5000r/min。

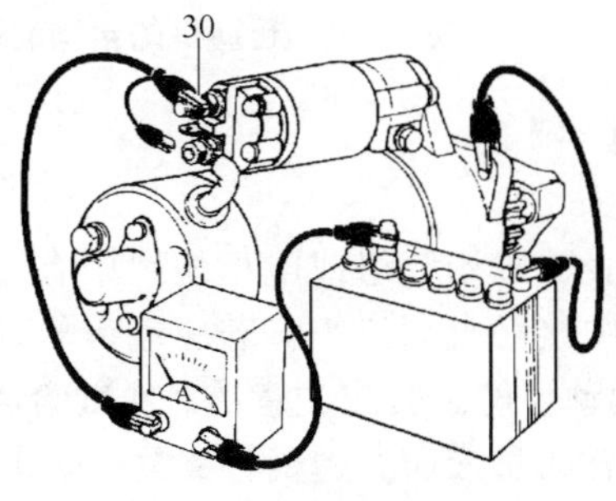

a) 试验线路

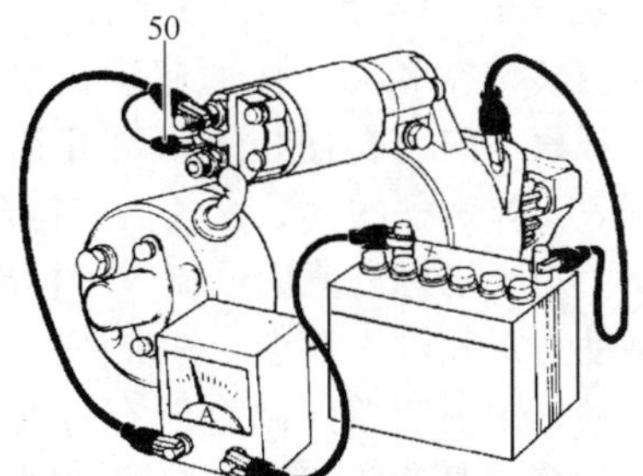

b) 试验方法

图 5-32　起动机简易空载试验线路与方法

第五章

四、起动机的性能试验

起动机修复后，必须进行下列两种试验，如不符合要求，应重新检查和修理。

(1) 空载性能试验　测量起动机的空载电流和空载转速并与标准值比较，以判断起动机内部有无电路和机械故障。其试验方法如下：

将起动机夹在台虎钳上，按图 5-33 接线。接通起动机电路（每次试验不要超过 1min，以免起动机过热），起动机应运转均匀、电刷下无火花。记下电流表、电压表的读数，并用转速表测量起动机转速，其值应符合规定值。

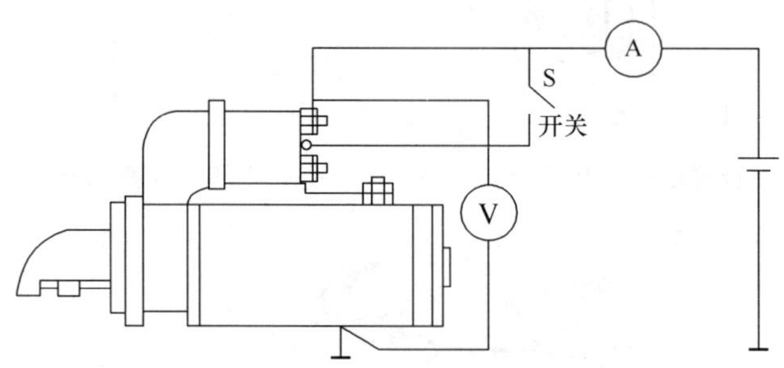

图 5-33　起动机的空载试验电路图

若电流大于标准值，而转速低于标准值，表明起动机装配过紧或电枢绕组和磁场绕组内有短路或接地故障。若电流和转速都小于标准值，则表示起动机线路中有接触不良的地方（如电刷弹簧压力不足，换向器与电刷接触不良等）。

(2) 制动性能试验　制动性能试验应在空载性能试验的基础上进行，空载试验不合格的起动机不应进行制动性能试验。制动性能试验的目的是测量起动机在完全制动时所消耗的电流（制动电流）和制动力矩，以判断起动机主电路是否正常，并检查单向离合器是否打滑。

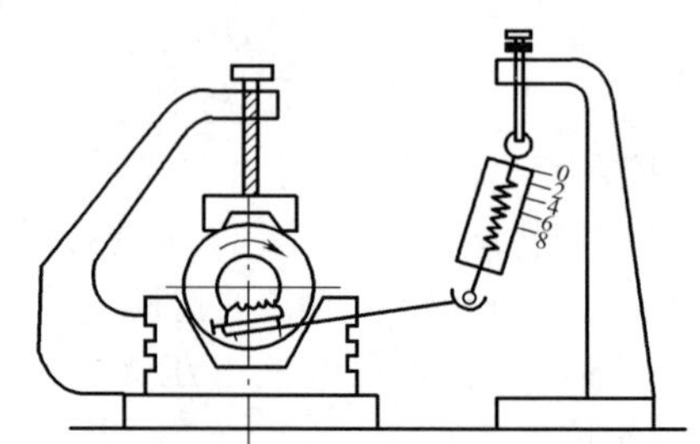

图 5-34　起动机的全制动试验

试验方法：将起动机夹持在试验台上，使杠杆的一端夹住起动机驱动齿轮的三个齿（图 5-34），电路连接与空转试验相同。接通起动机电路，呈现制动状态，观察单向离合器是否打滑并迅速记下电流表、电压表、弹簧秤的读数，其值应符合规定值。

若制动力矩小于标准值而电流大于标准值，则表明磁场绕组或电枢绕组中有短路和接地故障。若制动力矩和电流都小于标准值，表明线路中接触电阻过大。若驱动齿轮锁止而电枢轴有缓慢转动，则说明单向离合器有打滑现象。**制动性能试验应注意：每次试验通电时间不要超过 5s，以免损坏起动机及蓄电池。试验中，工作人员应避开弹簧秤夹具，防止发生人身事故。**

桑塔纳的起动机功率为 0.95kW，当制动电流小于 480A 时，输出最大力矩不小于 13N · m。

第五章

基础知识

五、起动机的工作过程

以最典型的常起动继电器的 QD124 型起动机电路为例介绍起动机的工作过程，如图 5-35 所示。

1. 起动继电器

起动继电器其实就是一线圈控制开关，和点火开关配合，作用是用来接通电磁开关线圈的电路，以保护点火开关。因为如果直接用点火开关控制电磁开关线圈的电路，则起动时通过点火开关的电流很大（一般为 35 ~ 40A），会使点火开关很快损坏。常用起动继电器触点的闭合电压 12V 电气系统为 6.0 ~ 7.6V，24V 电气系统为 14 ~ 16V；断开电压 12V 电气系统为 3.0 ~ 5.5V，24V 电气系统为 4.5 ~ 8.0V。

如图 5-35 所示，当继电器电磁线圈 2 通电时，产生电磁吸力，触点 1 闭合，接通“电池（BAT)”接线柱与“起动机（S)”接线柱之间的回路。而当电磁线圈 2 不通电时，则“起动机（S)”接线柱所接回路断开。

2. 起动机的工作过程

1）起动时，将点火开关 3 转到起动位置，起动继电器电路接通，其电流回路为蓄电池正极→起动机电源端子 30→电流表→点火开关 3→起动继电器点火开关（IG）接线柱→继电器线圈 2→接地（E）→蓄电池负极。电流通过起动继电器线圈，使铁心磁化，吸下触点臂，于是继电器触点 1 闭合，接通了电磁开关中吸引线圈和保持线圈的电路。

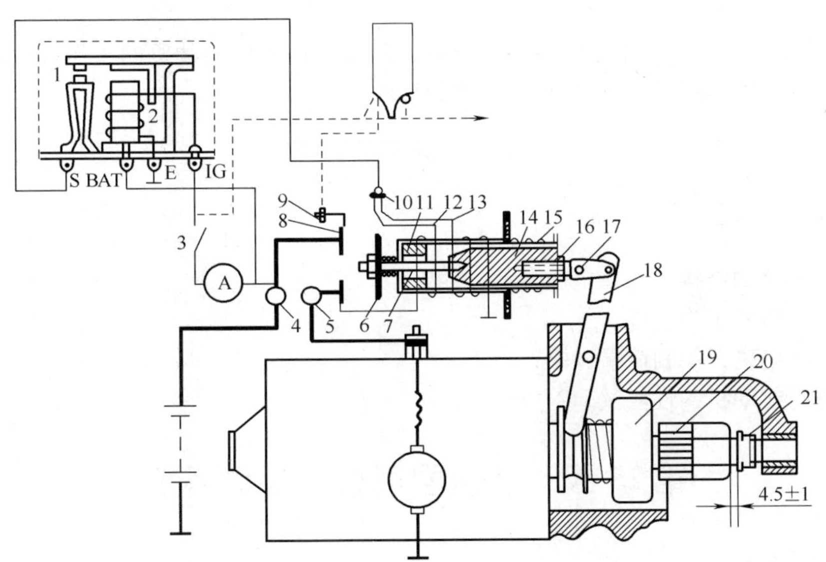

图 5-35　QD124 型起动机控制电路

1—起动继电器触点　2—起动继电器线圈　3—点火起动开关　4—起动机电源端子 30 接线柱　5—电动机电源端子 C　6—主接触盘　7—推杆　8—起动机电源端子 30　9—附加电阻短路开关接线端子 15a　10—吸引线圈与保持线圈接线端子 50　11—固定铁心　12—吸引线圈　13—保持线圈　14—活动铁心　15—复位弹簧　16—调节螺钉　17—连接销　18—拨叉　19—滚柱式单向离合器　20—驱动齿轮　21—止推垫圈

2）起动机电磁开关控制回路为蓄电池正极→起动机电源端子 30→起动继电器电池（BAT）接线柱、支架、继电器触点 1、起动机（S）接线柱→起动机接线柱 10，然后分两路：①保持线圈 13→接地→蓄电池负极，②吸引线圈 12→起动机开关接线柱 5→起动机磁场绕组→电枢绕组→接地→蓄电池负极。吸引线圈和保持线圈通电产生较强的电磁吸力，活动铁心 14 左移，带动拨叉拨动驱动齿轮与飞轮齿环啮合。同时，起动电动机产生一较小转矩，使驱动齿轮与飞轮齿环边转边啮合，避免了顶齿现象的产生。

3）当驱动齿轮与飞轮齿环接近完全啮合时，活动铁心 14 推动接触盘的推杆 7 使主接触盘 6 将起动机的主电路接通，其电流回路为蓄电池正极→起动机电源端子 30→电磁开关主接触盘 6→起动机开关接线柱 5→磁场绕组→电枢绕组→接地→蓄电池负极。于是起动机产生较大电磁转矩，起动发动机。

主电路接通时，吸引线圈 12 被短路，活动铁心靠保持线圈 13 的磁力保持在吸合位置。

4）发动机起动后，放松点火开关旋钮，点火开关会自动转回一个角度，切断起动继电器线圈的电路，使继电器触点 1 立即打开。触点 1 打开后，保持线圈中的电流由起动机电源端子 30→电动机开关触点 8→主接触盘 6→起动机开关接线柱 5→吸引线圈→吸引线圈和保持线圈接线端子 50→保持线圈→接地，构成回路。此时两线圈所建立的磁场方向相反，相互抵消，于是活动铁心在复位弹簧的作用下退回原位，驱动齿轮与飞轮齿环脱离啮合，同时接触盘退出，切断了起动机与蓄电池之间的电路，起动机便停止工作。

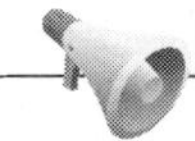

特别提示

起动机的工作过程是整个起动系统的核心，只有真正明白起动机的工作过程，才能更有针对性地对起动机的各种故障现象进行正确的诊断和排除。

你学会了吗?

1. 起动继电器的结构和动作电压是怎样的?
2. 简述起动机的工作过程。
3. 如何进行电磁开关的简易试验?
4. 如何进行起动机的性能试验?

第 25 天　认识君威轿车起动系统

学习目标

1. 熟悉通过案例判断起动机不能工作的思路。
2. 了解别克君威轿车起动系统电路。
3. 掌握别克君威轿车起动系统工作过程。

一、案例：君威 2.0 轿车发动机有时不能起动

(1) 故障现象　一辆上海通用别克君威 2.0 手动变速器轿车，累计行驶约 17 万 km，在行驶途中发动机突然熄火，而后再起动一点反应也没有。

(2) 故障诊断　到现场后先进行基本检查，发现蓄电池亏电严重。经了解得知，发动机熄火前发电机充电指示灯一直点亮，初步断定故障是由发电机不发电导致的。接着就准备用带去的备用蓄电池将车起动着后开回厂检查，可是当装上备用蓄电池后起动发动机时，发现起动机仅仅动作一下，然后就没有反应了。当时由于外边下着大雨，于是就用推车的方法起动发动机后将车开回维修厂。

回厂后拆下该车的发电机检查，发现其电刷已经严重磨损，并且发电机滑环也被磨出很深的凹槽，于是就更换了发电机，而后试车发现，起动发动机时还是一点反应也没有。此时该车车主反映了另一个现象，即过去该车经常出现起动发动机时一点反应也没有的现象，但只要直接从蓄电池正极向起动机供电，就能将发动机起动着，发动机一旦被起动后，就可以用点火开关再起动了，该车曾因此故障到多家修理厂检修过，也更换过起动机，最后都说是防盗系统的故障，但因该故障具有偶然性，最多是一两个星期才出现一次，所以备了一根导线，当出现上述故障时就通过直接短接蓄电池正极和起动机供电端子的方法来起动发动机。

提到防盗系统，该车的起动系统确实是经过发动机控制模块控制的，而这次故障出现前是将蓄电池的电量用尽了；君威轿车的发动机控制模块有记忆功能，当点火开关处于接通状态突然断电时，发动机控制模块会一直记忆点火开关接通时起动机不能运转的情况，解决的方法是直接向起动机供电使发动机起动着机，然后再断开点火开关取下车钥匙，接着再拆下蓄电池接线，以清除发动机控制模块内的记忆。经过上述操作后多次试验，发动机均能正常起动，但最后还是捕捉到了上述故障现象。此时检查发现，起动机电磁开关上无电源供给，熔丝盒内的 11 号起动继电器的端子 85 上无接地信号。查阅该车的电路（图 5-36）得知，起动时，D9 线经过熔丝盒到发动机控制模块提供起动信号，接着发动机控制模块控制熔丝盒内的 11 号起动继电器端子 85 接地。检查发现，拔下该继电器，将点火开关一直拧至起动档，与继电器端子 85 相连的导线上一直有接地信号，但插上该继电器后，只有瞬间有接地信号。此时短接起动继电器两触点，发动机可以起动，但在短接的瞬间，在车内观察的助手发现，仪表板上的车速表、转速表和燃油表等全部显示到极限值，瞬间再恢复正常，而且当天行驶里程计程器也自动归零了。由此说明，当采用短接的方式起动发动机时，仪表的供电电压基本为 0V。怀疑在起动发动机的瞬间，蓄电池的电量不足，不能满足其他系统的供电需要，致使发动机控制系统工作不正常。

测量蓄电池的电压，只有 10V 左右，从蓄电池的各视窗观察，发现颜色发黑，看来蓄电池确实有问题。

(3) 故障排除　更换发电机和蓄电池，故障排除。

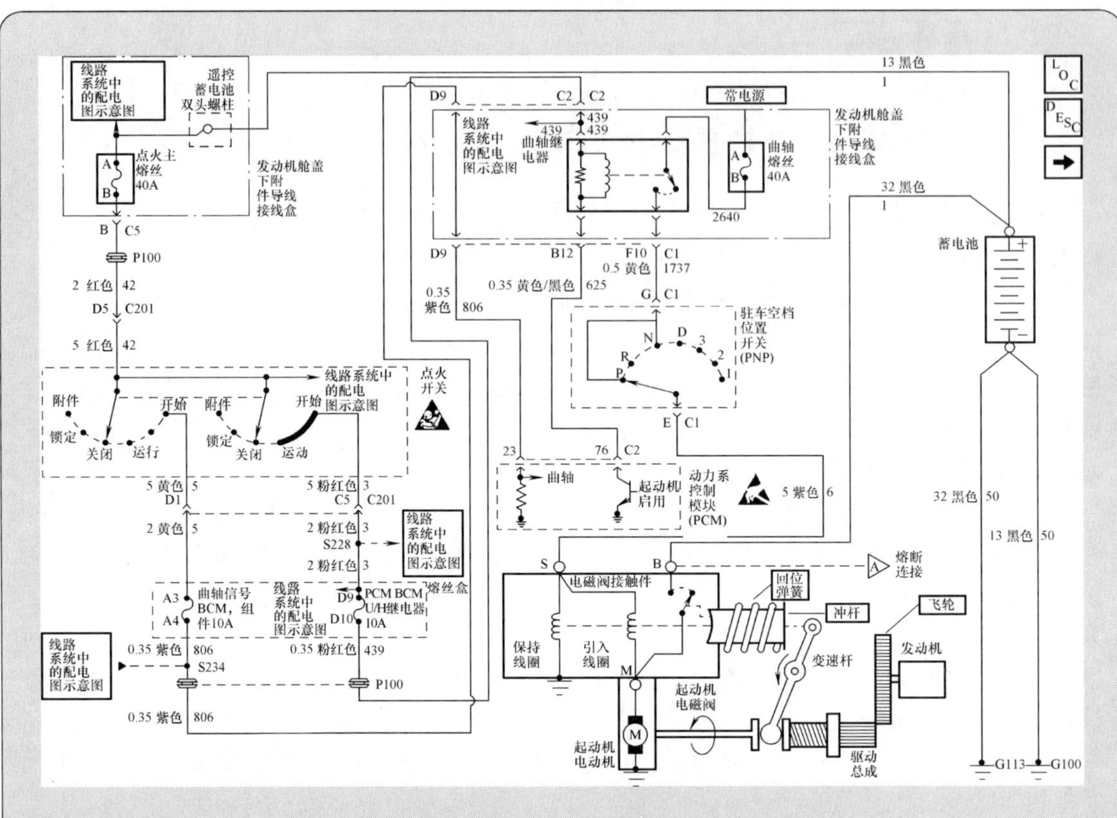

图 5-36　别克君威 2.5GL、3.0GS 起动机控制电路

实际操作

二、别克君威起动系统的故障诊断

别克君威起动系统的起动机电磁线圈卡住，但发动机不起动的故障诊断见表 5-1。

表 5-1　起动机电磁线圈卡住，但发动机不起动

步　骤	操　作	是	否
1	是否执行了起动和充电诊断系统检查？	至步骤 2	诊断系统检查-起动和充电
2	将点火起动开关拨到起动 START 位置 起动机电磁线圈是否卡住？	至步骤 3	至起动机电磁线圈不卡住
3	检查发动机和传动带传动系统是否出现机械卡滞 发动机卡滞或发电机卡滞 发动机能否自由旋转？	至步骤 4	发动机大修
4	测试蓄电池和起动机磁场绕组之间的蓄电池正极电缆是否存在高电阻 是否发现并更正状况？	至步骤 8	至步骤 5

（续）

步　骤	操　作	是	否
5	测试蓄电池和起动机电动机之间的接地电路是否存在高电阻 是否发现并更正状况？	至步骤 8	至步骤 6
6	检查起动机是否存在接触不良 是否发现并更正状况？	至步骤 8	至步骤 7
7	更换起动机 是否完成更换操作？	至步骤 8	—
8	操作出现症状的系统 故障是否已排除？	系统正常	至步骤 2

第五章

基础知识

三、别克君威起动机控制电路

别克君威 2.5GL、3.0GS 起动机控制电路如图 5-36 所示，起动电路的工作情况：当点火开关转为 ON 接通档或者 START 起动档时，蓄电池正极电压作用在曲轴继电器的线圈的一侧。当点火开关转为 START 起动位置，点火开关发出蓄电池正极电压信号给动力系统控制模块（PCM），说明起动信号输入。动力系统控制模块通过从驻车/空档位置（PNP）开关的输入核实自动变速器是否处于驻车（PARK）或者空档位置。动力系统控制模块通过车身控制模块（BCM）核实防盗系统（PASS KEY）是否允许发动机起动。如允许起动机起动，动力系统控制模块使曲轴继电器电路接地，当曲轴继电器接通时，允许给起动机电磁线圈端子 S 供电，起动机开始工作。

在以下情况，PCM 收到起动信号后并不接通起动机：

① 发动机起动 5s 后。

② 起动机连续工作 15s。

③ 防盗口令不正确。

特别提示

别克君威轿车起动系统的工作受曲轴继电器的控制，曲轴继电器的线圈端通过 PCM 内的大功率晶体管进行控制，只有当 PCM 接收到起动机启用信号后，PCM 内的大功率晶体管导通，使起动工作，起动发动机。

你学会了吗?

1. 简述别克君威轿车起动系统的工作过程。
2. 如何进行别克君威轿车起动系统的故障诊断?

第26天　认识减速起动机

学习目标

1. 了解不同类型减速起动机的结构特点。
2. 掌握外啮合式减速起动机的工作过程。
3. 掌握行星轮式减速起动机的工作过程。
4. 掌握减速起动机的拆装及检修。

实际操作

第五章

一、减速起动机的拆装及检修

平行轴式减速起动机的分解过程参考图5-37，行星轮式减速起动机的分解过程参考图5-38。减速起动机的检修与普通型起动机基本相同，不同之处在于减速装置。因此，此处只对不同的部件进行介绍。

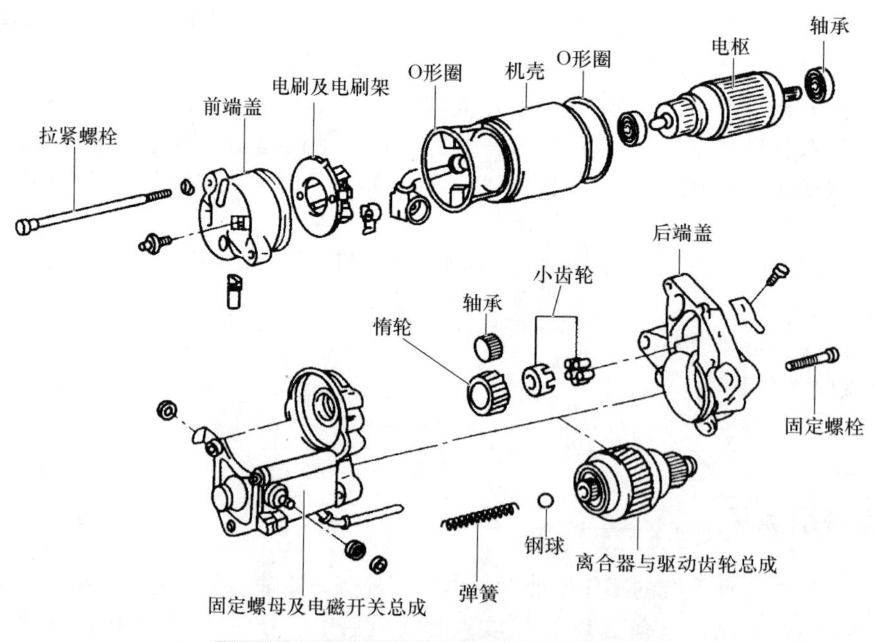

图5-37　丰田车系用外啮合式减速起动机

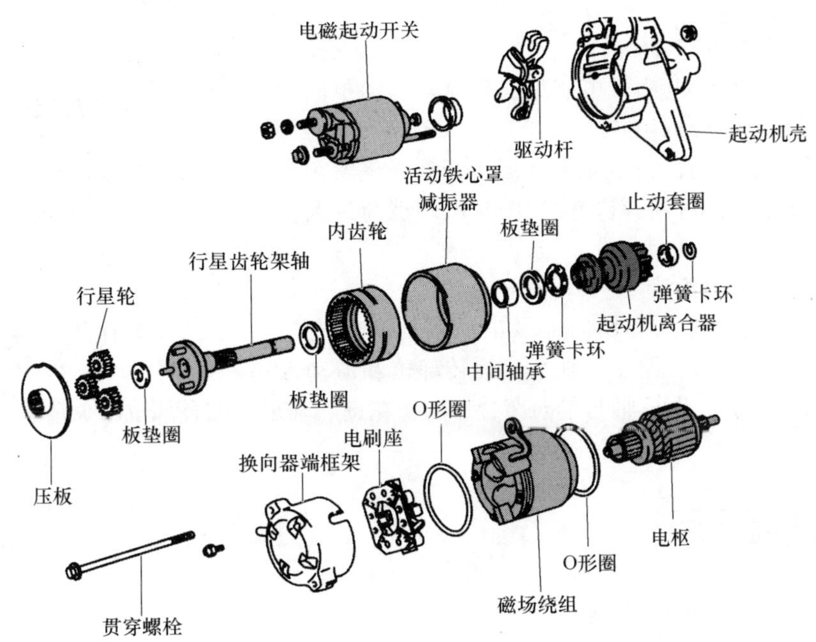

图 5-38 行星轮式减速起动机的结构

1. 平行轴式减速起动机

（1）不解体检查　在检查平行轴式减速起动机的减速装置时，减速装置一端与电枢轴连接，一手握住减速装置壳体，一手转动电枢，当沿顺时针方向或沿逆时针方向转动电枢时，减速装置输出轴应能灵活转动，否则应予以润滑、修理或更换新品。

（2）解体检查　解体检查时，电动机和电磁开关的检查与常规起动机相同。以下只讲解单向离合器、轴承的检查。

① 取下单向离合器总成。

② 检查驱动齿轮、惰轮和总成上的齿轮、飞轮齿圈是否有磨损或损坏。

③ 检查单向离合器，方法如图 5-39 所示。顺时针转动驱动齿轮，应能自由转动；逆时针转动驱动齿轮，应能锁住。

④ 检查轴承时用手转动每个轴承，同时向内推，如图 5-40 所示。若感到阻力很大或轴承卡住，则需要更换，更换方法如图 5-41 所示。**注意：要用专用工具和压具进行安装。**

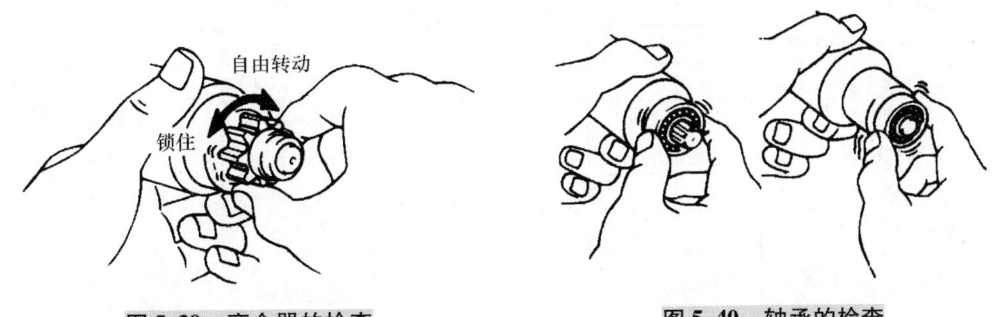

图 5-39 离合器的检查　　图 5-40 轴承的检查

2. 行星轮式减速起动机

电磁开关、电枢、电刷及电刷架、操纵机构和单向离合器的检查与常规起动机相同。

行星轮应自如转动，内齿圈无变形、开裂、烧毁等现象。由于内齿圈采用塑料制造，使用中常出现载荷过大而烧焦卡死现象。

图 5-41　轴承的拆卸

3. 减速起动机的组装

起动机装复时，应注意换向器及电刷表面不得有油污；在组装零件之前，首先在各轴承、旋转部位和滑动部位上涂敷高温润滑脂，电枢轴与单向离合器配合花键、轴承等配合部位涂少量润滑油。

二、减速起动机的特点

减速起动机的结构特点是在电枢和驱动齿轮之间装有一级或多级减速齿轮（一般减速比为3～4）。根据电动机原理可知，若电磁功率不变，当转速增加时，则电动机的电枢直径、电枢铁心长度可相应减小。因此装用减速齿轮后，可采用小型、高速、低转矩的电动机，从而使起动机的重量与体积可减少30%～35%，不仅提高了起动性能，且使蓄电池的负担减轻。缺点是机械零件增加，电动机高速运转，结构及生产工艺均比传统式起动机复杂。

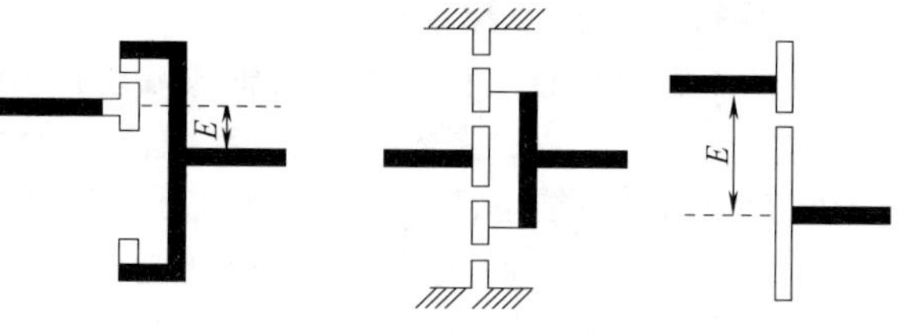

a) 内啮合式　b) 行星轮式(同轴式)　c) 外啮合式

图 5-42　齿轮减速器类型

起动机的减速装置有三种形式，即内啮合式、外啮合式（平行轴式）和行星轮式（同轴式），如图5-42所示。这三种形式的齿轮系统各有优缺点，见表 5-2。

表 5-2　普通起动机与各种减速起动机特点比较

形　式	普　通	外啮合式	内啮合式	行星轮式
齿轮数	0	2 或 3（有中间齿轮）	2	5
电枢轴与输出轴轴间中心距 E	0	大	小	0，外形与普通型类似
减速比 k	1	$1<k<4$	$2.5<k<4$	$k>3.8$，可到 4.5
励磁形式	串励或复励	多为复励	多为复励	串励或复励
换向器和电刷	起动机端部	有的在中部	起动机端部	起动机端部
相对效率比①	1	0.92	0.83	0.95
相对品质比	1	约 1/2	约 1/2	约 2/5
电枢轴承	滑动轴承	滚动轴承	滚动轴承	换向器端滚动轴承驱动齿轮端滚柱轴承或滚动轴承

① 相对效率比：此处仅指在某一特定工况下，减速起动机与普通起动机效率之比。

从表5-2比较来看，行星轮减速器优点更明显，可使起动机的体积更小，所以在轿车上使用较多。捷达轿车采用这种减速器后，使起动机直径由 Φ80mm 减小到 Φ74mm，重量由 3.7kg 减小到不足 3.2kg，功率则由 0.8kW 上升到 1.1kW。

三、外啮合式减速起动机

外啮合式（平行轴式）减速机构在电枢轴和起动机驱动齿轮之间利用惰轮作中间传动，且电磁开关铁心与驱动齿轮同轴心，直接推动驱动齿轮进入啮合，无需拨叉。因此，起动机的外形与普通的起动机有较大的差别。图5-37是丰田车系用外啮合式减速起动机的结构。有些外啮合式减速机构中间不加惰轮，驱动齿轮必须通过拨叉拨动才能进行啮合。外啮合式减速起动机结构如图5-43所示，主要包括电动机、平行轴减速装置、传动机构和控制装置。

1. 电动机

该电动机四个磁场绕组相互并联后再与电枢绕组串联，仍为串励式直流电动机，其基本部件与常规起动机相似，此处不再重复其工作原理。

2. 传动机构及减速装置

传动机构和减速装置的位置关系如图5-43所示。图5-44所示为减速装置中齿轮的啮合关系和传动机构中单向离合器示意图。减速齿轮装置采用平行轴外啮合减速齿轮装置，该装置中设有三个齿轮，即电枢轴齿轮，惰轮（中间齿轮）及减速齿轮。从图中可以看出，与常规起动机相比该减速装置传动比较大，输出力矩也较大。

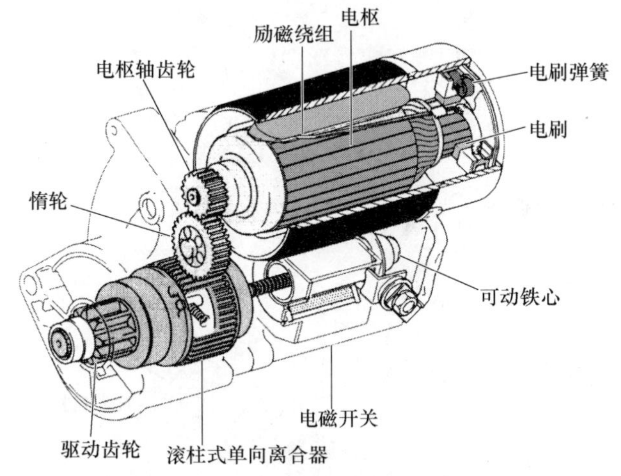

图5-43 外啮合式减速起动机的构造

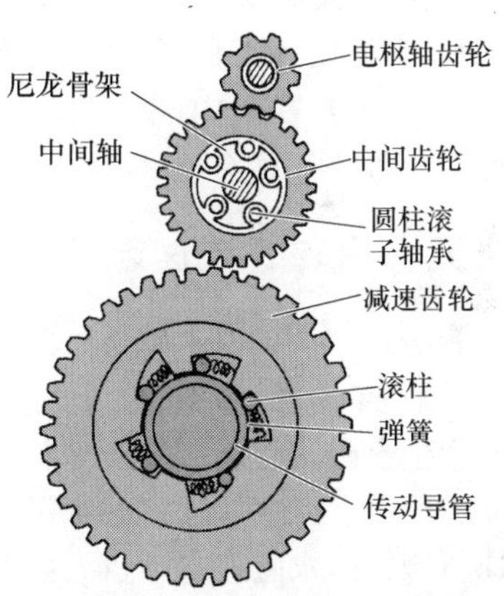

图5-44 减速齿轮啮合关系和单向离合器

四、行星轮式减速起动机

行星轮式减速起动机具有结构紧凑、传动比大、效率高等优点。由于输出轴与电枢轴同心、同旋向，电枢轴无径向载荷，可使整机尺寸减小。此外，由于行星轮啮合式减速起动机的轴向位置结构与普通起动机相同，因此配件可通用。

1. 电动机

行星轮式减速起动机的结构有两类，一类与常规起动机类似，采用磁场绕组产生磁场，此处不再重复。另一类采用永久磁铁代替磁场绕组，减小了起动机的体积，提高了起动性能。

2. 传动机构及减速齿轮装置

该起动机的传动机构采用滚柱式单向离合器，用拨叉拨动驱动齿轮使之移动。其结构与工作过程和传统式起动机类似。行星轮减速装置中设有三个行星轮、一个太阳轮（电枢轴齿轮）及一个固定的内齿圈，其结构如图 5-45 所示。

内齿圈固定不动，行星架是一个具有一定厚度的圆盘，圆盘和驱动齿轮轴制成一体。三个行星轮连同齿轮轴一起压装在圆盘上，行星轮在轴上可以边自转边公转。驱动齿轮轴一端制有螺旋键齿，与离合器传动导管内的螺旋键槽配合。

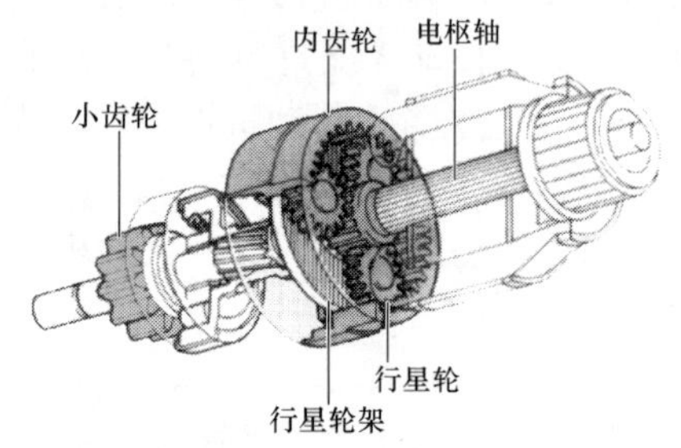

图 5-45　行星轮减速装置结构

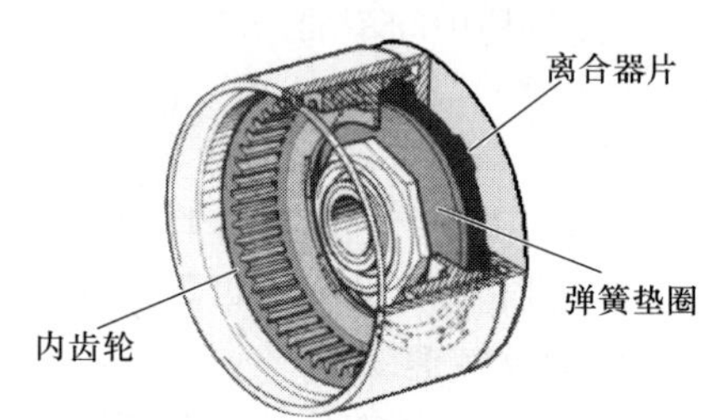

图 5-46　减速装置中内齿圈的结构

如图 5-46 所示，为了防止起动机中过大的转矩对齿轮造成损坏，弹簧垫圈把离合器片压紧在内齿轮上，这样当内齿圈受到的扭力过大时离合器片和弹簧垫圈可以吸收过大的扭力。该起动机的控制装置和内啮合起动机相似，此处不再作分析。

五、永磁式减速起动机

永磁式起动机以永磁材料为磁极，具有质量轻、结构简单等优点。由于永磁式起动机的机械特性较差，所以永磁式起动机必须配有减速机构，即永磁式起动机一般都是永磁式减速起动机。该种起动机一般有 2 ~ 3 对磁极，没有磁场绕组，起动机电流流经换向器和电刷直接到电枢，在其他方面与在磁场绕组的起动机一样。图 5-47 所示为丰田凯美瑞车用永磁式减速起动机分解图。该起动机采用了行星轮式减速机构、滚柱式单向离合器。

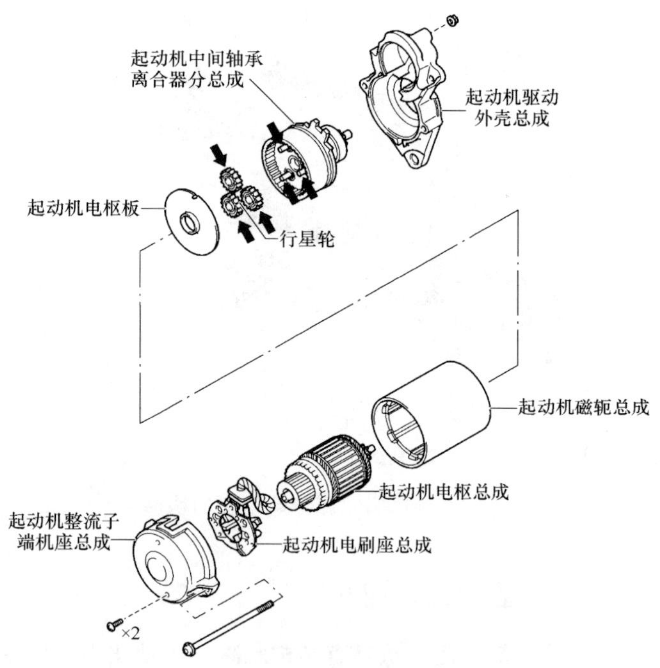

图 5-47　丰田凯美瑞永磁减速起动机分解图

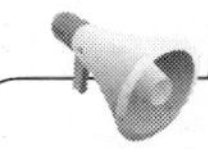

特别提示

减速起动机增加了减速装置，因此可使其体积减小，转速提高。除了减速装置外，其他各方面的情况同普通起动机是一样的。

你学会了吗?

1. 常用减速起动机的类型有哪几种，各有什么样的结构特点?
2. 简述外啮合起动机的工作过程。

第五章

第六章

点火系统如此关键

第27天　认识点火系统部件

学习目标

1. 熟悉通过案例判断点火系统故障的思路。
2. 掌握点火系统各部件的结构及作用原理。
3. 掌握点火系统各部件的检修方法。

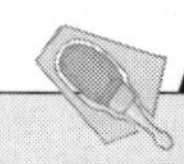

维修案例

第六章

一、案例：宝来轿车行驶无力，发动机抖动

（1）故障现象　一辆豪华型手动变速器宝来 1.8T 轿车，行驶无力，低速时（2 档、3 档）有明显的“发冲”、“后矬”现象，挂高档行驶最高车速仅为 110km/h，在原地空档踩加速踏板，发动机严重抖动。

（2）故障检查与排除　接车后，首先查询发动机故障码。连接 V. A. G1551 故障诊断仪，输入功能 02，结果显示发动机电控系统存在两个故障码，分别为“16684”和“16688”。

```
06A906   0181.8LR4/5VMOTR   HSV01
Codierung      16684      WSC00000
```

```
06A906   0181.8LR4/5VMOTR   HSV01
Codierung   16688      WSC00000
```

从宝来轿车维修手册查得，故障码 16684 为发动机控制系统识别出燃烧中断；故障码 16688 为发动机控制系统识别出某缸燃烧中断，遂根据这条线索查找故障原因。

宝来 1.8T 轿车的发动机为 4 缸多点顺序喷射，各缸独立点火。维修人员猜测可能是某一缸在工作时出现断火，所以发动机电脑识别出燃烧中断并存储了故障码。为了查清是哪一缸断火，再次连接 V. A. G1551 故障诊断仪，利用其功能 08（读取数据流）中的第 15 和第 16 显示组，查询气缸的断火次数总和（规定值为0～5次）。

显示组15中的第1、第2和第3区分别为1缸、2缸和3缸的断火次数（规定值为0）；显示组16中的第1区为4缸的断火次数（规定值也为0）。检测结果，第2缸有多次断火，因此判断是第2缸出现燃烧中断。

造成燃烧中断的原因可能是喷油器的故障，也可能是点火系统的问题。先检查点火系统，发现宝来轿车各缸点火线圈是独立的，并将高压线与点火线圈制成一体，所以不存在高压线故障。由于是新车，因此火花塞和喷油器出现故障的可能性不大，问题可能在点火线圈。

将第2缸的点火线圈与第4缸互换，起动发动机，依然加速无力。再用V. A. G1551进行检查，在怠速状态下，发动机控制单元没有故障码储存，各缸点火中断数据也为0。在低速时挂高档加速，仪器显示第4缸中断次数有100多次，这说明我们最初的判断是正确的，就是第2缸的点火线圈有问题。更换第2缸点火线圈后重新试车，汽车行驶强劲有力，故障现象完全消失。

（3）维修总结　通过对该车的维修使我们明白，现代汽车技术越来越先进，汽车上的电子元器件也越来越多，汽车维修的重点在于利用各种仪器准确地判断故障。如在上述维修过程中，就是完全利用故障诊断仪V·A·G 1551进行数据分析来诊断故障的。因此，维修人员应注重掌握各种先进检测和诊断仪器的使用，并积累一定的汽车专业知识及维修经验，这样修车时就会如虎添翼，既节省时间，维修效率也大幅度提高。

实际操作

二、点火系统主要部件的检测

1. 点火线圈的检测

点火线圈的检测主要包括外部检验、初次级绕组断路/短路/接地检验以及发火强度检验。

（1）外部检验　检查点火线圈的外表，若绝缘盖破裂或外壳破裂，因容易受潮而失去点火能力，应予以更换。

（2）初次级绕组断路、短路、接地检验　用万用表测量点火线圈的初级绕组、次级绕组以及附加电阻的电阻值，应符合技术标准，否则说明有故障，应予以更换。电子点火系统的点火线圈为高能点火线圈，初级绕组的电阻一般较小，检测时可参考维修手册。如桑塔纳轿车点火线圈初级绕组的电阻为0.52～0.76Ω，次级绕组的电阻为2.4～3.5kΩ；奥迪轿车点火线圈初级绕组的电阻为0.6～0.7Ω，次级绕组的电阻为2.5～3.5kΩ。

① 检查初级绕组电阻：用万用表电阻档测量“+”与“-”端子间的电阻，如图6-1所示。

② 检查次级绕组电阻：用万用表电阻档测量“+”与中央高压端子间的电阻，如图6-2所示。

③ 检查附加电阻的电阻：用万用表直接接于附加电阻的两端子上，如图6-3所示。

2. 断电器触点间隙的检测

当断电器凸轮顶开触点最大间隙时，用塞尺测量其间隙应为0.35～0.45mm。

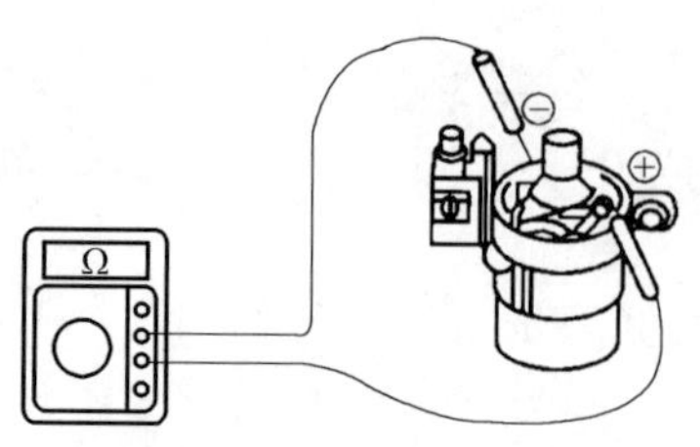

图 6-1　初级绕组的检查

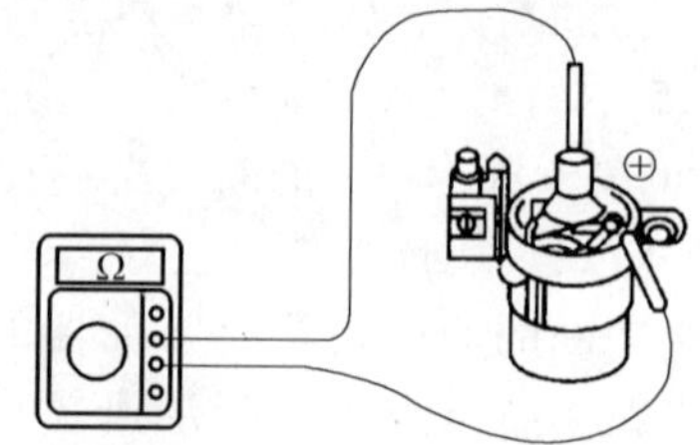

图 6-2　次级绕组的检查

3. 传统点火系统各端子电压的检测

根据图 6-4 所示，用万用表的直流电压档量出在断电器的触点闭合和断开两种状态下各端子间的电压值，并将检测结果记入表中。通过此项检测，可在一定程度上判断传统点火系统初级电路的故障情况。当蓄电池电压为 12.6V 时，各测量点测量结果见表 6-1。

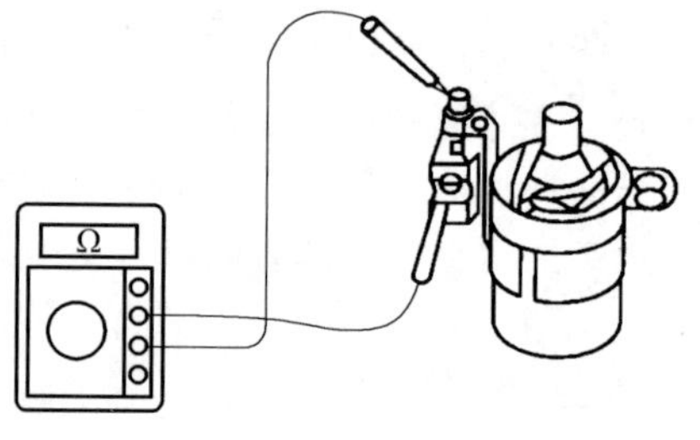

图 6-3　附加电阻的检查

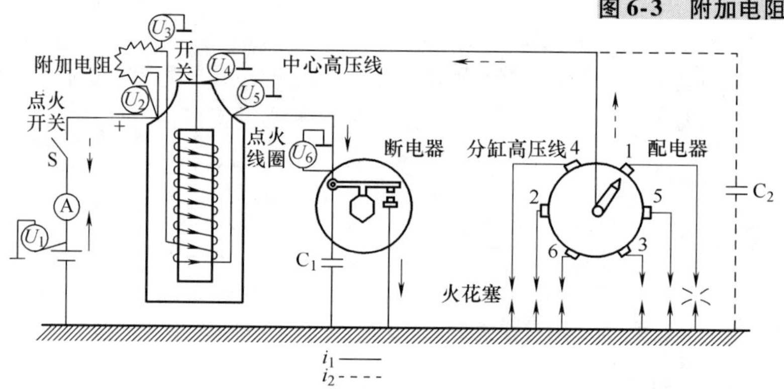

图 6-4　传统点火系统的检测图

表 6-1　传统点火系统各端子检测数据

端子电压/U 触点开闭	U_1	U_2	U_3	U_4	U_5	U_6
触点闭合	12.6	12.6	6.3	6.3	0.2	0.2
触点断开	12.6	12.6	12.6	12.6	12.6	12.6

基础知识

三、点火线圈

点火线圈是将电源的低压电转变为点火所需的高压电的基本元件，点火线圈按铁心结构形式可分为开磁路式和闭磁路式两种形式，常用点火线圈如图 6-5 所示。

图 6-5 常用的点火线圈

1. 开磁路式点火线圈

开磁路点火线圈的基本结构如图 6-6 所示。它主要由铁心、导磁钢套、绕组、胶木盖、瓷杯、外壳等组成。点火线圈的上端装有胶木盖，其中央突出部分为高压接线柱，其他的接线柱为低压接线柱。根据低压接线柱的数目不同，点火线圈有两接线柱式和三接线柱式之分。

为了减少涡流和磁滞损失，铁心 2 由硅钢片叠成，包在硬纸板套内。套上绕有次级绕组 4，它用直径为 0.5 ~ 0.10mm 的漆包线，绕 11000 ~ 26000 匝。绕组绕好后在真空中浸以石蜡和松香的混合物，以增强绝缘。绕组和外壳之间，装有导磁用的钢片，用来加强磁通，当一次电流流过一次绕组时，使铁心磁化。由于磁路上、下部分都是从空气中通过的，铁心未构成闭合磁路，所以称它为开磁路点火线圈。外壳的底部有瓷杯 1，以防高压电击穿二次绕组的绝缘向铁心和外壳放电。为加强绝缘和防止潮气侵入，在外壳内填满沥青或变压器油。

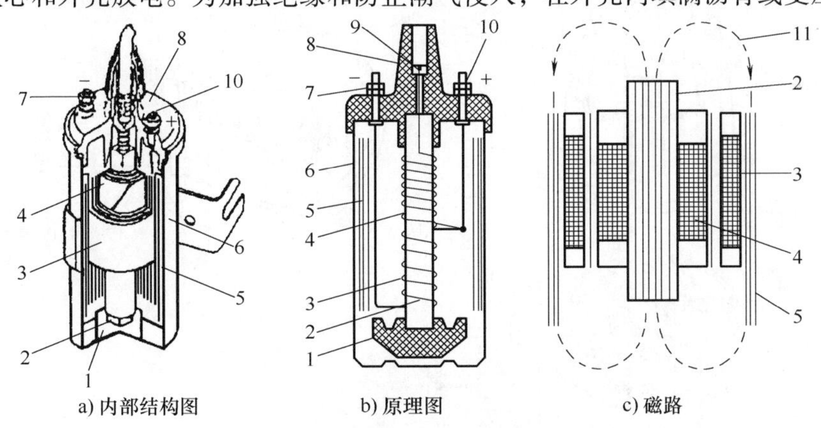

图 6-6 开磁路式点火线圈的结构

1—绝缘瓷杯 2—铁心 3—初级绕组 4—次级绕组 5—导磁钢片 6—外壳 7—“-”（或“1”）端子 8—胶木盖 9—高压插孔 10—“+”（“15”或“开关”）端子 11—磁力线

2. 闭磁路式点火线圈

闭磁路点火线圈的结构如图 6-7 所示。与传统的开磁路点火线圈相比，其铁心不是条形的，而是带有气隙的曰字形状或口字形状，分别如图 6-7b、c 所示。在曰字形铁心内绕有初级绕组，在初级绕组外面绕有次级绕组。由图可见，磁力线由铁心构成闭合磁路（为了减少磁滞现象，常设有一个很微小的间隙），因而漏磁少、能量损失小。

闭磁路点火线圈的优点是漏磁少、磁路的磁阻小，因而能量损失小，能量变换效率高，约为75%（而开磁路点火线圈的能量变换效率只有60%），较高的点火能量增强了点火的可靠性，缺点是结构稍复杂。除此之外，还有体积小，结构紧凑的优点，因此，有的汽车（如丰田和夏利2000型轿车）便将点火线圈设装在分电器内部。

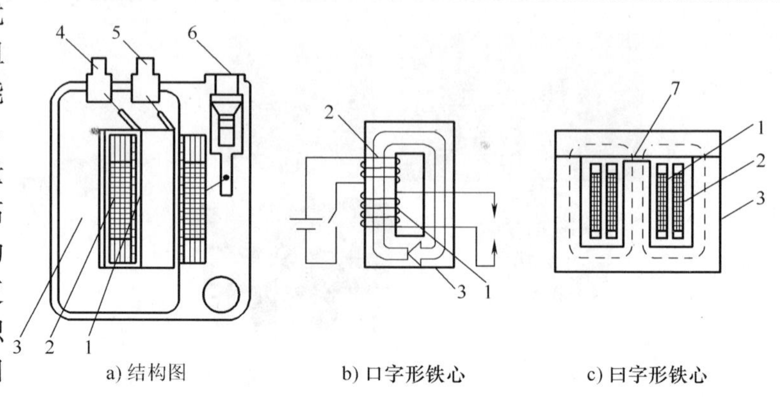

图6-7　闭磁路式点火线圈的结构

1—次级绕组　2—初级绕组　3—铁心　4、5—初级绕组接线端子　6—高压插孔　7—气隙

四、分电器

分电器具有三种功能：一是接通和断开初级线圈的电路；二是将点火线圈生成的高压电，按发动机的点火顺序分配给各个气缸的火花塞；三是根据发动机的转速和负荷自动调节发动机的点火时刻。

分电器形式很多，但其结构大同小异，都是由断电器、配电器、电容器和点火提前调节机构等组成。图6-8所示为东风EQ1090型载货汽车用FD632型分电器的结构。

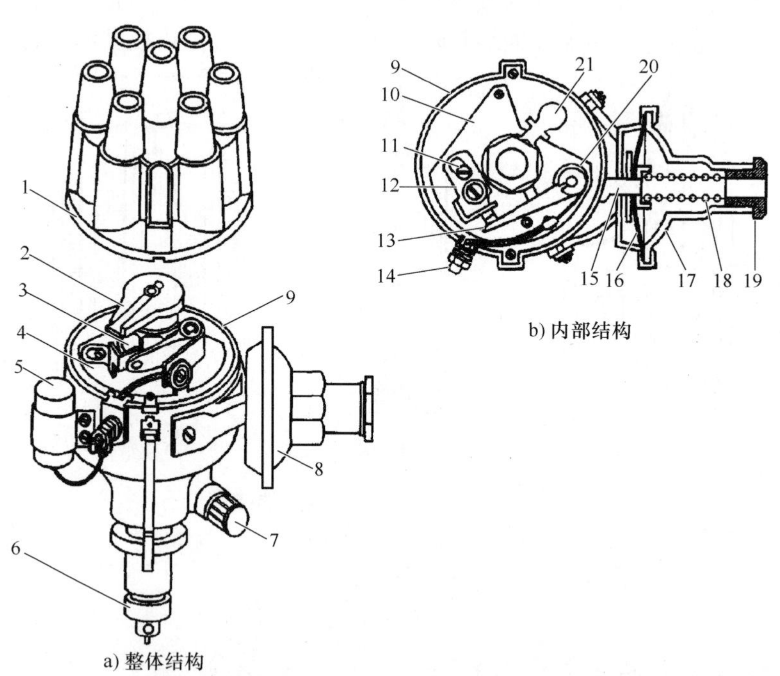

图6-8　FD632型分电器

1—分电器盖　2—分火头　3—断电器凸轮　4—断电器触点　5—电容器　6—联轴节　7—油杯　8—真空提前机构　9—分电器壳体　10—活动底板　11—偏心螺钉　12—静触点支架　13—触点臂　14—接线端子　15—拉杆　16—膜片　17—真空提前机构外壳　18—调节弹簧　19—调节螺母　20—触点臂弹簧片　21—润滑油毡及其夹圈

分电器壳体一般由铸铁或生铝铸造而成。分电器壳体下部与分电器轴之间，压装有青铜衬套。分电器轴安装在机油泵驱动轴的顶端，由配气凸轮轴（顶置气门发动机为中间驱动轴）通过斜齿轮驱动旋转。配气凸轮轴（或中间驱动轴）与分电器轴之间的传动比为1∶1。分电器轴在其壳体的衬套内旋转，并利用油杯中的润滑脂进行润滑。

1. 断电器

断电器位于分电器的中部，由固定触点、活动触点和分电器凸轮组成，其作用是接通与切断低压电路。

分电器凸轮插装在分电器的轴端，分电器轴由配气机构凸轮轴上的齿轮驱动。分电器凸轮的棱数等于发动机的气缸数。凸轮的转速与配气机构凸轮轴的转速相等，是曲轴转速的一半。接通点火开关后，发动机运转时，凸轮转动推动活动触点臂，使白金触点闭合或断开。在触点闭合时初级绕组内有电流流过，并在铁心中形成磁场。触点断开时，初级电流被切断，磁场迅速消失。由于初级电流发生突然的变化，在点火线圈的次级电路中感应生成高压电。高压电在火花塞间隙间放电产生电火花。

2. 配电器

配电器位于分电器上部，由分电器盖、分火头（图6-9）和高压线组成。分火头插装在分电器凸轮的顶端，和凸轮一起转动。分电器盖上有与发动机气缸数相等的侧电极。来自点火线圈的高压线插入分电器盖上的中央电极插孔内，将高压电经炭精触点传给分火头，通过分火头上的导电片，跳过导电片与侧电极之间的气隙，然后按照发动机的点火顺序，分配给和各个气缸相对应的侧电极，插在侧电极接线插孔中的高压线再将高压电送至火花塞。

3. 电容器

电容器有两个作用，一是在触点断开时，减小触点火花，延长触点的使用寿命；二是在触点断开时，使初级电流迅速切断，提高电路和磁通的变化率，从而提高次级电压。

a) 分电器盖

b) 分火头

图6-9 分电器盖与分火头

4. 点火提前调节装置

点火提前调节装置位于分电器下部，由离心提前调节装置和真空提前调节装置组成。

(1) 离心提前调节装置的结构和工作原理 发动机转速高时，在相同的时间内，曲轴转过的角度比发动机转速低时要大。如果混合气的燃烧速率不变，为了使燃烧气体最高压力点出现在上止点后15°，则必须根据发动机的转速调整点火提前角。发动机转速越高，最佳点火提前角越大。当转速继续升高时，由于缸内混合气压力和温度的提高以及扰流的增强，会使燃烧速度加快，点火提前角增加的速度会逐渐减慢。

离心提前调节装置的结构如图6-10所示。离心提前调节装置安装在分电器轴上，分电器轴由发动机凸轮轴驱动。分电器轴上固定着离心调节器托板，两个离心块分别套在托板的两个柱销上，可绕柱销转动。离心块小端与托板之间用弹簧相连。断电器的凸轮和带有长孔的横板制成一体，横板上的长孔套在两个离心块的销钉上。当分电器轴旋转时，离心块上的销钉带动横板，和凸轮一起转动。

第六章

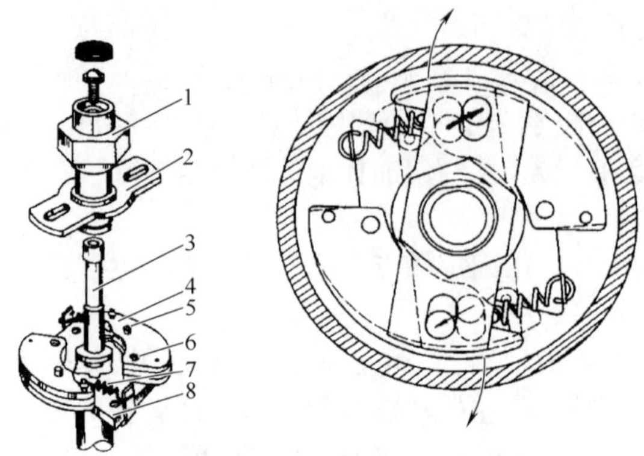

图 6-10　离心提前调节装置

1—凸轮　2—调节器横板　3—分电器轴　4—离心块　5—销钉
6—柱销　7—离心弹簧　8—离心调节器托板

当发动机转速增加时，离心块在离心力的作用下，克服弹簧拉力向外甩出，见图6-10中实线所示的离心块位置。这时，离心块上的销钉推动离心调节器横板，使凸轮顺着分电器轴的旋转方向转动一个角度，使点火提前。两个离心弹簧由不同粗细的钢丝绕成，弹簧的刚度不同，低速范围内只有细弹簧起作用，点火提前角增大得较快；而在高速范围内由于两根弹簧同时工作，因而点火提前角的增大比较平稳。

（2）真空提前调节装置的结构和工作原理　真空提前调节装置的功能是在发动机负荷变化时，自动调节点火提前角。

发动机转速一定，节气门开大，发动机负荷增大，歧管真空度减小，这时吸入气缸的混合气量增多，压缩行程终了时的压力和温度增高，使燃烧速度加快，这样就必须相应地减小点火提前角。发动机转速一定时，节气门关小，负荷变小，歧管真空度增高，充气效率降低，吸入气缸的混合气量减少。由于气缸内残余废气量相对新鲜混合气的比例增大，使着火落后期延长，火焰传播速度也降低，最高燃烧压力、温度均下降，都使燃烧速度变慢。因此，应增大点火提前角。

真空提前机构有两种形式，一种是转动断电器活动底板，另一种是转动分电器外壳。转动断电器活动底板的真空提前调节装置的结构如图 6-11 所示。

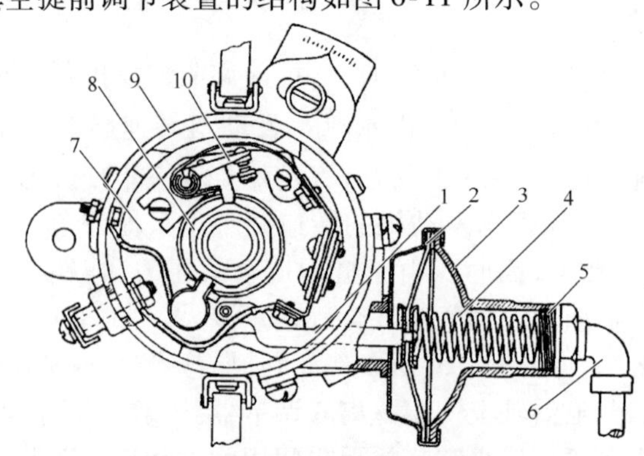

图 6-11　真空提前调节装置

1—拉杆　2—膜片　3—外壳　4—膜片弹簧　5—真空调节器管接头　6—真空连接管
7—断电器活动底板　8—凸轮　9—分电器外壳　10—活动触点

第六章

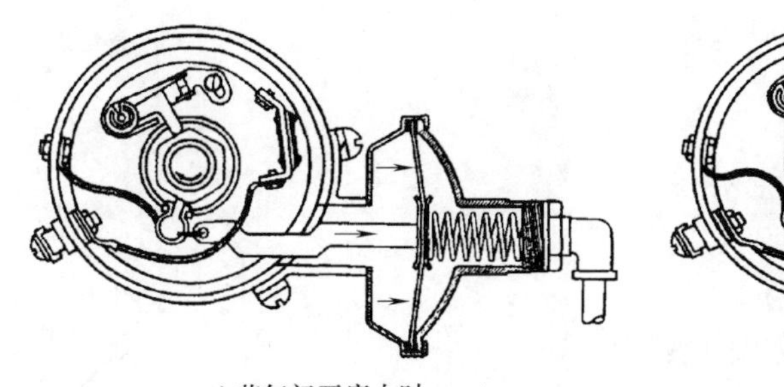

a) 节气门开度小时

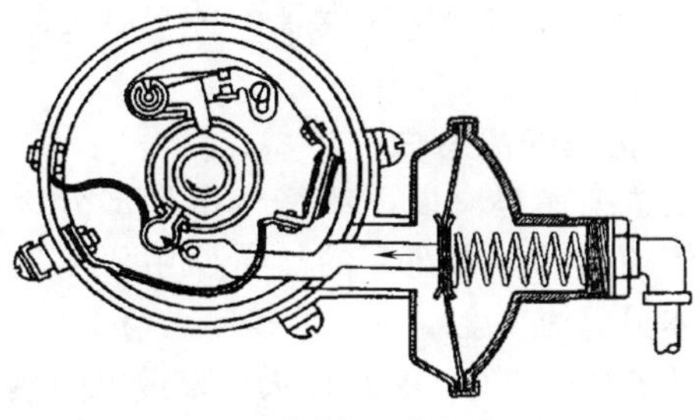

b) 节气门开度大时

图 6-12 真空提前调节装置工作原理图

真空提前调节装置安装在分电器外壳的侧面，其外壳固定在分电器外壳上，其内腔被膜片分隔成两个气室，左气室通大气，右气室即真空室，借助真空连接管，与化油器下体进气管上的一个专设的小孔相连通。该孔在发动机怠速运转时，处于节气门前方。拉杆一端固定于膜片的中央，另一端有孔，套在断电器底板的销钉上。其工作原理如图 6-12 所示。

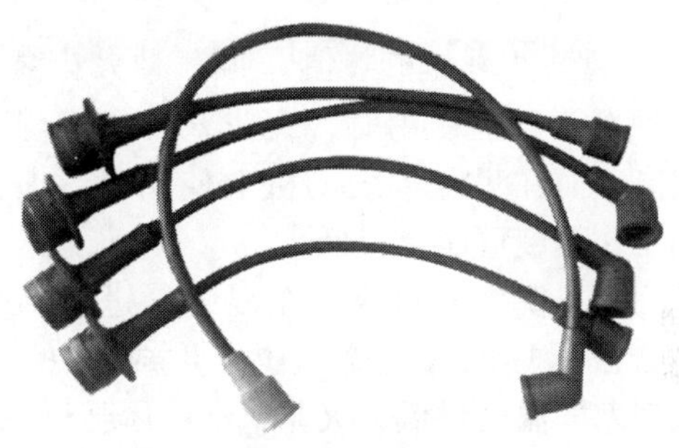

图 6-13 高压线

当发动机小负荷工作时，节气门开度小，节气门后的真空度增大，真空室内的真空度随之增加，吸动膜片向右拱曲压缩弹簧，带动拉杆向右移动，拉杆拉着断电器活动底板和触点逆着凸轮轴的旋转方向转动一个角度，如图 6-12a 所示，使点火提前角增大。

当发动机全负荷工作时，节气门全开，小通气孔处的真空度很小，膜片在弹簧作用下向左拱曲，在拉杆推动下断电器活动底板顺着凸轮轴的旋转方向转动一个角度，如图 6-12b 所示，使点火提前角减小。

当发动机怠速运转时，节气门接近全闭，此时通气小孔的位置已处在节气门前方，该处的真空度几乎为零，真空提前调节装置已不起作用。

5. 高压线

高压线用来将点火线圈的高压电送至分电器盖的中央插孔，再从分电器盖的旁电极插孔传至火花塞，如图 6-13 所示。现在使用的高压线，大多采用电阻型的高压线，以抑制点火系统所产生的无线电干扰。电阻型高压线的中心部分是注入石墨的细金属丝网线芯，线芯周围是绝缘层及外皮。

五、火花塞

火花塞的功能是将点火线圈次级产生的高压电，在火花塞电极间形成电火花，点燃气缸内被压缩的混合气。

1. 火花塞的结构

火花塞的结构如图 6-14 所示。在钢制壳体的内部固定有高氧化铝陶瓷绝缘体，使中心电极与侧电极之间保持足够的绝缘强度。绝缘体内的上部装有导电金属杆，通过接线螺母与高压导线相连，下部装有中心电极。导电金属杆与中心电极之间用导电玻璃密封。中心电极用镍锰合金制成，具有良好的耐高温、耐腐蚀和导电性能。壳体下部的螺纹与气缸盖螺纹接合端面 A 处配有密封垫圈，保证壳体与缸盖之间密封良好。

2. 火花塞的热特性

火花塞纯铜垫圈以下绝缘体锥形部分称为绝缘体的裙部。火花塞的热特性主要取决于绝缘体裙部的长度。

发动机在运转时，必须使火花塞散出的热量与火花塞从燃烧室中吸收的热量相平衡，这样才能保证发动机在正常转速和输出功率范围内运转稳定。

a) 火花塞实物

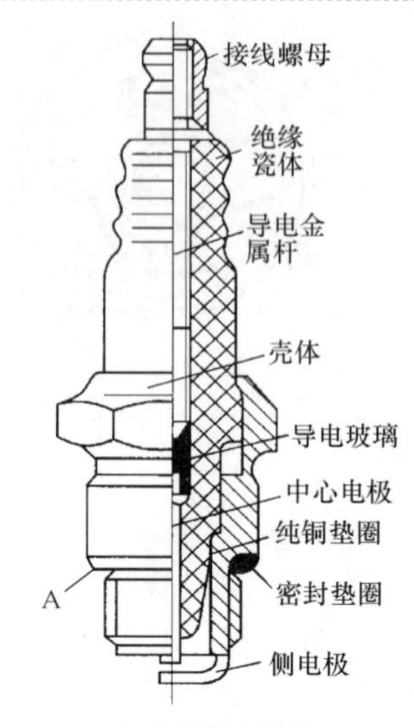

b) 火花塞的结构

图 6-14 火花塞

（1）火花塞的热值 同一种火花塞，在一种发动机上使用时，火花塞工作温度可能很高，而在另一种发动机上使用时，火花塞的工作温度可能会很低。

火花塞温度过高，在混合气进入燃烧室时会被灼热的火花塞点燃，形成炽热点火。火花塞的温度过低，火花塞绝缘体会很快地被燃烧产生的沉积物所污染，使绝缘体裙部表面的绝缘电阻降低，减弱了点火火花的能量，严重时会出现缺火现象。实践证明，当火花塞绝缘体裙部的温度保持在 500～600℃ 时，落在绝缘体上的油滴能立即烧去，不形成积炭，这个温度称为火花塞的自洁温度。因而，同一种火花塞不可能适用于各种类型的发动机。为了保证火花塞在工作时的温度不会太“热”或太“冷”，要使用热特性不同的火花塞。火花塞的热特性通常用热值来表示。火花塞的热值是衡量火花塞热负荷能力的指标，它必须和发动机的性能相匹配。

火花塞的热值一般可分为高热值、中热值和低热值三种。低热值的火花塞，绝缘体裙部长，吸收热量的面积大，散热能力差，如图 6-15a 所示；中热值的火花塞，绝缘体暴露的面积比高热值的面积小，吸收的热量少，散热性能较好，如图 6-15b 所示；高热值的火花塞，绝缘体裙部暴露的面积最小，吸收的热量少，热的传导路径短，散热的性能好，如图 6-15c 所示。

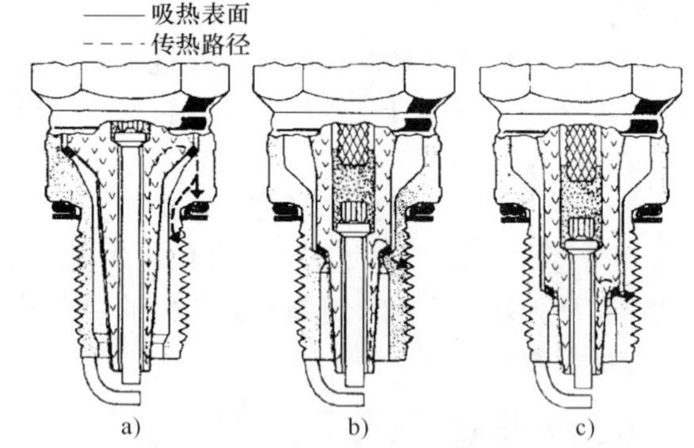

图 6-15 不同热值的火花塞

（2）火花塞热值的选择 发动机的压缩比、冷却方法、转速和负荷等参数不同，发动机气缸中的热状况也不同。低压缩比、低转速的发动机采用裙部长、吸收热量多、传热路径长、散热慢的火花塞。这种裙部长的火花塞称为热型低热值火花塞。高压缩比、高转速的发动机，为了避免火花塞温度过热，采用裙部短、受热面积小、传热路径短、散热容易的火花塞。这种火花塞称为冷型高热值火花塞。热值选择正确的火花塞经过一段时间使用后，裙部表面应是清洁的，呈浅橘黄色。

（3）热值的标注方法 国产火花塞热值的标注是在火花塞型号的第四部分表示。例如：T4197J：T表示火花塞的绝缘体是突出形，4表示火花塞的螺纹直径是14mm，19表示螺纹长度是19mm，7表示热值为7的冷型火花塞，J表示是钢壳六角形。热型火花塞的热值低，冷型火花塞的热值高，介于两者之间的为中热值。表6-2为火花塞的热特性参数。

表6-2　火花塞的热特性参数

热值代号	3	4	5	6	7	8	9
裙部长度/mm	15.5	13.5	11.5	9.5	7.5	5.5	3.5
热特性	热型		中型		冷型		

(4) 火花塞的间隙　火花塞间隙的大小，也会影响发动机的性能。蓄电池点火系统使用的火花塞间隙一般为0.6～0.8mm。在高能无触点点火系统中，火花塞的间隙一般为1.0～1.2mm。

特别提示

传统点火系统各部件的结构是我们学习其他类型点火系统的基础，虽然目前其他类型的点火系统已取消分电器，点火线圈和点火器都集成在一起安装在火花塞上，但点火系统的工作原理是一样的。传统点火系统各部件的结构是我们学习其他类型点火系统的基础。

你学会了吗？

1. 常见点火线圈有几种类型，其结构各是怎样的？
2. 分电器一般由几部分组成？各部分的结构和作用是怎样的？
3. 什么是火花塞的热特性？如何针对不同的发动机选择合适的火花塞？
4. 如何检测点火系统各部件？

第28天　认识磁感应式电子点火系统

学习目标

1. 掌握磁感应式点火信号发生器的工作原理。
2. 掌握磁感应式点火电子组件的控制原理。
3. 掌握磁感应式电子点火系统各部件的检测方法。

实际操作

一、磁感应式电子点火系统的检测

1. 磁感应信号发生器的检测

① 检查信号发生器的间隙，信号转子与传感线圈铁心之间的间隙一般为0.2～0.4mm。如果不符合标准值，应进行调整。

② 用万用表测量信号发生器感应线圈的电阻，应符合标准值。

2. 电磁感应式点火控制器的检测

① 如图 6-16 所示，用一只 1.5V 的干电池代替信号发生器，接到点火控制器信号输入端子上。

② 正接时，点火线圈的初级绕组导通，用万用表测量点火线圈的“ - ”接线柱与接地之间的电压，应为 1 ~2V，如图 6-16a 所示。

③ 将电池的极性颠倒后，再进行测量，其值应为 12V，如图 6-16b 所示。若与上述不符，说明点火控制器有故障，应更换。

3. 分火头的检测

(1) 外观检查　观察分火头的外观，分火头应无裂痕、烧蚀或击穿等现象，否则应更换新件。

(2) 漏电检查　将分火头倒放在缸体或缸盖上，用跳火正常的分缸高压线将高压电引到分火头上，如果分缸高压线有明显跳火现象，说明分火头已漏电，应更换新件。

(3) 电阻的测量　用万用表测量分火头顶部的电阻，如图 6-17 所示，正常值应为(1 ±0.4) kΩ。

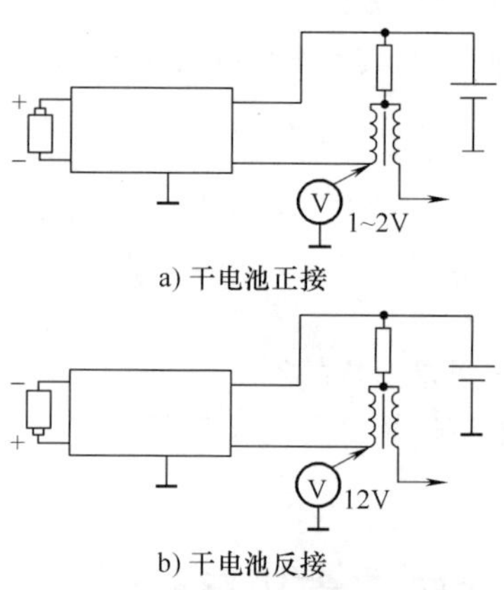

图 6-16　电磁感应式点火信号发生器的检测

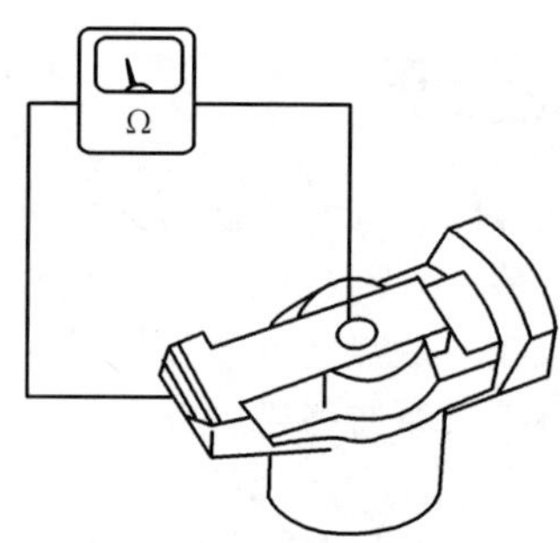

图 6-17　分火头电阻的测量

4. 高压导线的检查

(1) 高压线电阻的检查　高压线电阻的检查如图 6-18 所示，中央高压线电阻标准值一般均不相同，如桑塔纳轿车的中央高压线电阻标准值不大于 2.8kΩ，奥迪轿车中央高压线电阻标准值不大于 2kΩ；分缸高压线电阻标准值一般也不相同，如桑塔纳轿车分缸高压线电阻标准值不大于 7.4kΩ，奥迪轿车分缸高压线电阻标准值不大于 6kΩ。

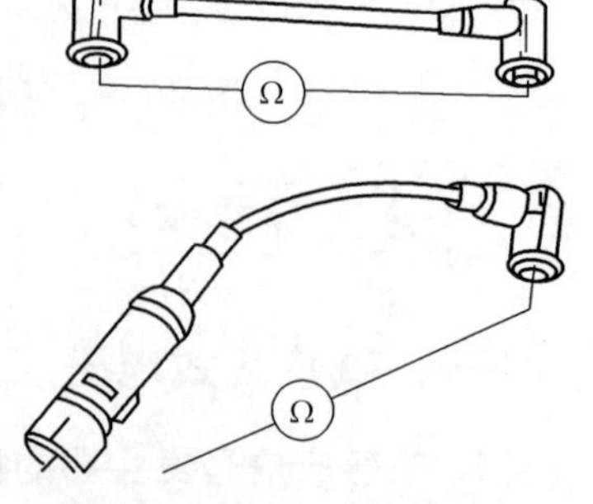

图 6-18　高压线电阻的检查

(2) 火花塞插头电阻的检查　如图 6-19 所示，用万用表测量火花塞插头的电阻值，一般为（1 ±0.4）kΩ（无屏蔽）和（5 ±1.0）kΩ（有屏蔽）。

(3) 防干扰接头电阻的检查　如图 6-20 所示，用万用表测量防干扰接头的电阻值，一般为（1 ±0.4）kΩ。

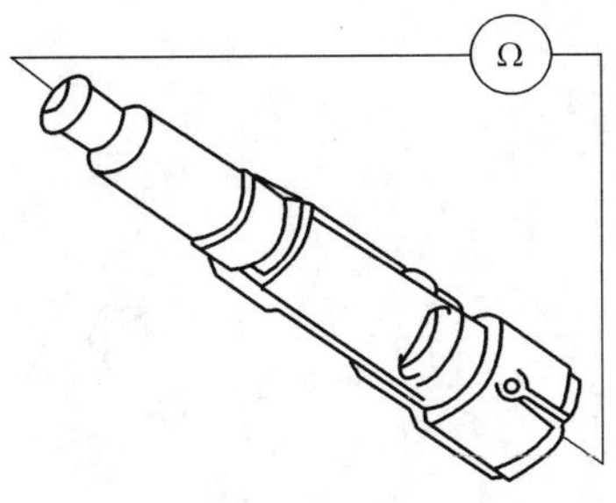

图 6-19　火花塞插头电阻的检查

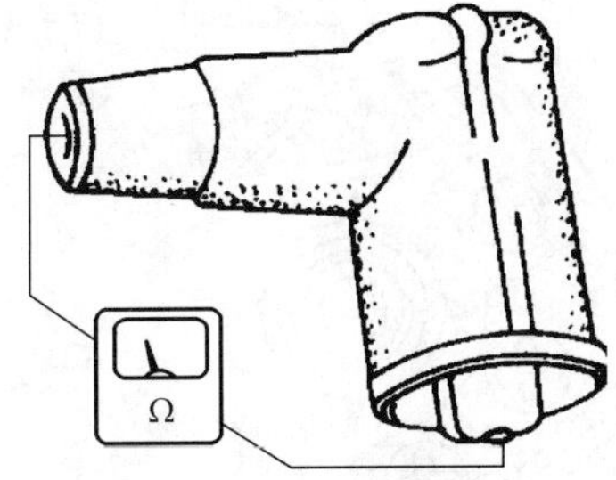

图 6-20　防干扰接头电阻的检查

基础知识

磁感应式电子点火装置也称磁脉冲式电子点火装置，其点火信号发生器是采用电磁感应的原理制成的，故因此而得名。以丰田 20R 型发动机用磁感应式电子点火装置为例介绍，它的基本组成和工作原理如图 6-21 所示，由点火信号发生器 1、点火电子组件 2、分电器 3、专用点火线圈 5 以及火花塞 4 等组成。

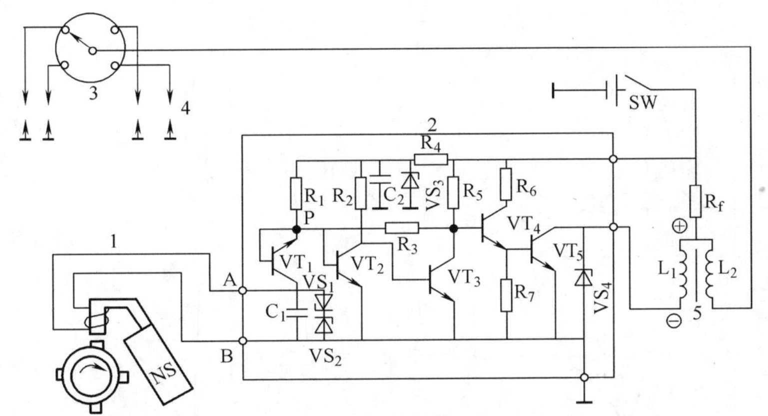

图 6-21　丰田 20R 型发动机用磁感应式电子点火装置电路

1—磁感应式点火信号发生器　2—点火电子组件　3—分电器　4—火花塞　5—点火线圈

二、磁感应式点火信号发生器的工作原理

点火信号发生器装在分电器内，它由分电器轴带动的信号转子、永久磁铁、铁心和绕在铁心上的信号线圈组成，结构如图 6-22a 所示。信号转子上的凸齿与发动机气缸数相同。

工作原理：永久磁铁的磁通从 N 极经信号转子→铁心→S 极。点火开关闭合后，当发动机未转动时，信号转子不动，无信号输出。但当发动机在起动机驱动下转动时，信号转子便由分电器轴带动旋转，这时信号转子的凸齿与铁心间的空气隙将发生变化，使通过传感线圈的磁通量发生变化，因而在传感线圈内便产生交变电动势。

在图 6-22b 所示的位置时，由于信号转子的凸齿逐渐向铁心靠近，凸齿与铁心间的空气隙越来越小，通过传感线圈的磁通逐渐增多，于是在线圈内便产生一感应电动势（其方向是阻碍磁通的增加，大小与磁通的变化速率成正比）。当信号转子转到铁心位于信号转子两个

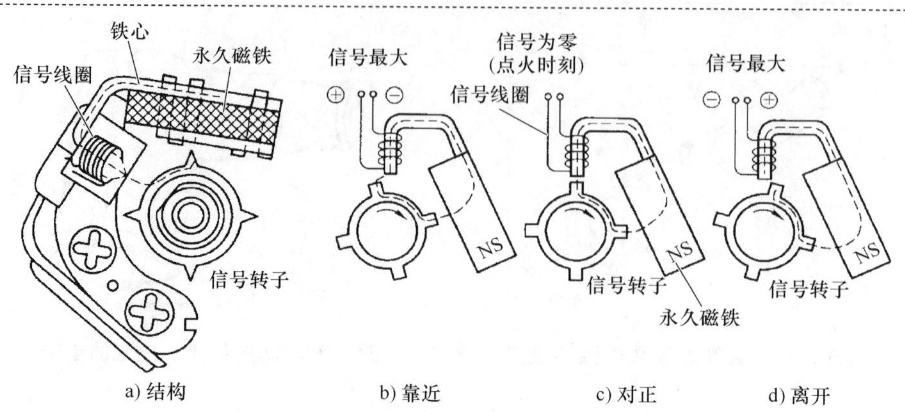

图 6-22 磁感应式点火信号发生器的工作原理

凸齿之间的某一位置 I 时，磁通变化速率最大，其感应电动势最高（图6-23）。过该点后，磁通量变化速率降低，感应电动势下降，根据楞次定律可知，这时感应电动势的方向：A 端为“＋”、B 端为“－”。

在图 6-22c 所示的位置时，转子凸齿和铁心中心线正好在一条直线上，这时凸齿与铁心间的空气隙最小，通过线圈的磁通量最大，但磁通的变化量为零，因而传感线圈中的感应电动势也为零（图 6-23）。

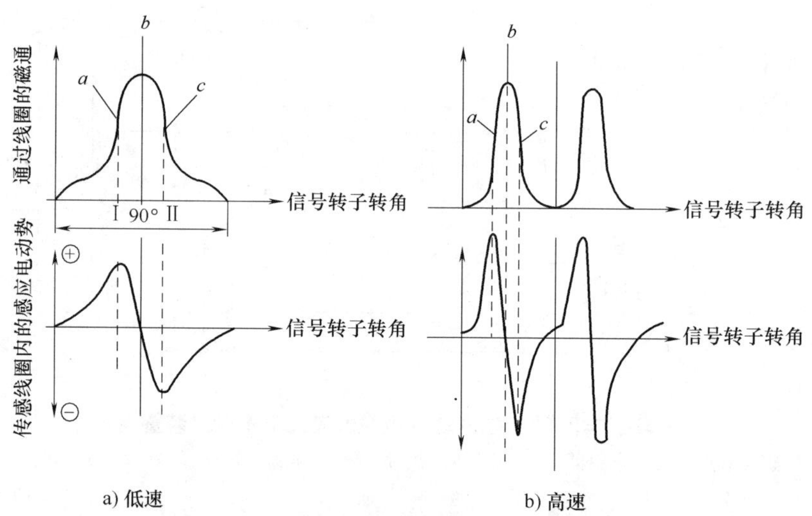

图 6-23 不同转速时传感线圈内磁通及感应电动势的变化情况

当转子从图 6-22c 位置转向图 6-22d 位置时，转子凸齿逐渐离开铁心，凸齿与铁心间的空气隙越来越大，磁通量越来越少。当转到铁心位于信号转子两个凸齿之间的某一位置 II 时，磁通减少的速率最大，线圈的感应电动势最高。此后磁通减少的速度慢，感应电动势下降，根据楞次定律，这时感应电动势的方向：A 端为“－”、B 端为“＋”。

可见在信号转子转动时，线圈内感应电动势的方向即发生交替变化，因而线圈两端输出的是交变信号，且信号转子每转一周产生四个交变信号。该交变信号输入给点火电子组件即可控制点火系统。

不同转速时，传感线圈内磁通的变化以及传感线圈内感应电动势的变化情况如图6-23所示。

三、点火电子组件的工作原理

点火器通常都是组装在一个小盒内，其基本电路如图 6-21 所示。它由点火信号检出电路（晶体管 VT_2）、开关放大电路（晶体管 VT_3、VT_4）和大功率晶体管 VT_5 等三部分组成。

VT_1 主要起温度补偿作用，其发射极与基极相接，故相当于一个二极管。由于它是 NPN 型晶体管，所以只有当 P 点电位高于 A 点的电位时才导通。

VT_3、VT_4 的作用是将 VT_2 的输出放大，以驱动功率管 VT_5，其工作原理如下：

VT_2 为触发管，当它导通时，其集电极的电位降低，使 VT_3 截止。VT_3 截止时，蓄电池通过 R_5 向 VT_4 提供偏流，使 VT_4 导通。VT_4 导通时 R_7 上的电压降又加在 VT_5 的发射结上，使 VT_5 导通，这样电流便从蓄电池正极经点火开关→附加电阻 R_f→点火线圈初级绕组 L_1→VT_5→接地，回到蓄电池负极。此时初级绕组有电流通过。

当 VT_2 截止时，蓄电池通过 R_2 向 VT_3 提供偏流，使 VT_3 导通。VT_3 导通则 VT_4 截止，VT_5 也截止，于是点火线圈的初级电流被切断，次级绕组产生高压，火花塞跳火。可见 VT_3 和 VT_4 组成的开关放大电路的作用是放大 VT_2 检出的点火信号，借以控制 VT_5 的导通与截止。当 VT_2 导通时 VT_5 也导通，初级电路接通；当 VT_2 截止时，VT_5 也截止，初级电路被切断。

VT_2 的导通与截止则由点火信号发生器所输出的交变信号电压来控制。点火信号发生器输出电压与 VT_2、VT_5 的输出信号之间的关系如图 6-24 所示。

当点火信号发生器的输出电压与 U_P 叠加后，高于 VT_2 的开启电压 U_{BE} 时，则 VT_2 导通、VT_5 也随之导通，点火线圈初级绕组中有电流流过；反之，当点火信号发生器输出电压与 U_P 叠加后低于 VT_2 的开启电压 U_{BE} 时，则 VT_2 截止、VT_5 也随之截止，点火线圈初级绕组中的电流被切断，点火线圈次级绕组产生高压，再由分电器分配至各缸火花塞进行点火。

稳压管 VS_1 和 VS_2 反向串联，并与点火信号发生器的传感线圈并联，其作用是“削平”高速时传感线圈产生的大信号波峰，保护 VT_1 和 VT_2 不受损害。稳压管 VS_3 的作用是稳定 VT_1 和 VT_2 的电源电压，稳压管 VS_4 的作用是保护 VT_5。

C_1 的作用是消除点火信号发生器传感线圈输出电压波形上的毛刺，防止误点火。C_2 的作用是使电源电压更平滑，同样是为了防止误点火。

电阻 R_3 是正反馈电阻，可加速 VT_2（VT_5）翻转。

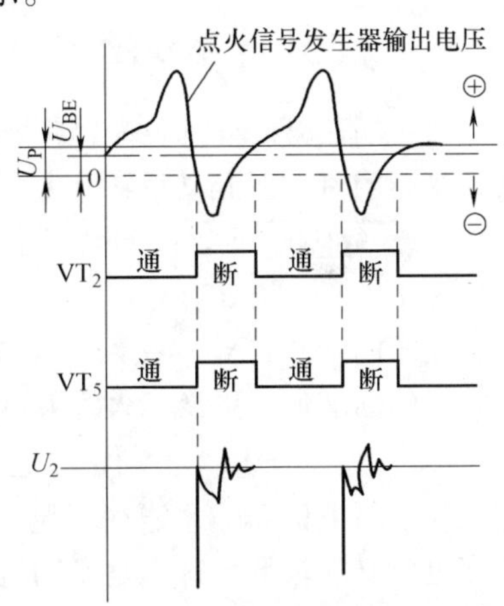

图 6-24 点火信号发生器输出电压与 VT_2、VT_5 输出信号的关系

U_P—P 点直流电位 U_{BE}—VT_2 的开启电压 0—接地电位 U_2—次级电压

第六章

特别提示

磁感应式电子点火系统的特征是点火信号发生器采用电磁感应式，它是一个无源信号，只要在感应线圈中有磁通量的持续变化，就会在感应线圈中产生电动势，并且感应电动势的大小随着磁通量变化率的增大而增大。这种信号的缺点是低速信号过弱，可能会使点火模块感应不到，高速时信号过强，可能会使点火模块误动作。

你学会了吗?

1. 磁感应式点火信号发生器的结构和工作原理是怎样的?
2. 磁感应式点火电子组件是怎样工作的?
3. 如何对磁感应式电子点火系统各部件进行检测?

第29天　认识霍尔式点火系统

学习目标

1. 了解霍尔式点火信号发生器结构及工作原理。
2. 掌握点火电子组件的结构及功能。
3. 掌握霍尔式电子点火系统部件的检测过程。

维修案例

一、案例1：桑塔纳轿车冷起动困难

(1) 故障现象　一辆上海桑塔纳普通型轿车，装用JV型发动机，随着天气变冷，冷起动越来越困难，但起动运转升温后，发动机工作正常。

(2) 故障诊断　拔下高压分缸线距气缸体5~7mm试火，火花较弱，呈红黄色。而正常情况下试火，火花强烈，呈蓝色。根据经验，故障大多发生在点火线圈上，用万用表检测点火线圈的初级绕组、次级绕组的电阻值，发现次级绕组的电阻值达8kΩ，远大于2.4~3.5kΩ的标准值。更换点火线圈试车，故障排除。

(3) 故障分析　发动机冷起动时混合气浓，气缸内温度低，要求有较高的高压电来击穿火花塞的电极间隙才能顺利起动。而发动机升温后，混合气也由浓变稀，对火花塞电极的击穿电压要求较低。这就是发动机冷起动难，但发动机升温后工作正常的根本原因。

二、案例2：奥迪轿车发动机不能起动

(1) 故障现象　奥迪轿车发动机不能起动。

(2) 故障诊断与排除　当发动机因点火系统故障不能起动时，故障可能出在低压电路，也可能出在高压电路，可采用高压导线对机体试火的方法进行诊断。具体诊断步骤：打开点火开关，观察交流发电机充电指示灯及其他警告灯，灯亮。关闭点火开关，从分电器盖上拔下中央高压线，使其端部距缸体5~7mm，然后接通点火开关，起动发动机，中央高压线端无火花，说明点火系统有故障。检查各连接导线及线束插头，均正常。

将万用表置于直流电压档，红表笔接点火线圈“－”(绿色)接线柱，黑表笔接地。接通点火开关，起动发动机，表针始终指向12V左右不动，即初级电路不能正常通断，说明霍尔信号发生器或点火控制器可能有故障。

为进一步判别出故障部位，在实际工作中常用旁路信号发生器法进行检查。其方法是断开点火开关，拔下分电器盖上的中央高压线，使其端部距缸体5～7mm。拔出分电器信号发生器线束插接器与点火控制器相连的插头，用一跨接线，一端接在信号线插头上，另一端断续瞬间接地，如图6-25所示。接通点火开关，中央高压线跳火，说明故障可能在霍尔传感器。进一步确定：先断开点火开关，将中央高压线从分电器接线柱上拔下，并将其接地。从点火控制器上拔下绝缘套，撬开接头，将万用表红表笔接触点6（绿/白色线），黑表笔接触点3（棕/白色线），打开点火开关，按发动机旋转方向转动发动机曲轴，万用表读数始终指向6V不变，说明霍尔传感器有故障。换上一个新的霍尔传感器，发动机工作正常，故障排除。

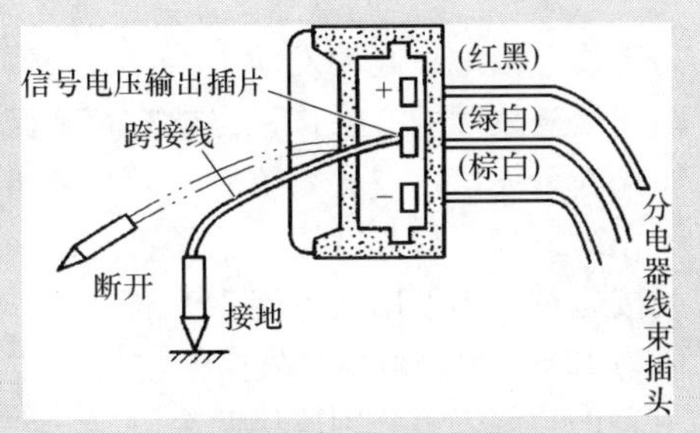

图6-25 旁路霍尔式传感器的方法

实际操作

三、霍尔式点火系统不着车故障检测

排除霍尔式点火系统故障，就要熟悉和了解霍尔点火系统的构造、工作原理和电路走向。霍尔点火系统由三个部分组成，一是信号发生器，二是点火模块，三是点火线圈及点火开关和电源。电路连接方法如图6-26所示。

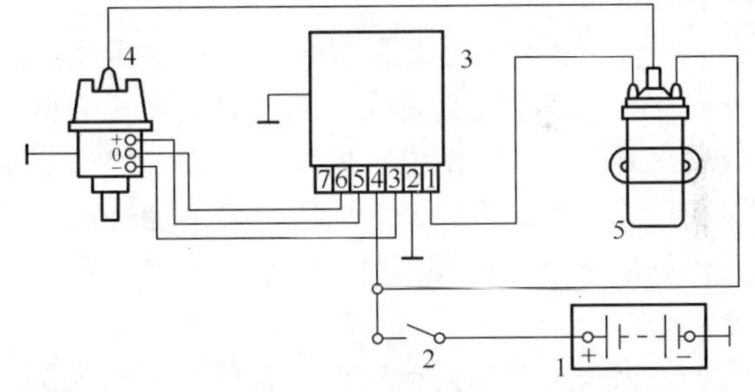

图6-26 霍尔式无触点电子点火系统的电路原理

1—蓄电池 2—点火开关 3—点火模块 4—分电器 5—点火线圈

1. 电路结构

从图6-26中可以看出，点火模块端子1为点火线圈“－”极，在车上为绿色线；端子2为接地端，在车上为棕色线（**注意：凡是德国大众公司出品的车辆，接地线均为棕色**）；端子3为信号接地，在车上为棕白双色线；端子4为点火模块“＋”极，在车上为黑色线（**注意：凡是大众公司出品的车辆，黑色线均为电源正极，这两点与众不同，在检修中要牢记**）；端子5为信号电源，在车上为黑红双色线；端子6为信号端，在车上为绿白双色线；端子7为空。

分电盘上有3个接线端和3根导线，中间一根为绿白双色线与点火模块端子6相接，为信号源。一根为棕白双色线，是信号发生器的接地线，与点火模块端子3相接，另一根为黑红双色线，是信号发生器的电源线，与点火模块端子5相接。总之，两色线均为信号线，单色线均为电源线。

2. 发动机不着车时故障检测

当汽车发生故障起动不着时，应如何检查呢？首先要确定是否是点火线路故障，可以用传统的跳火方法来判断。基本操作：拔下分电器盖上的中央高压线，再拆下一只火花塞接在高压线上接地；起动发动机，点火查看有无高压火（**注意：霍尔点火系统是严禁用高压线直接跳火检查故障的，操作不当就有可能因中央高压线接地而造成反向电动势，击穿点火模块**），如检查无火认定点火系统故障后，就可开始排除故障了。

第一步：检查低压电路是否有故障，可用万用表来测量。以指针式仪表为例，在点火开关接通时，用万用表直流25V档，测量点火线圈“+”极电压和点火模块端子4电压，正常值为12V。再测量信号发生器电源，拔下分电盘上的连接线，在线束端面有三个触点，用万用表正、负表笔分别连接两个触点，左右两端测得电压正常值为10.5V。再测量点火模块端子5与端子2之间的电压，正常值为10.5V，如无此电压，点火模块可能就有故障了。

第二步：检查点火线圈和高压线，先测量点火线圈的初级线圈的电阻值，用10Ω档将万用表的红黑表笔分别接在点火线圈初级线圈的两端，也就是“+”、“-”两极，正常值为0.25~0.76Ω。再测量点火线圈次级线圈的电阻值，用10kΩ档测量，将两根表笔分别接点火线圈“-”极和高压线端，测得正常值为2.4~3.5kΩ。测量中央高压线电阻值，正常值为0~2.8kΩ。如测量时测得数据未到正常值，均应更换。

第三步：经以上测量均正常后，即可按原样装复，再检查点火模块工作情况。此时点火开关不能接通，用万用表直流25V档，将正表笔接点火线圈“+”极，负表笔接点火线圈“-”极。连接好后拔下分电盘上信号线束，即可接通点火开关了。注意：此时应密切注意表头指示，正常时表针在接通点火开关的瞬间会指示电压约为10.5V，然后迅速回落到零。

也可以在拔下的分电盘上的线束中间接头处，接上一根金属线，在点火开关接通时，将此金属线迅速接地，并马上松开。给点火模块一个模拟点火信号，万用表指针也会有上述那样的反应。

也可以不用万用表测量，用中央高压线插在分电盘上一头，接上两只火花塞并接地，一开点火开关就能见到跳火，或接通点火开关将信号线迅速接地；正常时均能见到跳火。如检查后见到跳火，证明点火模块无故障，此时要是车不能点火，故障在信号发生器。信号发生器和点火模块出现故障，一般来说不能修理只能更换。

如果更换了点火模块和信号发生器，并经上述检查均正常后，仍不能着车，故障可能在分火头。

分火头击穿如何检查呢？也是用万用表测量，用10kΩ档测量，两根表笔分别搭在分火头上两块导电片上，测得电阻为10~1.4kΩ为正常，否则就要更换分火头了，因分火头在制造时乃先预埋了阻尼电路，此电路出现故障是无法修理的。

基础知识

霍尔式电子点火装置的点火信号发生器是以霍尔效应的原理制成的。奥迪100、桑塔纳等轿车的点火系统以及CA488型汽油发动机点火系统均采用霍尔式无触点电子点火装置。

四、霍尔式点火信号发生器

图6-27所示为德国博世（BOSCH）公司生产的装有霍尔式点火信号发生器的分电器结构，霍尔信号发生器的结构如图6-28所示，它由触发叶轮和信号触发开关组成。

触发叶轮与分火头制成一体由分电器轴带动，其叶片数与气缸数相等。触发开关由霍尔集成电路和带导磁板的永久磁铁组成。霍尔集成电路的外层为霍尔元件，同一基板的其他部分制成放大电路。触发叶轮的叶片则在霍尔集成电路和永久磁铁之间转动。

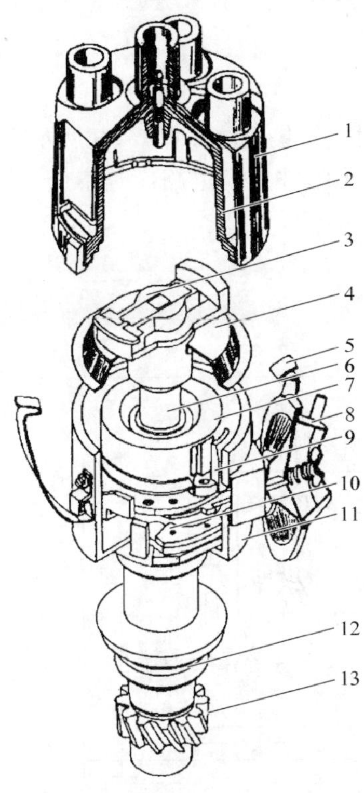

图 6-27　霍尔式分电器的结构

1—抗干扰屏蔽罩　2—分电器盖　3—分火头　4—防尘罩　5—分电器盖弹簧夹　6—信号转子轴　7—触发叶轮　8—真空提前装置　9—霍尔式信号发生器　10—离心提前装置　11—分电器壳体　12—橡胶密封圈　13—驱动斜齿轮

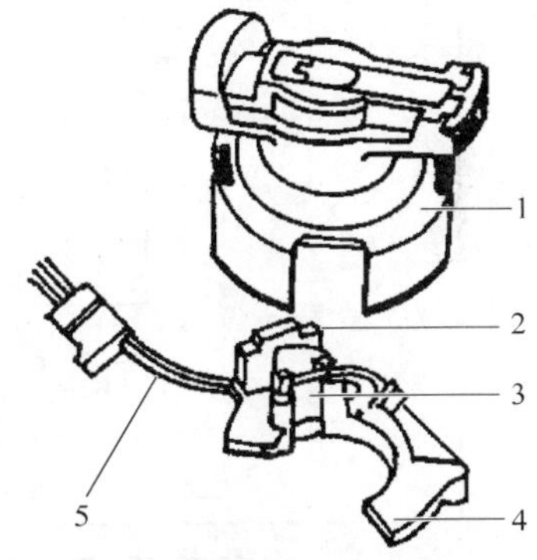

图 6-28　霍尔式点火信号发生器

1—与分火头制成一体的触发叶轮　2—霍尔集成电路　3—带导磁板的永久磁铁　4—触发开关　5—专用插座

霍尔信号发生器的工作原理如图 6-29 所示。当触发叶轮转动时，每当叶片进入永久磁铁与霍尔元件之间的空气隙时，磁场便被触发叶轮的叶片旁路(图6-29a)而不能作用于

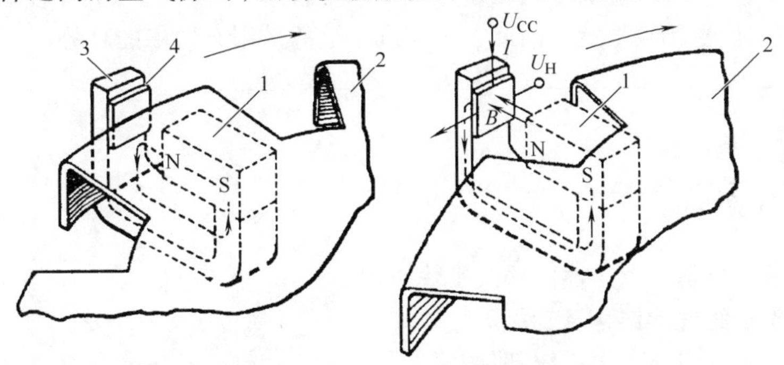

a) 叶片进入气隙，磁场被旁路　　b) 叶片离开气隙，磁场饱和

图 6-29　霍尔式点火信号发生器的工作原理

1—永久磁铁　2—触发叶轮　3—磁轭　4—霍尔集成电路

霍尔元件上，因此，霍尔元件不产生霍尔电压。当触发叶轮的叶片离开永久磁铁与霍尔元件之间的空气隙时，永久磁铁的磁通便通过导磁板作用于霍尔元件上，此时，霍尔元件便产生霍尔电压 U_H。

五、L497 及其点火电子组件

L497 专用点火集成电路是一典型的多功能专用点火集成块，图 6-30 所示为以 L497 为核心组成的，与霍尔式点火信号发生器相配的点火电子组件典型电路。基本点火原理采用霍尔点火信号方波后沿（下降沿）触发点火方式。

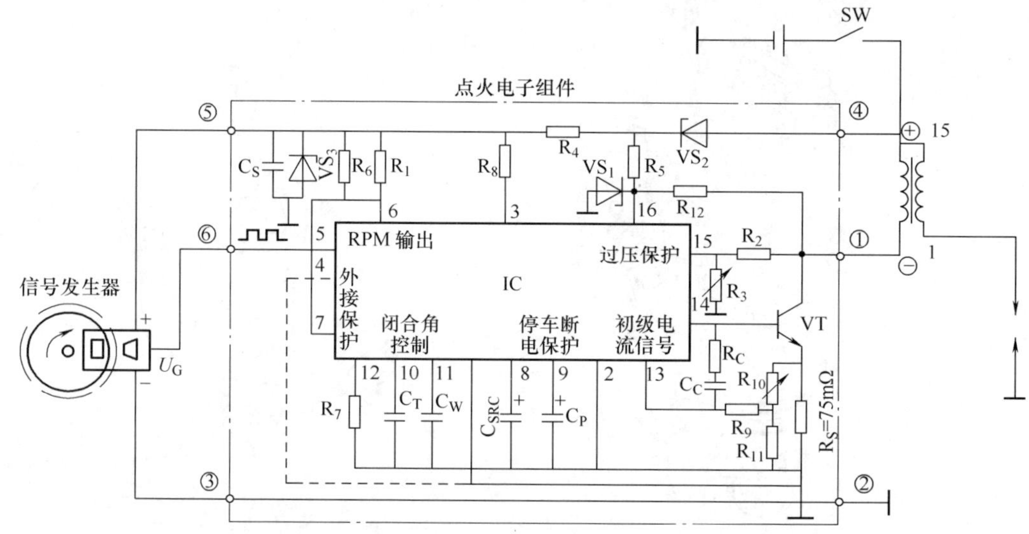

图 6-30　以 L497 为核心组成的点火电子组件电路点火线圈限流保护功能

特别提示

霍尔效应式点火信号发生器依据霍尔效应原理，霍尔电压的优点是不受转速的影响，也不受灰尘的影响，信号比较稳定，因此在现代汽车上的采用有增多的趋势。

你学会了吗?

1. 简述霍尔式点火信号发生器结构及工作原理。
2. 简述点火电子组件的结构及功能。
3. 如何检测霍尔式电子点火系统部件?

第 30 天　点火正时的检查与调整

学习目标

1. 熟悉通过案例判断点火正时故障的思路。
2. 了解点火正时的检查方法。
3. 掌握点火正时的调整步骤。
4. 掌握桑塔纳和解放 CA1092 两类车型点火正时的校正方法。

维修案例

一、案例：点火正时故障的维修

案例 1

(1) 故障现象　一辆行驶了 25 万 km 的捷达王轿车（采用 20 气门发动机），在发动机大修后出现燃油消耗量增加、动力不足的故障。

(2) 故障诊断　用修车王故障检测仪检测，测得的故障内容为霍尔传感器 G40 不良，但更换了霍尔传感器后，该故障仍没有排除，而且在清除故障码后，只要起动发动机，用修车王故障检测仪就能调出上述故障内容。检查发动机的其他部分，没有发现什么问题。起动发动机，查看数据流，发现点火提前角低于规定值；检查正时带，安装没有问题。怀疑正时链条安装错误，于是打开气门室盖，检查正时链条的安装情况，这时发现在凸轮轴正时齿轮上的两个记号中间的链节不是规定的 16 个而是 15 个，即少了一个链节。

(3) 故障排除　将正时链条重新装配后，用修车王故障检测仪检测，出现一个关于霍尔传感器 G40 偶发性故障的故障码。将其清除后，该故障码不再出现。试车后上述故障现象消失。

案例 2

(1) 故障现象　一辆捷达王轿车（采用 20 气门发动机），在分解气缸盖和清理积炭后，出现发动机工作时噪声特别大的现象。

(2) 故障诊断　经仔细判断，噪声来自发动机气缸盖部分。用修车王故障检测仪检测，调得了一个关于霍尔传感器 G40 硬故障的故障码；查看数据流，发现点火提前角与规定值相差很多。这说明发动机正时部分有问题，检查正时带，没有错位。打开气门室盖检查正时链条的位置，这时发现在凸轮轴正时齿轮上的两记号间的链节是 17 个，而不是规定的 16 个。

(3) 故障排除　将正时链条重新安装正确后试车，发动机工作正常。用修车王故障检测仪清除故障码，并让发动机运转几分钟后再次调取故障码，修车王故障检测仪显示系统正常。

第六章

实际操作

二、桑塔纳轿车点火正时的校正

校正桑塔纳轿车点火时间的具体步骤如下：

1）转动曲轴，使一缸活塞位于压缩上止点位置，此时，飞轮上的上止点刻线与变速器壳观察孔指针对齐；正时齿轮带轮上的标记与气门室罩盖底面平齐；机油泵驱动轴端的扁形缺口与曲轴中心线平行。

2）将分电器插入安装孔中，并确保分电器下轴与联轴节完全啮合，逆时针转动分电器外壳使转子叶片刚刚进入霍尔元件气隙，固定分电器外壳（正常情况下，分火头应与外壳上厂方所打的记号对正）。

3）记住分火头朝向，盖上分电器盖，以分火头所指的旁插孔为第1缸，按1→3→4→2顺时针插好分缸线，并把中央高压线及霍尔点火信号传感器插好。

4）起动发动机，检查校正效果。在发动机冷却液温度正常，转速为（850±50）r/min时，拔下并堵塞分电器真空管，其点火提前角应为6°±1°。如果不符合要求，可转动分电器外壳，使之达到规定值。校正后，应紧固分电器压板螺钉，装好分电器真空管。

5）点火正时的路试。在平路、4档、热车情况下，若车速为50km/h急踩加速踏板有轻微爆燃声，而车速达到70km/h后爆燃声消失，则说明正时恰当。

6）点火提前角的微调。旋松分电器压板上的固定螺栓，将分电器壳体顺时针转动点火时间推迟，逆时针转动则点火时间提前。

三、CA6102型发动机点火正时调校

根据经验总结两种点火正时的校正方法。

方法一：拆下气门室盖，顺时针慢慢摇转曲轴，用手捏住6缸进气门推杆，当推杆由能自由转动到不能转动这一瞬间，停止摇动曲轴，此时1缸处于压缩上止点位置（观察点火正时记号是否对正，以确保其准确性）。分火头所对的分电器盖的旁插孔即为1缸分缸线的位置，然后按1→5→3→6→2→4的点火顺序顺时针插好缸线即可。

方法二：拆下分电器，顺时针摇转曲轴，观察分电器机油泵驱动轴（俗称过桥），当上端切槽与缸体平行（图6-31），且小半圆朝里（靠近缸体）时，停止转动曲轴，装上分电器，此时分火头所对的分电器盖的旁插孔即为1缸或6缸分缸线的位置。我们先把它当做是1缸，如果试车时排气管“放炮”，则把分缸线1、6对调，2、5对调，3、4对调即可。

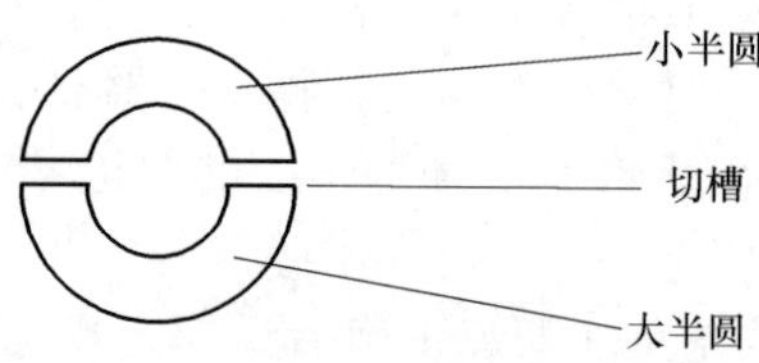

图6-31 机油泵驱动轴的位置

第六章

为保证气缸中的混合气在正确的时间被点燃，在安装分电器或更换燃油品种时，要靠人工确定和调整初始点火提前角。点火正时是否正确对发动机的性能影响很大，点火时间过早会造成发动机的爆燃，使发动机局部过热，燃料消耗增加，功率下降；点火时间过晚会使发动机燃烧所产生的最大压力下降，功率降低，经济性下降。因此，在发动机的使用与维修中，要确保有分电器点火系统点火正时的准确。

四、点火正时的检查

1. 就车检查点火正时

就车判断点火正时时，应使发动机处于正常工作温度（70～80℃）下怠速运转，当突然加速时，如果发动机转速急速提高并伴有短促而轻微的突爆声（轻微爆燃），而后很快消失则为点火正时；如果发动机转速不能随节气门开大而增大，发动机发闷且排气管出现“突突”声，则为点火过迟；如果发动机出现严重的金属敲击声，即爆燃（敲缸），则为点火过早。点火过早或过迟的一般调整方法是松开分电器壳体固定螺栓，将分电器轴按顺时针或逆时针方向转动少许，直至调好点火正时。

2. 使用点火正时灯检查点火正时

如图6-32所示，查找并验证飞轮或曲轴前端带轮上1缸压缩终了上止点标记和点火提前角标记，擦拭使之清晰可见，如标记不清晰，最好用粉笔或油漆将标记描白。

将点火正时灯（图6-33）正确连接到汽车发动机上，将传感器夹夹在1缸高压线上，且箭头方向指向火花塞，红、黑蓄电池夹分别与蓄电池正、负极连接。

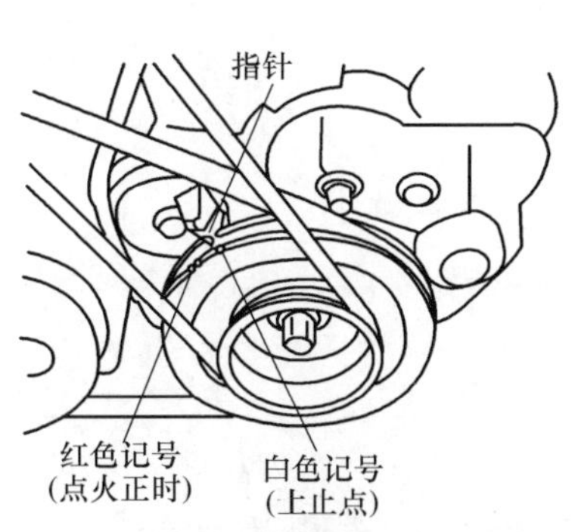

图6-32　点火正时记号

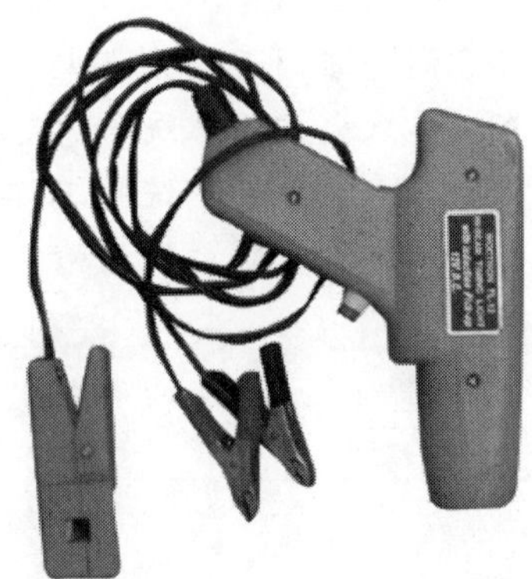

图6-33　点火正时灯

起动发动机至正常工作温度状态，保持在怠速下稳定运转。打开正时灯并对准正时标记（图6-32），调整正时灯电位器，使正时标记清晰可见，就如同固定不动一样。此时表头读数即发动机怠速运转时的点火提前角。用同样的方法分别测出不同工况、转速时的点火提前角并记录。

五、点火正时的调整

(1) 静态调整　为了保证发动机气缸中的混合气在正确的时间被点燃，在往发动机上安装分电器总成和更换燃油品种时，要靠人工调整起始的点火提前角，这一工作通常被称为“点火正时”。点火正时就是点火系统的高压电火花准时点着发动机气缸内的混合气。调整点火正时是在将分电器安装到发动机上时，通过调整和校正点火时机，使点火系统的高压电火花能准时点着气缸内的混合气。

(2) 动态调整　发动机运转过程中旋松分电器固定螺钉，点火过早时，顺着分电器轴旋转方向转动分电器壳体；点火过迟时，则反向转动分电器壳体。

特别提示

点火正时的调整实质是使点火系统的分电器中的配电器的配电与发动机配气机构中的进气的工况相一致，以达到使发动机正常工作的目的。在现代汽油发动机主流配置的无分电器点火系统中，由于取消了机械配电，各缸高压电的分配全部由发动机电脑来完成，因此，无分电器点火系统不需要再进行点火正时的调整。

你学会了吗?

1. 如何用点火正时灯检查发动机的点火正时?
2. 如何调整发动机的点火正时?

第31天　别克轿车点火控制

学习目标

1. 熟悉通过案例判断别克车系点火不良的思路。
2. 了解别克轿车点火控制系统传感器。
3. 掌握别克轿车点火控制系统的工作过程。
4. 掌握别克轿车点火控制系统的检修。

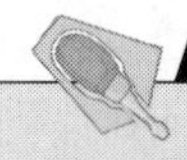

维修案例

一、案例：别克陆尊发动机故障灯亮不能进入点火模式

(1) 故障现象　用户报修发动机故障灯亮，行驶中加速无力，油耗高，起动困难。

(2) 故障诊断　用诊断仪检查发现存在故障码P1374（曲轴位置（CKP）高与低分辨率频率关系)，清除不了，故障码的设置条件如下：

1) 动力系统控制模块接收的24X参考脉冲对3X参照脉冲之比不等于8。

2) 动力系统控制模块接收的24X参考脉冲与凸轮轴位置动力系统控制模块输入脉冲之比等于48。

3) 该状况持续10s以上。

通过设置故障码的条件可以知道，当前24X传感器工作正常，能起动说明7X传感器工作正常，查看数据流发现点火提前角“0”度始终不动，点火模式为旁通模式，24X传感器随发动机的转速变化，如图 6-34 所示。而正常的点火系统在发动机起动后应该启用点火模式，点火提前角由 PCM 控制，24X 传感器的数据到 1600r/min 时就不再上升。

别克陆尊 LW9 发动机点火系统的工作原理为 7X 曲轴位置传感器安装在发动机右侧，它是两线电磁感应传感器。断流环是专门铸在曲轴上的一个轮子，有 7 个机加工槽，其中 6 个槽按 60°均布，第 7 个槽与其前一个槽之间隔 10°，随曲轴旋转断流环开槽改变磁场产生交流信号提供给点火控制模块，点火控制模块经过计算得出 3X 信号，3X 信号以脉冲形式发送给 PCM，PCM 检测到发动机转速达 500r/min 时将在旁通控制线路施加 5V 电压，点火控制模块收到 5V 电压信号后将点火切换到点火模式。点火提前角受 PCM 的控制，随发动机转速和负荷等数据而变化，PCM 利用 3X 参考信号计算发动机转速超过（1600 ± 150）r/min 时的发动机转速和曲轴位置，动力系统控制模块将 3X 参考脉冲与 24X 曲轴位置脉冲和凸轮轴位置 CMP 脉冲进行比较，初始化喷油器脉冲。如果动力系统控制模块在 3X 电路上接收的脉冲数不正确，将设置故障码 P1374，动力系统控制模块将利用 24X 曲轴位置参考电路进行燃油和点火控制，发动机将继续起动并仅用 24X 曲轴位置和凸轮轴位置传感器信号运行，点火模式将由点火控制模块来控制且固定在 10°不动。如果 7X 传感器出现问题，发动机无高压点火，将无法起动。

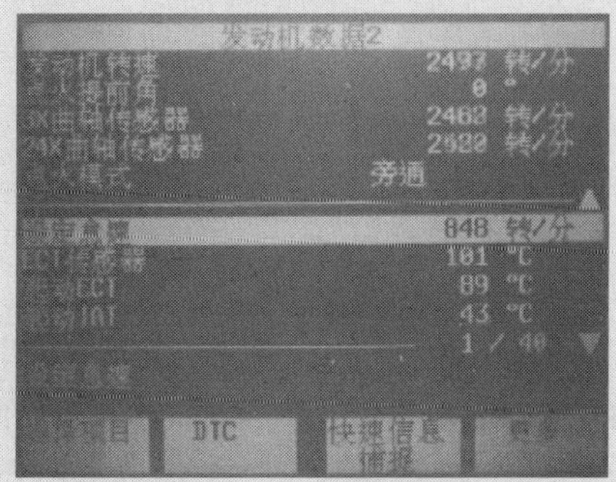

图 6-34　故障数据

根据故障现象和诊断仪看到的数据把诊断切入点选择在 3X 传感器信号是否正常发送给了 PCM，使用示波器检测到 3X 传感器有方波输出，说明点火控制模块无故障。为排除线路故障，用 4 根跨接线把点火模块和 PCM 直接跨接，可是点火模式依然是旁通模式，线路故障也已经排除，重点怀疑 PCM 有故障。由于 PCM 价格昂贵并且更换编程比较繁琐，在没有证据的情况下不能擅自下结论。在发动机怠速运转情况下使用万用表测量 3X 线路参考高线路和参考低线路之间电压为 1.2V，测量了一辆同型号车型发现两线之间电压为 2.4V，为确定故障是点火模块还是 PCM，把 3X 线路跨接线断开测量点火模块端为 2.5V，判断故障为 PCM 内部故障。将故障车的点火模块换到正常车辆上，工作正常（点火模块容易拆装），确定为发动机控制模块内部故障，如图 6-35 所示。

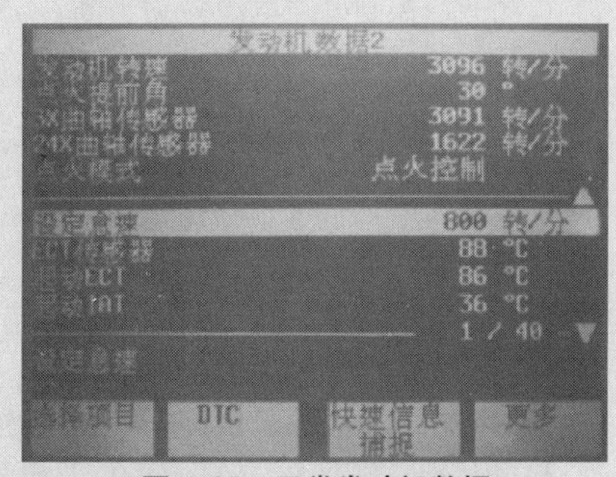

图 6-35　正常发动机数据

(3) 故障排除　更换发动机控制模块并编程，故障消失，发动机数据正常，点火着车后从旁通模式切换为点火模式。

(4) 维修总结　在汽车故障诊断时，维修人员首先需要清楚故障现象，有症状的按照症状分析诊断，故障码和症状都有的按照故障码和症状综合分析。此车有故障码也有症状，就以故障码为切入点，明白其工作原理后逐步分析诊断，在诊断中以数据分析为主线逐步排除，避免盲目换件，测量也是诊断中不可缺少的环节。

实际操作

二、点火系统元件检测

1. 点火线圈

测量点火线圈次级绕组电阻，应为5~8kΩ。

2. 高压线

测量高压线电阻，应为1968Ω/m。

3. 点火电子组件

(1) 检测供电电压　拔下点火电子组件C2插接器，点火开关置于ON，用电压表测量B/C2的电压，应为12V左右。

(2) 检测接地线　拔下点火电子组件C2插接器，点火开关置于OFF，测量A/C2与接地间的电阻，应为0Ω；拔下7X传感器插接器，点火开关置于OFF，测量插接器插头B与接地间的电阻，应为0Ω；拔下PCM的C1插接器，测量48/C1与接地间的电阻，应为0Ω。

(3) 检测3X信号线　用示波器检查ICM的E/C1与F/C1间的脉冲信号，应与规定相符。

(4) 检测IC控制电路　检测IC控制电路断路，断开PCM插接器，将数字式万用表J39200接在IC电路423与接地之间，点火开关置于ON，万用表显示的电阻值应低于500Ω。

检测IC控制电路接地短路，断开PCM插接器，将试灯J34142-B接在IC电路423与接地之间，试灯应不亮。

(5) 检测旁通控制电路　检测旁通控制电路断路，断开PCM插接器，将数字式万用表J39200接在IC电路423和接地之间，将试灯J34142-B接在旁通电路424与蓄电池正极之间，点火开关置于ON，万用表显示的电阻值应大于5kΩ。

检测旁通控制电路接地短路，断开PCM插接器，将试灯J34142-B接在旁通电路424与蓄电池正极之间，试灯应不亮。

检测旁通控制电路电源短路，断开PCM插接器，将试灯J34142-B接在旁通电路424与接地之间，试灯应不亮。

三、别克轿车发动机点火系统的故障检修

别克轿车发动机点火系统电路如图6-36所示，当发动机不能起动时，在用仪器检查之前，应首先进行外部检查，如真空软管、点火高压线、点火线圈和火花塞连接处、线束等是否完好，有无破裂等。然后按以下步骤用Scan诊断仪进行检查。

1) 将与转速表连接的导线拆下。

2) 连接上Scan诊断仪，取出故障码。

3) 测量节气门位置传感器的信号电压。如果信号电压超过2.5V，则对节气门位置传感器及与之相连的电路进行检查。

4) 起动发动机，如果Scan诊断仪不显示转速信号，则用火花试验器依次检查2—4或1—5两根火花塞上高压线有无火花，检查方法是拉出防护罩，脱开被检查高压线外的所有高压导线，用火花塞试验器检查发动机起动时有无火花产生。如果检查时，只有一根线有高压火花，则应检查不能产生火花的那根高压线和相对应的点火线圈，高压线电阻值应在30kΩ以下，点火线圈可采用更换或调用的方法来判断是否已经失效，如果高压线

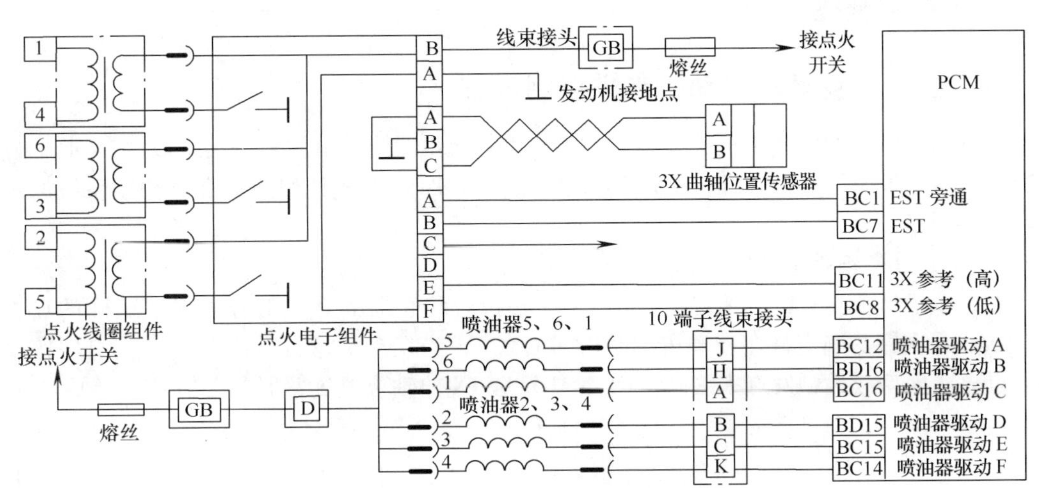

图 6-36　别克轿车发动机点火系统电路

和点火线圈都没问题，则故障出在点火电子组件上。如果检查时，两根线上都没有火花产生，则转入下一步检查。

5）断开点火开关，拔下点火电子组件上 6 线插头，再接通点火开关，用测试灯一端连接蓄电池正极，另一端接触点火电子组件中紫/白线（转速信号），接触瞬间如果诊断仪上不显示转速，则故障在转速参考电路、接地电路或 PCM 本身失效；如果有转速显示，则故障在点火电子组件或与点火电子组件连接的线束上。

6）安装燃油压力表，接通点火开关，看燃油表压力值是否在 290 ~ 330kPa 内，如果不在这个范围，则应检查燃料供给系统。

7）如果燃油压力正常，则断开点火开关，拔下喷油器线束插头，然后再接通点火开关，用测试灯的一端接触喷油器线束中的粉红色线端子，另一端接地，如果测试灯不亮，则该线断路；再分别测量喷油器线束端子 D 与端子 A、B、C、H、J、K 之间的电阻，应为 10 ~ 20Ω。如果不在标准值内，则检查喷油器及喷油器线束电路；如果电阻值正确，则用万用表直流电压档测量：正极测试杆接蓄电池正极，负极测试杆接前述端子 A、B、C、H、J、K，观察指示是否正常。若不正常，则检查喷油器电路是否断路、PCM 本身及其连接是否完好。

8）如果电压显示正常，高压线上无火花显示且诊断仪上不显示转速，则断开点火开关，断开点火电子组件两线插头。再接通点火开关，将测试灯接在该两线端子上。灯亮，则转入下一步检查；灯不亮，将测试灯两测杆一端接地，一端接端子 B，如果灯仍不亮，则故障在点火电子组件电源电路，如果灯亮，则故障在点火电子组件的接地电路。

9）拔下点火电子组件上曲轴传感器上的 3 线插头，用万用表的 2kΩ 档测量曲轴传感器线束 A 和 B 间的电阻值，应在 0.9 ~ 1.2kΩ，不符合该值，则故障在曲轴传感器及其连接导线。

10）将万用表置于交流电压档，连接在曲轴传感器两个端子之间，起动时电压应小于 0.1V，如果电压正常，故障可能出在传感器及其连接导线上；否则故障在点火电子组件。

四、上汽别克轿车发动机点火控制系统

上汽别克轿车的发动机点火控制系统主要由点火电子组件 ICM、点火线圈、7X 曲轴位置传感器、24X 曲轴位置传感器、动力系统控制模块 PCM 及其连线组成。点火控制系统原理图如图 6-37 所示。

1. 点火电子组件 ICM

点火电子组件具有以下功能：通过 7X 曲轴位置传感器的脉冲信号来确定正确的点火次序（该点火次序的确定是在发动机起动时进行的），当发动机运行后，点火电子组件按照适当的点火次序持续地触发点火线圈，向 PCM 发送 3X 曲轴位置传感器参考信号，以便 PCM 利用此信号来确定发动机转速和计算点火提前角。

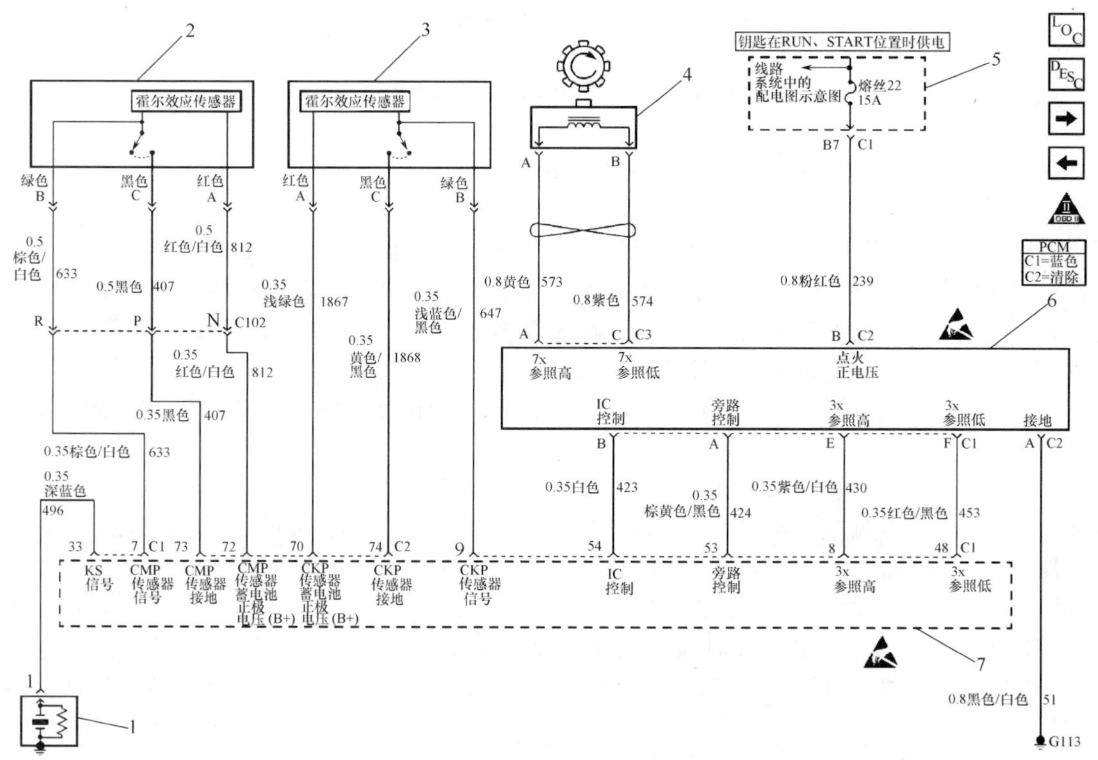

图 6-37　上汽别克轿车发动机点火控制系统原理图

1—爆燃传感器（KS）2—凸轮轴位置（CKP）传感器　3—24X 曲轴位置（CKP）传感器　4—7X 曲轴位置（CKP）传感器　5—发动机罩内辅助设备接线盒　6—点火电子组件 ICM　7—动力系统控制模块 PCM

2. 点火线圈与高压线

采用三组点火线圈，每组线圈控制两个气缸（1/4，2/5，3/6）。三个点火线圈分别安装在点火电子组件上，每个线圈组件给两个同时点火的火花塞供电，每个线圈有一个熔断器保证点火电路供电。点火线圈上另有一个单独接到点火电子组件的端子，其作用是通过在适当的时刻接通和中断初级电路的接地线路按顺序激励点火线圈。点火线圈的次级电阻为 5000 ~ 7000Ω，高压点火线电阻为 7000Ω 左右，超出范围应更换。

3. 7X 曲轴位置传感器

7X 曲轴位置传感器的作用有两个：一是在发动机高速即大于（1600±150）r/min 或 24X 信号不正确时，向 PCM 发送发动机转速和曲轴位置信号；二是 ICM 利用此信号确定点火顺序。

7X 曲轴位置传感器为双导线磁电式传感器，位于发动机机体后下部，如图 6-38 所示，主要由叶轮和信号线圈组成。如图 6-39 所示，叶轮铸在曲轴上，共上均布有 6 个槽口，外加第 7 个槽口与第 6 个槽口间隔 10°曲轴转角，用于确定点火顺序。曲轴每转一圈，传感器产生 6 个交流信号，送入 ICM，ICM 再将其转变为 3X 信号，送入 PCM，PCM 由此计算发动机转速和曲轴位置。

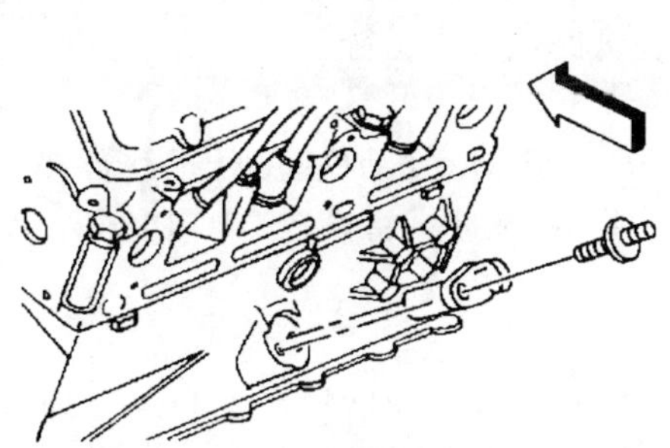

图 6-38　7X 曲轴位置传感器的位置

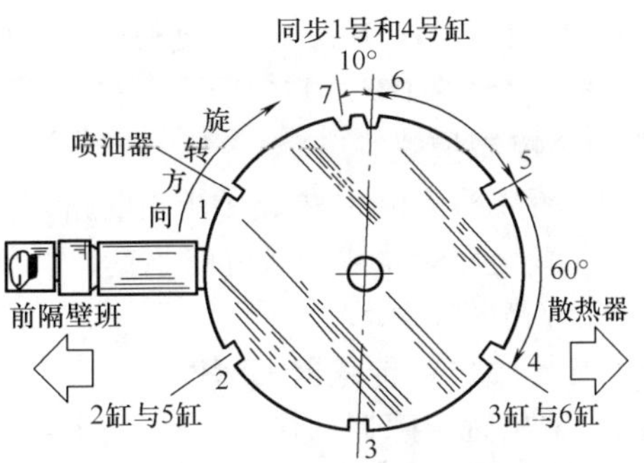

图 6-39　7X 曲轴位置传感器

在起动过程中，点火电子组件 ICM 接收 7X 曲轴位置传感器信号以确定点火正时。一旦 ICM 确定火花同步，将向 PCM 指令所有 6 个喷油器打开，向所有气缸喷入少量燃油。当发动机运行后，点火电子组件按照适当的点火次序持续地触发点火线圈，同时产生并向 PCM 发送 3X 曲轴位置传感器参考信号，以便 PCM 利用此信号来确定发动机转速和计算点火提前角。7X 曲轴位置传感器在起动发动机时应有 2V 左右的交流电压信号。

4. 24X 曲轴位置传感器

24X 曲轴位置传感器为 3 导线霍尔式传感器，位于发动机右侧，曲轴端部，如图6-40所示。24X 曲轴位置传感器主要由叶轮和信号发生器组成。信号发生器用螺栓连接在正时链盖前端，叶轮安装于曲轴配重后部。叶轮上均布有 24 个叶片和窗口，曲轴每转一圈，传感器产生 24 个脉冲信号。24X 参照信号直接送给 PCM，用于改善发动机的怠速点火控制。在 1200r/min 的发动机转速下，PCM 采用 24X 参照信号计算发动机转速和曲轴位置。PCM 连续监视 24X 参照电路上的脉冲数，并将 24X 参照脉冲数与正在接收的 3X 参照脉冲数和凸轮轴信号脉冲数进行对比。如果 PCM 接收的 24X 参照电路脉冲数不正确，将设置 DTC P0336，且 PCM 将利用 3X 参照信号电路控制燃油和点火。发动机将继续起动并仅采用 3X 参照信号和凸轮位置信号运行。

5. 3X 参照信号

3X 参照信号由点火电子组件 ICM 产生。当发动机运行并接收 7X 同步脉冲时，ICM 将 7X 曲轴位置（CKP）传感器脉冲除以 2，计算出 3X 参照信号。当发动机转速超过（1600±150）r/min 时，PCM 采用 3X 参照信号计算发动机转速和曲轴位置。PCM还利用这些

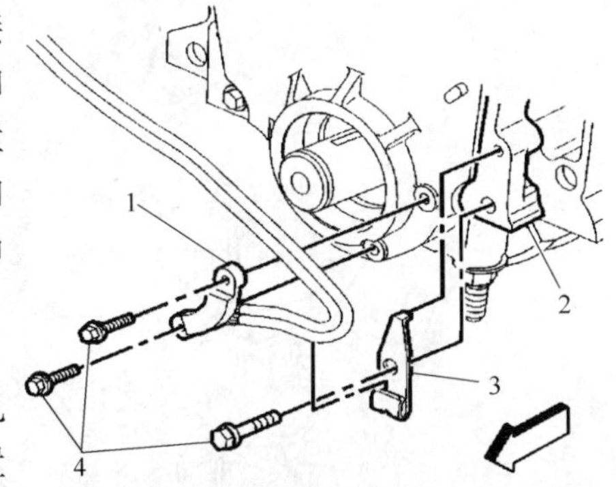

图 6-40　24X 曲轴位置传感器的位置

1—24X 曲轴位置（CKP）传感器　2—发动机正时链条盖　3—装配托架　4—紧固螺栓

信号触发喷油器脉冲。PCM 将 3X 参照脉冲与 24X CKP 脉冲和 CMP 脉冲进行比较。如果PCM 接收的 3X 电路脉冲数不正确，将设置 DTC P1374，且 PCM 将 24X CKP 参照电路用于燃油和点火控制。发动机将继续起动，并仅采用 24X CKP 参照和凸轮轴位置传感器信号运行。

6. 旁路控制模式

点火电子组件 ICM 向 PCM 发送燃油控制和计算点火提前所需的信号。当发动机起动时，ICM 根据 7X 信号控制点火提前（旁路模式）。当 PCM 识别第 2 个 3X 参照脉冲时，在旁路上施加 5V 电压，指令 ICM 将点火提前转换为 PCM 控制（IC 模式）。如果 PCM 检测出旁路中出现断路，将设置 DTC P1352。发动机继续运转并在旁路模式中运行。如果 PCM 检测出旁路与电压短路，将设置 DTC P1362。发动机继续运转并在旁路模式中运行。

7. IC 控制模式

如果 PCM 检测出 IC 电路中出现断路，将设置 DTC P1351。发动机起动并在旁路模式中运行。如果 IC 电路短路或旁通电路不良，PCM 监视不到 IC 脉冲，将设置 DTC P1361，发动机起动并在旁路模式中运行。

8. 凸轮轴位置传感器 CMP

凸轮轴位置传感器的作用是检测凸轮轴位置，产生同步脉冲信号送入 PCM，确定点火顺序和喷油顺序。如图 6-41 所示，凸轮轴位置传感器安装于发动机凸轮轴链轮附近水泵后面的正时盖上，为霍尔效应式结构。随着凸轮轴链轮的旋转，其中的磁铁触发凸轮轴位置传感器中的霍尔效应开关，使信号电路与 PCM 接地，产生一个凸轮信号，此时 1 缸处于进气行程。

9. 爆燃传感器及其检修

上汽别克轿车的 PCM 含有整体式爆燃传感器（KS）诊断电路，其安装位置如图6-42所示。爆燃传感器的输入信号（交流）用于检测发动机爆燃，使 PCM 根据 KS 信号的大小和频率，延迟点火控制（IC）的点火正时。若 PCM 检测出爆燃传感器诊断电路的功能失效，将设置 DTC P0325（爆燃传感器系统不良）的故障码。爆燃传感器在发动机所有的工况下，产生交流信号。PCM 会计算爆燃传感器信号的平均电压，系统正常时，KS 信号在平均电压上下变化。如果 PCM 检测到 KS 信号等于平均电压的时间超过 10s，将设置 DTC P0327（爆燃传感器电路不良）的故障码。

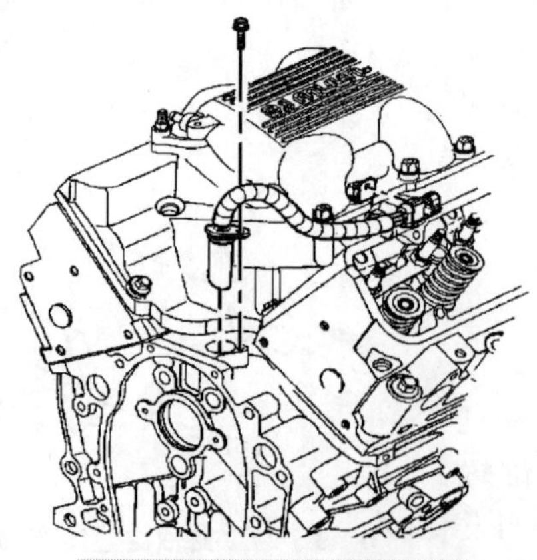

图 6-41　凸轮轴位置传感器

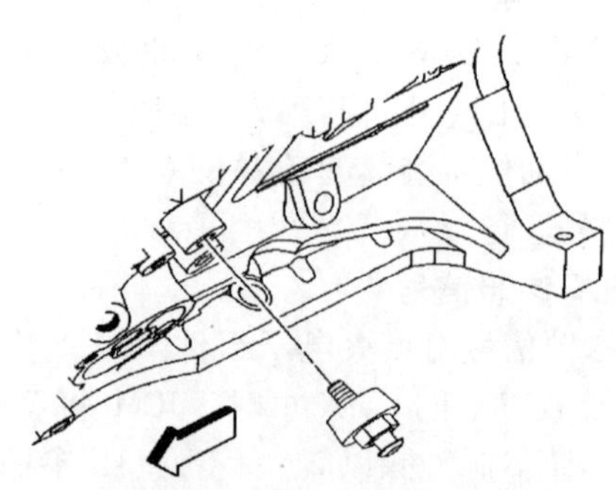

图 6-42　爆燃传感器

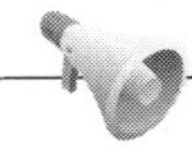

特别提示

别克系列车型的曲轴位置传感器有两个，分别是7X曲轴位置传感器和24X曲轴位置传感器，传感器的结构稍有不同，7X曲轴位置传感器的信号转子具有7个槽口，24X曲轴位置传感器的叶轮上均布有24个叶片和窗口。24X曲轴位置传感器的作用是提高怠速控制质量和低速驾驶性能。7X曲轴位置传感器的作用有两个：一是在发动机高速即大于（1600±150）r/min或24X信号不正确时，向PCM发送发动机转速和曲轴位置信号；二是ICM利用此信号确定点火顺序。

你学会了吗?

1. 简述别克系列车型中与点火系统相关的传感器的作用。
2. 如何检测点火系统各部件?

第32天　认识丰田车系点火系统

学习目标

1. 熟悉通过案例判断丰田车系点火故障的思路。
2. 掌握丰田车系点火系统的结构。
3. 掌握丰田车系点火系统的检测。

实际操作

一、丰田2NZ-FE型发动机点火系统的检测

（1）曲轴位置传感器的检测　曲轴位置传感器为磁感应式，安装位置如图6-43所示。曲轴带动转子旋转，传感器线圈的磁通量发生变化，产生电压信号。

1）测量电阻。用万用表电阻档检测传感器线圈的电阻值，冷态电阻值为985～1600Ω，热态电阻值为1265～1890Ω。

2）测量波形。在发动机运转状态下，用示波器检测曲轴位置传感器，其信号波形如图6-43所示。

（2）凸轮轴位置传感器的检测　凸轮轴位置传感器与曲轴位置传感器的结构类型相同，其安装位置如图6-44所示。

1）测量电阻。用万用表电阻档检测传感器线圈的电阻值，冷态电阻值为1630～2740Ω，热态电阻值为2065～3225Ω。

2）测量波形。在发动机运转状态下，用示波器检测凸轮轴位置传感器，其信号波形如图6-44所示。

（3）爆燃传感器的检测　爆燃传感器安装在2缸与3缸之间的气缸体上。当爆燃产生的振动频率高于 6.6kHz 时，爆燃传感器的信号电压达到峰值，其信号波形如图 6-45 所示。用万用表电阻档检测爆燃传感器线圈对外壳的电阻值，应为∞，否则为传感器损坏。

(4) 点火器和点火线圈的检测　丰田 2NZ-FE 型发动机采用的是独立点火系统，即在每个气缸的顶部都单独装配一个点火线圈和点火器，这样可以大大减少由缸线高压造成的电磁干扰，并且减少了缸线的故障点，最主要的是这样的结构设计可以加大一次电流的电流值，从而大大提高点火能量。点火器和点火线圈的结构如图 6-46 所示。

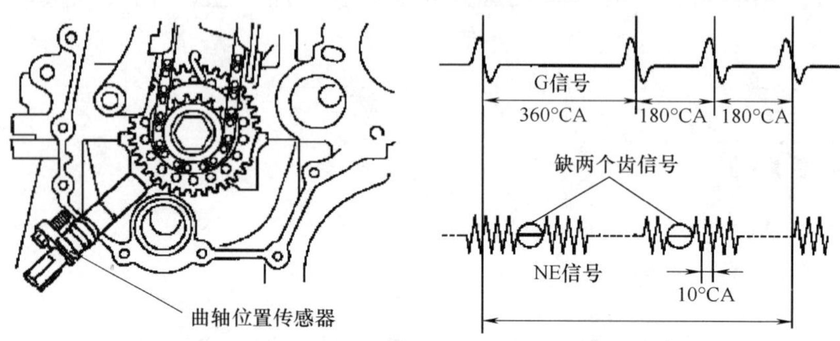

图 6-43　曲轴位置传感器安装位置及信号波形

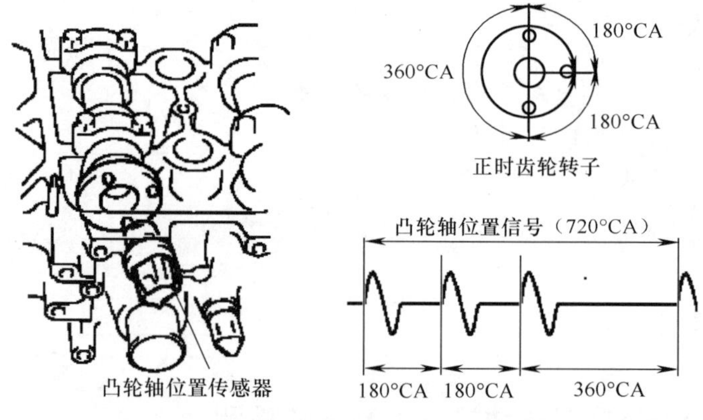

图 6-44　凸轮轴位置传感器安装位置与信号波形

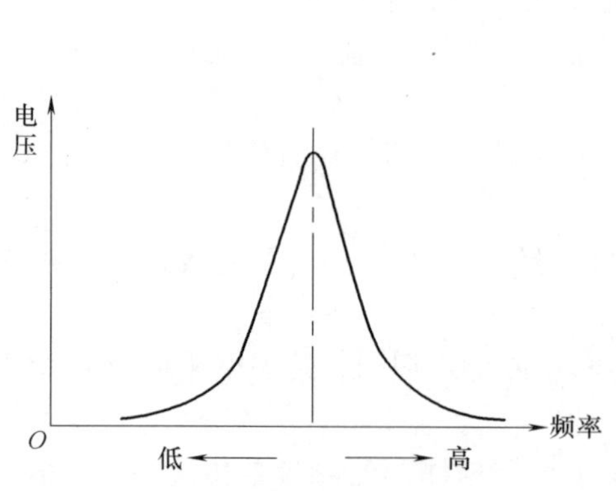

图 6-45　爆燃传感器信号波形

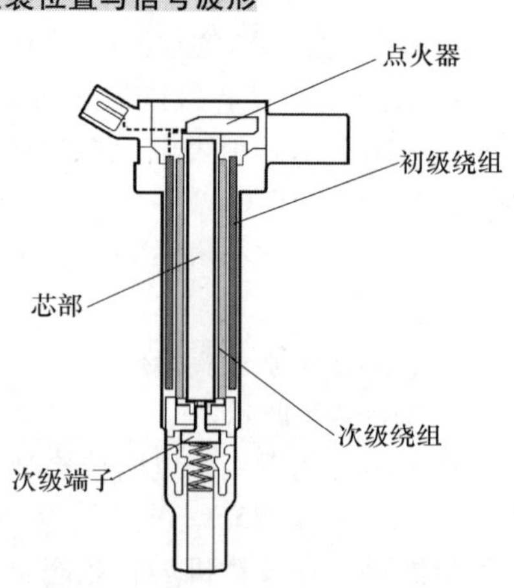

图 6-46　点火器和点火线圈结构

第六章

基础知识

二、丰田 2NZ-FE 型发动机点火系统

丰田 2NZ-FE 型发动机点火系统（ESA）采用计算机控制，可精确控制点火提前角、点火间隔角和点火闭合角，提高点火能量。同时，由于电气元件少，减少了故障点，点火系统的工作可靠性大大提高。

丰田 2NZ-FE 型电控发动机采用独立点火系统，其组成包括相关传感器、电脑、点火线圈及点火器、各缸火花塞等，如图 6-47 所示。

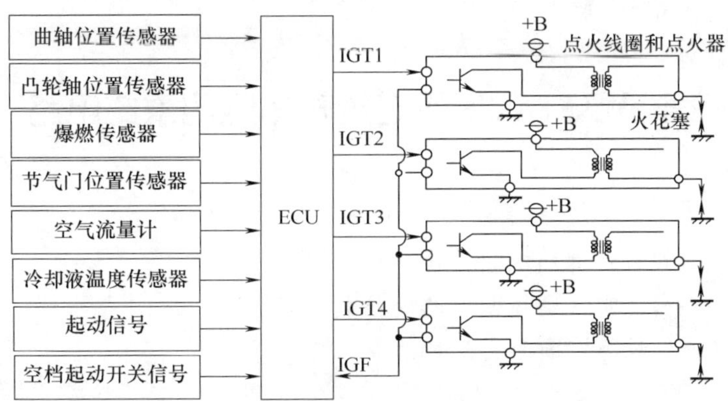

图 6-47　点火系统组成

注意：如果发动机在工作过程中某一缸不点火，而喷油器一直在喷油，则未燃烧的汽油会加大三元催化转化器和氧传感器的负担；汽油对气缸壁形成冲刷，造成活塞、活塞环与气缸壁的润滑性能变差，会降低气缸的使用寿命；同时会造成汽油浪费。

因此，在丰田发动机集中控制系统（TCCS）中，设置了点火反馈控制功能，即利用点火器的初级电路切断时产生的点火反馈信号来检测点火系统的工作情况。这样，发动机电脑始终监测点火系统的工作情况，一旦发动机电脑连续 6 次收不到点火反馈信号 IGF，则立即停止所有喷油器的喷油动作，发动机立即熄火。

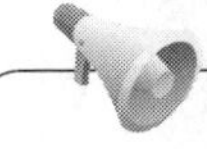

特别提示

丰田车系的点火系统目前普遍采用无分电器的单独点火系统，每缸的点火器、点火线圈均和火花塞安装在一起，省掉了高压线，并且点火能量得到了很大程度的提高。

你学会了吗？

1. 简述 2NZ-FE 发动机点火系统的结构。
2. 丰田 2NZ-FE 发动机点火系统如何进行检修？

第七章
照明系统是汽车的眼睛

第33天　认识桑塔纳轿车照明系统电路

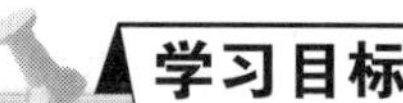
学习目标

1. 熟悉通过案例判断桑塔纳照明系统的故障思路。
2. 掌握桑塔纳轿车照明系统控制电路的控制原理。
3. 掌握照明系统的故障诊断与排除方法。

维修案例

一、案例：桑塔纳2000GSi轿车雾灯不工作

(1) 故障现象　一辆桑塔纳2000GSi型轿车，行驶中打开灯光开关后，前雾灯（左、右两侧）和后雾灯都不亮，但其他灯工作正常。

(2) 故障诊断与排除　根据桑塔纳2000GSi型轿车雾灯电路图（图7-1），按如下步骤进行检查：

1）检查熔丝。前雾灯的熔丝是熔丝盒6号位置的15A熔丝，后雾灯的熔丝是熔丝盒27号位置的10A熔丝，取下这两个熔丝，经检查未发现熔断现象，用万用表检测也均良好。

2）检查前、后雾灯灯泡。取下雾灯灯泡，经检查灯丝未熔断，将灯泡接到蓄电池电源上，灯泡均能正常点亮。

3）检查线路。先检查一些控制电器，包括雾灯继电器、卸荷继电器、灯光开关、雾灯开关等，分别用导线进行短路试验。若灯点亮，说明该控制电器损坏，应更换新件；若灯仍不亮，则说明线路有断路之处。经检测，上述控制电器均没有问题。接着用万用表检测线路中是否有断路现象。当检测到中央接线盒B20的插头时，万用表显示有电压，而雾灯开关“+”接线柱显示无电压，表明B20到雾灯开关“+”接线柱这段电路中有断路现象。检查B20的插头和插座接口，发现该接口烧蚀，说明故障就在此。更换该接口后，雾灯恢复正常，故障排除。

(3) 维修总结　根据多年的维修经验，桑塔纳轿车雾灯电路除了B20的插头和插座之间容易烧蚀外，还有插接件29/13的接口处也容易出现烧蚀现象，造成线路断路。L22、L23两只前雾灯各为100W，并联在电路中，每只雾灯的电流约为8A，总电路中的电流约为16A。由于电路中的电流过大，插接件29/13处容易烧蚀，引起接触不良。

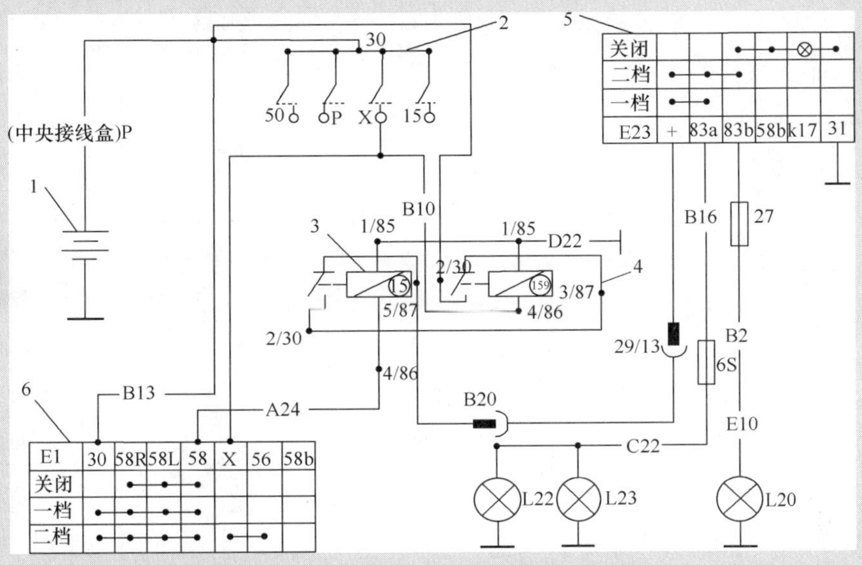

图7-1　桑塔纳2000GSi型轿车雾灯电路图

1—蓄电池　2—点火开关　3—雾灯继电器（J5）　4—卸荷继电器（J59）　5—雾灯开关　6—灯光开关　L20—后雾灯灯泡　L22—前雾灯灯泡（左）　L23—前雾灯灯泡（右）　K17—雾灯指示灯

实际操作

二、照明系统的故障诊断与排除

照明系统常见故障、原因及其排除方法见表7-1。

诊断时，应根据不同的故障现象采取不同的诊断方法。下面具体举例说明。

1. 前照灯的远近光均不亮

如果远光灯和近光灯都不亮，应先查仪表灯是否亮，如果仪表灯亮，说明车灯开关的电源线正常，将点火开关接通、车灯开关置于2档位置，测变光开关上的电源线接线柱电压是否正常，若电压为零，说明车灯开关至变光开关之间断路或车灯开关有故障；若电压正常，可用导线短接变光开关试验，若灯亮，说明变光开关损坏，应更换。若灯不亮，则查变光开关后的线路和灯丝。

2. 前照灯一侧亮，另一侧暗

先查两侧灯泡的功率是否相同，可采用互换左右灯泡的办法进行判断。若灯泡功率相同，可用一根导线，一端接车身，另一端接灯光暗淡的灯泡接地接线柱，若恢复正常，则表明该灯接地不良。若灯光无变化，常为变光开关接触不良，或连接该灯泡灯丝的插头松动，或锈蚀使接触电阻过大所致。可用电源短接法迅速判明故障部位。灯泡接地不良时，灯光暗淡，表现在灯泡远光与近光都同时发光微弱。否则就不是灯泡接地不良故障，一般是前照灯反射镜有灰尘或氧化，可通过清洁或更换反射镜来排除故障。

表 7-1 照明系统常见故障、原因及其排除方法

故障现象	故障原因	排除方法
所有灯全不亮	蓄电池至灯总开关之间电源线断路	重新接线
	灯总开关损坏	更换
	电源总熔丝断	更换
远光灯或近光灯不亮	变光器损坏	更换
	导线断路或导线插接器接触不良或灯泡坏	更换
	远光灯或近光灯熔丝损坏	更换
	灯光继电器损坏	更换
	导线接地	排除
	灯总开关损坏	更换
前照灯灯光暗淡	熔丝松动	插紧
	导线接头松动	紧固
	前照灯开关或继电器触点接触不良	更换
	发电机输出电压低	维修发电机
	用电设备漏电，负荷增大接地不良	修复
一侧前照灯亮度正常，另一侧前照灯暗淡	前照灯暗的一侧接地不良	紧固
	导线插接器的插头接触不良	紧固
前照灯、后灯正常，示廓灯不亮	灯总开关损坏	更换
	熔丝熔断	更换
	示廓灯灯泡损坏	更换
	示廓灯线路断路	修复
	继电器损坏	更换
接通小灯，一侧示廓灯亮，另一侧示廓灯亮度变弱且该侧指示灯和后转向指示灯也亮，但不闪烁	亮度暗淡的示廓灯接地不良（指灯壳接地的灯）	修复
踏下制动踏板，制动灯不亮	制动灯熔丝熔断	更换
	制动开关损坏	更换
	导线断路	修复
	接地不良	修复
	灯泡损坏	更换
灯泡经常烧坏	发电机输出电压过高	维修发电机

基础知识

汽车照明系统由电源、照明灯具、控制装置等组成。照明系统用于夜间道路照明、车厢内部照明、标示车辆宽度、仪表照明与夜间检修照明等。车外照明装置有前照灯、雾灯、牌照灯等。车内照明装置有顶灯、仪表灯、阅读灯等。工作照明装置有发动机舱灯、行李箱灯、外接工作灯插座等。

三、桑塔纳轿车照明系统控制电路

桑塔纳轿车照明电路如图 7-2 所示。桑塔纳轿车的前照灯直接由车灯开关控制，车灯开关在 2 档时，通过变光开关进行远光和近光变换控制。此外，远光灯还可由超车灯开关直接控制，在超车前使用。

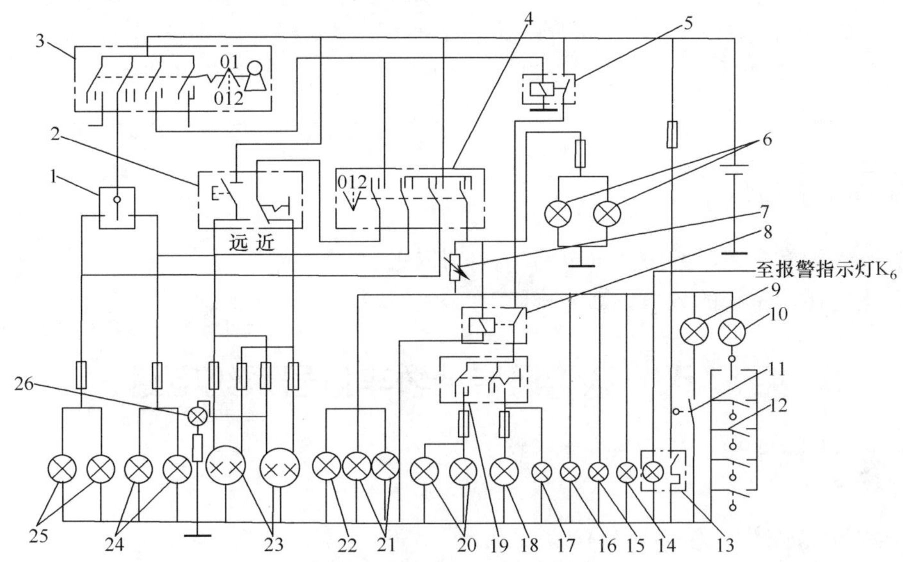

图 7-2　桑塔纳轿车照明电路

1—停车灯开关　2—变光和超车开关　3—点火开关　4—车灯开关　5—中间继电器　6—牌照灯　7—仪表灯调光电阻　8—雾灯继电器　9—行李箱灯　10—顶灯　11—行李箱灯门控开关　12—顶灯门控开关　13—点烟器照明灯　14—雾灯开关照明灯　15—后风窗除霜器开关照明灯　16—空调开关照明灯　17—雾灯指示灯　18—后雾灯　19—雾灯开关　20—前雾灯　21—仪表灯　22—时钟照明灯　23—前照灯　24—右前、右后位灯　25—左前、左后位灯　26—远光指示灯

注：当拔掉钥匙打开左或右转向时，左或右前后位灯只是单边亮，这时才叫停车灯。

前照灯 23 由点火开关 3 和车灯开关 4 共同控制，点火开关 3 置于正常工作档位(1 档)、车灯开关 4 为 2 档时，前照灯亮，通过变光开关 2 进行远光、近光变换控制。此外，远光灯还由超车开关 2 直接控制，在夜间汽车超车时当作超车信号灯用。

雾灯开关电路中，连接了雾灯继电器 8，雾灯继电器线圈由车灯开关 4 控制，雾灯继电器触点由中间继电器 5 控制，而中间继电器由点火开关控制。因此要使用雾灯，点火开关必须置于 1 档使中间继电器接通，为雾灯继电器触点供电；车灯开关必须置于 1 档或 2 档使雾灯继电器接通，这时，雾灯开关就可以控制雾灯了。雾灯开关置于 1 档接通前雾灯 20 的电路，2 档同时接通前雾灯 20、后雾灯 18 和雾灯指示灯 17 的电路。

牌照灯 6 由车灯开关 4 直接控制，不受点火开关控制，在车灯开关置于 1 档或 2 档时亮。

仪表板、时钟、点烟器、雾灯开关、后风窗除霜器开关、空调开关等的照明灯 21、22、13、14、15、16 也均由车灯开关 4 直接控制。当车灯开关在 1 档或 2 档时，上述照明灯均被接通，其亮度可通过仪表灯调光电阻 7 进行调节。

顶灯 10 由顶灯开关和门控开关 12 共同控制，当顶灯开关接通时，顶灯亮。当顶灯开关断开时，顶灯由 4 个门控开关控制，只要有一个门控开关接通即有一个门关闭不严，顶灯就亮。行李箱灯 9 由行李箱灯门控开关 11 控制，当行李箱门打开时，其门控开关就会接通行李箱灯电路。

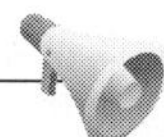

特别提示

桑塔纳系列轿车照明系统的控制比较典型，如雾灯的控制方面，雾灯除了受雾灯开关、点火开关、卸荷继电器控制之外，同时还受车灯开关和雾灯继电器的控制，因而诊断雾灯的故障时，应首先明确几个控制开关的控制是否正常，然后再排除灯泡和线路方面的故障。

你学会了吗？

1. 简述桑塔纳轿车照明系统控制电路的控制原理。
2. 如何进行照明系统的故障诊断与排除?

第 34 天　认识桑塔纳轿车信号系统电路

学习目标

1. 了解转向信号装置各部件的组成及作用。
2. 掌握闪光器的结构及工作原理。
3. 掌握桑塔纳轿车信号系统的工作过程。
4. 掌握桑塔纳轿车信号系统的检修。

维修案例

一、案例：桑塔纳轿车转向灯故障

(1) 故障现象　转向信号灯不亮，开危险警告灯时，信号灯也不亮。

(2) 线路原理　转向灯电路原理（图 7-3）较简单，但由于设置了中央接线盘，其电路走向较复杂，下面就中央接线盘与转向灯电路的输入、输出作一简单分析。

转向信号灯与危险警告灯共用一个闪光器 4，转向信号灯由点火开关 2 控制的 15 号线经熔断器 S19 供电。危险警告灯电流直接由蓄电池经熔断器 S4 供电。其电流走向为接通危险警告灯开关3时，电流由蓄电池正极→30号线→熔断器S4→中央接线盘B28插头→警告灯开关

30 接柱→警告灯开关 49 接线柱→中央接线盘 A18 插头→闪光器 1/49 接线柱→3/49a 接线柱→中央接线盘 A10 接线柱→警告灯开关 49a、L、R 接线柱→中央接线盘 A7、A20 接线柱→中央接线盘 E1、C8、E6、C19 接线柱→转向灯→蓄电池负极。警告灯闪亮。

在接通转向信号灯时，电流由蓄电池正极→30 号线→点火开关 15 号线→中央接线盘 G2 接线柱→熔断器 S19→中央接线盘 A13 接线柱→警告灯开关 15 接线柱→49 接线柱→中央接线盘 A18 接线柱→闪光器 1/49 接线柱→3/49a 接线柱→中央接线盘 A10 接线柱。此时，危险警告灯开关处于断开位置。当向左转时：转向灯开关 49a 接线柱→转向灯开关 L 接线柱→中央接线盘 A20、E6、C19 接线柱→左前后转向灯→接地→蓄电池负极。向右转时：转向灯开关 49a 接线柱→转向灯开关 R 接线柱→中央接线盘 A7、E11、C8 接线柱→右前后转向灯→接地→蓄电池负极。

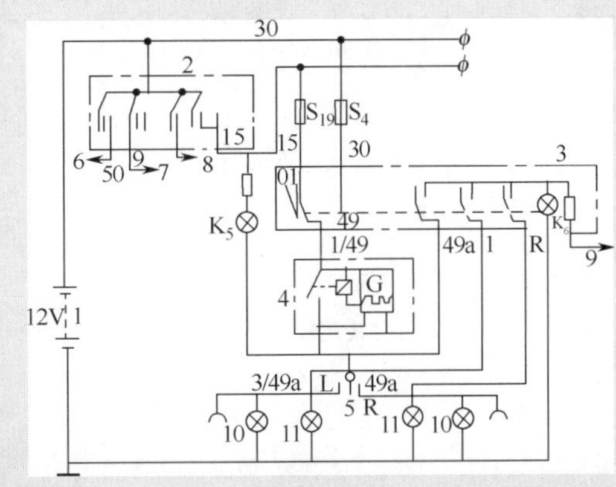

图 7-3　桑塔纳轿车转向及危险警告灯线路原理图

1—蓄电池　2—点火开关　3—危险警告灯开关　4—闪光器　5—转向灯开关　6—至起动机　7—至停车灯开关　8—至空调继电器　9—至仪表灯　10—危险警告灯　11—转向信号灯

危险警告灯开关内的照明灯是经仪表灯调光电阻 E20 通电的，平时较暗，接通危险警告灯时，灯亮。当转向灯工作而有一只灯损坏时，闪光速度加快，以示要更换转向灯，闪光器位于中央接线盘上的 12 位。

(3) 故障分析　打开警告灯开关，如果警告灯闪亮，说明闪光器、转向灯及线路是正常的，故障可能出现在熔断器 S1、转向灯开关、警告灯开关等处，按照线路走向查找，即可排除故障。如果警告灯也不亮，故障部位可能是闪光器损坏，危险警告灯开关损坏等，可找出原因予以排除。仪表板上的转向指示灯由中央接线盘的 A17 供电，如果有电压则为线路故障或指示灯损坏。

如果转向信号灯只亮不闪，多为闪光器故障，如果闪动频率不一致，又多为灯泡功率不同所造成的。

(4) 故障排除　接通点火开关，开转向灯开关，左右均不亮，开警告灯开关，亦不亮。查熔断器 S19、S4 均未损坏，检测两熔断器电压均正常。拔下闪光器，测 1/49 接线柱，有电压。用代换法取一正常闪光器换上，转向灯仍不亮。在接通转向灯的状态下，测警告灯开关 49a 接线柱（绿底黑道线），无电压，测中央接线盘的 A10 接线柱，无电压。取下中央接线盘，用万用表电阻档测闪光器的 3/49a 插头与 A10，发现已断路，因 A10 与 A17 连通。此时测 A17 也无电压。因更换中央接线板费用较大，可在闪光器 3/49a 接柱与 A10 间连一导线，故障消失。

实际操作

二、转向信号电路故障诊断

1. 转向信号电路故障的现象、原因及诊断方法

转向信号电路的常见故障现象、原因及诊断方法见表 7-2。

表 7-2　转向信号电路常见故障现象、原因及诊断方法

序　号	故 障 现 象	故障部位及原因	诊断排除方法
1	转向灯不亮或不闪	电源→闪光器→转向灯开关的电源线路断路	逐段检查并接好导线
		闪光器损坏	修理或更换
		转向灯开关损坏	检修或更换
2	左转向时转向灯闪烁正常，右转向时闪烁变快	右转向灯的功率小	更换同型号、同功率的灯泡
		所有右转向灯中可能有一个灯泡烧坏	更换灯泡
		线路中有接触不良处	重新连接
3	右转向时转向灯闪烁，但左转向时两个前小灯均有微弱光亮	左小灯接地不良（采用双丝灯泡时）	应使前小灯接地良好
4	接通转向灯开关时，闪光器立即烧坏	转向灯开关至某一转向灯间的电路中有短路、接地处	找出短路、接地处，使其绝缘良好

现以桑塔纳信号电路为例，说明信号电路故障诊断方法。桑塔纳信号电路如图 7-4 所示。桑塔纳转向信号电路由点火开关、转向灯开关 E2、闪光继电器 J2 和转向灯等组成。6 个转向灯为左前转向灯 M5、左后转向灯 M6、左侧转向灯 M11、右前转向灯 M7、右后转向灯 M8、右侧转向灯 M12，转向灯兼作警告灯用。后转向灯与尾灯、制动灯和倒车灯等组合在一起。

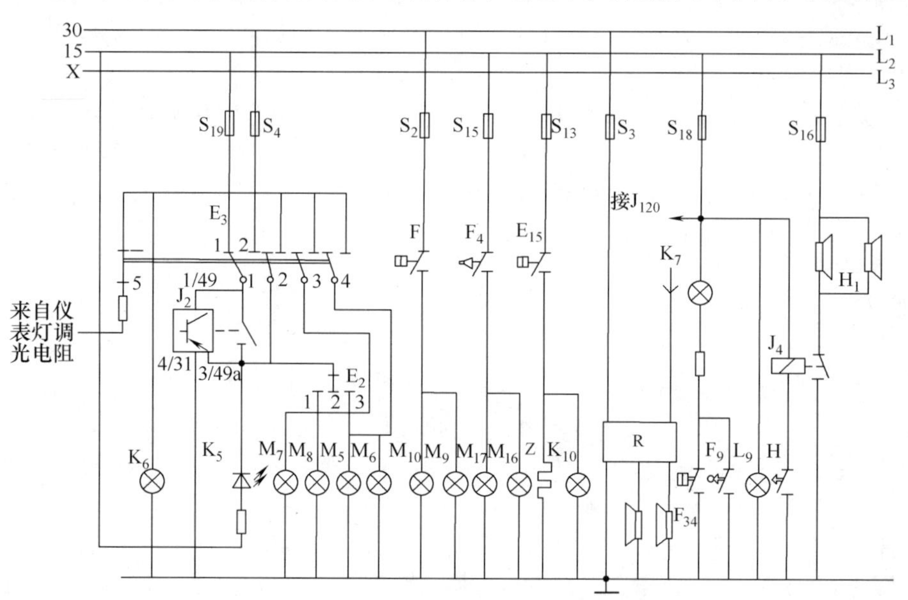

图 7-4　桑塔纳轿车信号装置电路

K_5—转向指示灯　K_6—报警指示灯　K_7—制动液面、驻车指示灯　K_{10}—除霜器指示灯　M_5—左转向灯　M_6—左后转向灯　M_7—右转向灯　M_8—右后转向灯　M_9—左制动灯　M_{10}—右制动灯　M_{16}—左倒车灯　M_{17}—右倒车灯　J_4—喇叭继电器　E_3—危险警告灯开关　F—制动灯开关　F_4—倒车灯开关　E_2—转向灯开关　F_9—驻车制动灯开关　J_2—闪光继电器　H—喇叭按钮　H_1—喇叭　S_{18}—喇叭继电器及驻车制动灯熔断器　S_4—危险警告灯熔断器　S_2—制动灯熔断器　S_{19}—转向灯熔断器　S_{15}—倒车灯熔断器　S_{16}—喇叭熔断器　R—收录机点火开关接通时，15 线被供给蓄电池电压，蓄电池电压通过熔断器 S19、警告灯开关（其作用是当开关拨到 1 档时，可利用闪光器控制所有转向灯同时闪烁，提醒行人、车辆注意）、闪光器内部被送到转向灯开关 49a。当转向灯开关拨至左（或右）位置时，接通左（或右）转向灯电路。电路为蓄电池“ + ”→点火开关Ⅰ或Ⅱ档→15 电源线→熔断器 S19→警告灯开关 15 接线柱→警告灯开关 49 接线柱→闪光器触点、转向指示灯和转向灯开关 49a 接线柱→转向灯开关 L（或 R）接线柱→左前、左侧、左后转向灯（或右前、右侧、右后转向灯）→接地→蓄电池“ – ”，转向灯闪亮。

（1）左右转向信号灯都不亮

故障部位及原因：转向信号灯熔断器烧断，蓄电池至转向灯开关之间线路有断路、接触不良的地方，转向灯开关有故障，转向闪光器失灵或损坏。

故障诊断与排除方法：逐段检查电路，蓄电池“ + ”→点火开关→15 电源线→熔断器→闪光器→警告灯开关→转向灯开关→转向信号灯、转向指示灯有无断路和短路→闪光器和开关有无损坏。

1）检查点火开关接通时，15 电源线上是否有蓄电池电压，若无电压，则应检查蓄电池至点火开关电路是否断路，点火开关是否良好；若有电压，进行下一步检查。

2）检查转向灯开关拨至左（或右）侧时，闪光器是否有触点闭合的声音。若有触点闭合的声音，转向灯不亮，则故障为闪光器触点接触不良或转向灯开关之后的电路某处短路；若无闭合的声音，进行下一步检查。

3）检查熔断器 S19 是否断路，若烧断，应更换；若未烧断，检查闪光器 1/49 接线柱是否有蓄电池电压。若无蓄电池电压，则熔断器 S19 至闪光器电路断路；若有电压，进行下一步检查。

4）将闪光器 4/31 接线柱直接接地，检查闪光器是否有触点闭合的声音。若有触点闭合的声音，则故障为闪光器接地不良；若无触点闭合的声音，则应检查转向灯开关拨至左（或右）时，转向灯开关 L（或 R）接线柱是否有蓄电池电压，若无电压，则闪光器 3/39a 接线柱至转向灯开关 L（或 R）接线柱之间的电路断路或转向灯开关损坏。若有电压，则故障为转向灯开关至左右转向灯的电路断路或所有灯烧坏。

（2）转向灯一边闪亮一边不闪亮

故障部位及原因：不闪亮一侧转向灯的灯丝烧断，不闪亮一侧转向灯至转向灯开关之间电路有断路或短路故障。

故障诊断与排除方法：拆下闪光器 L 和 R 接线柱上的导线连接在一起，并与闪光器上的 L 或 R 接线柱连接，拨动转向灯开关，转向灯不闪亮，则故障为闪光器损坏；一边闪亮一边不闪亮，不闪亮的一端转向灯至转向开关有短路、断路故障，或灯泡烧坏。

2. 闪光器的检查

目前采用的闪光器有二接线柱式和三接线柱式两种。

（1）二接线柱式闪光器的检测　二接线柱式闪光器中一个接线柱与电源相接，另一个接线柱与转向灯开关相接。检查闪光器是否良好时，可直接将闪光器上的电源（B）接线柱与蓄电池正极相连，在另一接线柱接一灯泡，将灯泡的另一端接地，如图 7-5 所示。

检测时，若灯泡正常闪亮，说明闪光器良好；若灯泡不闪亮，但闪光器内部有触点闭合的声音，说明闪光器触点接触不良；若灯泡不闪亮，说明闪光器损坏。

（2）三接线柱式闪光器的检测　三接线柱式闪光器一个接线柱与电源连接，一个接线柱与转向灯开关连接，一个接柱接地。检测闪光器是否良好时，可将闪光器上的电源（B）

接线柱与蓄电池正极相连，接地接线柱与蓄电池负极连接，在转向灯开关接线柱上接一灯泡，将灯泡的另一端接地，如图 7-6 所示。

检测时，若灯泡正常闪亮，说明闪光器良好；若灯泡不闪亮，但闪光器内部有触点闭合的声音，说明闪光器触点接触不良；若灯泡不闪亮，说明闪光器损坏。

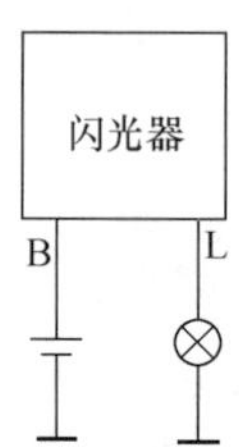

图 7-5　二接线柱式闪光器检测

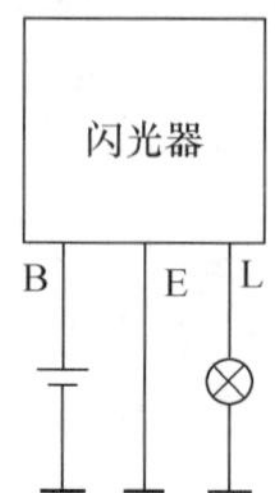

图 7-6　三接线柱式闪光器检测

三、汽车转向信号装置

1. 转向信号灯电路组成

转向信号灯电路主要由转向信号灯、闪光器、转向灯开关等组成。

转向灯开关和危险警告灯开关外形如图 7-7 所示，左右拨动转向开关，可接通转向灯电路，标有红色△的开关为危险警告灯按钮，当按下时，左右转向灯将同时闪烁。

2. 闪光器

转向信号灯的闪烁是由闪光器控制的。常见的闪光器有热丝式、电容式、翼片式和电子式等，闪光器的实物如图 7-8 所示。热丝式闪光器结构简单、成本低，但闪光频率不够稳定，寿命短，信号明暗不明显，现已被淘汰。电容式和翼片式闪光器闪光频率较为稳定，翼片式闪光器还具有结构简单，体积小；工作时伴有响声，可起监控作用等特点。电子式闪光器具有性能稳定和工作可靠的特点，目前已广泛应用，以电子式和集成电路式闪光器为例进行说明。

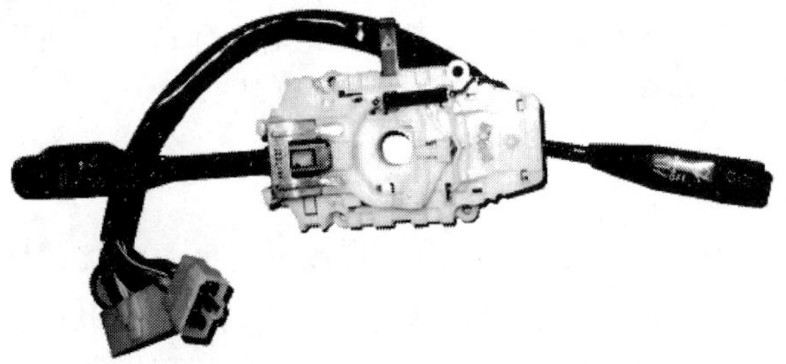

图 7-7　长安汽车组合开关总成

图 7-8　电子闪光器的实物

(1) 电子闪光器　电子闪光器可分为触点式（带继电器）和无触点式（不带继电器），不带继电器的电子闪光器又称为全电子闪光器。带继电器触点式晶体管闪光器电路原理如图 7-9 所示，其触点为常闭合触点。

[(2) 集成电路闪光器] 图 7-10 所示为桑塔纳轿车装用的集成电路闪光器的工作原理图。U243B 型集成块是一块低功率、高精度的汽车电子闪光器专用集成电路。U243B 的标称电压为 12V，实际工作电压范围为 9～18V，采用双列 8 孔直插塑料封装。内部电路主要由输入检测器 SR、电压检测器 D、振荡器 Z 及功率输出级 SC 四部分组成。

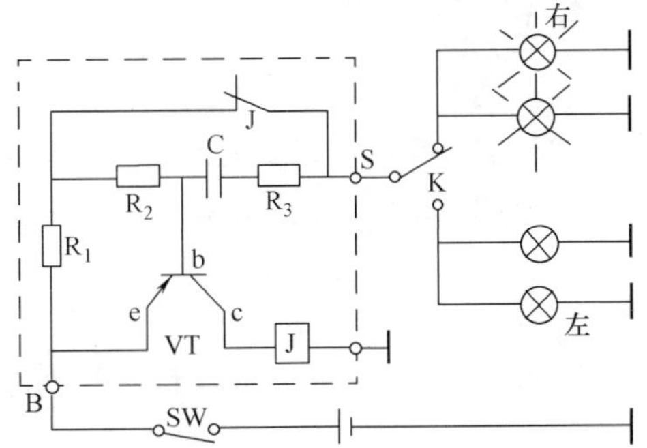

图 7-9 带继电器触点式晶体管闪光器电路

输入检测器用来检测转向信号灯开关是否接通。振荡器由一个电压比较器和外接的电阻 R_4 和电容器 C_1 构成。内部电路比较器的一端提供了一个参考电压，其值由电压检测器控制，比较器的另一端则由外接的电阻 R_4 和电容器 C_1 提供一个变化的电压，从而形成电路的振荡。振荡器工作时，输出级的矩形波便控制继电器线圈的电路，并使继电器触点反复打开和闭合。于是转向信号灯和转向指示灯闪烁，频率为 80 次/min。

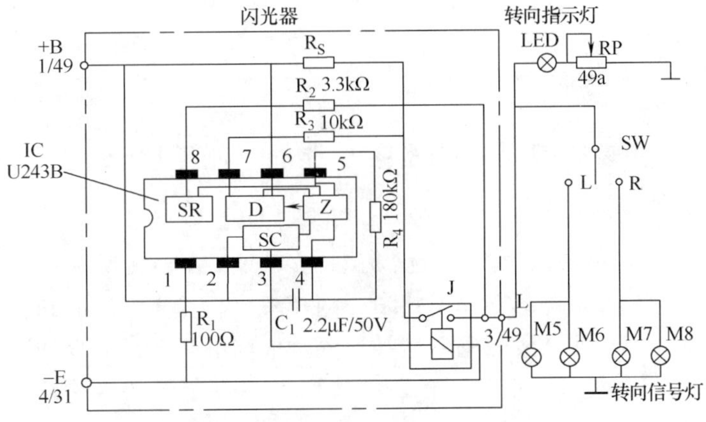

图 7-10 集成电路闪光器

如果一只转向信号灯烧坏，则流过取样电阻 R_S 的电流减小，其电压降减小，经电压检测器识别后，便控制振荡器电压比较器的参考电压，从而改变振荡频率，使转向指示灯的闪光频率加快一倍，以提示驾驶人及时检修。当打开危险警告开关时，汽车的前、后、左、右转向信号灯同时闪烁作为危险警告信号。

特别提示

桑塔纳轿车转向信号系统的车外各转向灯的闪烁情况与车内仪表上的转向指示灯的闪烁是交替进行的，这可以从实际的线路分析中得出结论。

你学会了吗?

1. 转向信号装置各部件的组成及作用是怎样的?
2. 电子式和集成电路式闪光器的结构及工作原理是怎样的?
3. 简述桑塔纳轿车信号系统的工作过程。
4. 如何对桑塔纳轿车信号系统的进行检修?

第35天　认识汽车喇叭

学习目标

1. 熟悉通过案例判断喇叭电路故障的方法。
2. 了解不同类型喇叭的结构。
3. 掌握不同车型喇叭电路的结构。
4. 掌握喇叭电路的故障诊断排除方法。

维修案例

一、案例：速腾轿车喇叭不响及多功能显示器无显示

(1) 故障现象　一辆2008年产一汽—大众速腾1.6L轿车，行驶里程3.6万km。该车突然喇叭不响，按压多功能转向盘按钮，仪表上的多功能显示器无反应。

(2) 检查分析　连接故障诊断仪VAS5051对车辆进行检查，读取到含义为多功能转向盘E221无通信的故障码，并且故障码不能被清除。依据由简入繁的诊断思路，首先对与故障码相关的部件进行基本检查。在此，有必要对E221多功能转向盘的信号传输原理进行简单介绍。

喇叭信号首先进入多功能转向盘控制单元J453，J453收到此信号后再通过LIN线传送到转向柱控制单元J527，然后通过CAN-BUS数据总线传输到中央电器控制单元J519，最后通过J519上的449号喇叭继电器控制喇叭发出声响。

考虑到控制单元编码错误也会导致一些奇特故障的产生，例如带多功能转向盘的车型若编码为非多功能转向盘的车型，会导致转向柱控制单元J527不能识别，进而出现喇叭不响、多功能显示器无显示等故障。于是检查了该车的控制单元编码，发现编码没有错误。

又考虑到如果J527没有在网关J533中注册也会导致多功能转向盘控制单元J453与网关无法通信，从而出现上述故障现象，于是进入网关地址19的08-132组查看舒适系统CAN总线数据，发现转向柱控制单元J527显示为“1”，此数值说明J527与网关能够进行通信。

通过上述分析，排除了以上两种可能导致此故障的原因。决定首先判断是执行器还是传感器部分的故障，通过运用VAS5051进行执行元件自诊断可以达到目的。首先使用VAS5051进入09-03执行喇叭促动器自诊断，此时喇叭发出了“叭”的声响，由此说明终端执行控制器及执行线路部分没有故障，那么问题肯定出在终端执行部分之前。

于是首先检查喇叭按钮信号是否进入了转向柱控制单元J527，进入VAS5051的引导性功

能查询喇叭信号数据流，此时按压转向盘上的喇叭按钮，观察到屏幕上的数据流显示“未操作”。正常情况下，应显示“已操作”，由此说明喇叭信号没有进入 J527。喇叭信号没有进入 J527 的原因通常有以下几种：转向柱控制单元 J527 故障、多功能转向盘控制单元 J453 及其相关线路故障。

首先可以排除 J527 存在故障的可能，因为 J527 有故障时会伴随更多其他故障出现。根据上述检查结果及当前的故障现象，判断是多功能转向盘控制单元 J453 不工作导致上述故障。

首先检查多功能转向盘控制单元 J453 的供电情况。分析电路图（图 7-11）可知，J453 是由 J527 提供 15 号电源的，中间经过了安全气囊螺旋电缆 F138，用万用表测量 T5K/2 端子（J453 电源端）有 12V 电压。接着检查 J453 的接地情况，使用万用表测量发现 T5K/1 端子（J453 接地端）与接地之间断路，由此说明故障的真正原因是 J453 没有接地信号。根据电路图可知，J453 的接地线是由转向柱控制单元 J527 控制的，中间经过了安全气囊螺旋电缆连接件 F138，转向柱控制单元 J527 上的 10 孔插头的 7 号端子（T10x/7）为 J453 及喇叭提供接地信号，使用万用表电阻档测量 J527 的 T10x/7 端子接地正常。

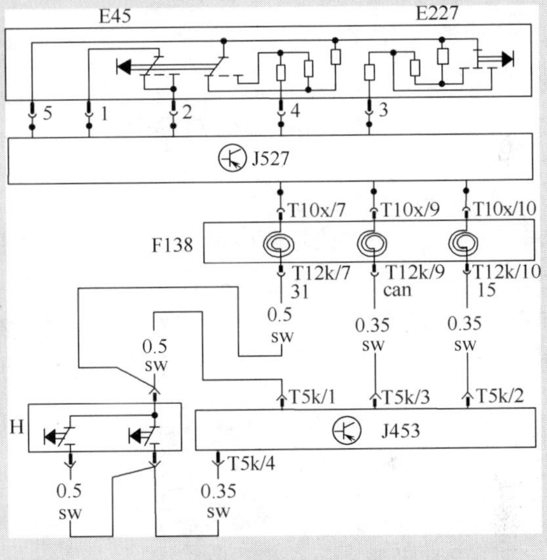

J527 中的 T10X/7 端子能够提供接地信号，而 J453 却无法接地，由此说明此部分的中间连接线路有故障，由电路图可知，接地线通过了安全气囊螺旋电缆连接件 F138，故障点应该就在 F138 上。拆下安全气囊螺旋电缆 F138，使用万用表对其进行测量，发现 F138 中的 T10X/7 端子与 T12K/7 端子之间断路，由此说明时钟弹簧连接件 F138 断路导致 J453 没有接地，进而导致了该车的一系列故障。

图 7-11　转向柱控制单元相关部件电路结构

E45—定速巡航装置开关　E227—定速巡航装置设置按钮　J527—转向柱电子装置控制单元　F138—安全气囊和带滑环的复位环　J453—多功能转向盘控制单元，在转向盘上　H—信号喇叭控制

(3) 故障排除　更换安全气囊螺旋电缆连接件 F138，故障彻底排除。

(4) 维修总结　通过上述故障检查方法及诊断思路，给了维修人员一个启发，利用汽车诊断仪中的数据流分析传感器信号的接收状态，以及利用终端执行器自诊断快速准确地查找故障可以有效提高故障排除效率。

实际操作

现代汽车电器方面的故障中，喇叭线路的故障率占较大的比重，不同车型有不同的喇叭线路结构，给汽车电器维修人员特别是初学者带来较大的难度。本部分内容总结不同车型喇叭电路的故障检测与排除方法，同时简单介绍了中、重型载货汽车安装的电、气喇叭转换电路及不同车型喇叭继电器的代用安装方法。

二、不同车型的喇叭电路结构图

1. 无继电器控制的喇叭电路

这种喇叭电路适用于喇叭功率较小的车型，如微型车（松花江、长安、天津华利等）、天津三峰、捷达、夏利等，电路图结构如图 7-12 所示。标致 504、505 等喇叭电路结构如图 7-13 所示，此种喇叭电路结构会造成按钮过早地烧蚀、损坏，因此已淘汰。

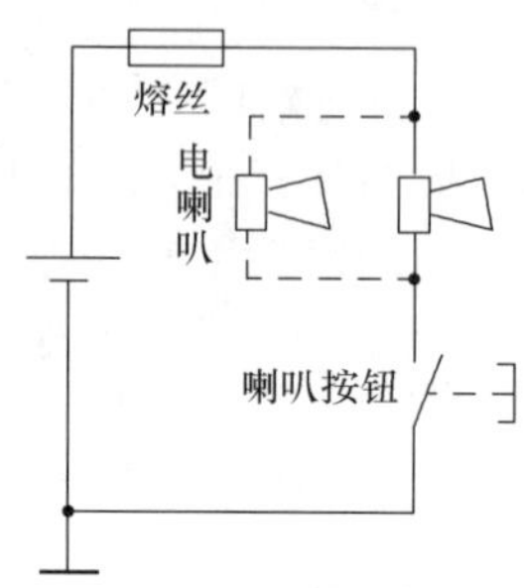

图 7-12　微型车喇叭电路

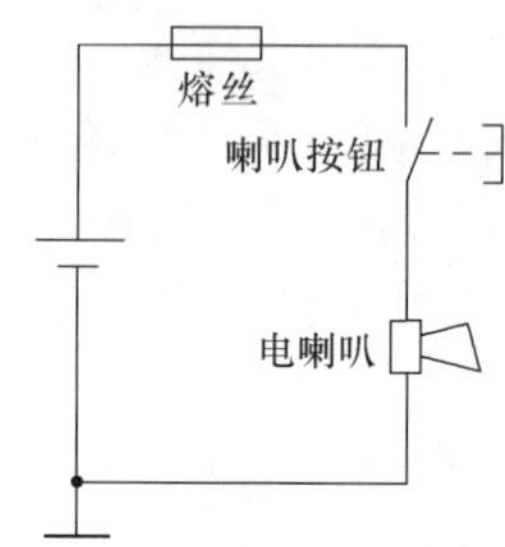

图 7-13　标致车喇叭电路

2. 有继电器控制的喇叭电路

这种喇叭电路采用喇叭电源电路和控制电路分开的控制方式，适用于喇叭功率相对较大的车型，以解决喇叭按钮直接控制过大电流，造成按钮易烧蚀的问题。图 7-14 为适用于桑塔纳等车型的喇叭电路。图 7-15 为适用于南京依维柯等车型的喇叭电路。图7-16为北京切诺基、BJ2020、北京轻客、北京五十铃、解放 CA6440、解放 CA1092 等车型的喇叭电路。

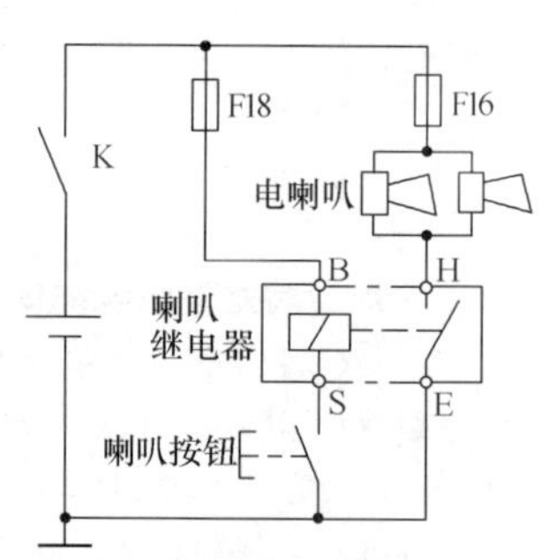

图 7-14　桑塔纳等车型喇叭电路

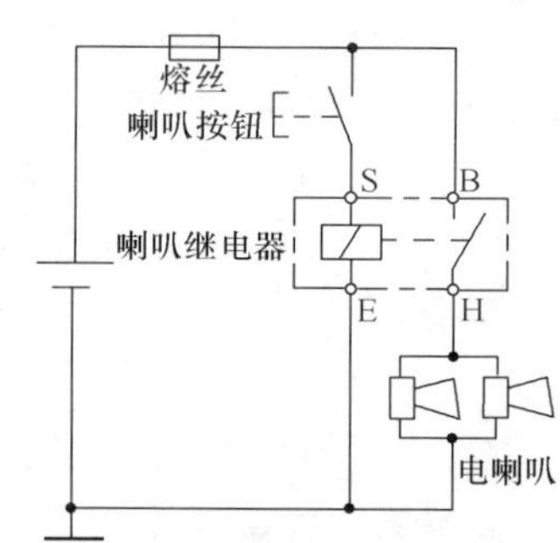

图 7-15　南京依维柯等车型喇叭电路

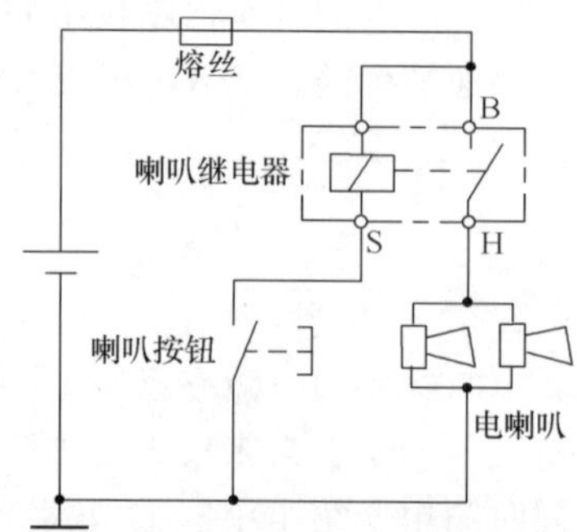

图 7-16　北京切诺基等车型喇叭电路

三、喇叭电路的故障检测

1. 检测部位

喇叭熔丝、电喇叭、喇叭继电器接线端子、喇叭按钮接线端子。

2. 用万用表和试灯分别进行检测

① 熔丝两端电压均为电源电压，用试灯测量亮度正常。

② 不按按钮时，图 7-12、图 7-14 中两喇叭接线端子电压均为电源电压，用试灯测量亮度正常；图 7-13、图 7-15、图 7-16 中两喇叭接线端子电压为 0，试灯测量不亮。

③ 喇叭继电器和线路连接时，喇叭继电器接线端子 B 为电源电压，试灯发光正常；H 端子电压情况同喇叭接线端子；S 端子为电源电压，但用试灯测量时试灯微亮（此时灯丝和磁化线圈一同串接到电源电路中，试灯发光达不到其额定电压所致）。喇叭继电器和线路断开时 B 端子电压为电源电压，试灯正常发光，图 7-14 中 H 端子的电压为电源电压，但用试灯测量时试灯微亮（此时灯丝和喇叭磁化线圈一同串接到电源电路中）；其余端子测量时电压为零，试灯不亮。

④ 喇叭按钮接线端子的一端子应接地，用试灯和万用表测量其是否接地。方法是用万用表的正表笔或试灯一端接一电源线，负表笔或试灯另一端接此端子，如万用表指示电源电压或试灯正常发光，则此端子接地；另一端子电压应为电源电压，但用试灯测量时，试灯微亮（灯丝和磁化线圈一同串接到电源电路中，试灯发光达不到其额定电压）。

⑤ 异常情况可根据电路图进行分析。

由上述检测情况可以看出，正常情况下，喇叭的两接线端子不一定都有一根电源线，两端子可能都没电，如图 7-12、图 7-13、图 7-15、图 7-16 所示。但喇叭按钮的通断情况也要具体情况具体进行分析，不要盲目地认为没电就缺少电源。

四、喇叭电路的故障常发部位及判断

1. 喇叭按钮部位

常见故障：按钮触点烧蚀、锈蚀，转向盘下滑片磨损，与滑片接触的片形或圆形柱弹簧与滑片接触不良，按钮弹簧失去弹性等。遇到这种情况，应先将按钮线一端拆下接地，以确定是否是按钮故障，如喇叭不响则为线路及其他部位故障，如喇叭响，则可确认为按钮部位故障，确认后将按钮相关部位拆解进行打磨、更换。

2. 喇叭部位

常见故障：喇叭发音嘶哑、声音过小、不发声等。不发声情况可用试灯代替喇叭进行试验，如试灯亮，则喇叭故障。这种情况多是电喇叭的音量或音调不正常所造成的，应将喇叭拆下进行调整，具体方法如下：

（1）音调（即衔铁与铁心间气隙）的调整　电喇叭的音调高低与铁心气隙有关，铁心气隙小时，膜片的振动频率高（即音调高）；气隙大时，膜片的振动频率低（即音调低）。音调调整部位多为电喇叭的带有锁紧螺母的中心粗螺纹，调整时，应先松开锁紧螺母，然后转动衔铁，即可改变铁心与衔铁气隙，一般每次调整 1/10 ~ 1/5 圈，后接线进行声响测试，不合格继续调整。

（2）音量（即触点预压力）的调整　电喇叭的音量大小与通过喇叭线圈的电流大小有关。当触点预压力增大时，流过喇叭线圈的电流增大，使喇叭产生的音量增大，反之音量减小。触点压力是否正常，可通过检查喇叭工作时的耗电量与额定电流是否相符来判断。如耗电量等于额定电流，则说明触点压力正常；如耗电量大于或小于额定电流，则说明触点压力过大或过小，应予以调整。调整螺纹位置：喇叭中心螺纹外侧带锁紧螺母的螺栓，一般用密封胶密封。调整时应先松开调整螺杆顶端的锁紧螺母，然后转动调整螺杆（逆时针方向转动时，触点压力增大）进行调整。调整时，不可过急，每次只需对调节螺母转动1/10圈左右。

电喇叭音量和音质的调整并不是完全独立的，两者实际上是相互关联的，因此需反复调试才会获得最佳效果。

3. 熔丝部位

检查到熔丝熔断后，应及时进行更换，如短时间内又熔断，应找出短路接地部位后再进行喇叭故障的维修。

4. 继电器部位

继电器触点烧结，会造成喇叭长鸣；线圈断路，会造成喇叭不响。根据继电器的插脚位置及作用，用万用表测量其电磁线圈阻值，打开观察触点的烧蚀情况，必要时进行维修或更换。

五、喇叭接线图的扩展

1. 中、重型载货汽车安装的电、气喇叭转换电路

对电、气喇叭转换电路的要求：电喇叭一般为两个且功率较大，在电喇叭电路应使用继电器，按钮要控制接地。同时应在电路中增加一电、气喇叭转换开关，以便在需要的时候进行电、气喇叭的转换。满足此要求的电路如图7-17、图7-18所示。

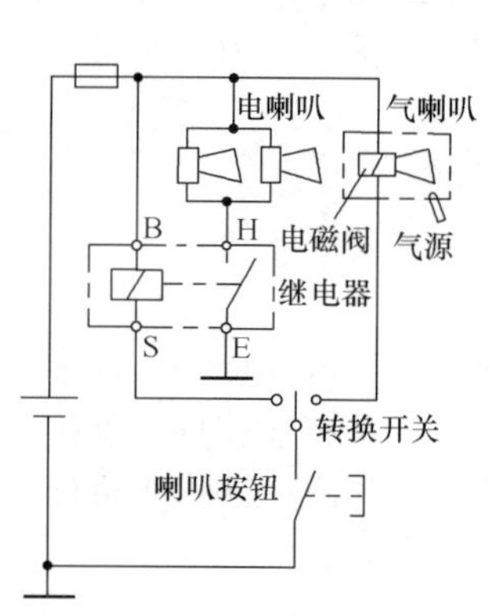

图7-17 电、气喇叭转换电路（Ⅰ）

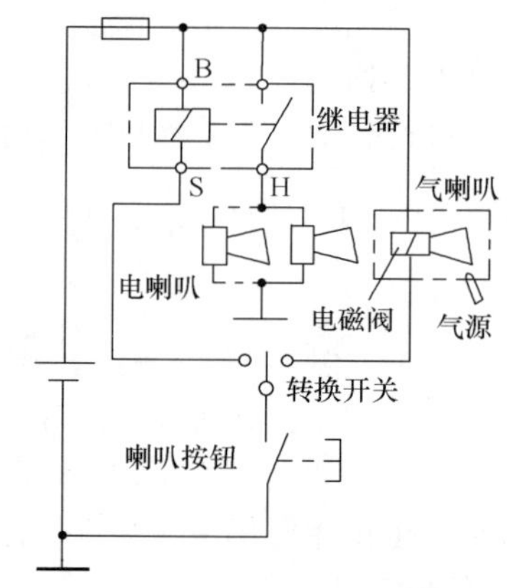

图7-18 电、气喇叭转换电路（Ⅱ）

2. 不同车型喇叭继电器的代用安装方法

凡是和电喇叭的标称电压相同、具有常开触点的电路控制继电器均可用作喇叭继电器。具体接线可参照上述喇叭接线图，如将五十铃N系列继电器中的IT型作桑塔纳轿车喇叭电路的改装，其接线如图7-19所示。

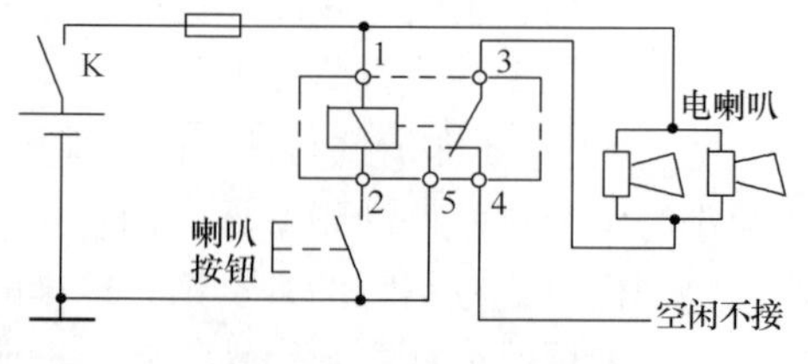

图7-19 喇叭电路改装图

在必要的情况下可以将所有没有喇叭继电器的车型加装喇叭继电器，以保护喇叭按钮，延长其使用寿命，提高喇叭工作的可靠性。只需要手头上有一个电路控制继电器，便可完成此种线路的改装。

六、喇叭信号装置

1. 汽车喇叭的类型与特点

汽车喇叭主要用于警告行人和其他车辆，以引起注意，保证行车安全。

喇叭按发音动力有气喇叭和电喇叭之分；按外形有螺旋（蜗牛）形、筒形、盆形之分，如图 7-20 所示；按声频有高音和低音之分；按接线方式有单线制和双线制之分。

a) 螺旋（蜗牛）形喇叭　　b）盆形喇叭

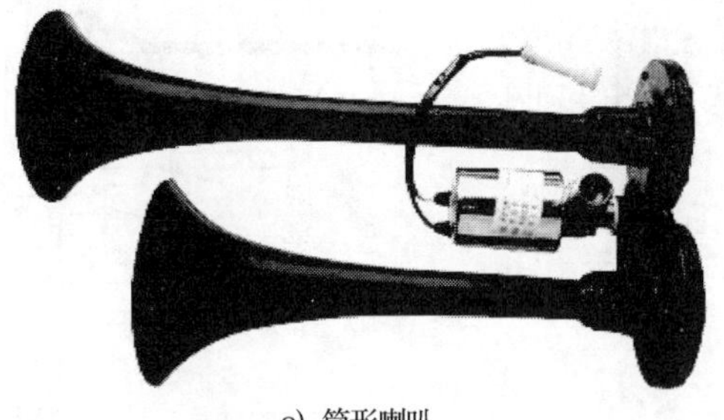

c）筒形喇叭

图 7-20　喇叭类型

第七章

气喇叭是利用气流使金属膜片振动产生音响，外形一般为筒形，多用在具有空气制动装置的重型载重汽车上。电喇叭是利用电磁力使金属膜片振动产生音响，其声音悦耳，广泛使用于各种类型的汽车上。

电喇叭按有无触点可分为普通电喇叭和电子电喇叭。普通电喇叭主要是靠触点的闭合和断开，控制电磁线圈激励膜片振动而产生音响的；电子电喇叭中无触点，它是利用晶体管电路激励膜片振动产生音响的。目前汽车上所装用的喇叭多为电喇叭。

在中小型汽车上，由于安装的位置限制，多采用盆形电喇叭。盆形电喇叭具有体积小、质量轻、指向好、噪声小等优点。

2. 电喇叭结构及工作原理

（1）螺旋形电喇叭　螺旋形电喇叭的构造，如图 7-21 所示。其主要机件有山形铁心、励磁线圈、衔铁、膜片、扬声筒、触点以及电容器。膜片借中心螺杆与衔铁、调整螺母、锁紧螺母联成一体。当按下按钮时，电流由蓄电池正极→按钮→线圈→触点→接地→蓄电池负极。当电流通过线圈时，产生电磁吸力，吸下衔铁，中心螺杆上的调整螺母压下活动触点臂，使触点分开而切断电路。此时励磁线圈电流中断，电磁吸力消失，在弹簧片和膜片的弹力

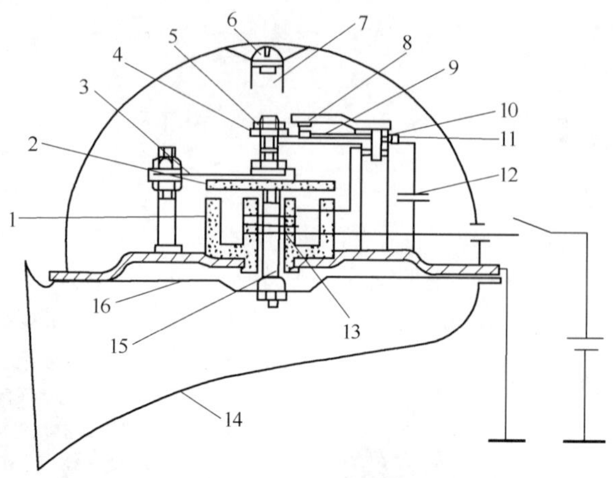

图 7-21　螺旋形电喇叭

1—铁心　2—衔铁螺母　3—弹簧片　4—调整螺母　5—锁紧螺母　6—螺钉　7—支架　8—防护罩　9—固定触点　10—活动触点　11—绝缘片　12—灭弧电容器　13—励磁线圈　14—扬声筒　15—中心螺杆　16—膜片

作用下，衔铁又返回原位，触点闭合，电路又接通。此后，上述过程反复进行，膜片不断振动，从而发出一定频率的音波，由扬声筒共鸣后发出和谐、悦耳的声音。

为了减小触点张开时的火花，避免触点烧蚀，在触点间并联了灭弧电容器。

(2) 盆形电喇叭　桑塔纳系列轿车采用盆形电喇叭，有高音喇叭、低音喇叭各一个，并同步工作。盆形电喇叭作用原理与螺旋形喇叭相同。其结构特点如图 7-22 所示。

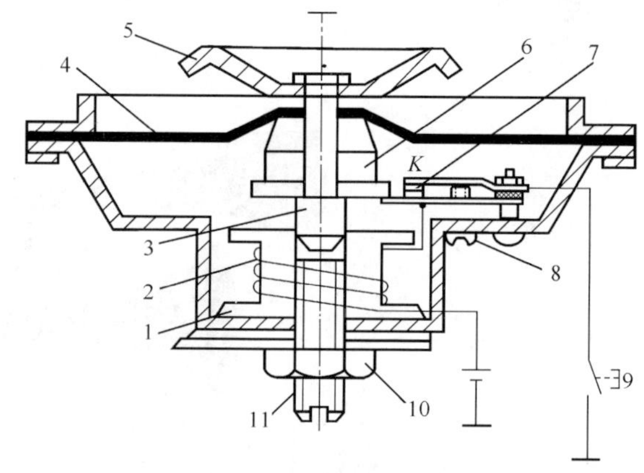

图 7-22　盆形电喇叭

1—固定铁心　2—励磁线圈　3—导杆　4—膜片　5—共鸣板　6—活动铁心　7—触点 K　8—音量调整螺钉　9—喇叭按钮　10—锁紧螺母　11—音调调整螺钉

电磁铁采用螺管式结构，铁心上绕有励磁线圈，上、下铁心间的气隙在线圈中间，所以能产生较大的吸力。它无扬声筒，而是将上铁心、膜片和共鸣板装在中心轴上。当电路接通时，励磁线圈产生吸力，上铁心被吸下与下铁心撞击，产生较低的基本频率，并激励膜片及与膜片联成一体的共鸣板产生共鸣，从而发出比基本频率强得多、且分布又比较集中的谐音。

为了保护触点，盆形喇叭在触点之间也并联了一只灭弧电容器。

3. 电喇叭的调整

螺旋形、盆形电喇叭的调整一般有铁心气隙调整和触点预压力调整两项，前者调整喇叭的音调，后者调整喇叭的音量。

(1) 铁心气隙（即衔铁与铁心间的气隙）调整　电喇叭音调的高低与铁心气隙有关，铁心气隙小时，膜片的振动频率高(即音调高)；气隙大时，膜片的振动频率低(即音调低）。铁心气隙值（一般为 0.7～1.5mm）视喇叭的高、低音及规格型号而定，如 DL34G 为 0.7～0.9mm，DL34D 为 0.9～1.05mm。

盆形电喇叭音量与音调的调整如图 7-23 所示。调整时应先松开锁紧螺母，然后旋转音量调整螺栓（铁心）进行调整。

(2) 触点预压力调整　电喇叭声音的大小与通过喇叭线圈的电流大小有关。当触点预压力增大时，流过喇叭线圈的电流增大，使喇叭产生的音量增大，反之音量减小。

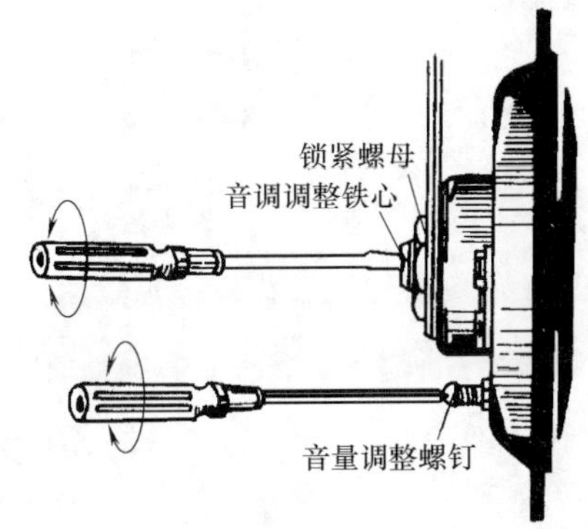

图 7-23　盆形电喇叭音量与音调的调整

触点压力是否正常，可通过检查喇叭工作时的耗电量与额定电流是否相符来判断。如相符，则说明触点压力正常。如耗电量等于额定电流，则说明触点压力正常；如耗电量大于或小于额定电流，则说明触点压力过大或过小，应予以调整。对于盆形电喇叭和图 7-21 所示的螺旋形电喇叭，应先松开锁紧螺母，然后转动调整螺钉（逆时针方向转动时，触点压力增大，音量增大）进行调整。对图 7-22 所示的盆形电喇叭，可旋转音量调节螺钉（逆时针方向转动时，音量增大）进行调整。调整时不可过急，每次只需对调节螺母转动 1/10 圈，每调整一次，通电试验，直至喇叭响声符合要求为止，最后将锁紧螺母锁上。

电喇叭音量和音质调整并不是完全独立的，两者实际上是相互关联的，因此需反复调试才会获得最佳效果。

特别提示

喇叭电路结构相对比较简单，但喇叭的故障率却比较高，熟悉不同车型喇叭电路的结构，是快速诊断排除故障的前提。随着汽车技术的发展，越来越多的车型的喇叭电路采用车身控制模块控制或采用车载网络控制，这给广大一线汽车维修人员诊断与排除喇叭电路的故障带来了更大的挑战。

你学会了吗?

1. 不同类型喇叭的结构及工作过程是怎样的?
2. 不同车型喇叭电路的结构是怎样的?
3. 如何诊断不同车型喇叭电路的故障?

第八章

仪表板和警告系统嗅出故障的味道

第36天　电流表故障检修

学习目标

1. 了解现代汽车充电系统工作状态的指示方式的类型及特点。
2. 熟悉电磁式电流表的结构和工作原理。
3. 熟悉动磁式电流表的结构和工作原理。
4. 掌握电流表的故障检修。

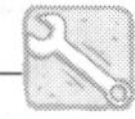

实际操作

一、电流表的故障检修

（1）电流表的检验　将被试电流表与标准直流电流表（-30～30A）及可变电阻串联在一起，接通蓄电池电流，逐渐减小可变电阻值，比较两个电流表的读数，若读数差不超过20%，则可认为被测电流表工作正常。

（2）电流表的调整　被试电流表读数偏高，可用充磁法进行调整。调整方法：①永久磁铁法，即用一个磁力较强的永久磁铁的磁极与电流表永久磁铁的异性磁极接触一段时间，以增强其磁性；②电磁铁法，即用一个Ⅱ字形电磁线圈通以直流电，然后和电流表的永久磁铁的异性磁极接触3～4s，以增强其磁性。调整时，若读数偏低，可使同性磁极接触一段时间，使其退磁。

（3）指针转动不灵活　通电流时，指针有时转动，有时停滞。其原因有机油老化变质、接线螺钉的螺母松动、针轴过紧、指针歪斜碰擦卡住或指针轴和轴承磨损。针轴过紧，应予调整。将机件在汽油中冲洗，待干后在轴承处滴入几滴仪表机油。

第八章

基础知识

二、电流表的结构及工作原理

1. 功用

在现代汽车上，充电系统工作状态的指示方式有电流表指示、充电指示灯指示和电压表指示三种。电流表的显著特点是不仅能够指示充电系统的充放电状态，而且还能指示充放电电流的大小，适合于整车负载电流相对较小、仪表板安装空间相对较大的载货汽车选装。充电指示灯只能指示充电系统的充放电状态，不能指示充放电电流的大小，适合于整车负载电流相对较大、仪表板安装空间相对较小的轿车选装。

电流表的功用是指示充电系统的工作状态。电流表串接在蓄电池与发电机之间的电路中使用。当蓄电池向用电设备放电时，其指示值为负值，当发电机向蓄电池充电时，其指示值为正值。

2. 结构及工作原理

常用的电流表有电磁式电流表和动磁式电流表两种。

(1) 电磁式电流表　电磁式电流表的结构如图 8-1 所示。条形永久磁铁两端分别用黄铜夹子紧固，再用螺栓将黄铜板条拧在绝缘底板上，螺栓即形成电流表的两个接线柱。永久磁铁的内侧，在转轴上装有带指针的 I 字形软钢转子。当没有电流流过电流表时，软钢转子被永久磁铁磁化而相互吸引，使指针停在中间的“0”刻度上。

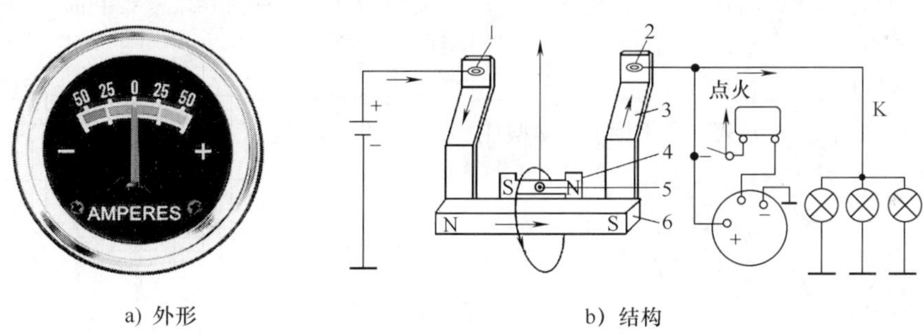

a) 外形　　b) 结构

图 8-1　电磁式电流表

1、2—接线端子　3—黄铜板条

4—软钢转子与指针　5—转轴　6—永久磁铁

当蓄电池向外供电时，放电电流通过黄铜板条，在它的周围产生磁场，其方向（可用右手螺旋定则判断）与永久磁铁的磁场方向相垂直，因此，便产生一个合成磁场。这个合成磁场磁感线的方向与永久磁铁磁感线方向成一个角度，因此软钢转子便带动指针偏转一个角度，即转到合成磁场的方向。电流越大，合成磁场就越强，指针偏转角度也就越大。如果电流方向相反，那么指针也反向偏转。

(2) 动磁式电流表　国产东风 EQ1092 汽车装用的电流表为动磁式电流表，其结构如图 8-2 所示。黄铜导电板固定在绝缘底板上，两端与接线柱相连，中间装有磁轭，与导电板装在一起的转轴上装有指针与永久磁铁，该表与电磁式电流表的区别在于转子是永久磁铁。没有电流流过电流表时永磁转子通过磁扼构成回路，使指针保持在中间“0”的位置。当蓄电池处于放电状态时，电流由电线经导电板流向接线柱，此时导电板周围产生磁场，使安装在转轴上的永磁转子带动指针向“－”方向偏转一定角度，放电电流愈大，偏转角度愈大，电流表的读数愈大；当蓄电池处于充电状态时，则指针随之反向偏转。

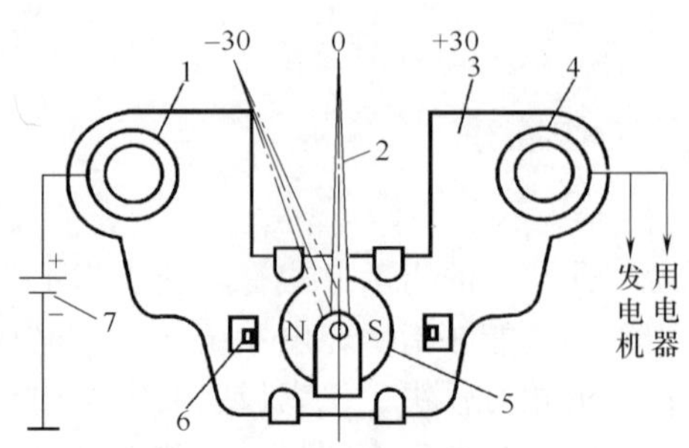

图 8-2 动磁式电流表的结构

1、4—接线端子 2—指针 3—导电板 5—永磁转子 6—磁轭 7—蓄电池

电磁式电流表的两个接线端子具有正负极之分，标有正极“+”标记的端子应与交流发电机的输出端子 B 相连，标有负极“-”标记的端子应与蓄电池正极端子 BAT 相连。

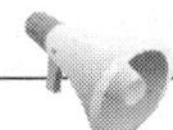

特别提示

1. 不同车型使用不同型号的发电机，所配用电流表的量程不同。电流表的量程有 -20 ~ 20A、-30 ~ 30A、-50 ~ 50A、-60 ~ 60A 等。

2. 电流表应串联在蓄电池和发电机之间，且接线时极性不可接错，即电流表的“-”接线柱与蓄电池的正极相连，电流表的“+”接线柱与发电机的电枢（B+）接线柱相连。

3. 电流表只允许通过较小电流。一般汽车灯光系统、点火系统、仪表系统等长时间连续工作的小电流可经过电流表，短时间断续型用电设备的大电流（如起动机、电喇叭等）均不通过电流表。

你学会了吗?

1. 现代汽车充电系统工作状态的指示方式有哪些形式?
2. 简述电磁式电流表的结构和工作原理。
3. 简述动磁式电流表的结构和工作原理。
4. 如何检修电流表的故障?

第 37 天 电压表故障检修

学习目标

1. 熟悉电压表在汽车电路中的连接。
2. 熟悉电磁式电压表的结构与工作原理。
3. 掌握电压表的故障检修。

一、案例：切诺基汽车电压表起步时指针摆动

(1) 故障现象 一辆北京切诺基吉普车，原地不动时打开点火开关，电压表指示正常，但车在起步行驶时，电压表指针便出现向零位摆动现象。

(2) 故障检查 起动发动机，在蓄电池正极接线柱与导线之间串入直流电流表检查发电机的充电情况，充电电流在12A左右，汽车缓慢行驶时充电电流也不变。但熄火后打开点火开关，用人推车向前走动，电压表仍向低位摆动，但电流表上放电电流无增大现象；反复试验，均如此。于是拆下仪表板，检查各插头，无断开、松动现象；用电压表测试仪表电源线电压，车不动时电压正常，车向前行驶即产生较大的电压降。从蓄电池正极接线柱直接引一根电源线到仪表板试验，电压还是下降；用万用表的电阻档测试仪表接地，证实其与车体接触良好。从蓄电池负极接线柱直接连一根线到仪表板试验，故障消失，说明仪表负极线有问题。在发动机与车体之间连一根导线试验，故障不再出现。找到发动机与车身的接线地检查，原来此线已断。

(3) 故障排除 更换发动机与车身的接地线，电压表在发动机各工况下均指示正常。

(4) 维修总结 北京切诺基吉普车的充电情况由电压表指示，电压表也显示出整车的电源电压。同时，该型车的仪表板接地线在车身上，而蓄电池的接地线直接接在发动机上，这样，在发动机与车身之间必须有一根可靠的搭铁线，才能保证车上的用电设备正常工作。该车正是由于此搭铁线断路，车原地不动时，靠发动机与车身的某一点接触，电压表还能正常指示，车身一动（行驶或人推）接触点便断开，电压表即因负极断路而停止工作，此时电压表指针便向零位摆动。

二、电压表的故障检修

电压表的常见故障检修见表8-1。

表8-1 电压表的常见故障及排除方法

故障现象	故障原因	排除方法
电压表无指示	(1) 仪表线路熔断器熔断 (2) 电压表损坏 (3) 导线断路	(1) 更换熔断器 (2) 更换电压表 (3) 连接导线
电压指示过高	(1) 调节器损坏 (2) 电压表失调	(1) 更换调节器 (2) 校准电压表
电压指示过低	(1) 调节器损坏 (2) 发电机不发电或输出功率不足 (3) 电压表失调 (4) 发电机输出电路有接地	(1) 更换调节器 (2) 检修发电机、调节风扇传动带松紧度 (3) 校准电压表 (4) 拆除接地

第八章

基础知识

三、电压表功用与工作原理

1. 电压表功用

电压表用来指示电源系统的工作情况。它不仅能指示发电机和调节器的工作状况，同时还能指示蓄电池的技术状况，比电流表和充电指示灯更为直观与实用，故近年来装用电压表的车辆不断增多。电压表与蓄电池、发电机和负载并联连接，并由点火开关控制，其电路连接如图 8-3 所示。

2. 结构与工作原理

电压表有电磁式和双金属片式两种。由于双金属片式电压表在接通或断开电源时，指示摆动较为迟缓，故应用较少。

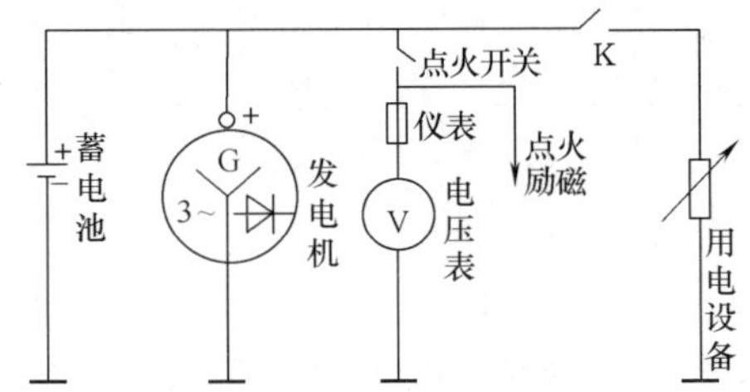

图 8-3　电压表的连接

北京切诺基（BJ2021 型）汽车用电磁式电压表的结构原理如图 8-4 所示，由两只十字交叉布置的电磁线圈、永久磁铁、转子、指针及刻度盘组成。两只线圈相互串联，在电路中又串有一个稳压管和限流电阻。稳压管的作用是当电源电压达到一定数值时才能将电压表电路接通。工作原理：在点火开关未接通时，电压表未加电压，永久磁铁将转子磁化，使指针指向最小刻度 9V；当接通点火开关，电源电压高于稳压管击穿电压后，稳压管击穿导通，两线圈中便有电流流过，产生磁场，形成一个合成磁场，该合成磁场与永久磁铁的磁场相互作用，使转子带动指针偏转。电源电压越高，通过两线圈的电流就越大，其磁场越强，因此指针的偏转角度就越大，即可指示出相应的电压值。

数字式电压显示表采用专门的集成电路，将待测电压与基准电压比较后使电路中的运算放大器的输出端输出高电平或低电平，使发光二极管点亮或熄灭，从而指示出汽车的电源电压值。这种电路电压显示的范围为 10 ~ 15V，每个发光二极管代表 1V 的电压升降变化，确保电压显示更加精确。

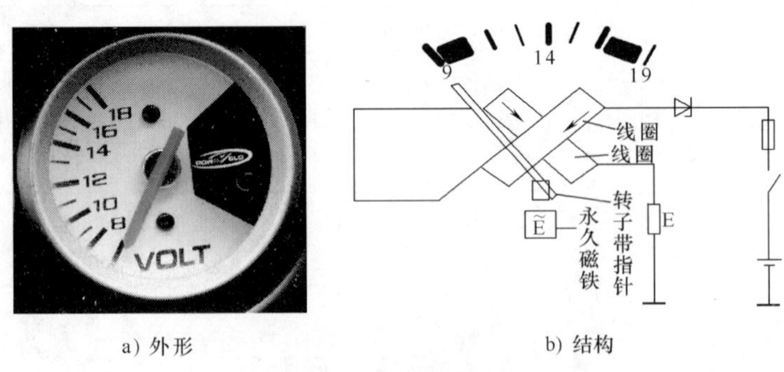

a）外形　　b）结构

图 8-4　电磁式电压表

第八章

特别提示

当接通点火开关时，电压表即可指示蓄电池的端电压，对12V电系的车辆一般为11.5～12.6V。接通起动机的瞬间，电压将下降至9～10V，此值为正常，如起动时电压表指示值过低，则说明蓄电池亏电或有故障。发电机以正常转速运转时，电压表应指示在13.5～14.5V的规定范围内。若起动前后，电压表读数不变，则表明发电机不发电；若起动后电压表指示值不在规定范围内，则说明调节器调整不当或损坏。

你学会了吗?

1. 电压表在汽车电路中是怎样连接的?
2. 电磁式电压表的结构与工作原理是怎样的?
3. 如何检修电压表的故障?

第38天　仪表稳压器的故障诊断

学习目标

1. 了解电热式仪表稳压器的作用及应用。
2. 熟悉电热式稳压器的结构及工作原理。
3. 掌握电子式稳压器的结构及应用。

维修案例

一、案例：桑塔纳轿车冷却液温度指示值偏高

（1）故障现象　一辆2002款的桑塔纳2000GSi轿车，行驶总里程12.5万km，2007年4月发现该车在怠速或行驶中，使用前照灯时光线偏暗，而且冷却液温度表指示值偏高。

（2）故障诊断与排除　指针在显示较高温度时。触摸上、下水管，并未感到温度异常，并且加液口处也无蒸气冒出，可以判断发动机冷却系统工作正常，故障可能是由于电气系统引起。

从故障本身出发，出现了前照灯光线偏暗和冷却液指示值偏高，我们从以下几方面进行了推断：①前照灯光线偏暗有哪些可能的故障；②冷却液温度表指示值偏高又有哪些可能的故障；③两个故障是不是存在什么内在的联系。

接到故障车后，针对故障我们设计了两套解决方案。第一种方案：按部就班法，针对第一个故障，逐一对电源、灯光开关、灯光控制元件及线路连接等进行排查。针对第二个故障，产生故障的原因：①冷却液温度传感器与冷却液的接触面产生水垢，导致传感器电阻值发生变化；②仪表稳压器J6输出电压偏高；③连接导线接触不良。可以采用更换原件的办法逐个排除，再测线路连接，然后再去找两个故障之间的联系。第二种方案是抓住关键点，因

第八章

为通过询问车主和试车发现这两个故障，即灯光偏暗和冷却液指示值偏高是同时产生且同时存在的，那么这两个故障是不是有内在联系呢？我们先分别列出前面第一和第二两个问题的所有故障原因，然后找出相同的故障原因，或者直接从电路图上找出他们是否存在故障联动点，如图 8-5 所示。

根据以上思路，我们选择了第二种方案，即先找出两者的共同点。因为考虑到有效性和可靠性，找来电路图仔细查找前照灯和冷却液温度表之间的联系，发现前照灯与给冷却液温度表供电的仪表稳压器 J6 两者的接地端处有联系：前照灯的负极线是与仪表稳压器 J6 负极接地线在该车前围线束中相交于一点后集中引出的，在蓄电池负极桩处接地构成回路。此连接点松动，拧紧后灯光增强，冷却液温度表显示正常，故障现象消失。

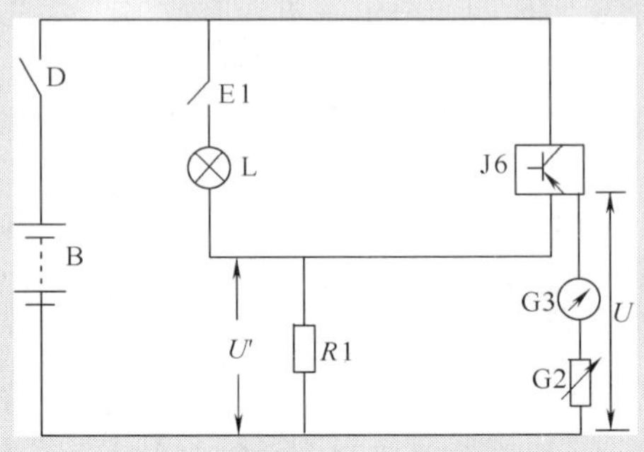

图 8-5　原理示意图

D—点火开关　E1—灯光开关　L—前照灯　R1—接地不实形成的电阻　J6—仪表稳压器　U—稳压器输出电压　U'—接地不良分电压　G2—冷却液温度传感器　G3—冷却液温度表

(3) 维修总结　前照灯灯光偏暗能够让人较快地想到可能是线路接触不良的故障，本故障的重点是如何找到它与冷却液温度计之间的联系。

该轿车采用的是负温度系数热敏电阻式冷却液温度传感器，而冷却液温度计采用电热式结构，它是利用双金属片受热后变形的特性来工作的。即当流过双金属片上的电流越大，变形量也越大，指针的偏转角也越大。由于两者的共同接地点出现了连接松动，相当于在线路中接入了一个一定阻值的电阻。

当打开前照灯时．在电阻 $R1$ 上形成分压电压 U'。从而使得前前照灯上的电压偏低。导致了前照灯灯光偏暗；对于冷却液温度表而言，由于分压电压 U'的存在，影响了仪表稳压器的正常工作。根据稳压器的工作原理（晶体管导通时间决定稳压器输出电压 U 的高低）可知，仪表稳压器输出电压 U 升高，从而提高了流过冷却液温度的电流，使冷却液温度表指示值偏高。

实际操作

二、典型仪表故障诊断与排除

在掌握仪表工作原理与电路工作过程后，检修起来较容易，它们由传感器和仪表两部分构成，可采用分段的方法处理。下面以冷却液温度表故障和所有仪表不工作为例介绍仪表电路常见故障及诊断方法。

1. 冷却液温度表无指示

故障现象及故障原因详述如下：

(1) 故障现象　发动机冷却液温度无论高低，指针总显示最高温度不动。

(2) 故障原因　冷却液温度表本身故障、电路有断路处、冷却液温度传感器故障、稳压器工作异常等。

(3) 检修方法　拔下冷却液温度传感器接线插头并接地，打开点火开关，观察冷却液温度表。若指针向低温刻度方向移动，说明故障在冷却液温度表传感器；若无反应，则说明故障在仪表本身或在稳压器，或线路已断路。接好冷却液温度传感器接线插头，打开点火开关，用万用表测量仪表上的电源电压，若有电压，则表内部已坏。若无电压，则说明稳压器已坏或电路线已断。

2. 所有仪表无指示

故障现象及故障原因如下：

(1) 故障现象　打开点火开关，所有仪表均无指示；

(2) 故障原因　熔丝熔断、稳压器故障、电路断路等。

(3) 检修方法　先查熔丝是否熔断，然后检查电路接线是否松动、脱落，接地是否良好，最后用万用表测量稳压电源电压。

基础知识

电热驱动式仪表又称为双金属片式仪表。双金属片是由两种热膨胀系数不同的金属制成。当加热线圈通过电流时，产生的热量就会使双金属片产生弯曲变形。如果在双金属片的一端制作一对触点，并将其串联连接在电路中，那么当双金属片受热后产生变形时，触点就会断开，电路就被切断；当双金属片冷却收缩时，触点又会闭合，电路又将接通。

双金属片式指示仪表是依靠加热线圈通过电流产生热量对其进行加热而工作的。如果双金属片式指示表匹配使用的传感器不是双金属片式传感器，而是热敏电阻式传感器，那么当电源电压发生变化时，指示表加热线圈流过电流的大小和产生热量的多少都会发生变化，指示的数值就会发生偏差。因此，凡是双金属片式指示仪表与热敏电阻式传感器匹配使用的汽车仪表，在其电路中都串接有一只仪表电源稳压器，简称仪表稳压器，从而避免电源电压变化给仪表指示精度带来影响。东风 EQ1090 系列汽车的冷却液温度表和燃油表都匹配了可变电阻式传感器，其仪表系统电路如图 8-6 所示。下面以双金属片式冷却液温度表为例进行介绍。

三、电热式与电子式仪表稳压器

1. 电热式仪表稳压器

仪表稳压器的功用：当电源电压波动时，向指示仪表和传感器电路提供一个稳定的电压，保证指示仪表指示的读数准确。

常用仪表稳压器分为双金属片式和电子式两种。桑塔纳等小轿车采用了电子式；东风、解放等载货汽车采用了双金属片式。仪表稳压器主要由双金属片、加热线圈和一对常闭触点组成。双金属片制成“Ⅱ”形，如图 8-7 所示，加热线圈绕制在双金属片上，加热线圈一端接地，另一端焊接在双金属片上。双金属片一端固定，另一端铆有活动触点，固定触点与电源端子“+”连接。仪表稳压器的工作原理如图 8-8 所示。

当点火开关接通、稳压器触点处于闭合状态时，输出端子输出的电压 U_o 与输入电压 U_i 相等（即 $U_o=U_i$）。此时双金属片上的加热线圈有电流流过，并产生热量对双金属片进行加热。

当双金属片受热时就会向上弯曲，使触点断开。当触点断开时，输出电压 $U_o=0$。此时加热线圈电流切断，双金属片逐渐冷却复位，触点将重又闭合。触点如此循环断开与闭合，稳压器不断输出脉冲信号电压，并使输出电压保持在某一平均值。

第八章

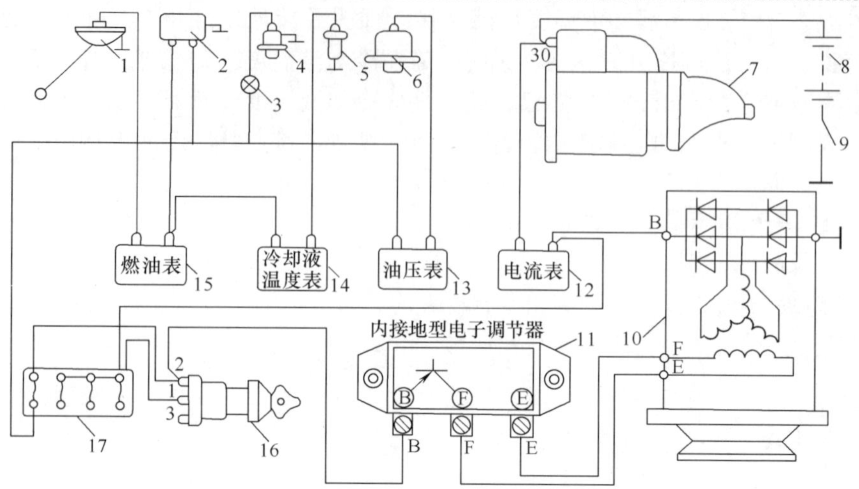

图 8-6　东风 EQ1090 型汽车仪表系统电路

1—燃油传感器　2—仪表稳压器　3—油压过低指示灯　4—油压过低警告开关
5—冷却液温度传感器　6—油压传感器　7—起动机　8—蓄电池　9—电源总开关
10—交流发电机　11—电压调节器　12—电流表　13—油压表　14—冷却液温度表
15—燃油表　16—点火开关　17—熔断器盒

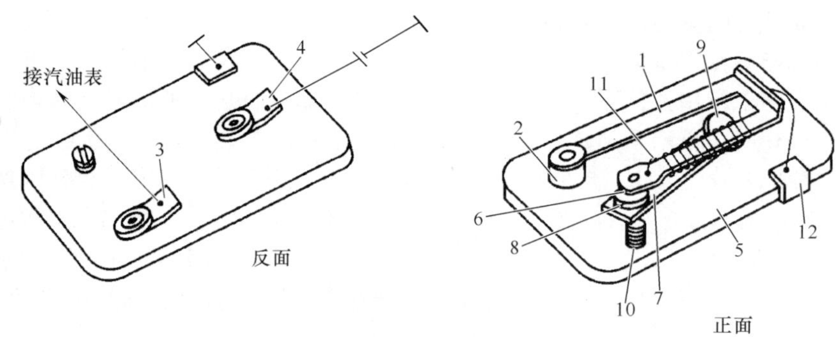

图 8-7　稳压器

1—双金属片　2、3—输出端　4、9—输入端　5—稳压器底板　6—活动触点
7—固定触点臂　8—固定触点　10—调整螺钉　11—加热线圈　12—接地

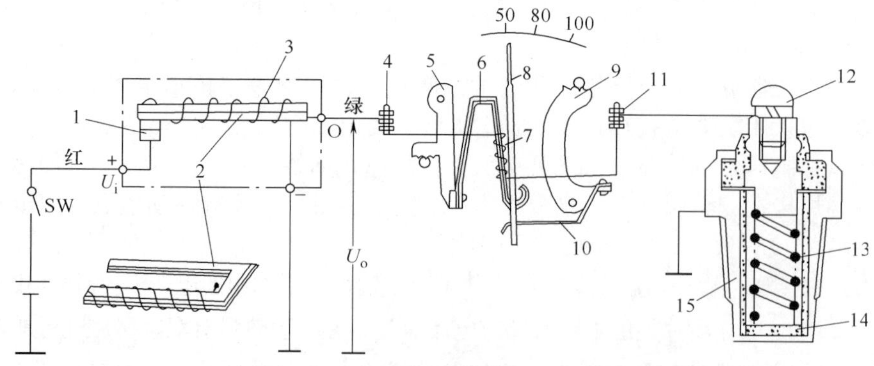

图 8-8　双金属片式温度表的结构原理

1—稳压器触点　2、6—双金属片　3、7—加热线圈　4、11、12—接线端子　5、9—调整齿扇
8—指针　10—弹簧片　13—弹簧　14—热敏电阻　15—金属壳体

当汽车电源电压升高时，由于稳压器的输入电压升高，流过加热线圈的电流增大，产生热量多，因此双金属片只需加热较短时间即可使触点断开。触点断开后，待双金属片逐渐冷却复位时，触点就会再次闭合。由此可见，虽然电源电压升高时会使输入稳压器的电压 U_i 有所升高，但是触点闭合时间缩短使得稳压器输出电压的平均值将基本保持不变。同理，当汽车电源电压降低，稳压器的输入电压降低时，由于触点闭合时间增长，因此输出电压的平均值将基本保持稳定。仪表稳压器工作时的电压波形如图 8-9 所示。

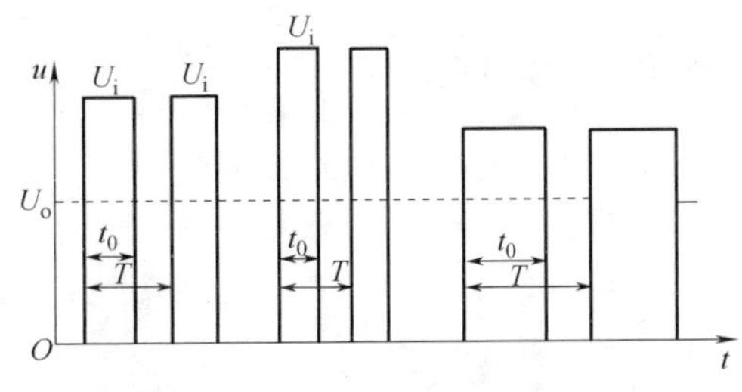

图 8-9　电热式仪表稳压器电压波形

电热式稳压器在使用中应注意以下几点：

1）仪表稳压器安装时，两接线柱的接线不得接错。

2）凡使用仪表稳压器的燃油表及冷却液温度表，不允许直接与电源相接，否则会烧毁仪表。

2. 电子式仪表稳压器

采用三端集成稳压器可简化仪表结构，降低仪表成本，提高稳压精度，延长仪表寿命。

桑塔纳、奥迪轿车仪表板采用了专用的三端式电子仪表稳压器。图 8-10 中 A 或 1 为输出端，2 为接地，E 为电源输入端。该稳压器输出电压为 9.5 ~ 10.5V。

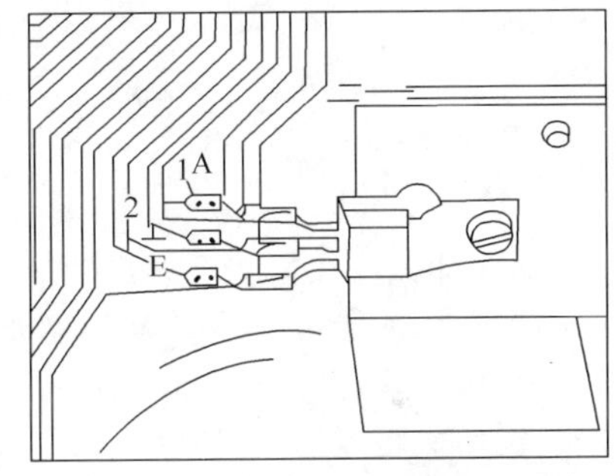

图 8-10　电子式仪表稳压器

1—输出端　2—接地　E—电源输入端

汽车用仪表电源稳压器的稳压值依车型而异，东风 EQ1090 系列汽车为（8.64 ± 0.15）V，解放 CA1091 系列汽车为 7V，桑塔纳轿车为 9V。如果仪表稳压器的输出电压不符合规定值，对于双金属片式稳压器，可调节图 8-7 所示调节螺钉 10 进行调整，拧入螺钉时输出电压升高，拧出调节螺钉时电压降低。电子式稳压器不能调整，只能更换新品。

特别提示

仪表稳压器是仪表电路结构中一个特殊的结构，对于电热式稳压器，并不是应用在任何仪表中，凡是在双金属片式指示仪表与热敏电阻式传感器匹配使用的汽车仪表，在其电路中都串接有一只仪表电源稳压器。桑塔纳类车型使用的电子式稳压器也是应用在此类仪表中。

你学会了吗?

1. 双金属片式仪表稳压器的结构和工作原理是怎样的?
2. 电子式稳压器的结构是怎样的?
3. 如何对冷却液温度表的故障进行检修?

第39天　桑塔纳轿车机油压力警告系统故障诊断

学习目标

1. 了解桑塔纳机油压力警告灯的工作情况。
2. 熟悉桑塔纳机油压力警告系统的结构及工作原理。
3. 会判断桑塔纳机油压力警告系统故障。

维修案例

一、案例：桑塔纳轿车高速行驶时机油警告灯闪亮

(1) 故障现象　一辆桑塔纳轿车，低速行驶时一切正常，当行驶速度超过60km/h时，机油警告灯即闪烁，蜂鸣器同时发响；停车熄火重新起动发动机，一切恢复正常，但速度一高，上述现象又会出现。

(2) 故障检查　根据该型车的结构特点，此故障通常是高压开关损坏所致。于是拆下高压开关，在接口处装上压力表，起动发动机并在规定转速下测量机油压力，符合标准，说明高压开关失效。

(3) 故障分析　桑塔纳轿车发动机上装有高、低两个机油压力开关（也称油压传感器）。低压开关装在发动机缸盖后端，高压开关装在机油滤清器支架上。其工作原理是打开点火开关，机油警告灯即闪烁；起动发动机后，机油压力大于30kPa时，该警告灯即自行熄灭。发动机低速运转时，如果机油压力低于30kPa时，低压开关的触点即闭合，机油警告灯闪烁；发动机转速超过2000r/min时，若机油压力达不到180kPa，高压开关的触点即断开，机油警告灯闪烁，蜂鸣器同时发响报警。该车由于高压开关失效，高速行驶时虽然机油压力正常，但高压开关触点仍断开，故机油警告灯闪亮。

实际操作

第八章

二、桑塔纳轿车机油压力警告系统的故障诊断

1. 油压检查控制器和相关线路的检测

将发动机熄火，接通点火开关，油压指示灯应闪亮，此时蜂鸣器不可鸣响；发动机转速低于2150r/min，拔下低压油压开关的电线接头，并在车体或发动机上接地（相当于低压油压开关触点闭合），此时，油压指示灯应闪亮，蜂鸣器不可鸣响；发动机转速高于2150r/min，拔下高压油压开关的电线接头，但不要接到车体上（相当于让高压油压开关开路），此时油压指示灯应闪亮，蜂鸣器应鸣响。如果达到以上要求，说明油压检查控制器与相关线路是正常的。

2. 润滑系统机油压力的测量

可采用在机油压力开关（低压油压开关和高压油压开关的统称）处串接机油压力表的方

法来检查润滑系统机油压力是否正常。在机油温度80℃时，正常的油压：发动机转速为800r/min时，机油压力≥30kPa；发动机转速为2150r/min时，机油压力≥200kPa。如果机油压力小于正常值，其原因除机油油面低以外，还可能有如下原因：

1）机油黏度过低。

2）机油油道堵塞。

3）机油泵主动轴与轴孔的配合间隙或主、从动齿轮的啮合间隙不符合要求。

4）长期使用不符合标号的机油和汽油，造成机油集滤器堵塞。

5）油底壳受损变形，使机油泵通过集滤器吸取机油不能满足机油泵供油量的需要。

三、机油压力警告系统的结构与工作原理

在一些汽车上，除了装有机油压力表外，还装有机油压力过低警告灯。每当润滑系统机油压力低于允许值时，警告灯亮，以引起驾驶人注意。而且机油压力警告灯越来越普及，在许多车型上，已将机油压力表取消，只用机油压力警告灯监测润滑系统的工作情况。

1. 弹簧管式机油压力警告开关

如图8-11所示，机油压力过低警告灯电路是由安装在发动机主油道的弹簧管式警告开关和安装在仪表板上的红色警告灯组成。其警告灯开关内有一管形弹簧，管形弹簧的一端与主油道相通，另一端有一对触点，固定触点经连接片与接线柱相接，活动触点经外壳接地。

当机油压力低于允许值时，管形弹簧向内弯曲，触点闭合，警告灯亮，以示警告；当机油压力正常时，管形弹簧产生的弹性变形量大，使触点分开，警告灯熄灭，以示机油压力正常。

2. 膜片式机油压力警告开关

图8-12所示为膜片式机油压力警告开关控制警告灯的电路图。当机油压力正常时，机油压力推动膜片向上拱曲，推杆将触点打开，警告灯熄灭；当机油压力低于允许值时，膜片在弹簧压力作用下向下移动，从而使触点闭合，警告灯亮，以示警告。

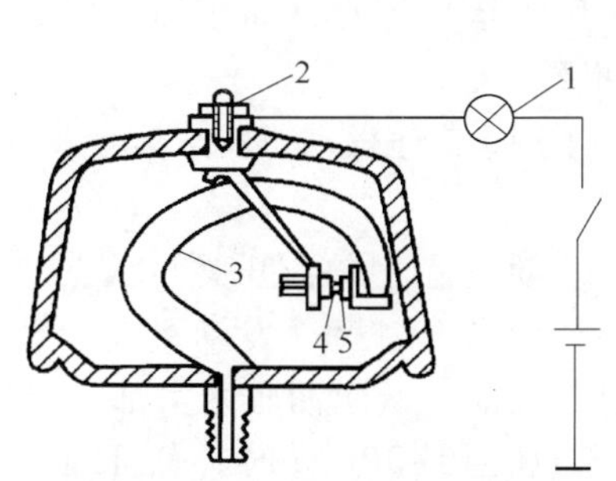

图8-11　弹簧管式机油压力警告开关控制电路

1—警告灯　2—报警开关接线柱　3—管形弹簧　4—固定触点　5—活动触点

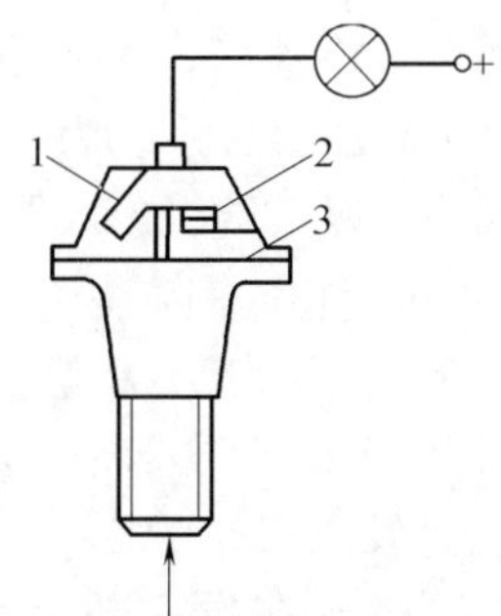

图8-12　膜片式机油压力警告开关控制电路

1—弹簧片　2—触点　3—膜片

四、桑塔纳轿车机油压力警告系统

1. 机油压力警告系统安装位置与结构

桑塔纳2000型轿车的机油压力警告系统是用来监视和指示发动机润滑系统工作状况的。它由油压检查控制器J_{114}、油压指示灯K_3和高低压开关F_1、F_{22}等元件组成，图8-13为系统的电路接线图。

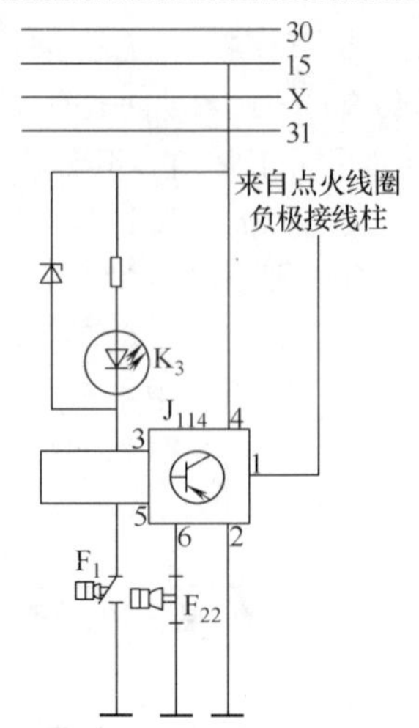

图8-13 桑塔纳机油压力警告系统的控制线路

F_{22}—低压油压开关 F_1—高压油压开关 K_3—油压指示灯 J_{114}—油压检查控制器

油压指示灯安置在仪表面板上，两端并联了一个稳压二极管。油压指示灯采用红色发光二极管，其正端串接的附加电阻为330～500Ω，当正向电压大于2V时便能导通点亮，它会根据油压检查控制器的指令信号闪亮而发出报警指示。

油压检查控制器固装在里程表框架上，内置集成电路和报警蜂鸣器。J_{114}为系统的控制中枢。它根据低压油压开关和高压油压开关监测到的信号，发出油压指示灯是否闪亮和油压报警蜂鸣器是否鸣叫的指令信号。图8-13为J_{114}的实物接脚图。J_{114}是8脚集成电路，其中4脚接电源正极，2脚接地接电源负极，1脚接转速信号，5脚接高压开关F_1，6脚接低压开关F_{22}，3脚接油压指示灯K_3负端，7、8脚为油压指示灯的两个电路焊接点，因7、8脚无电路引出，故在图中体现不出来。

低压开关F_{22}安装在气缸盖上主油道的后端，绝缘体为褐色，上标有“(0.3±0.15) bar”字样（1bar=100kPa）用以感受缸盖油道的油压。F_{22}为常闭型开关，当感受的机油压力高于(30±15) kPa时，开关断开。低压开关利用外壳直接接地，向J_{114}输送低油压信号。在发动机工作中，如果低压油压开关的触点接通，油压指示灯就会闪亮。所以这种警告系统为闭路报警和灯光报警。

高压开关F_1安装在机油滤清器支座上，其绝缘体为白色，上标有“(1.8±0.2) bar”字样，接线颜色为蓝/黑色，用以感受缸体主油道的油压。F_1为常开型开关，当感受的油压高于(180±20) kPa时，开关闭合，高压开关也是外壳接地，向J_{114}输送高油压信号。在发动机工作中，如果高压油压开关中的触点断开，油压指示灯闪亮，油压蜂鸣器也同时发出声响。所以，这种高压警告系统为开路报警和声光报警。

从点火线圈初级负端引出导线到控制器1脚，向J_{114}输送发动机转速信号。

2. 油压控制过程

电路图中所表示的开关和触点所处的状态是发动机静止时各开关与触点的状态。在汽车起动时，油压指示灯先闪亮一会儿，发动机起动后马上熄灭（发动机起动过程中点火开关接通的瞬间，发动机是静态，直至机油压力建立之前，低压油压开关都是导通的，所以油压指示灯闪亮）。在发动机起动后，当机油压力达到30kPa时，低压油压开关断开，油压指示灯不再闪亮。当发动机转速高于2150r/min时，只要机油压力小于180kPa，高压油压开关成为开路，油压检查控制器中的电子线路被触发，油压指示灯闪亮并伴有蜂鸣声。在机油压力正常的工况下，高压油压开关则是闭合的。

3. 新款大众系列轿车机油压力警告系统

新款大众系列轿车机油压力警告系统也有两个机油感应塞，但是其用途同上述不

第八章

同，老款的机油感应塞都安装在发动机机油压力通道上，新款的则只有一个安装在发动机机油压力通道上，另一个安装在油底壳上，叫做机油油位与油温传感器，用来测量机油数量及温度。在仪表上安装有两个机油灯，一个为红色，另一个为黄色。

如果是机油红色灯报警，则应更换机油感应塞；如黄色机油灯报警，一般说明不是油底壳中缺机油，就是机油油位与油温传感器有问题。

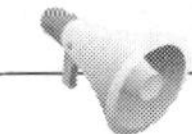

特别提示

桑塔纳机油压力警告系统的特殊性在于在发动机上安装了高压开关和低压开关两个油压控制开关，同时有高压和低压两个压力的报警，低压报警只是油压警告灯闪亮，高压报警除了油压警告灯闪亮外同时还有蜂鸣器报警。

你学会了吗?

1. 简述桑塔纳油压警告系统的结构及各部件的作用。
2. 简述桑塔纳油压警告系统的工作过程。
3. 如何对桑塔纳机油压力警告系统进行检查?

第 40 天　桑塔纳轿车警告灯故障排除

学习目标

1. 了解桑塔纳轿车仪表板内部工作原理。
2. 熟悉桑塔纳轿车仪表警告控制电路的控制原理。
3. 掌握桑塔纳轿车冷却液温度表警告灯亮故障的排除方法。

维修案例

一、案例：桑塔纳轿车仪表警告灯故障诊断

(1) 故障现象　一辆桑塔纳 2000 型轿车，出现冷却液温度指示灯、汽油液位指示灯、冷却液液位指示灯同时点亮报警，且在打开点火开关后常亮不熄的故障现象。

(2) 故障诊断　根据图 8-14 并结合图 8-16 分析，判断故障应在仪表板内部。于是，拆下仪表总成，分解后重新插上仪表插头，打开点火开关，测量各关键点的电压，测量结果如下：

① 晶体管 T1 的集电极电压为 0V。

② 晶体管 T1 的基极电压为 0.8V。

③ 集成电路 LM339 第 4 脚的电压为 0V。

沿着印刷铜箔寻找，发现电容C2的两脚被焊锡短路，估计是上一次维修时修理工不小心造

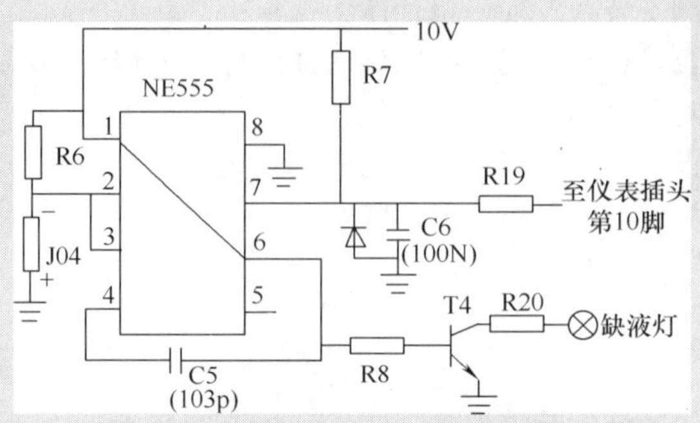

图 8-14　冷却液温度警告灯部分电路

成的。焊开短路的焊锡后，再送电试验，3 个故障警告灯在打开点火开关 3s 后可以正常熄灭。

(3) 故障排除　短路冷却液温度感应塞，冷却液温度过高警告灯点亮，证明电路工作正常，故障原因就是由于电容 C2 短路，造成 IC2 的输入“-”端为 0，低于其输入“+”端的电压值，使得 IC2 的输出端输出高电平，引起 T1 导通，点亮 3 个警告灯且无法熄灭。

(4) 维修总结　实践证明，如果 C2 的极性接反，也会引起 3 个警告灯常亮不熄的故障，这是因为电解电容的反向漏电较大，同样会使 IC2 的输入“-”端电压过低，从而出现上述现象。桑塔纳 2000 型轿车仪表插头各端子排列位置见表 8-2，各端子的功能见表 8-3。

表 8-2　仪表插头各端子排列位置

26	25	24	23	22	21	20	19	18	17	16	15	14
13	12	11	10	9	8	7	6	5	4	3	2	1

表 8-3　仪表插头各端子的功能

端子号	功能	端子号	功能
1	空位	14	左转向灯
2	右转向指示灯	15	汽油液位传感器
3	高压机油塞	16	冷却液温度感应塞
4	车速里程信号	17	照明灯
5	负极	18	空位
6	发动机转速信号	19	电子钟常电源
7	空位	20	空位
8	空位	21	空位
9	空位	22	阻风门指示灯
10	冷却液不足继电器信号输出端	23	驻车制动指示灯
11	12V 电压（点火开关“ON”）	24	12V 电压（点火开关“ON”）
12	后除霜指示灯	25	低压机油感应塞
13	远光指示灯	26	充电指示灯

实际操作

二、桑塔纳轿车冷却液温度警告灯亮故障的排除

普通桑塔纳轿车上装用的冷却液温度表警告灯故障率较高，且线路复杂。排除其故障时必须按一定的程序操作，才可准确、彻底、快速地排除故障。

冷却液温度表警告灯亮可分为正常闪亮和非正常闪亮。所说的正常闪亮，是指冷却液温度表警告灯按2Hz的频率交替闪亮；而非正常闪亮，是指在不确定的情况下，冷却液温度表警告灯偶尔闪亮一次，这种情况下往往比正常闪亮时亮度低，且冷却液温度表警告灯在未做任何处理的情况下可自己熄灭。冷却液温度表警告灯非正常闪亮，通常是由感性负载的自感电势引起，其故障原因可能是喇叭内部的防干扰电容器损坏（如按喇叭按钮时冷却液温度表警告灯亮），怠速控制电磁阀接地插头松动，蓄电池负极的细棕色接地线接触不良等，一般外观检查即可发现。

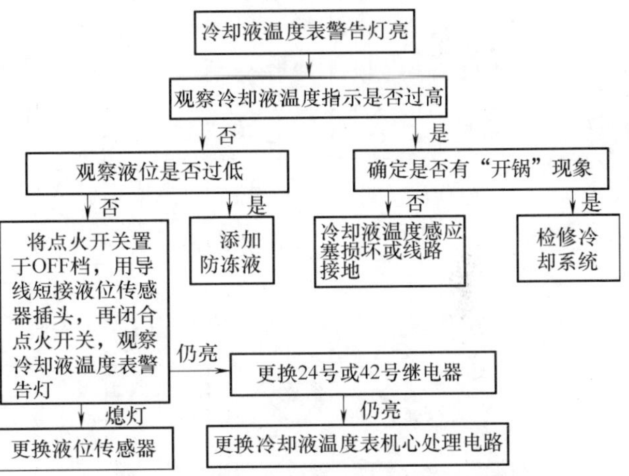

图8-15　排除桑塔纳轿车冷却液温度表警告灯亮故障的流程框图

正常情况下，将点火开关闭合后，冷却液温度表警告灯自动进行约0.5min的自检，当发现故障时将延时0.5min报警且具有记忆功能，只有在断电复位的情况下，冷却液温度表警告灯才能熄灭。一般来讲，冷却液温度表警告灯闪亮说明冷却液温度可能过高或过低。在排除这两个非电路故障后，若冷却液温度表警告灯仍亮，才可认定为电路故障。这时，可按照图8-15所示的程序进行诊断。

另外值得一提的是，冷却系统应使用防冻液，不能因为不是冬季冻不成冰而采用自来水做冷却液。因为水的沸点只有100℃，而桑塔纳轿车所设计的最高冷却液温度为105℃，所以如果使用水的话会因沸腾而造成“开锅”的假象，进而引起液位下降，使冷却液温度表警告灯亮。

基础知识

桑塔纳2000型轿车采用SQ-16型仪表板，为了实现与桑塔纳普通型的继承性，该仪表板的各报警指示灯具有送电自检功能（即打开点火开关后各指示灯自动点亮几秒钟，以证明各灯泡工作正常，这一点与桑塔纳普通型的冷却液温度警告灯类似），重要信号（如机油液位和冷却液液位）采用闪烁方式和蜂鸣器鸣响方式报警，使报警效果更加醒目强烈。在桑塔纳2000车型上，将冷却液温度和冷却液液位两个报警功能分开，还增加了燃油量过低报警功能，可以使驾驶人更确切地了解发动机的工作状态。

三、桑塔纳轿车仪表板内部工作原理

仪表板接收来自机油压力、汽油液位、冷却液液位和冷却液温度几方面的信号，经电路板处理后，分别由冷却液温度表、汽油表显示出来，由冷却液液位警告灯、汽油油量警告灯、冷却液温度警告灯、机油压力警告灯及机油压力蜂鸣器来报警，从而实现在发动机系统出现故障时通知驾驶人的电路检测功能。

该电路板上的核心元件是4电压比较器集成电路LM339，其内部有4个独立的电压比较器电路，如图8-16所示。

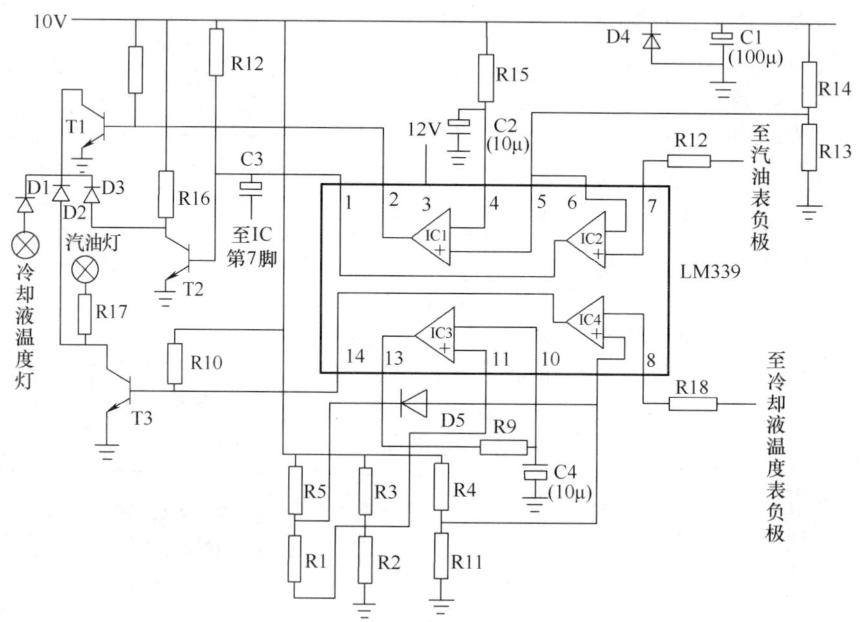

图8-16　桑塔纳2000型轿车仪表板电路

四、桑塔纳轿车警告信号电路

汽车仪表警告信号装置一般由点火开关（及钥匙警告开关）控制，点火开关接通后，所有仪表警告信号装置及报警开关进入正常工作状态。桑塔纳轿车报警信号装置主要包括充电指示灯、机油压力过低警告灯、冷却液液面和温度过高警告灯、燃油液面过低警告灯、清洗液液面警告灯、制动液液面过低和驻车制动指示灯等。通常仪表电源由点火开关提供，各种仪表和指示灯组合装在一起，形成组合式仪表板，如图8-17所示。各种传感器信号接入仪表板时用排线插接器，如图8-18所示，传感器安装在被检测装置之上。

1. 驻车制动与制动液位指示灯电路

驻车制动与制动液位指示灯电路如图8-19所示。

2. 冷却液温度和液面警告灯电路

如图8-20所示，冷却液温度和液面警告灯 K_{28} 通过稳压器 J_6 与15路电源相连，其冷却液温度信号取自位于发动机左侧出水管下端的冷却液温度传感器 G_2。该传感器为负温度系数的热敏电阻，当发动机冷却液温度较低时，热敏电阻值较大，当发动机冷却液温度上升后，热敏电阻值减小。当发动机冷却液温度达到115℃左右时，警告灯 K_{28} 闪光报警。当膨胀箱内

图 8-17　桑塔纳轿车仪表、警告指示灯布置

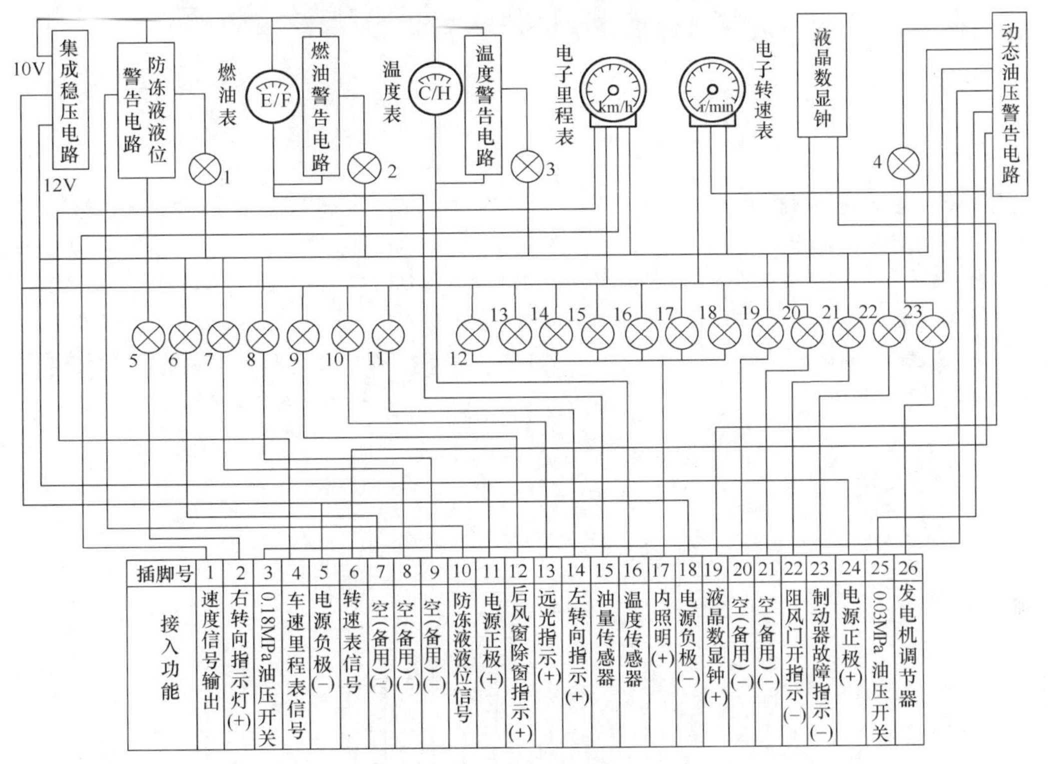

插脚号	1	2	3	4	5	6	7	8	9	10	11	12	13	14	15	16	17	18	19	20	21	22	23	24	25	26
接入功能	速度信号输出	右转向指示灯(+)	0.18MPa油压开关	车速里程表信号	电源负极(−)	转速表信号	空(备用)(−)	空(备用)(−)	空(备用)(−)	防冻液液位信号	电源正极(+)	后风窗除窗指示(+)	远光指示(+)	左转向指示(+)	油量传感器	温度传感器	内照明(+)	电源负极(−)	液晶数显钟(+)	空(备用)(−)	空(备用)(−)	阻风门开指示(−)	制动器故障指示(−)	电源正极(+)	0.03MPa油压开关	发电机调节器

图 8-18　桑塔纳 2000 仪表板电路图

冷却液液位降低至极限时，液位指示器开关 F_{66} 断开，向控制器 J_{120} 传送液位偏低信号，控制器接通警告灯 K_{28} 电路，警告灯闪亮。桑塔纳 2000 型轿车警告电路在图 8-20 基础上作了部分改动，相应电路如图 8-21 所示。增加了燃油不足指示灯 K_{51}、冷却液液位指示灯 K_{50}，K_{28} 只起冷却液温度报警作用，其他符号含义参见图 8-20 注。

接通点火开关后，作为性能检查，即使燃油充足、冷却液温度正常，电子控制器 J 仍控制燃油不足指示灯 K_{51}、冷却液温度警告灯 K_{28} 闪亮数秒后熄灭。在发动机运转过程中，当冷却液温度大于 110℃，冷却液温度传感器的电阻值小于规定值后，电子控制器 J 控制冷却液温度警告灯 K_{28} 闪亮；当燃油箱内燃油量少于 10L，燃油表传感器的电阻值大于规定值后，电子控制器 J 控制燃油不足，指示灯 K_{51} 闪亮；当膨胀箱上的液位开关动作时，电子控制器 J_{120} 与同冷却液液位指示灯 K_{50} 串联的另一个电子继电器共同控制 K_{50} 点亮并闪烁。

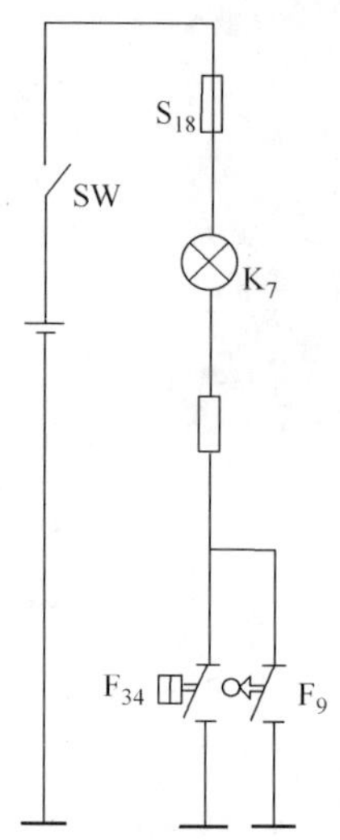

图 8-19　驻车制动与制动液位指示灯电路

S_{18}—喇叭继电器及驻车制动灯熔断器　K_7—制动液面、驻车指示灯　F_9—驻车制动灯开关　F_{34}—制动液位过低警告开关　SW—点火开关

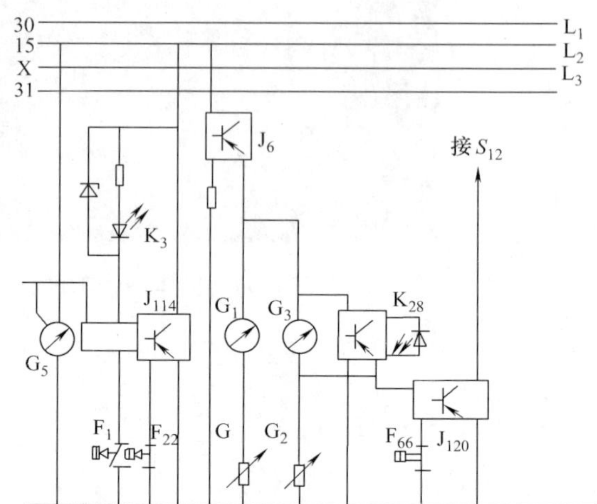

图 8-20　桑塔纳轿车仪表与警告装置电路

G_5—发动机转速表　F_1—高压警告开关　J_6—稳压器　J_{114}—油压检测控制器　J_{120}—液位控制器　K_{28}—冷却液温度和液面警告灯　F_{66}—冷却液液面传感器　K_3—油压指示灯　F_{22}—低压警告开关　G_1—燃油表　G_3—冷却液温度表　G_2—冷却液温度传感器　G—燃油表传感器

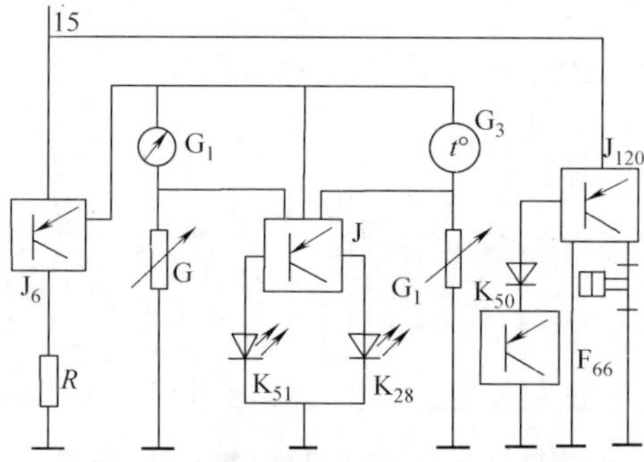

图 8-21　桑塔纳 2000 型轿车冷却液液位、温度和燃油液面警告电路

特别提示

桑塔纳轿车驻车制动与制动液位警告灯的点亮报警条件是当驻车制动拉起时或制动液位过低这两个条件具备任一条件。

你学会了吗?

1. 桑塔纳轿车仪表板内部工作原理是怎样的?
2. 简述桑塔纳轿车仪表警告控制电路的控制原理。
3. 如何排除桑塔纳轿车冷却液温度表警告灯亮的故障?

第41天　发动机转速表故障诊断

学习目标

1. 了解电子式转速表的转速信号获取方式。
2. 熟悉电子式转速表的结构和工作原理。
3. 掌握电子式转速表的故障诊断过程。

维修案例

一、案例：瑞风商务车发动机转速表不工作

(1) 故障现象　一辆2003款HFC6500KAIC8瑞风商务车，因转速表不工作报修。此车装配D4BH（4D58-TCI）柴油发动机，已行驶124000km。

(2) 故障诊断　接车后，首先用瑞风专用诊断仪对此故障进行诊断，但诊断仪无法进入发动机控制系统。

根据平时的维修思路以及此车行驶的里程数，初步判断可能是由于发动机转速表自身失灵或相关控制电路出了问题。

于是决定先将组合仪表拆下对发动机转速表做进一步的检查，拆下组合仪表后发现发动机转速表共有三个接点，分别为ON档电源、接地以及转速信号。打开点火开关至ON，用万用表对转速表的供电电源、接地点进行了测量，没有问题。对转速表信号线接点也同时进行了测量，万用表显示11.03V，但发动机起动着车后，不管是怠速还是加速，转速表信号电压仍然在11.03V不变。因发动机转速表毕竟是电子产品，一时用万用表也测量不出好坏，为了节约维修时间，先借一块同型号的组合仪表装车试验，经试验，故障依旧。

因此车是柴油发动机，不同于汽油发动机，正常汽油发动机转速信号取决于曲轴位置传感器、凸轮轴位置传感器或分电器。但此车既没有曲轴位置传感器，也没有凸轮轴位置传感器。那么此车发动机转速信号来自哪里呢？带着这个疑问以及过去维修柴油机的经验，向飞轮壳周边进行了查找，没有发现转速传感器的影子。

就在处于困境时，经查询电路图、部件位置图得知，此车转速表的转速信号来自于燃油喷射泵上的转速传感器。

(3) 故障排除　因检查转速表传感器及相关电路的需要，将位于发动机上部的中冷风扇等相关部件一一拆下，根据电路图对发动机转速表传感器进行检查。在发动机起动着车后，用万用表测量其传感器2针插接器信号电压在6～7V之间不停变化，但当测量到CC03 6针插接器的1号端子时，发现其对应的两端子一面显示6～7V，另一面显示为11V左右。通过以上测量说明，CC03 插接器 1 号端子出现接触不良现象。于是将发动机熄火，拔下 CC03 侧插接器，发现 1 号端子已有严重氧化现象，对其端子进行精心处理后起动发动机，其转速表信号电压在 5 ~6V 之间变化，其转速表在各种状况下工作正常，至此故障排除。

实际操作

二、发动机转速表的故障诊断

发动机转速表的常见故障是不工作，下面以桑塔纳轿车转速表为例说明其故障诊断方法，如图 8-22 和图 8-23 所示。

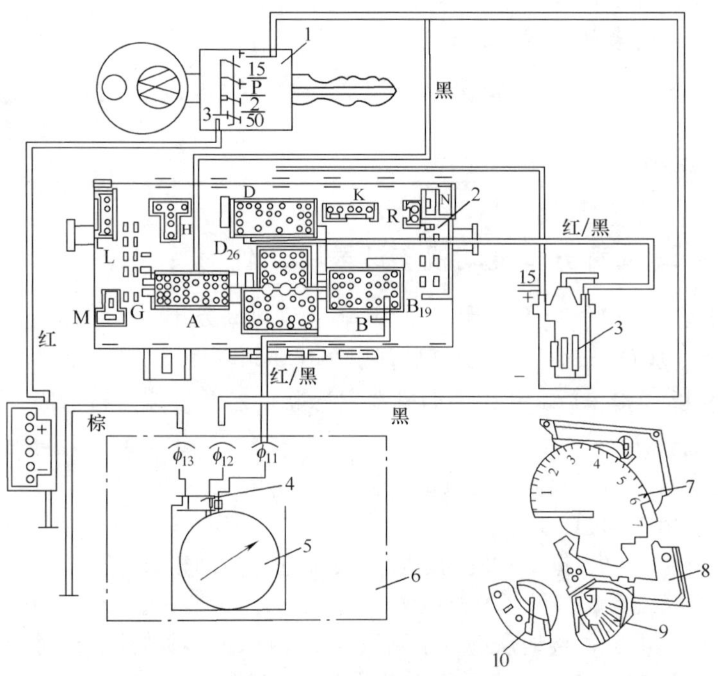

图 8-22　桑塔纳轿车转速表原理图

1—点火开关　2—中央接线板　3—点火线圈　4—黑色三端子插座　5—转速表　6—仪表板　7—转速表盘　8—转速表支架　9—燃油表　10—冷却液温度表

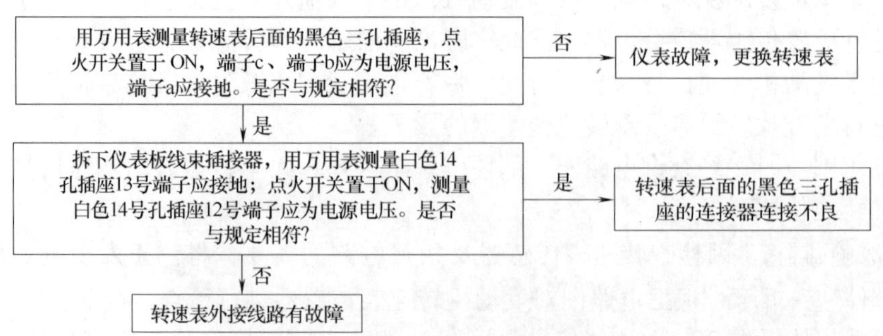

图 8-23　发动机转速表不工作的故障诊断

基础知识

发动机转速表分为机械式和电子式两种。机械式转速表的结构原理与上述磁感应式车速表基本相同。电子式转速表指示平稳、结构简单、安装方便，因此小轿车广泛采用。

电子式转速表一般由指示表、信号处理电路组成，有的还有发动机转速传感器。电子式转速表获取发动机转速信号的方式有三种：从安装在飞轮缘的转速传感器拾取信号，从点火线圈负极取脉冲信号，从交流发电机单相定子绕组取正弦交流信号。发动机转速和这些信号的频率成正比。电子式转速表又分为汽油发动机转速表和柴油发动机转速表两种。前者的转速信号既可从点火系统的初级电路获取，也可从转速传感器获取；后者的转速信号只能从转速传感器获取。

三、汽油发动机转速表

发动机转速表由信号源、电子电路和指示表三部分组成。汽油发动机用电子式转速表的转速信号一般取自点火系统的初级电路，如分电器触点或电子点火系统的点火线圈“－1”接线端子，因此可以节省一只转速传感器。转速信号取自点火系统初级电路，转速表电路如图 8-24 所示。

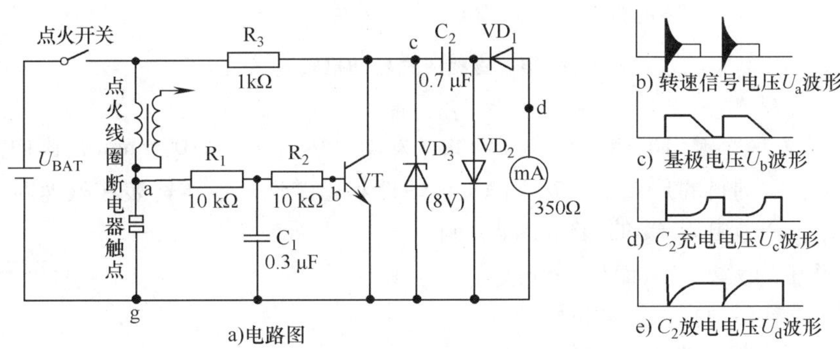

图 8-24　汽油机用电子转速表

当发动机工作时，分电器触点不断开闭，其开闭次数与发动机转速成正比（曲轴每转一圈，四缸发动机触点开闭两次；六缸发动机触点开闭三次）。触点开闭产生断续电流，经 R_1、C_1 组成的积分电路整形送至晶体管 VT，从而取得一个具有固定幅值（电流值）和脉冲宽度（时间）的矩形波电流，此电流通过毫安表（mA）。

四、磁感应式发动机转速表

磁感应式发动机转速表是指采用磁感应式传感器检测发动机转速信号的电子式转速表。这种转速比既可用于测量汽油发动机转速，也可用于测量柴油发动机转速。因为从点火系统初级电路获取转速信号时，点火线圈初级绕组具有 250～350V 的自感电动势，电子电路不便处理，所以采用传感器获取转速信号的转速表的汽油发动机汽车越来越多。

磁感应式转速表由磁感应式传感器、电子电路和毫安表组成，如图 8-25 所示。转速信号一般取自发动机曲轴信号，因此传感器一般都安装在飞轮壳上。

在图 8-25a 所示电路中，电子电路的核心部件是频率电压转换器 LM2907 或 LM2917。试验证明，转速传感器信号输入频率电压转换器后，经过频率电压转换器 LM2907 或 LM2917 内部电路进行处理，即可将反映发动机转速的频率信号转换为电压信号，从而得到图 8-25b 曲线所示的输出特性，这样毫安表便能随传感器输入信号频率增加，平稳地指示发动机转速升高。

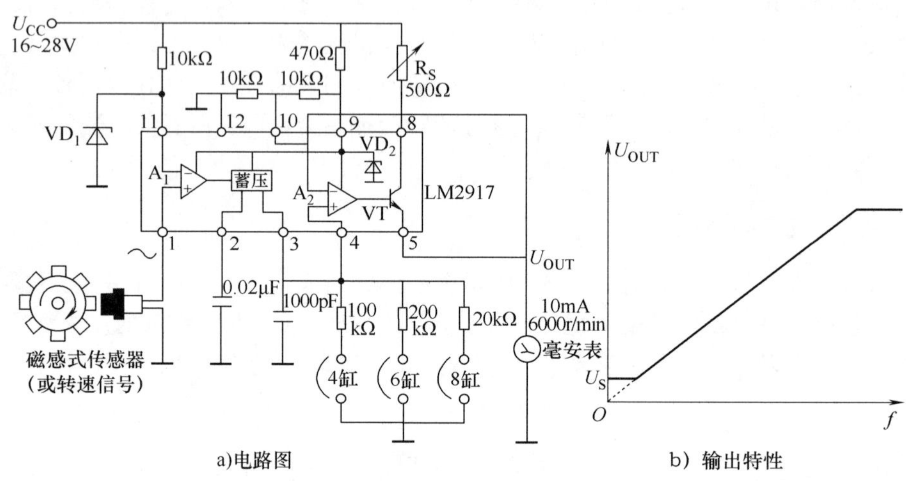

图 8-25　磁感应式发动机转速表

电压 U_S 称为最小输出电压，在频率较低（发动机转速在 0～100r/min 范围内）时，保持最小输出电压稳定的目的是克服毫安表的机械惯性和磁滞性，使转速表在低速时就能准确指示发动机转速。调节电阻 R_S 的阻值，即可调节最小输出电压的大小，从而使毫安表在某一转速开始比较准确地指示发动机转速。

上述电路可适用于四缸、六缸、八缸发动机。制作转速表，只需根据图中所示电路连接相应阻值的电阻并将该电阻与负极连接即可。

五、数字式发动机转速表

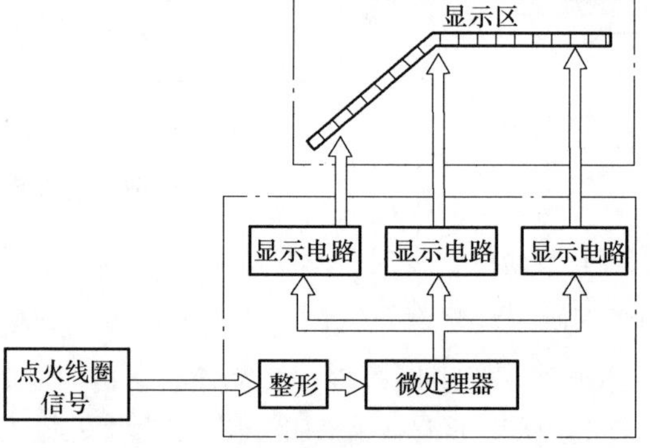

图 8-26　数字式发动机转速表系统构成

多数由微机控制的数字式发动机转速表的系统构成如图 8-26 所示，以柱状图形来表示发动机转速的大小，同样通过发动机点火系分电器中的断电器触点（或点火模块中的大功率晶体管）断开时产生的脉冲信号作为电路触发脉冲信号来测量（脉冲信号的频率正比于发动机的转速），这种前沿脉冲信号通过中断口输入微机。为减小计算误差，脉冲的周期通常采用以下 4 个周期的平均值来计算。

$$T = \frac{T_1 + T_2 + T_3 + T_4}{4}$$

$$n = k\frac{1}{T}$$

式中　T_1、T_2、T_3、T_4——参照图 8-27 计算，单位为 s；

n——发动机转速，单位为 r/min；

k——系数。

显示的时间随脉冲时间周期大小变化而不同，并且随发动机的转速由大到小按比例缩短，以便与人的感觉相同。

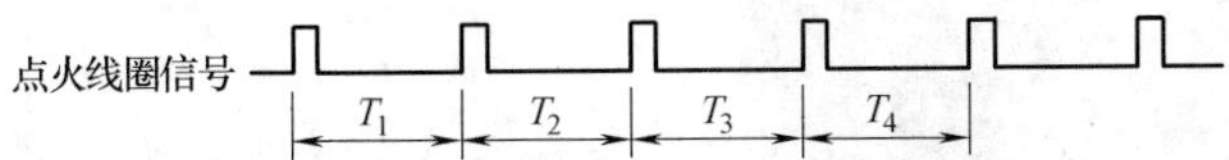

图 8-27　发动机转速计算脉冲周期

特别提示

普通车型的转速表信号的获取方式一般有上述的三种，目前，对于电控燃油喷射系统的汽车来说，发动机转速传感器一方面作为曲轴位置传感器来获得曲轴转角，同时还获得发动机转速信号送给仪表和发动机电脑。

你学会了吗？

1. 电子式转速表的转速信号获取方式有哪几种？
2. 简述电子式转速表的结构和工作原理。
3. 电子式转速表的故障诊断过程是怎样的？

第 42 天　认识仪表警告灯、指示灯

学习目标

1. 了解仪表警告灯、指示灯的符号。
2. 熟悉仪表警告灯、指示灯的符号的含义。
3. 能够通过仪表警告灯、指示灯的提示进行正确的维护与保养。

维修案例

一、案例：2011 款迈腾 B7L 发动机无法起动

（1）故障现象　一辆 2011 款全新的迈腾 B7L 车，行驶里程：3551km，组合仪表中机油油位警告灯亮（图 8-28）。

(2) 故障诊断 接车后检查机油尺油位正常，用 VAS 5051B 进行自诊断，检测网关列表，各系统显示正常（图 8-29）。功能引导读取此故障车仪表机油加注液位数据流，显示为“不正常”（图 8-30）。读取正常车的机油加注液位数据流，显示为“正常”（图 8-31）。

图 8-28 机油油位警告灯亮

15	安全气囊	正常	0000
25	防起动锁	正常	0000
55	大灯自动垂直对光控制	正常	0000
6C	后视摄像机系统	正常	0000
16	转向柱电子设备	正常	0000
36	驾驶员侧座椅调整装置	正常	0000
46	舒适系统中央模块	正常	0000
56	收音机	正常	0000
10	停车辅助装置2	正常	0000
17	仪表板	正常	0000
08	空调/暖风电子设备	正常	0000
09	电子中央电子装置	正常	0000
19	数据总线诊断接口	正常	0000
4F	中央电子装置系统2	正常	0000

图 8-29 检测各系统显示正常

读取仪表板测量值

读取测量值

测量值	结果
发动机机油温度	77.0 摄
机油压力开关	动态机油压力警告
机油加注液位	不正常

图 8-30 读取故障车机油加注液位数据流显示

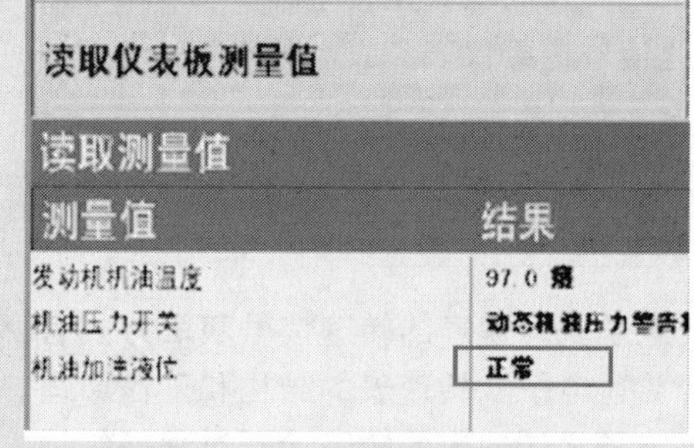

读取仪表板测量值

读取测量值

测量值	结果
发动机机油温度	97.0 摄
机油压力开关	动态机油压力警告
机油加注液位	正常

图 8-31 读取正常车机油加注液位数据流显示

用万用表测量机油油位传感器插头端的供电电压为 12V、信号线电压为 10V，正常（图 8-32）。将故障车的机油油位传感器的插头用自制的延长跨接线连接到正常车的机油油位传感器上（图 8-33）进行测试，故障车组合仪表中机油油位警告灯依然闪亮。再将正常车的机油油位传感插头用自制的延长跨接线连接到故障车的机油油位传感器上进行测试，正常车组合仪表显示正常。由此可证明机油油位传感器是正常的。初步诊断为故障车组合仪表内部有问题，进行断电测试，故障依旧，倒换组合仪表测试，故障排除。

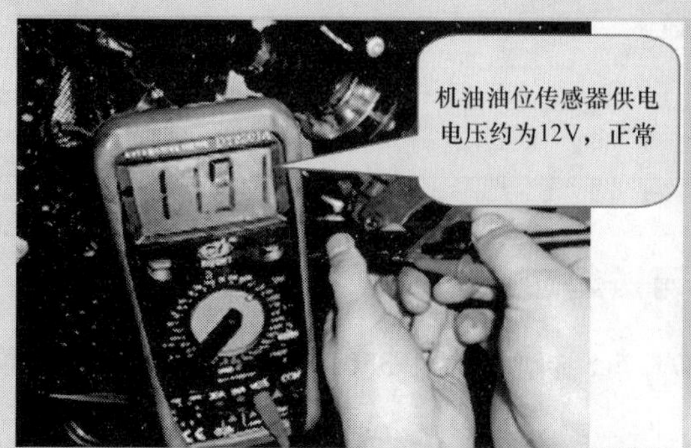

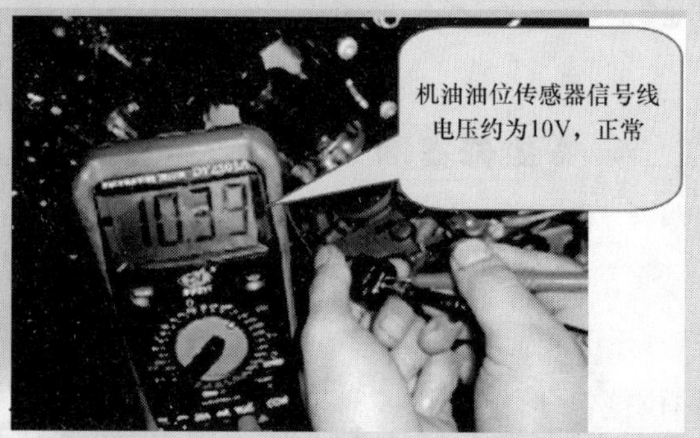

图 8-32 测量机油油位传感器插头的供电电压和信号电压

(3) 故障排除　通过上面的检测，判断是组合仪表内部部件故障导致机油油位警告灯闪亮。更换组合仪表进行试车，故障排除。

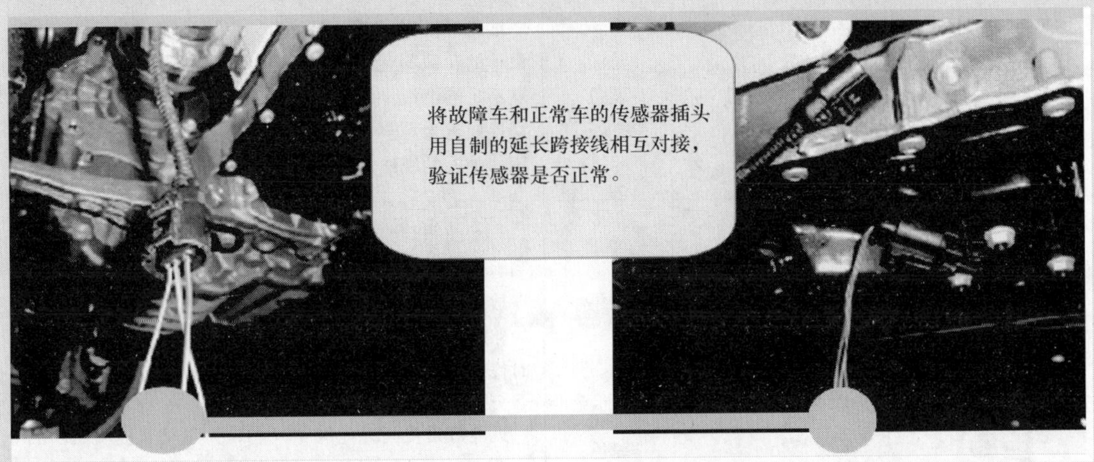

图 8-33　将传感器相互对接进行检测

(4) 维修总结　在上面的案例中，我们采用 VAS 5051B 诊断仪、万用表、自制的延长跨接线及插头将此故障部位一步步确定。使用诊断仪检测系统检测发现无故障码储存时，通过与正常车进行对比读取数据流可初步验证故障现象。当怀疑传感器存在故障且无备件可供倒换时，为了减少拆卸和放机油的不便，可现场自制延长跨接线与正常车连接，用排除法进行快速诊断。

基础知识

二、车辆常用指示灯功能解读

表 8-4 列出了常见车型的仪表警告灯、指示灯的符号与含义，供参考。

表 8-4　常见仪表警告灯与指示灯符号

报警、指示灯符号	名　称	颜　色	作　　用
	结霜警告灯	黄色或红色	当室外温度低于 4℃时，黄色警告灯亮起；当室外温度低于 0℃时红色警告灯亮起。主要是提醒驾驶人，室外温度过低，路面可能会结冰，请小心驾驶。如果发现室外温度高于 4℃，但结霜警告灯仍然亮起，说明温度传感器有可能出现故障，请驾驶人及时检查
	雾灯指示灯	绿色或黄色	雾灯是在雾天、雨雪天气等能见度不高的天气状况下开启，能见度比较低的时候利用雾灯功率高、亮度高、穿透力强的特点，让其他驾驶人可以更好地发现你

（续）

报警、指示灯符号	名　称	颜　色	作　用
	远光灯指示灯	蓝色	远光灯是为了夜间驾驶时，更好地观察前方路况而设计的，但不宜长时间开启。如果在无路灯或光线严重不足的情况下可以开启远光灯，当对向有来车时，切换成近光灯。如果一直开着远光灯，会影响对向车辆驾驶人的视线，甚至引发事故
	前照灯光束高度自动调节系统警告灯	黄色	表示前照灯光束高度自动调节系统状态的警告灯，当该灯亮起时，表示前照灯光束高度自动调节系统存在故障。此时虽然车辆可以行驶，但如果在照明不好的路段驾驶车辆，可能会影响驾驶人的视线，建议及时修理
	近光灯指示灯	绿色	近光灯是夜间或光线不好时，为驾驶人提供照明的主要灯光，它的照射范围大概在30～40m
	转向灯指示灯	绿色	该指示灯是用来显示车辆转向灯所在的位置，通常为熄灭状态。当驾驶人点亮转向灯时，该指示灯会同时点亮相应方向的转向指示灯，转向灯熄灭后，该指示灯自动熄灭
	位置灯	绿色	也就是平时常说的示宽灯，在光线不好时显示车辆外部轮廓，避免后车超车或与对向车辆交汇时出现剐蹭等事故
	尾灯指示灯（示宽灯）	绿色	雷克萨斯官方手册中提到的尾灯指示灯，就是我们平时说的示宽灯。在光线不好时可以显示车身的大概宽度，避免后车超车或与对向车辆交汇时出现剐蹭等事故
	发动机故障指示灯	黄色	表示发动机状态的指示灯，接通电源后点亮，约3～4s后熄灭，发动机正常。自检时如果不亮或常亮表示发动机故障，需及时进行检修
	安全气囊指示灯	黄色	表示安全气囊状态的指示灯，接通电源时亮起，在车辆自检结束后就会熄灭，该灯常亮或闪烁表示气囊出现故障，同时会响起提示音。此时应当立即检查或修理安全气囊
	安全带未系警告灯	黄色	驾驶时，驾驶人没有系安全带，这个警告灯就会一直亮着，直到安全带系上为止。现在很多车不仅有报警灯，还有安全带未系提示音，从多种渠道提醒驾驶人和乘客不要忘记系好安全带。对于雷克萨斯系列车型，当车速逐渐加快时，警告灯闪烁速度和提示音频率也会加快

（续）

报警、指示灯符号	名　称	颜　色	作　用
	安全带未系警告灯	黄色	在车辆行驶过程中，如果前排的乘客没有系安全带，这个警告灯就会亮起。标致部分车型把安全带未系警告灯分成了两个，分别显示主驾驶和前排乘客。这样的设计让人一目了然，可以很快地发现是哪一边没有系安全带
	胎压低报警指示灯	黄色	该灯主要是监测轮胎的压力，当某个轮胎压力不足时，该灯就会亮起报警。当轮胎压力不足时，驾驶人应尽快检查轮胎状态，避免危险的发生
	防抱死制动系统（ABS）警告灯	黄色	车轮防抱死系统简称ABS，它是一种具有防滑、防锁死等优点的汽车安全控制系统。当车辆起动时它会亮起自检2～3s，自检结束后会熄灭。发现该警告灯不亮或常亮时，表示ABS系统出现故障，当该灯与驻车制动警告灯同时亮起时，表示电子制动力分配系统（EBD）出现故障
	电子稳定程序报警指示灯	黄色	当该灯闪烁时，表示电子稳定程序已启动，这时您可能处在一个危险的驾驶环境中。如果该灯常亮，表示电子稳定程序出现故障，驾驶人应及时检查修理
	电子稳定程序关闭指示灯	黄色	该灯亮起时，说明电子稳定程序正在处于关闭状态。电子稳定系统是安全辅助设备，在遇到危险情况时帮助很大，在日常驾驶中不要关闭此功能
	VSC指示灯	黄色	该指示灯是用来显示车辆VSC（电子车身稳定系统）的工作状态，多出现在日系车上。当该指示灯点亮时，说明VSC系统已被关闭
	制动系统警告灯	黄色	当使用驻车制动时，该灯就会亮起。当车辆准备行驶时，先看看这个警告灯是不是亮起的。如果亮起，先把驻车制动松开再上路。不然会对制动系统有很大损耗。制动系统警告灯常亮时可能会出现三种情况：①车辆正在施加驻车制动；②制动液储量不足；③制动系统发生故障。当发现制动系统已经完全松开，但该灯依然常亮，说明制动液已经严重不足或制动助力系统出现故障，驾驶人需要尽快添加制动液或去4S店进行维修
	制动报警指示灯	红色	接通电源时亮起，在车辆自检结束后就会熄灭，该灯是根据ABS报警以及制动液液位开关的信号，来点亮或熄灭的。当制动液液位过低、ABS报警或基本制动系统故障时，该灯会点亮。此灯点亮后，驾驶人应当及时停车进行检查或维修

（续）

报警、指示灯符号	名　称	颜　色	作　用
	制动系统警告灯（驻车制动警告灯）	红色	制动系统警告灯就是平时大家说的驻车制动警告灯，当驻车制动未松开时，该灯就会亮起
	电子驻车制动警告灯	黄色	当该灯亮起时，说明车辆的电子驻车制动系统出现故障。该灯只代表电系统出现故障，当车辆未通电或电量过低不能激活电子驻车制动系统时，该灯也会亮起
	制动系统故障警告灯	红色	当该灯亮起时，分为三种情况：第一种是车辆的制动液不足；第二种是防溜车功能失灵；第三种是限距功能失灵。这三种情况都属于危险情况，当看到该灯亮起时要注意行车安全或尽快把车送去维修
	ESP 故障警告灯	黄色	当 ESP 功能出现故障无法工作时，该灯就会亮起。ESP 是安全辅助设备，在遇到危险情况时帮助很大，当 ESP 出现故障后驾驶人应该尽快修理
O/D OFF	O/D 档指示灯	黄色	O/D 档指示灯用来显示自动档的（O/D：Over-Drive）超速档的工作状态，当 O/D 档指示灯闪亮，说明 O/D 档已锁止。此时加速能力获得提升，但会增加油耗
	限距警告灯	红色	限距功能主要是为了防止车辆与前车发生追尾，当该灯亮起时，说明车辆与前车的车距已经非常近了，这时需要驾驶人注意安全行车保持车距
	车道偏离警告灯	灰色	该功能是在驾驶人未打转向灯而偏离原车道时，能在偏离车道时发出警报，同时转向盘会抖动，来提醒驾驶人观察车辆的行驶方向，从而大大减少了因车道偏离引发的碰撞事故
	疲劳驾驶警告灯	灰色	该灯是提示驾驶人已经驾驶车辆很长时间了需要休息，避免因为疲劳驾驶而发生事故。当该灯亮起时，建议驾驶人应该尽快停车并休息一会儿再开始驾驶车辆
	脚制动指示灯	绿色	该灯用于提示驾驶人踏下脚制动踏板，这个标识仅在自动档车型中才会有，当它亮起时只有踩下制动踏板才可以变换档位
	定速巡航控制指示灯	绿色	当打开定速巡航时，该灯就会亮起。定速巡航用于控制汽车的定速行驶，汽车一旦被设定为巡航状态时，发动机的供油量便由电脑控制，电脑会根据道路状况和汽车的行驶阻力不断地调整供油量，使汽车始终保持在所设定的车速行驶，而无需操纵加速踏板

（续）

报警、指示灯符号	名　称	颜　色	作　用
	燃油储量不足警告灯	黄色	该灯是提示燃油不足的警告灯，该灯亮起时，表示燃油即将耗尽。此灯亮起时尽早加油，因为在快没油的情况下燃油泵不能得到很好的冷却，可能会影响它的寿命。一般当燃油油量剩余约9.8L或更少时，该灯就会亮起，提醒驾驶人及时加油
	风窗清洗液储量不足警告灯	黄色	显示风窗清洗液（俗称玻璃水）存量的警告灯，如果清洗液即将耗尽，该灯点亮，提示驾驶人及时添加清洗液。添加清洁液后，指示灯熄灭
	发动机故障警告灯发动机排气系统故障警告灯	黄色	表示发动机状态的警告灯，接通电源后点亮，约3～4s后熄灭，发动机正常。当发动机起动后该灯常亮时，表明三元催化器出现故障；当发动机起动后该灯闪亮时，表明发动机控制系统出现故障 大众系列汽车也叫发动机排气系统故障警告灯，接通点火开关后点亮，约3～4s后熄灭，发动机正常。自检时如果不亮或长亮表示发动机故障，需及时进行检修
	发动机冷却液温度/液位警告灯	黄色	显示发动机冷却液温度过高的警告灯，正常行驶时，若此灯点亮报警，应及时停车并关闭发动机，待冷却至正常温度后再继续行驶。如果继续行驶，可能会导致发动机损毁的严重后果
	充电指示灯	黄色	显示蓄电池充电电路故障的警告灯。接通电源后会亮起，发动机起动后熄灭。如果该灯在发动机起动后亮起，表示该灯正在报警，应当立即检查电路，避免汽车半路抛锚
	制动摩擦衬块磨损警告灯	黄色	显示制动摩擦衬块磨损情况的警告灯。正常情况下此灯熄灭，常亮时提示驾驶人应及时更换故障或磨损过度的摩擦衬块，修复后熄灭。制动系统完好、能制动住的车，才符合上路的最基本条件
	发动机机油压力警告灯	红色	显示发动机机油压力的警告灯，在日常行驶中，若该灯亮起表示润滑系统失去压力，可能有渗漏，此时需立即停车关闭发动机进行检查。如果继续驾驶，会对发动机造成严重伤害，甚至报废
	发动机机油油位警告灯	黄色	当发动机内机油缺少时该灯点亮，提醒驾驶人及时添加机油。一般应用在大众系列的某些车型上
EPC	发动机管理系统故障警告灯	黄色	一般用在大众汽车上，该警告灯用于监控汽油发动机管理系统的工作状态。如果遇到该灯常亮，请驾驶人注意及时检查修理发动机

第八章

（续）

报警、指示灯符号	名　称	颜　色	作　用
	转向系统警告灯	黄色	该警告灯用于监控转向系统工作状态。正常用车时分为四种报警状态：①红色常亮：电控机械式转向失灵。②黄色常亮：电控机械式转向系作用降低。③红色闪烁：电子转向柱锁止装置有故障。④黄色闪烁：转向柱被夹紧，转向柱不能解锁或锁止
	电子驻车制动器警告灯	黄色	检测电子驻车制动是否正常的警告灯，当车辆通电后该灯亮起几秒进行自检，如正常用车时此灯常亮，说明电子驻车制动系统出现故障，请驾驶人及时排查
	电动转向系统警告灯	红色	表示电动转向系统状态的警告灯，当该灯亮起时说明电动转向系统（EPS）出现故障，需要及时维修（雷克萨斯）
	Off-Road 模式指示灯	绿色	Off-Road 是一种强化越野模式，其中包括：坡道行驶辅助功能、起步辅助功能（仅对手动档）、AQ 档位预选（仅对自动档）、加速踏板特性匹配以及电子差速锁匹配功能。这个模式只出现在大众品牌的 SUV 车型中，当此灯亮起时，说明车辆已启动了此模式
	车门未关闭提示灯	黄色	当车辆的车门或行李箱盖开启或未关紧时，该灯就会亮起。对于标致系列车型，当车门开启或未关紧，车辆行驶速度约 15km/h 以下时该灯颜色为橙色；当车辆行驶速度约 15km/h 以上时该灯颜色为红色
			奔驰的车门未关提示与很多其他品牌的提示不一样，如果车门没有关紧，只有当车速达到 15km/h 时，仪表板上才会显示车门没有关闭，并且会提示具体是哪个车门未关闭
STOP	停车警告灯	黄色	该灯为辅助警告灯，伴随其他报警提示一同亮起。当出现制动系统、发动机机油压力、发动机冷却液温度等报警时，该灯都会亮起，以提示驾驶人停车检修，一般用在标致车上
SERVICE	维修警告灯	黄色	该灯为标致特有的警告灯，当该灯偶尔点亮时，表示车辆出现轻微故障；当该灯常亮时，表示车辆出现故障。这时，驾驶人需要根据仪表板显示屏的提示信息进行处理
READY	READY 指示灯	绿色	该灯一般用在雷克萨斯系列车型上，为混合动力车型特有的指示灯。当混合动力车型起动时，该灯就会亮起，表示车辆可以使用电力起步

（续）

报警、指示灯符号	名　　称	颜　　色	作　　用
SPORT	运动模式开启指示灯	黄色	这个指示灯多会出现在 AMG 车型上，当该灯亮起时，表示车辆的运动模式已经开启
EV	EV 指示灯	绿色	该灯一般用在雷克萨斯系列车型上，为混合动力车型特有的指示灯。当使用混合动力车辆使用电力来驱动车辆时，该指示灯就会点亮
	主警告灯	黄色	该灯一般用在雷克萨斯系列车型上，如果仪表板上的多信息显示屏显示了警告信息，主警告灯就会闪亮或常亮。当该灯亮起时，驾驶人只要查看多信息显示屏上显示的报警信息，就可以知道车辆出了什么状况
	防盗指示灯	黄色	当闭合点火开关后，正常情况下该灯点亮几秒后熄灭，当遇到非法钥匙时，该灯会以一定频率闪烁，并且发动机起动后短时间会熄灭

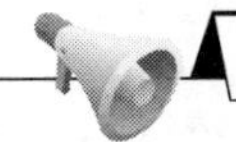

特别提示

随着汽车功能的增多，配置的提高，在汽车仪表上配置的各类报警、指示灯会更多。了解与熟悉各类仪表报警、指示灯的含义，对于我们正确地使用与维护汽车，有着十分重要的意义。

你学会了吗？

1. 仪表警告灯、指示灯的符号的含义是怎样的？
2. 如何通过仪表警告灯、指示灯的提示进行正确的维护与保养？

第九章

汽车空调系统——汽车冷暖它知道

第43天 认识空调制冷剂

学习目标

1. 了解制冷剂的定义及命名方法。
2. 掌握制冷剂R12的特性。
3. 掌握制冷剂R134a的特性。
4. 掌握制冷剂压力和温度的关系。

维修案例

一、案例：奔驰E280轿车空调制冷效果差

（1）故障现象 一辆2007款奔驰E280 W211轿车（搭载M272型发动机），其空调制冷效果差。

（2）故障分析 连接故障检测仪读取故障码，结果没有故障码，读取数据流，数值都在正常范围内。检查空调系统高、低压管路内的压力，高压管路内的压力在1200～1500kPa频繁波动，而低压管路内的压力趋近于400kPa。起动发动机，接通A/C开关，并将空调风量调至最大，空调制冷情况正常。当发动机运转一段时间后，故障出现，空调中间两个出风口出来的风是冷风，但风量明显没有达到最大，最多为二分之一的风量，而两边的出风口出来的风趋近于自然风，风量也很小。此时用故障检测仪检查，仍然没有异常。于是怀疑制冷剂不足，因为当制冷剂不足时，会造成空调压缩机离合器频繁吸合，甚至导致空调压缩机不工作而使制冷效果变差。用制冷剂加注机抽出制冷剂，回收到940g的制冷剂，说明制冷剂充足。

高压管路的压力在1200～1500kPa频繁波动，是一种不正常的现象。正常情况下，在接通A/C开关后，高压管路的压力应该在1300kPa左右，不应有很大的波动。怀疑是空调压缩机内部斜盘机械磨损，导致压缩出的制冷剂不均匀，从而使高压管路内的压力频繁波动。于是，将新的空调压缩机装在车上试车，但故障依旧存在。再次接上空调压力表查看高、低压管路内的压力，高压管路的压力仍然是在1200～1500kPa频繁波动，低压管路的压力仍为

400kPa，没有任何下降。因此，故障并不是因为空调压缩机损坏造成的。

低压管路压力为400kPa，明显高于标准值。怀疑是由于某一段低压管路存在异常，导致低压管路压力过高。于是对低压管路进行检查。低压管路从膨胀阀到空调压缩机一共分成两个部分，由一个快速解锁卡子（管路接头）连接（图9-1），而低压测试口在快速解锁卡子的上游，也就是到膨胀阀的管路上。低压管路异常有两种情况，一种情况是低压管路压力过低，另一种情况是低压管路压力过高。如果低压管路压力过低，说明在测试口的上游存在堵塞，即膨胀阀到快速解锁卡子的管路被堵塞，从膨胀阀流出的制冷剂无法顺畅地从低压管路的上游进入空调压缩机，在测试口的上游形成节流，因此测得的压力会变小。反之，如果低压管路压力过高，则说明在测试口的下游管路存在堵塞，也就是从快速解锁卡子到空调压缩机的管路被堵塞，以至于制冷剂无法顺畅地从低压管路的下游流至空调压缩机，在测试口的下游形成节流，制冷剂在快速解锁卡子附近聚集，导致在低压测试口测得的压力过高。

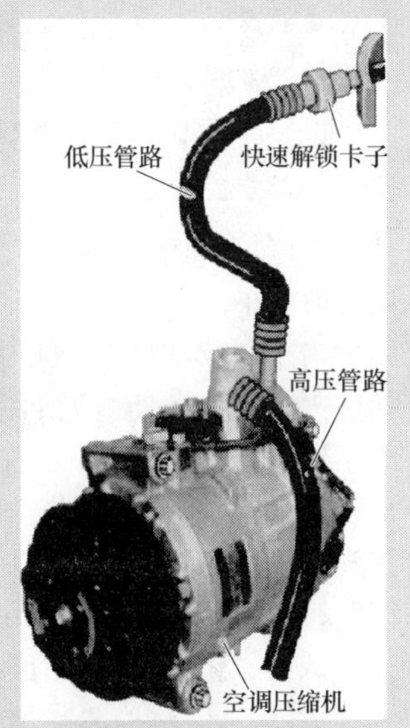

图9-1　空调压缩机管路

回收完制冷剂后，拆下快速解锁卡子到空调压缩机的管路，用内窥镜查看，发现管路内壁明显有异常的膨胀现象，在低压管路内形成节流，导致低压管路压力过高。

(3) 故障排除　把原车的空调压缩机装回车上，更换异常的低压管路后试车，风量正常，制冷效果良好，故障排除。

实际操作

二、汽车空调制冷系统检漏

汽车空调系统工作条件比较恶劣，极易造成部件、管道损坏和接头松动，使制冷剂发生泄漏，其泄漏的常发部位见表9-1。

表9-1　汽车空调制冷系统常发生泄漏的部位

部　件	泄漏常发生的部位	部　件	泄漏常发生的部位
冷凝器	冷凝器进气管和出液管连接处 冷凝器盘管	制冷剂管道	高、低压软管 高、低压软管各接头处
蒸发器	蒸发器进口管和出口管的连接处 蒸发器盘管 膨胀阀	压缩机	压缩机轴封 压缩机吸、排气阀处 前、后盖密封处 与制冷剂管道接头处
储液干燥器	易熔塞 管道接头喇叭口处		

汽车空调系统常用的泄漏检查方法如下：

(1) 肥皂水泡沫法检漏　制冷剂泄漏部位会同时渗出冷冻润滑油，因而若发现在某处有油迹，应用手直接触摸检查或用清洁棉丝擦拭，如果擦去以后还有油渗出，就可判定汽车空调系统的泄漏。如果擦去以后没有油渗出，可用肥皂水检查，把肥皂水均匀、完整地刷在可能的泄漏部位，然后仔细观察，如有气泡，就可判定汽车空调系统的泄漏。

注意，肥皂水检查法不能检查压缩机、冷凝器及蒸发器等不宜涂肥皂水和不好观察部位的泄漏，主要可检查管路部位泄漏，高压管路检漏在空调运行和不运行时均可查，但低压管路检漏在空调不运行时才可查。

(2) 加压法检漏　首先按图 9-2 所示将高压软管接在高压检修阀上，低压软管接在低压检修阀上。

由于压缩空气中的水分会在膨胀阀造成冰堵现象，所以不可用来检漏，常用工业氮气，其优点是无腐蚀性、无水分，且价格便宜。检漏工艺是将瓶装高压氮气用减压表减压，向制冷系统中灌注 1.5MPa 左右氮气后，用肥皂水均匀地涂在系统的各接头和焊接处，仔细观察是否有气泡、渗漏的声音等。发现渗漏处应做出标记并进行及时的处理，然后再去检查其他接头和焊接处。检查必须仔细，并反复检查 3～5 次，直至完全消除渗漏。检查完后，还要再试漏，方法是空调制冷系统保压 24～48h，若压力不降低，则说明制冷系统密封合格，若压力降低明显，则说明还有未查到的地方，必须再进行检漏，直至完全消除渗漏。

(3) 真空法检漏　真空法检漏是指在对制冷系统抽真空以后，保持系统真空状态一段时间（至少 60min），然后观察系统中的真空压力表指针是否移动（即指针是否发生变化）的一种检漏方法。如真空指示没有变化，则说明系统无泄漏，如真空指示有回升，则说明系统有泄漏。

要说明的是，采用这种方法检漏，只能说明制冷系统是否泄漏，而不能确定泄漏的具体部位。

(4) 充氟检漏　在上述前几种检漏以后就要充氟检漏。充氟检漏的方法是将歧管压力表分别连接在压缩机的高、低压检修阀，中间连在制冷剂瓶上，然后打开手动高、低压阀和制冷剂瓶，向制冷系统加入氟利昂制冷剂，当压力达到 0.1MPa 时，分别关好手动高、低压阀和制冷剂瓶，对系统保压几小时。若系统压力不变，就说明系统没有泄漏；若系统压力下降，就说明系统存在泄漏，此时要用卤素检漏灯或电子检漏仪找出泄漏部位后，再进行补漏。

(5) 紫外线检漏灯荧光检漏　紫外线光能引起在紫外激光染料中的荧光分子发出黄色或黄绿色荧光。紫外线检漏灯荧光检漏检测方法就是将一种荧光泄漏探测染料压入制冷系统中，用紫外线灯照射，系统有泄漏，则会发黄色或黄绿色光，荧光分子可保持两年有效。

(6) 卤素检测灯检漏　此方法主要利用制冷剂使喷灯的火焰颜色改变这一特性来判断系统的泄漏部位和泄漏程度。如制冷剂泄漏量多时，火焰呈浅蓝色；如泄漏量较少时，火焰呈浅绿色。

注意：卤素检测灯主要是针对制冷剂 R12 设计，不能用于 R134a。

(7) 染料溶液检漏　这是一种可以放入汽车空调器的有色溶液。在渗漏处染料会显示而且零件会着色，有些制造厂商供应含有红染料的制冷剂，这种制冷剂也是用正常方法装入汽车空调器。其他的染料溶液还有浅黑色的。

染料或示踪液可帮助准确地确定小的泄漏。围绕泄漏点着上一层有色薄膜染料就可显示出准确的位置。依据所使用的染料，薄膜可以是橘红色或黄色。染料一旦被吸入汽车空调系统，它就可以保持到系统被清洗为止，而丝毫不会影响系统的运行，图 9-3 所示为制冷剂染料检测组件。

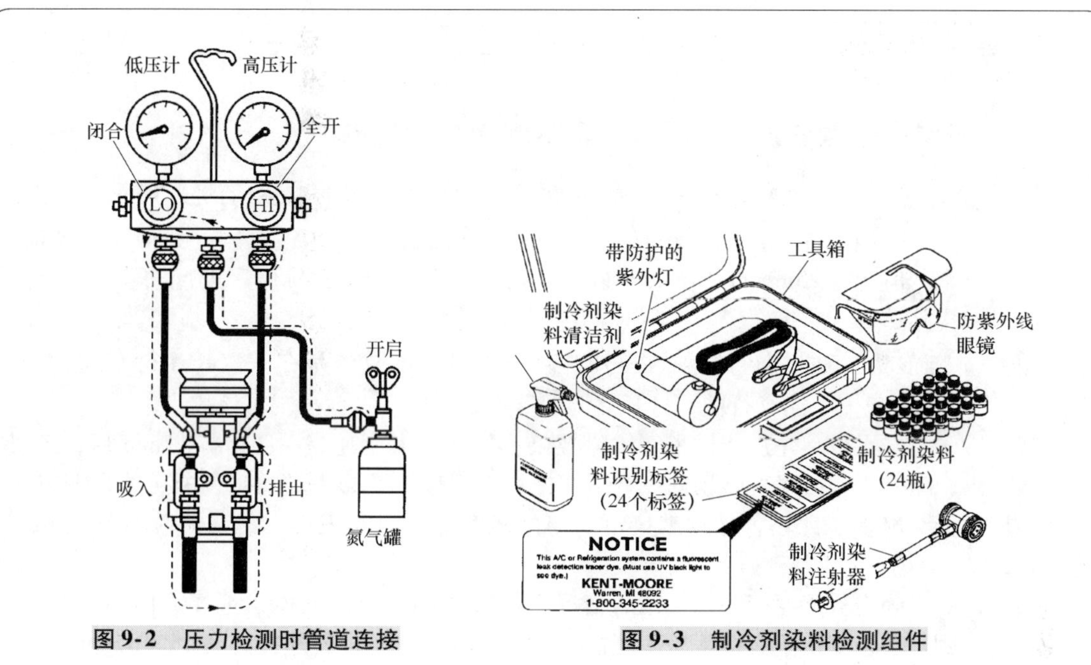

图 9-2　压力检测时管道连接　　图 9-3　制冷剂染料检测组件

特别提示

制冷剂 R12 中的氯元素因对大气臭氧层有破坏作用，因此遭到全面禁用，改用目前在汽车上应用比较普遍的新型无氟环保制冷剂 R134a。虽然 R134a 对大气臭氧层没有破坏作用，但过量的排放会造成地球的温室效应，因此，在不久的将来，R134a 也会遭到全面禁用。目前，最环保且取之不尽用之不竭的制冷剂是 CO_2，这是制冷剂应用的一种趋势。

你学会了吗?

1. 汽车空调制冷剂是如何定义及命名的?
2. 制冷剂 R12 的特性是怎样的?
3. 制冷剂 R134a 的特性是怎样的?
4. 如何理解制冷剂压力和温度的关系?

第 44 天　认识电控可变排量压缩机

学习目标

1. 熟悉通过案例判断奥迪车不制冷故障的思路。
2. 了解电控可变排量压缩机的组成。
3. 掌握电控可变排量压缩机的结构原理。
4. 掌握电控可变排量压缩机故障诊断思路。

第九章

维修案例

一、案例：新款奥迪 A6 轿车空调不制冷故障排除

（1）故障现象　一辆新款奥迪 A6 豪华轿车，配置 ATX 型 2.8L 发动机、Tiptronic 自动变速器和全自动空调系统，行驶里程近 10 万 km。据驾驶人反映，该车刚开始使用空调时，空调制冷正常，但运行 20min 左右后，空调就不再制冷了，到多家维修厂进行过检修，但故障一直未能排除。

（2）故障诊断　通过询问驾驶人得知，第一次出现该故障是在一次长途行车过程中，在 80km/h 以上的速度下连续行驶，打开空调运行一段时间后，就出现了该故障。

接车后，维修人员首先进行试车，故障现象正如驾驶人所述，空调运行 17min 后，出风口无风送出，但能听到鼓风机转动的声音。根据故障现象，维修人员初步判断可能是蒸发箱外部温度过低，出现了冰堵，导致鼓风机吹出的风不能吹过蒸发器，无法将冷空气送到车室内。

为了进一步确定故障原因，在驻车的情况下打开空调，将换气模式选择为内循环模式，将出风量调到最小，并用水直接帮助冷凝器散热，同时把发动机转速提高到 2500r/min 以上，以便让该系统达到最佳的制冷效果。试车不久，感觉到空调出风口的风量越来越小，直到完全不出风，而此时鼓风机工作正常，空调压缩机继电器仍然吸合，没有自动跳开。用手触摸进入压缩机的低压管路，发现低压管路温度较低。至此，基本认定该车故障为系统冰堵。接下来，用金德 K81 故障诊断仪对空调系统进行检测，故障诊断仪显示的故障码为 00787，其含义是新鲜空气进气导板温度传感器故障。

在仪表板右后方的换气模式电动机上部找到该传感器，用万用表测量其电阻为 1.24kΩ，在正常范围（1.20～1.30kΩ）内；用万用表测量该传感器导线插接器到空调电控单元之间的两条线路（1 条为棕/白色线，该线到空调电控单元 12 芯导线插接器的 9 号端子；另 1 条为棕/绿色线，该线到空调电控单元 20 芯导线插接器的 20 号端子），电阻均为 5Ω 以下，说明线路导通良好。将点火开关转至 ON 位置，打开空调开关，测量进气导板温度传感器的两条线之间的电压为 4.9V，信号完全正常。用检测仪进入空调系统，选择读取数据流功能，观察进气导板温度传感器温度值的变化情况，发现温度值一直在 22℃ 左右，没有出现大幅度变化，这样便可完全排除该传感器有故障的可能性。清除故障码后，该故障码不再出现，系统显示正常。

下面对故障进行全面分析，发现该车的空调压力开关除了在压力异常时断开空调压缩机的电源供给外，并不能根据制冷温度的高低来进行自我调节。以前的奥迪轿车是通过一个低压开关实现自我调节的，该开关安装在流水槽右侧的空调低压管上，当低压管路结冰或系统中的制冷剂量不足时，该开关可以自动切断空调压缩机继电器到空调压缩机电磁线圈的电源。也就是说，即使空调压缩机继电器已经接合，但低压开关断开，空调压缩机仍然不能工作，这样便达到了保护空调压缩机的目的。

该车采用的是可变排量空调压缩机，这种压缩机能自行调节制冷剂的压缩量，即使是持续运转，也不会出现低压管路结霜的现象。可变排量压缩机排量的改变是通过一个带低压阀和高压阀的波纹管来实现的。波纹管及低压阀安装在低压吸入口处，高压阀则安装在高压排出口的通道上，两个阀门同时受波纹管控制，波纹管又受低压侧的压力控制。当低压侧的压力偏高时，波纹管受压缩，高压阀关闭，低压阀打开，空调压缩机的制冷剂压缩量最大，制

冷效果最强。

在车内温度下降的同时，低压侧的压力也逐渐降低，当压力降低到一定程度时，波纹管膨胀，吸入口的低压阀关闭，排出口的高压阀打开，空调压缩机的制冷剂压缩量又很快变到最小，制冷效果最弱。这样，便达了不停机却能调节制冷效果的目的，从而既保证了制冷效果，又避免了空调压缩机频繁吸合产生的噪声，在很大程度上提高了驾乘人员的舒适性。该车空调系统的故障就是由于空调压缩机的自动调节功能失效，使空调系统一直处于最大制冷量造成的。

(3) 故障排除　更换一个新的空调压缩机后，故障不再出现。

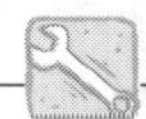

实际操作

二、电控可变排量压缩机故障诊断思路

若装有电控可变排量压缩机的空调出现不制冷故障，可按照以下步骤进行诊断。

1）用手触摸空调低压管，查看低压管有无制冷现象。若感觉低压管有制冷现象而出风口无冷风，则为冷热风道交换问题；若感觉低压管无制冷现象，则进行下一步骤。

2）用 VAS5051 进入空调系统查看是否有故障码。若有故障码，则先按故障码进行排除；若无故障码，则进行下一步骤。

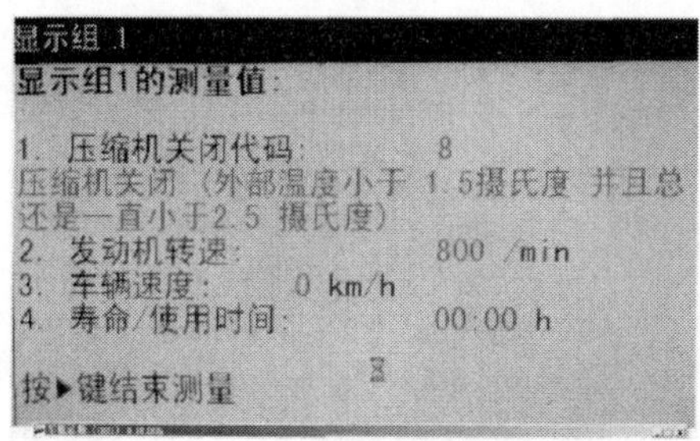

图 9-4　空调压缩机关闭代码

3）查看空调系统数据流内是否有关于空调压缩机关闭代码（图 9-4）。若有代码，则根据各代码的含义（表 9-2）进行排除；若无空调压缩机关闭代码，且各数据又都正常，则进行下一步骤。

表 9-2　压缩机各关闭代码的含义

代　码	含　义	代　码	含　义
1	系统压力太高，大于 32bar（1ba = 100kPa）	10	电源电压太低，小于 9.5V
2	鼓风机损坏	11	发动机冷却液温度太高，高于 115℃
3	系统压力太低，小于 2bar	12	被发动机或变速器控制单元关闭，检查其控制单元信息
5	发动机转速太低		
6	处于 ECOM 模式，AC 开关未开	14	蒸发器出风口温度低于 1℃
7	鼓风机未开	15	蒸发器温度传感器故障
8	环境温度太低	16	风扇未工作

4）用空调歧管压力表连接高、低压管查看系统压力，若高、低压管的压力均正常，则系统内有空气；若高、低压管的压力均没有达到标准范围，则进行下一步骤。

5）用示波器测量 N280 的波形。若波形正常，则更换空调压缩机；若无波形或波形不正常，则检查相关线束；若相关线束正常，则更换空调控制单元。

基础知识

传统的汽车空调系统均采用定排量式空调压缩机，它根据蒸发器出风口温度来控制空调压缩机电磁离合器的接合与分离，从而达到控制制冷效果的目的。这种控制方式除了车内温度波动大，系统能耗增加等缺点外，最大的一个缺点是压缩机间歇性地离合会对发动机的正常工作有干扰，这在较小排量的汽车上表现比较突出。为了解决这个问题，可变排量式空调压缩机应运而生。现在大众车系已广泛采用电控可变排量式空调压缩机，它可实现压缩排量从无到有的无级调节，从而使车辆更加节油且空调压缩机工作时发动机无冲击。

三、电控可变排量式空调压缩机的结构原理

1. 电控可变排量式空调压缩机的组成

电控可变排量式空调压缩机主要由传动轮、壳体、调节电磁阀（N280）、压缩腔、斜盘箱、活塞及驱动斜盘等部分组成，如图9-5和图9-6所示。

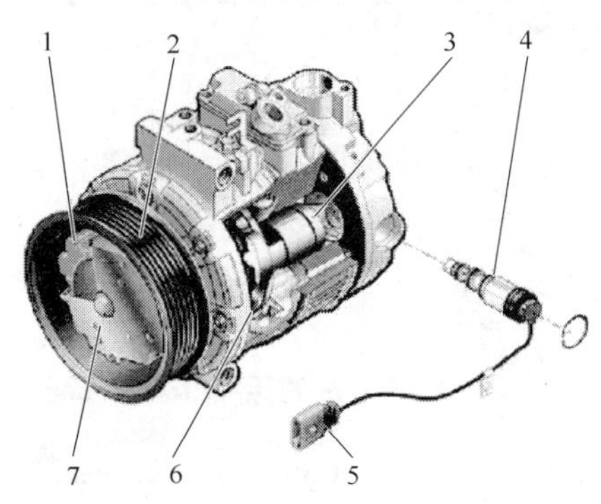

图9-5 电控可变排量式空调压缩机的外部结构

1—橡胶成型元件 2—集成过载保护的传动轮 3—往复运动活塞 4—调节电磁阀N280 5—线束插头 6—斜盘箱 7—压盘

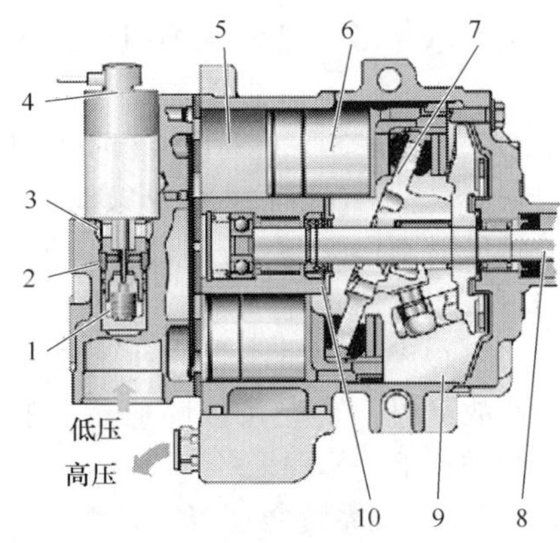

图9-6 电控可变排量式空调压缩机的内部结构

1—进气压力 2—高压 3—曲轴箱压力 4—空调压缩机调节阀N280 5—压缩室 6—空心活塞 7—斜盘 8—驱动轴 9—曲轴箱 10—回位弹簧

2. 电控可变排量式空调压缩机的特点

电控可变排量式空调压缩机取消了电磁离合器，采用传动轮和驱动轴常连接，但两者之间有集成过载保护装置（图9-7）。一旦空调压缩机内部发生故障使驱动轴咬死，传动轮就会与驱动轴分离，从而保护传动带不受损坏，进而使发动机可以继续运转。

图9-7 集成过载保护的传动轮

驱动斜盘控制活塞做往复运动，其倾斜角度的大小决定空调压缩机排量的大小。驱动斜盘的支点设计在驱动斜盘的一侧，它的倾斜角度取决于斜盘箱和压缩腔的压力差。压力差越大，驱动斜盘的倾斜角度就越大，活塞的工作行程就越长，空调压缩机的排量就越大；反之压力差越小，驱动斜盘的倾斜角度就越小，活塞的工作行程就越短，空调压缩机的排量就越小。

第九章

3. 电控可变排量式空调压缩机的工作原理

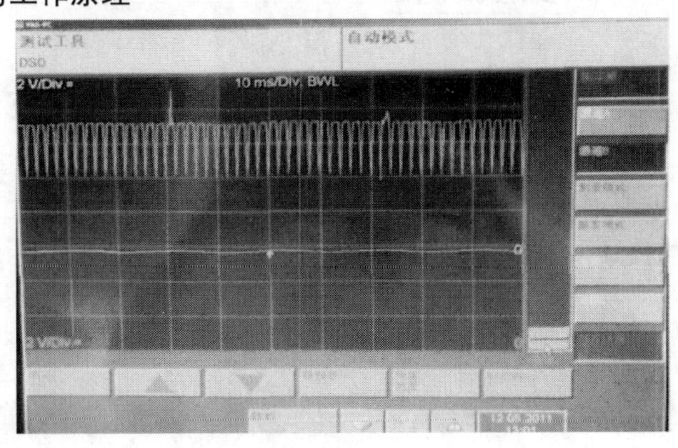

图 9-8　N280 供电状况的测量结果（截屏）

N280 控制调节斜盘箱和压缩腔的压力差。无负荷时，N280 阀门开启，斜盘箱和压缩腔相通，两者之间的压力达到平衡，驱动斜盘在回位弹簧及压缩腔反作用力的作用下回到最小倾斜角度状态，此时的排量约为 2%；全负荷时，N280 阀门关闭，斜盘箱和压缩腔之间的通道被隔断，随着压缩腔的压力升高，驱动斜盘的倾斜角度加大直至达到 100% 的排量；部分负荷时，由 N280 阀门开启和关闭的占空比来控制斜盘箱和压缩腔的压力差，从而控制驱动斜盘的倾斜角度，以达到所需的排量。

空调控制单元通过 500Hz 的通断频率对 N280 进行控制，属于占空比式控制，对它的供电状况可以通过示波器测量（图 9-8）。空调控制单元接收到空调开关信号和设定温度信号后将同时检测蒸发器出风口温度传感器、制冷系统压力传感器、环境温度传感器及蓄电池电压等信号，然后控制 N280 对空调压缩机排量进行无级调节。

特别提示

电控可变排量式空调压缩机的典型特点是空调系统工作时，电控可变排量式空调压缩机是一直工作的，这有利于空调系统工作的稳定性，使空调系统的控制更加精确。

你学会了吗?

1. 电控可变排量压缩机由哪些部件组成?
2. 电控可变排量压缩机的结构和工作原理是怎样的?
3. 如何诊断电控可变排量压缩机的故障?

第 45 天　认识空调冷凝器

学习目标

1. 了解冷凝器的作用和放热过程。
2. 掌握不同类型冷凝器的结构。
3. 掌握冷凝器的拆装和检修方法。

维修案例

一、案例：赛欧轿车发动机怠速开空调冷却液温度过高

(1) 故障现象　一辆别克赛欧轿车，2004 年 6 月生产，VIN 号：LSGSJ82NX4Y024086，行驶里程 62376km。最近出现开空调后，冷却液温度上升很快：当发动机怠速时，短短的几分钟时间，冷却液温度表的指针便指向红区；行车车速在 40～60km/h 过程中空调工作时，发动机冷却液温度表指针指向红区，出现高温，但并没有出现“开锅”的情况；当车速上升到 80km/h 以上时，冷却液温度表指针接近红区，温度指示略有下降。

(2) 故障诊断　根据驾驶人叙述的故障现象进行验证，起动发动机怠速运转时，观察冷却液温度表的指示，怠速运转一段时间后，冷却液指示表指示接近红区位置不动，但闭合空调 A/C 开关后，冷却液温度表的指针在短时间就上升到了冷却液温度表的红区。在行车中开空调也确如驾驶人所叙述的情况。

针对散热器高温的情况，首先对前部的空调系统的冷凝器和散热器用压缩空气鼓吹，对于表面的粘附的柳絮、杂草等杂物进行清理，然后用水进行表面的冲刷。各项工作完毕后试车，发动机冷却液温度表上升到高温的时间比以前要延长，但是高温现象仍然没有排除，在夏天的高温天气情况下，仍然不能正常行车。

进行进一步排查，首先检查空调系统控制电路，于是打开发动机舱，观察发现发动机怠速运转一段时间冷却液温度上升到一定温度后，散热器风扇和冷凝器风扇低速运转（此时为两风扇电动机串联）；任何情况下，只要闭合空调 A/C 开关空调系统投入工作，散热器风扇和冷凝器风扇便会低速运转；在空调系统管路达到一定压力时，散热器风扇和冷凝器风扇高速运转（此时两风扇电动机并联，电动机转速较快）进行强制散热。但是即使在两风扇高速运转鼓吹的情况下，冷却液温度仍是居高不下。以上现象说明，空调系统控制线路工作正常。

根据上述现象分析，高低速风扇正常运转，在控制线路方面应该没有问题；空调系统在正常工作时，制冷效果良好，说明制冷系统管路及管路内制冷剂量没有问题；空调系统工作时，冷却液会高温，因空调系统的冷凝器和发动机冷却系统的散热器安装在一起，那么冷凝器应该也会高温？冷凝器高温就会引起制冷系统高压管路中的压力过高，而压力过高则会使安装在高压管路中的高压开关断开，从而切断空调压缩机电磁离合器的工作，但本故障中，虽然出现高温的情况，但空调系统的制冷效果还算是良好的。那么是否是高压开关故障而引起？带着这个疑问，我们接上歧管压力表进行空调系统管路的压力测量，歧管压力计高压表的指示值为 1.89MPa，在高温时空调高压管路的高压是有些偏高，但此高压表示值总体还在正常值范围。

经过对上述空调系统控制线路分析以及空调系统压力的检测，最终我们将故障点锁定在散热器上，可能内部冷却液流动不通畅，散热效果不好，导致发动机冷却液温度过高。因此，将散热器拆掉，加入冷却液清洗剂进行散热器的彻底清洗，清洗完毕后装车进行试验，发动机在怠速时温度上升时间有所延长，于是开车进行路试，在汽车低速行驶一段时间后，发动机冷却液温度表指示温度仍然相对较高。因此，为彻底排除故障，建议驾驶人更换赛欧正品散热器。

(3) 故障排除　正品散热器更换完毕后，进行路试，冷却液温度正常，故障排除。

实际操作

二、空调冷凝器的拆装与检修

1. 冷凝器的检查

如果是冷凝器进、出口处出现泄漏，可能是密封圈老化出现泄漏，需要紧固或换密封圈；如果是冷凝器本身泄漏，则应拆下进行修理。检查冷凝器的外观，看冷凝器外表面有无污垢、残渣翅片是否倒伏，如果有则会造成冷凝器散热不良。

用歧管压力表检查冷凝器内部脏堵，如果发现压缩机高压过高，不能正常制冷，冷凝器导管外部有结霜或下部不烫的现象，则说明导管内脏堵或因外部压瘪而堵塞。

2. 冷凝器的拆卸步骤

冷凝器总成的拆卸如图 9-9 所示。

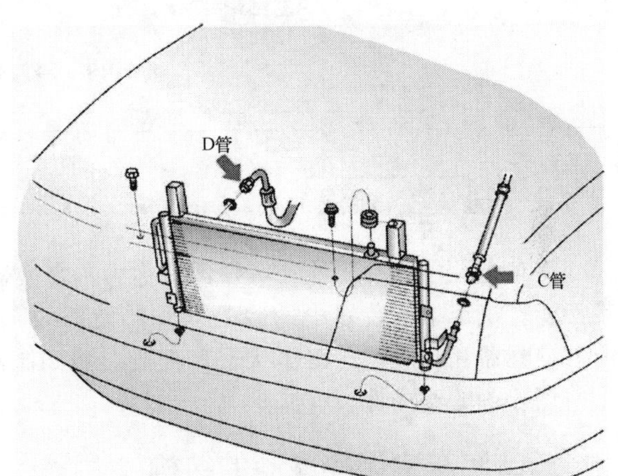

图 9-9　冷凝器总成拆装

① 使用专用冷媒回收加注设备将制冷剂抽空。

② 拆下蓄电池负极接头。

③ 拆下散热风扇电源插头，然后拆下散热风扇组。

④ 拆下散热器进水管和出水管，将端口用干净的棉纱塞住，以免冷却液流出；也可以先用容器收集冷却液，等散热器安装完毕后再倒入膨胀散热器进行使用。

⑤ 拆下散热器，拆下后要注意妥善放置，勿在散热管带上放重物或磕碰。

⑥ 拆下 C 管（冷凝器储液干燥器管路），拆下后封闭管口，防止异物进入。

⑦ 拆下 D 管（压缩机至冷凝器），拆下后封闭管口，防止异物进入。

⑧ 拆下前保险杠托架。

⑨ 旋出 4 个螺栓（图 9-10 中箭头所示），拆下导向件。

⑩ 旋出固定螺栓，从车身上拆下冷凝器。

3. 冷凝器的检修方法

① 如仅仅是因为外表脏污而造成冷凝器的散热片被堵塞，则可用水直接清洗，或用压缩空气吹。但注意不要损伤冷凝器散热片，如发现散热片弯曲，可使用旋具或手钳加以矫正，不必拆卸冷凝器。

② 如果冷凝器散热风扇有问题，也不必拆卸冷凝器，可直接修理风扇。

③ 如果是冷凝器泄漏，可在泄漏处焊补。

④ 如果冷凝器导管脏堵，或导管外部折瘪，可将该处剖开修理，然后进行焊补或更换总成。

⑤ 修理完毕装配时，注意出口和入口，切勿接错，并且要加入一定量的冷冻机油。

4. 冷凝器的安装

冷凝器的安装顺序与拆卸相反。

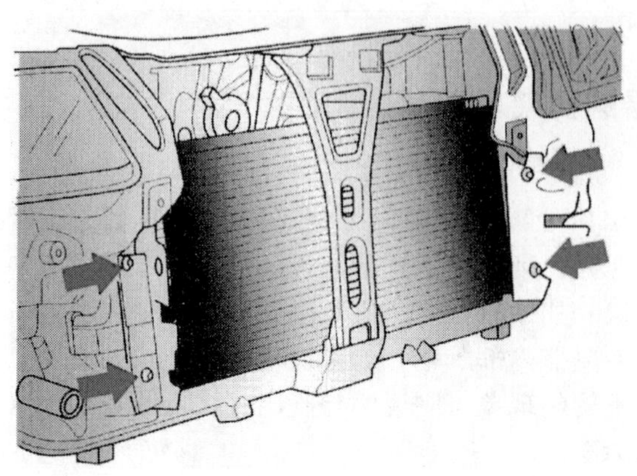

图 9-10　冷凝器的拆装

基础知识

汽车空调中的冷凝器和蒸发器统称为热交换器。热交换器的性能直接影响汽车空调的制冷性能。汽车空调装置中的冷凝器和蒸发器要与压缩机相匹配，还应和节流膨胀机构相适应。冷凝器和蒸发器的工作状态，直接影响到制冷系统的能力（制冷量）、压缩机功耗及整个空调装置的经济性。

三、汽车空调冷凝器的结构

1. 冷凝器的作用

冷凝器的作用是对压缩机排出的高温高压制冷剂蒸气散热降温，使其凝结为液态高压制冷剂。气体状态的制冷剂在冷凝器中得到液化或冷凝，制冷剂进入冷凝器时几乎为100%的蒸气，而当其离开冷凝器时并非为100%的液体，因为仅有一定量的热能在给定时间内由冷凝器排出。因此，少量的制冷剂以气态方式离开冷凝器，但由于下一步是储液干燥器，故制冷剂的这一状态并不影响系统的运行。与发动机的冷却水散热器相比较，承受的压力比发动机的冷却液散热器高。安装冷凝器时，注意从压缩机排出的制冷剂必须由冷凝器的上端入口进入，其出口必须在下方，否则会引起制冷系统压力升高，导致冷凝器胀裂的危险。

2. 冷凝器中制冷剂的放热过程

冷凝器中制冷剂的放热过程有三个阶段，即降低过热、冷凝、过冷。

进入冷凝器的制冷剂是高压过热气体，首先是降温至冷凝压力下的饱和温度，制冷剂仍为气态。然后，在冷凝压力下，因放出热量而逐渐冷凝成液体，此过程温度保持不变。最后，继续放出热量，液态制冷剂温度下降，成为过冷液体。

3. 结构形式

汽车空调冷凝器有管片式、管带式以及平行流式 3 种。

（1）管片式冷凝器　管片式冷凝器如图 9-11 所示，管片式冷凝器是由铜质或铝质圆管套上散热片组成的，片与管组装后经胀管处理，使散热片与散热管紧密接触，使之成为冷凝器总成。这种冷凝器结构比较简单，加工方便，但散热效果较差，一般用在大中型客车的制冷装置上。

(2) 管带式冷凝器 管带式冷凝器如图9-12所示，它是由多孔扁管与S形散热带焊接而成。管带式冷凝器的散热效果比管片式冷凝器好一些（一般可高10%左右），但工艺复杂，焊接难度大，且材料要求高，一般用在小型汽车的制冷装置上。

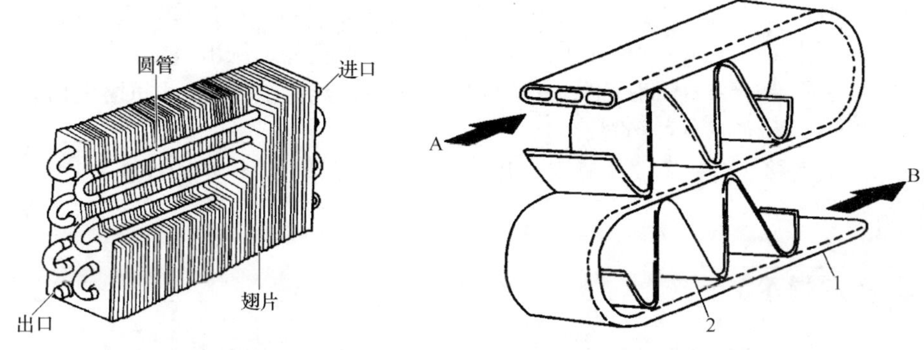

图9-11 管片式冷凝器　　图9-12 管带式冷凝器

(3) 平行流式冷凝器 平行流式冷凝器也是一种管带式结构，如图9-13b所示，其由圆筒集管、铝制内肋管、波形散热翅片以及连接管组成，是专为R134a提供的新型冷凝器。平行流式冷凝器与管带式冷凝器的最大区别是管带式只有一条扁管自始至终地呈蛇形弯曲，制冷剂只是在这一条通道中流动而进行热交换。由于其流程长，管带式的管道压力损失大。又由于进入冷凝器时制冷剂是气态，比体积大，需要的通径大；出冷凝器时已完全变成液态，比体积小，只需要较小的通径。而普通管带式结构的管径从头至尾是相同的，这对充分进行热交换是不利的，管道内空间未被充分利用；而且增加了排气压力及压缩机功耗。而平行流冷凝器则是在两条集流管间用多条扁管相连，将几条扁管隔成一组，形成进入处管道多，逐渐减少每组管道数，实现了冷凝器内制冷剂温度及流量分配均匀，提高了换热效率，降低了制冷剂在冷凝中的压力损耗，这样就可减少压缩机功耗。由于管道内换热面积得到充分利用，对于同样的迎风面积，平行流冷凝器的换热量得到了提高。

这种结构的散热性能较管带式冷凝器提高了30%～40%，通路阻力降低了25%～33%，内容积减少了约20%，大幅度地提高了它的热交换性能。

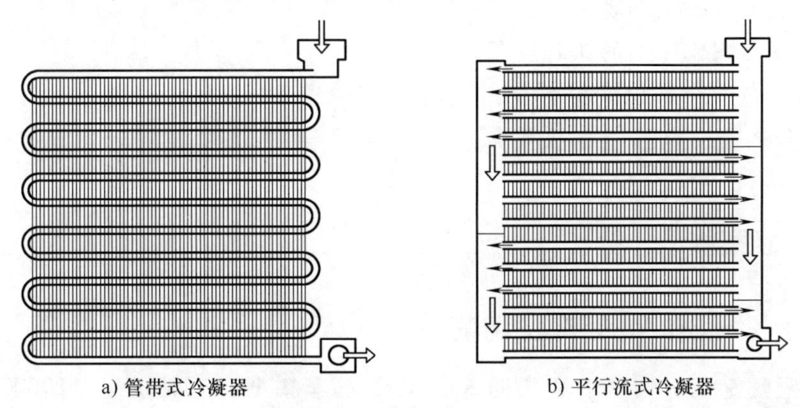

a) 管带式冷凝器　　b) 平行流式冷凝器

图9-13 冷凝器的形式

4. 冷凝器的安装注意

冷凝器安装在压缩机出口与储液干燥器入口之间。轿车的冷凝器一般装在发动机散热器的前边，利用发动机冷却风扇吸入的新鲜空气和汽车行驶时产生的通风进行冷却。在有的大型客车上，把冷凝器装在车厢两侧或车厢后侧和车厢顶部。冷凝器远离发动机时，在冷凝器旁都装有辅助散热风扇强制冷却。

安装时应注意以下两点：

① 连接冷凝器管接头时，要区分哪里是进口，哪里是出口。进口位置应该处于上方，出口位置在下方。因为液态制冷剂会在重力作用下自然流到底部，从出口管流出而进入储液干燥器。反之，冷凝器内会积满制冷剂，这会使冷凝器的传热性能下降，同时会引起系统压力升高，从而导致冷凝器胀裂的严重故障。

② 在未安装管接头时，不要长时间打开连接管口的保护盖，以免潮气进入。

特别提示

不同形式的冷凝器和蒸发器一样，均是一种热交换器，现代轿车普遍使用的是平行流式冷凝器，这样的结构达到了比较理想的散热效果。

你学会了吗?

1. 冷凝器的作用和放热过程是怎样的?
2. 不同类型冷凝器的结构各有什么特点?
3. 如何对冷凝器进行正确的拆装和检修?

第 46 天　认识空调蒸发器

学习目标

1. 熟悉通过案例判断蒸发器常见故障的思路。
2. 了解蒸发器的作用和类型。
3. 掌握蒸发器内制冷剂的工作过程。
4. 掌握蒸发器的拆装和检修方法。

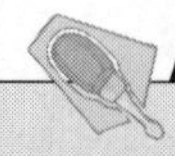

维修案例

一、案例：奥迪 A6 轿车空调蒸发器结冰

（1）故障现象　一辆 2004 款奥迪 A6（C5）轿车 2.4L，行驶里程为 37000km。车主反映，在长途行驶后，空调制冷不良，出风口风量减小，停车一会儿或将空调关一会儿后重开空调，空调又恢复正常，但驾驶人侧地板上面有大量的空调水。

（2）故障诊断与排除　根据用户的描述，初步判断是空调系统蒸发器结冰造成的故障现象。进厂检查，首先检查空调系统的压力，开空调时检查高低压端的压力正常，高压1600kPa，低压280kPa。

系统的压力正常。用VAS5052检查空调控制单元，未检测到故障码，用数据块检查空调控制单元各个出风口传感器的值也正常。奥迪A6轿车采用的是变排量式压缩机，初步判断有可能是车辆在长途行驶中压缩机的调节功能失效，一直处在大负荷的制冷状态造成空调系统的蒸发器结冰。造成蒸发器结冰的可能原因：压缩机本身调节功能失效；制冷剂的加注量不正确；系统中有水分；系统的管路堵塞。

系统的压力虽然在工作时正常，但是压力值正常并不能代表空调系统制冷剂的加注量正常，在回收该车空调系统的制冷剂时，发现该车空调系统的制冷剂量是510g，正常值应该是（650±50）g。抽真空并进行系统检漏后，重新加注650g制冷剂，试车，蒸发器结冰的故障现象排除。

空调系统制冷剂过多，压缩机的制冷负荷大引起蒸发器的结冰现象我们很容易理解，但是系统的制冷剂过少怎么也会引起蒸发器的结冰呢?

如图9-14所示，系统工作时，如果系统中制冷剂的量不够，那么压缩机在高速大负荷运行时，低压端的制冷剂被吸入压缩机，由于制冷剂的量不够，不能充分地循环和补充到低压端，会造成蒸发器内的压力偏低，蒸发器内的制冷剂过少。此时由于压缩机在高速大负荷运行，在高压端的制冷剂压力也比较高，系统的压力差大，制冷剂流过节流管的流速加大，压力变化增大。根据制冷剂的制冷原理，制冷剂压力变化过大时，会大量吸收周围热量，造成温度的急剧降低，从而形成蒸发器结冰的现象。

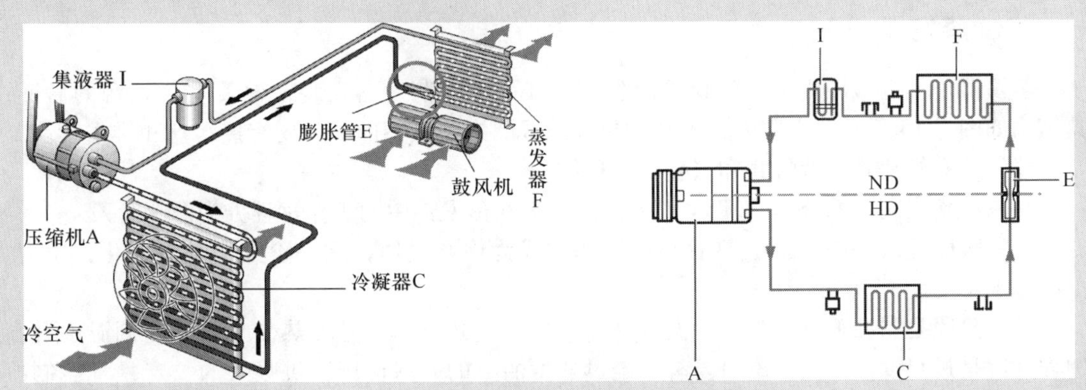

图9-14　膨胀管式制冷循环系统

(3) 维修总结　通过以上的问题分析，我们知道空调系统制冷剂的加注量一定要按照车辆给出的原厂数据进行加注，不能过多或过少。另外我们也一定要详细地了解系统的工作原理，并根据工作情况分析故障产生的原因，才能快速准确地判断故障并找到引起故障的原因。

实际操作

二、空调蒸发器的检修

修理完毕进行装配时，注意入口和出口，切勿接错，温度控制元件或感温包要牢固地安装在合适的位置，膨胀阀和感温包要包好保温材料，蒸发器内要加注一定数量的冷冻机油。

空调冷凝器、蒸发器的泄漏、内部脏堵、外部折瘪、散热片变形等都将影响汽车空调系统的正常工作，因此必须学会对冷凝器和蒸发器进行拆卸、检查、更换、焊补等作业。以桑塔纳3000轿车为例，进行空调冷凝器和蒸发器的拆装和检修作业。

1. 蒸发器的检查

① 检查蒸发器外表是否有积垢、异物。

② 检查蒸发器是否损坏。

③ 用检漏仪检查蒸发器是否有泄漏问题。

④ 观察排气管路是否洁净、畅通。

2. 蒸发器的检修方法

① 清除外表积垢、异物。

② 清洁排气管路，并清除积聚在底板的水分。

③ 如有泄漏，应对泄漏处进行焊补。

基础知识

三、蒸发器

蒸发器外形近似冷凝器，但比冷凝器窄、小、厚。蒸发器安装在驾驶室仪表台的后面，其结构如图9-15所示，主要由管子和散热片组成，在蒸发器的下方还有接水盘和排水管。

蒸发器有管片式、管带式和层叠式3种结构。

在采用膨胀阀的系统（VDTXV）中，制冷剂在蒸发器中的工作过程分为两个阶段：

第一阶段是液态制冷剂吸热后沸腾汽化，成为饱和气体，这一阶段是潜热变化，压力、温度基本不变。

第二阶段是制冷剂继续吸热，温度升高，成为过热气体，是显热变化。制冷剂温度升高的程度就是过热度。蒸发器出口要有一定过热度的目的是保证压缩机吸入的一定是气态制冷剂，使压缩机内不会发生液击现象。

对于采用膨胀阀的系统（VDTXV），蒸发器的过热度是由膨胀阀控制的。对于采用节流管的系统（VDOT），是靠蒸发器后面的收集干燥器来保证压缩机吸入的一定是气态制冷剂。

四、RS蒸发器

RS蒸发器（RS：新一代超薄型）由一个箱体、管道和散热片组成，如图9-16所示，由于管道为挤压模塑形成的微孔管道，因此不但获得了很好的热量传递性能，也实现了蒸发器的薄壁化构造（38mm）。同时，RS蒸发器通过缩小散热片高度、管道厚度和散热片间距，促进了热量传递，芯部采用薄型材料，因而实现了小型和轻量化。此外，蒸发器上采用了清洁涂层，可以抑制因细菌繁殖而产生的异臭，并且在蒸发器表面采取了无铬处理，起到了环保的效果。

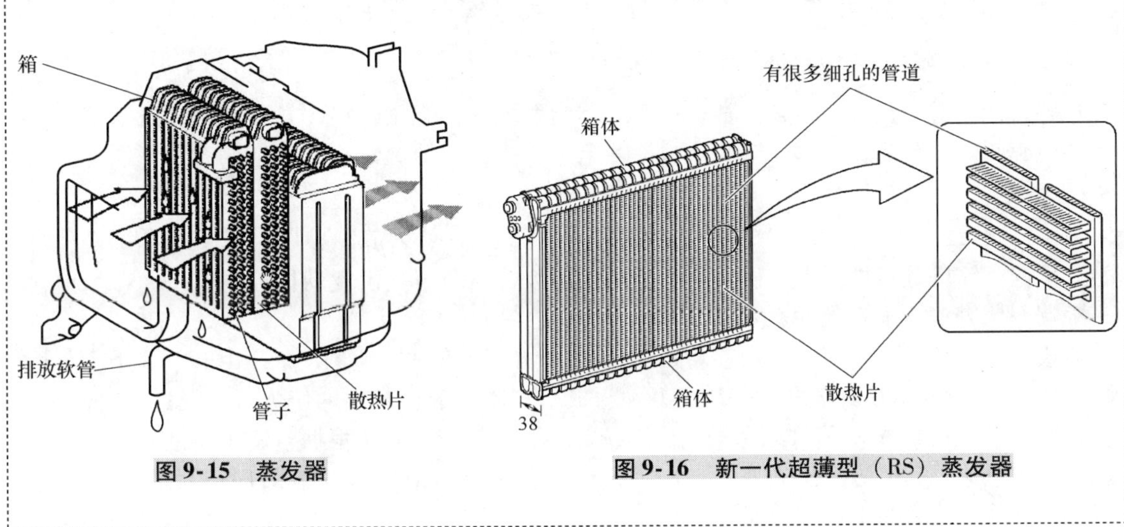

图 9-15　蒸发器　　图 9-16　新一代超薄型（RS）蒸发器

特别提示

蒸发器的实质是一种热交换器，目的是在空调制冷系统中建立一个冷源，实现将周围的高温空气进行降温，达到制冷的目的。

你学会了吗?

1. 蒸发器的作用和类型是怎样的?
2. 蒸发器内制冷剂是怎样工作的?
3. 如何对蒸发器进行正确的拆装和检修?

第 47 天　认识膨胀阀和节流管

学习目标

1. 了解膨胀阀的作用和类型。
2. 掌握膨胀阀的作用和结构原理。
3. 掌握膨胀节流管的结构和作用。
4. 掌握膨胀阀和膨胀节流管的结构和检修。

维修案例

一、案例：马自达6轿车空调压缩机频繁重复接合、分离

(1) 故障现象　一辆2005年生产的一汽马自达6 2.0L轿车，行驶里程为6万km。车主反映，该车发动机怠速运转正常，怠速时空调系统工作正常。但车辆行驶时，发动机动力不足、犯闯。当车辆加速时，空调压缩机频繁重复接合、分离动作，且空调系统不制冷。当关闭空调后，发动机恢复正常。

(2) 检查分析　由于关闭空调后发动机恢复正常，认为故障原因出在空调系统。马自达6空调压缩机是定排量压缩机，空调压缩机的吸合与断开是由发动机控制单元（PCM）通过控制空调继电器来实现的。

决定首先从电路入手进行检查。如图9-17所示，该车的空调制冷剂压力开关采用了3档压力型，它由高/低压开关和中等压力开关组成。当制冷剂循环中的压力过高或过低时，高/低压开关通过切断A/C信号来保护制冷系统部件。中等压力开关根据空调压缩机的工作负载输出一个怠速提高信号。压力开关在压力大于3.34MPa时或压力低于0.195MPa时断开，中等压力开关在压力为1.39~1.65MPa时接通。

正常情况下，当压力开关端子B、C之间电压为12V时，压缩机断开；压力开关端子B、C电压为0V时，压缩机接通。这说明自动空调控制器给PCM接地信号时，压缩机接通。

起动该车发动机并怠速运转，用示波器测量压力开关线路的端子B（接PCM）或端子C（接自动空调控制器）。当压缩机接通时，压力开关端子B、C电压为0V；压缩机断开时，压力开关端子B、C电压为12V，说明系统正常。当发动机转速上升到3000r/min以后，压缩机断开，此时端子B电压为13.8V，端子C电压为0V，说明此时高低压开关已经断开。由于此时端子C电压为0V，所以基本排除线路和自动空调控制器存在故障的可能，故障原因应该在制冷系统环路。

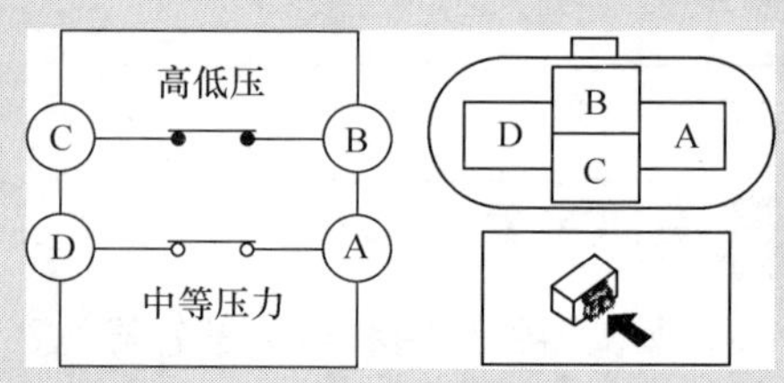

图9-17　空调制冷压力开关结构示意图

PCM控制空调压缩机继电器执行动作的原理：首先，当驾驶人按下空调（A/C）开关时，申请信号由自动空调控制单元经压力开关传递到PCM，即PCM接收到自动空调系统的申请信号。只有空调系统压力正常，才能保证压力开关正常接通，这时PCM才能接收到使空调系统工作的指令，之后PCM控制空调压缩机的运转。

连接压力表测量空调系统高低压管路的压力。测量时压缩机吸合，环境温度为25℃，测量值见表9-3。

表9-3　压缩机吸合，环境温度为25℃时空调系统测量值

发动机转速/（r/min）	高压压力/MPa	高压管温度/℃	低压压力/MPa	低压管温度/℃
750	1.38	45	0.14	31
2000	2.41	69	0.11	35
3000	3.38	70	0.07	42

发动机停止运转5min后，高低压管路压力分别为2.62MPa和0.34MPa。测量时环境温度为11℃时，正常车辆的测量数值见表9-4。

表 9-4　环境温度为 11℃时，空调系统正常值

发动机转速/(r/min)	高压压力/MPa	高压管温度/℃	冷凝器后高压管温度/℃	低压压力/MPa	低压管温度/℃	出风口温度/℃
750	1.31	47	37	0.10	17	6~8
1500	1.52	52	38	0.08	19	6~8
2000	1.58	54	38	0.07	20	6~8
3000	1.66	61	42	0.07	22	6~8

正常车辆，高压最大为 1.66MPa，发动机停止运转 5min 后，高低压管路压力都为 0.69MPa。该车高压管路压力与正常车辆对比高出很多，说明故障车空调高压管路堵塞，于是决定回收制冷剂，拆下膨胀阀，如图9-18所示，检查冷凝器、高压管和蒸发箱，结果均正常，于是故障锁定在膨胀阀。

图 9-18　膨胀阀的安装位置

膨胀阀在制冷环路中起到节流的作用，它能使高压的液态制冷剂雾化成低压的气态制冷剂，同时膨胀阀还能调节送到蒸发器中的制冷剂的流量，也就是说它既控制了制冷剂的流量，又调节了制冷剂的压力。

膨胀阀调节制冷剂流量的过程：蒸发器出口处对薄膜底部的作用力（P_1）以及弹簧施加的力（F_s）形成 1 个合力，此合力与薄膜 R134a 上受到的力（P_d）的差使球型阀上下移动，从而调整阀门开度的大小。当 P_1 增加时，薄膜附近温度传感器的温度随之升高，薄膜被 R134a 加热，P_d 变大。当 P_d 的增大量大于 P_1 与 F_s 的增大量时，球阀下移，从而增大了液体制冷剂的流量。当蒸发器排放的制冷剂温度降低时，P_1+F_s 的增加要大于 P_d 的增加，球阀上移，液体制冷剂的流量也随之降低。

当膨胀阀损坏时，P_d 的力始终小于 P_1+F_s 的合力，这时膨胀阀不能调节制冷剂的流量，制冷剂始终处于最小流量；于是出现本车的故障现象：发动机怠速时空调系统维持工作，高转速时高压压力增加，高于正常值，压缩机阻力增加，空调系统不制冷，发动机工作异常。

(3) 故障排除　更换膨胀阀，添加标准量（470g）制冷剂，故障排除。

实际操作

二、膨胀阀的检修

测定膨胀阀的性能有两种方法：一是在汽车空调系统中测定；二是为避免各种压力保护开关及调节阀对测量工作的影响而将膨胀阀从车上拆下，在台架上测定。

1）在汽车上测定膨胀阀的性能。若在汽车上直接测定膨胀阀性能，以确定膨胀阀的故障原因。可在发动机散热器前放一个大的轴流风扇，模拟汽车行驶时的迎面风速，按下列步骤测试：

① 将歧管压力表组件与空调系统相连，起动发动机，将转速调至 1000～1200r/min，空调温控器（或拔杆）调至最冷（MAX）位置，让空调系统运行 10～15min。

② 查看低压侧压力表读数，如果偏低，在膨胀阀周围包上 51℃的抹布，继续观察低压表读数。

③ 若低压压力能上升至正常值或接近正常值，则说明系统内有水汽，应设法消除（更换储液干燥器，并用较长时间抽真空，再充注制冷剂，重新检测系统）。

④ 若低压压力未升高，则从蒸发器出口处小心卸下膨胀阀感温包，将感温包握在手中。

⑤ 若压力仍偏低，则说明膨胀阀有问题，应将其卸下，在台架上进行检查。在拆除膨胀阀时，若发现膨胀阀进口有堵塞，则在清洗和维修膨胀阀后，应更换储液干燥器。

⑥ 按上述第②条查看低压表读数时，若低压读数偏高，则从蒸发器出口处小心卸下膨胀阀感温包，将其放入冰水中（在冰水中加些盐，使其温度降至 0℃）。

⑦ 若低压压力降至或接近正常值，则可能是感温包隔热包扎不严或安放位置不对，对其重新定位并包扎后再测定。

⑧ 若低压压力仍然偏高，则应卸下膨胀阀，移至台架上进行检查。

⑨ 测试结束后，应关闭所有空调控制器，降低发动机转速，直至关机，取下压力表组。

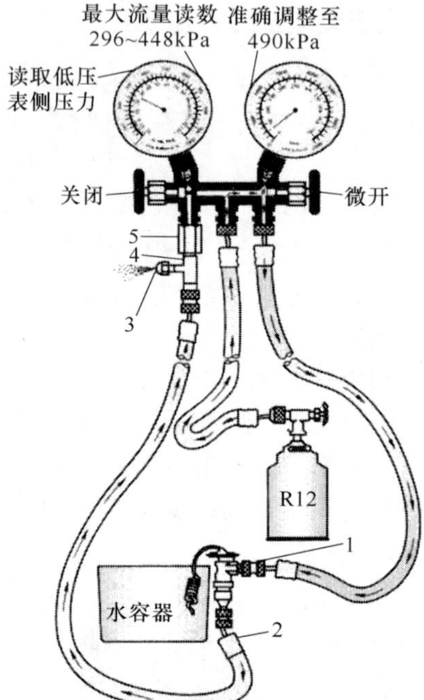

图 9-19　检测膨胀阀的性能

1—入口　2—出口　3—过渡接头　4—三通　5—1/4 接头

2）在台架上校验膨胀阀的性能

① 将膨胀阀从制冷系统中取下来，如果过滤网（若有过滤网）上有污物，要取下清洗干净。

② 按图 9-19 所示的连接方式将歧管压力表组件与制冷剂瓶、膨胀阀连接好，软管与低压表之间接一个带开关的过渡接头。

③ 关闭压力表的手动阀门。

④ 在过渡接头上钻一个小孔，小孔直径最大流量读数为 Φ0.23mm，将其接头拧松，以降低通过进气管的压力。

⑤ 开启高压手动阀门，将高压侧压力调整到 490kPa 左右。

⑥ 将感温包浸入水中，使冷却液温度变化，在读低压表读数的同时，测量冷却液温度。

⑦ 对照图 9-20 比较测得的温度与压力交点是否落在阴影区内，若交点不在阴影区内，则说明需要更换膨胀阀。若有使用说明书，按说明书上的曲线检查。

上述方法适用于中小型面包车的内平衡式膨胀阀的校验。

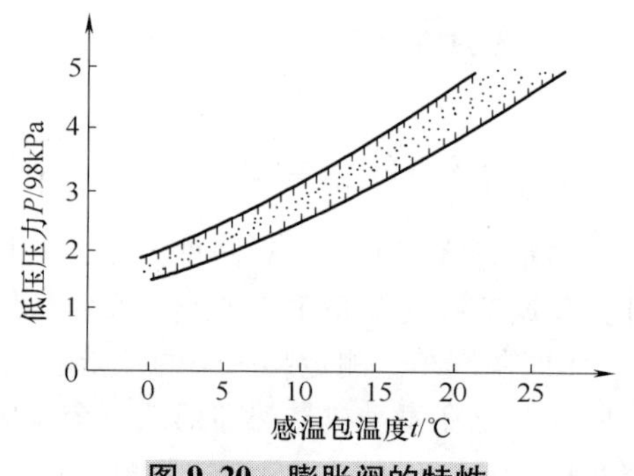

图 9-20　膨胀阀的特性

第九章

三、节流管的检修

① 将歧管压力计与系统连接，发动机转速调至 1000～1200r/min，将空调控制器调至最冷（MAX）位置，让空调系统运行 10～15min。

② 查看低压表读数。若系统无其他问题且制冷剂量合适，而低压表读数偏低，则说明节流管可能堵塞。

③ 将低压开关断路。

④ 在节流管周围包上约 52℃ 的温湿布。

⑤ 若低压表读数上升至正常值或接近正常值，则说明系统内有水汽，节流管正常，应更换集液器。

⑥ 若低压表读数仍偏低，甚至出现真空，则说明节流管有脏堵，应更换节流管。

基础知识

四、膨胀阀

1. 膨胀阀的结构

膨胀阀又称为节流阀，汽车空调系统使用的膨胀阀为温度控制式膨胀阀，故又称为热力膨胀阀。热力膨胀阀是空调系统的重要制冷部件之一，安装在蒸发器入口处，图 9-21 所示为桑塔纳 2000 轿车空调系统膨胀阀、蒸发器、鼓风机和暖风加热器芯的安装位置。

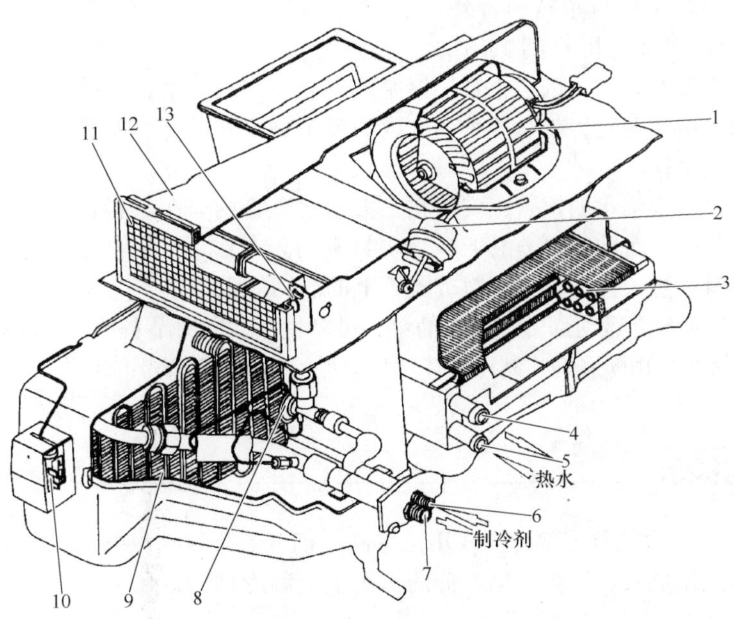

图 9-21　桑塔纳 2000 轿车膨胀阀的安装位置

1—鼓风机　2—真空阀　3—加热器芯　4—出水口　5—进水口　6—制冷剂进口（来自储液器）　7—制冷剂出口（通往压缩机）　8—膨胀阀　9—蒸发器芯　10—温控器　11—进风罩滤网　12—进风罩　13—车内温度开关

第九章

汽车空调的节流膨胀装置主要是热力膨胀阀，另外，还有组合式阀、电子膨胀阀等。

2. 膨胀阀的选配与安装

膨胀阀的容量与膨胀阀入口处液体制冷剂的压力（或冷凝温度）、过冷度、出口处制冷剂的压力（或蒸发温度）及阀的开度有关。膨胀阀容量一定要与蒸发器相匹配，容量过大会使阀经常处于小开度下工作，阀开闭频繁，影响车内温度稳定，降低阀门寿命；容量过小，不能满足车内制冷量要求。一般情况下，膨胀阀容量应比蒸发器能力大10% ~20% 。

安装膨胀阀时有下列要求：

1）膨胀阀一般应直立安装，不允许倒置。

2）感温包一般安装在蒸发器水平出口管的上表面，要包扎牢靠，保证感温包与管子有良好的接触，接触面要清洁、紧贴，并用隔热防潮胶包好。必要时膨胀阀阀体也用隔热胶包好。

3）外平衡管要装在感温包后边管段的上表面处。

4）对于外调式膨胀阀，必须在发动机正常运转情况下进行调整，并由熟练的空调技术人员调好。

五、膨胀节流管（孔管）

膨胀节流管的结构如图 9-22 所示。它是一根细铜管，装在一根塑料套管内。在塑料套管外环形槽内装有密封圈。有的还有两个外环形槽，每槽各装一个密封圈。把塑料套管连同膨胀节流管都插入蒸发器进口管中，密封圈就是密封塑料套管外径和蒸发器进口管内径间的配合间隙用的。

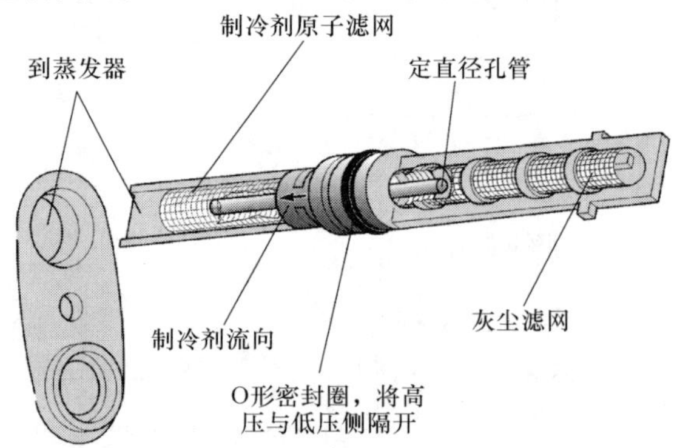

图 9-22 膨胀节流管的构造

膨胀节流管两端都装有滤网，以防止系统堵塞。安装使用后，系统内的污染物集聚在密封圈后面，使堵塞情况更加恶化，就是这种系统内的污染物堵塞了孔管及其滤网。膨胀节流管不能维修，坏了只能更换。

膨胀节流管是一根细小的铜管，安放在一根塑料套管内，在塑料套管上套有一个或两个O 形密封圈，铜管的外面是滤网。由于 O 形密封圈的隔离作用，来自冷凝器的制冷剂只能从细小的铜管中通过，进入蒸发器。塑料节流管上的滤网能阻挡杂质进入铜管。

由于膨胀节流管没有运动部件，结构简单，可靠性高，同时节省能耗，因此美国、日本等国家有许多高级轿车采用膨胀管式制冷循环。其缺点是制冷剂流量不能根据工况变化进行调节。

特别提示

1. 空调制冷系统中的节流部分的作用是将制冷剂节流降压，根据制冷剂的特性，通过节流系统后在空间急剧加大、压力急剧降低的情况下，制冷剂的温度急剧降低，致使进入蒸发器中制冷剂的温度能达到 -4℃左右。

2. 膨胀阀系统和膨胀节流管系统的根本区别在于膨胀阀系统能够自动调节制冷剂流量的大小，空调压缩机的工作是断续工作的；膨胀节流管系统的流量不能自动调节，多余的制冷剂在通过蒸发器后由集液器收集，它适用于循环离合器系统。

你学会了吗?

1. 膨胀阀的作用是怎样的，有哪些类型?
2. 不同类型的膨胀阀的结构和工作原理是怎样的?
3. 膨胀节流管的结构和作用是怎样的?
4. 如何对膨胀阀和膨胀节流管进行拆装和检修?

第48天　认识储液干燥器和集液器

学习目标

1. 了解储液干燥器的作用和组成。
2. 了解集液器与储液干燥器的区别。
3. 掌握储液干燥器的安装和维护方法。
4. 掌握储液干燥器的拆装与检修方法。

维修案例

一、案例：普通桑塔纳轿车空调制冷效果差

(1) 故障现象　一辆普通桑塔纳轿车的驾驶人反映空调系统制冷效果差。当时气温为35℃，开足空调，出风口处的温度却有30℃，制冷效果明显不好。但是在压缩机开启的瞬间，制冷效果是好的，制冷量也能达标，只是连续开机近一分钟后，制冷效果就变差，直至不制冷。有时偶尔效果又好了，能制冷个把小时，但仍不能持久。该车进厂后经现场检验与驾驶人反映的情况一致。

(2) 故障诊断　从外观上检查空调管路和系统内所有零件均正常，无渗漏之处，也不见有油污，各管路连接接口也良好坚固。在低压测试口处放气试验，压力也很正常（一般来说，这样的试验是不允许的，因制冷剂放出要污染环境。现在只是不得已而为之）。

为了判断故障原因，只能借助于仪器检验。用空调检测仪测试，读出高压压力为1.5MPa，低压压力为0.2MPa。从仪器的读数上看空调系统并无故障，但将发动机转速稳定在2000r/min左右时，发现压力发生了变化，高压压力基本没变，而低压压力却在逐渐下降，直至降为0。这就证明故障在蒸发器膨胀阀上。

故障的直接原因是当高压气流通过膨胀阀时，因通道的截面发生变化，制冷剂流动不畅，使膨胀阀两端的压力差过大，此时压缩机又在正常工作，很快就将膨胀阀后端的制冷剂排空，形成真空。这样，低压表上的读数就逐渐下降至0。

故障确定后，只要换上完好的零件就能修复。因膨胀阀与蒸发器是整体结构，故要整体更换。更换后制冷效果明显好转，但是好景不长，两天后制冷效果又变差了。重新进站检查后，估计可能是制冷剂渗漏，容量不足。加注制冷剂后，当场试车效果还不错，但是用了一个多星期后，空调器又彻底罢工了，故障现象和未修理之前一模一样。

那么故障到底在何处呢?

空调系统的主要零件有压缩机、冷凝器、蒸发器、膨胀阀及高、低压管和储液罐等。根据上次的修理情况，可以确定压缩机、冷凝器和高、低压管道均无故障。从外观上看也未见渗漏，说明所有管道均正常。在起动空调的瞬间，从储液罐观察窗口能看到制冷剂流动的现象，起动时也能制冷，只是不能持久。

再次用空调检测仪测试，测得高压压力为1.5MPa，低压压力为0.2MPa。再次将发动机转速稳定在2000r/min，低压表上的压力指示开始下降，直至降为0。因此可以判定膨胀阀又出故障了。此时客户主动提出要更换储液干燥器，以便彻底排除故障，同时也能借此查清膨胀阀的故障原因，究竟是系统故障还是产品质量问题。拆下储液罐检查，从外观上看未见异常，但一摇动储液罐能听见轻微的响声。翻过来向外一倒，倒出一些呈黑褐色、表面有光泽、细如丹砂一样的颗粒，仔细一看是干燥剂。这下故障原因找着了。

储液罐内的干燥剂正常情况下是有隔网包住，不参与制冷剂循环的，而此车隔网破裂，干燥剂散出，滑入制冷剂内参与循环。因膨胀阀处孔径太小无法通过，系统内压力又高，干燥剂就阻塞了膨胀阀，久而久之膨胀阀就不透气了，空调制冷效果就一点也没有了。上次新换的蒸发器并非质量有问题，而是疏忽了储液干燥器故障对空调系统的影响，造成对故障的误判，使空调系统带病运行，从而造成膨胀阀再次堵塞的事故。

(3) 故障排除　切记，确定了蒸发器和膨胀阀有故障后，在更换蒸发器或膨胀阀时，一定要检查储液罐，在确认其完好的情况下才能更换，否则就会前功尽弃。此车自从更换了蒸发器和储液罐后，空调连续使用了一个多月，其中经历了连续10天的37℃高温天气的考验，空调均能正常工作，故障彻底排除。

实际操作

二、储液干燥器的拆装与检修

1. 储液干燥器的检测

1）用手触摸储液干燥器进出管路，并观察视窗。如果进口很烫，而且出气管接近大气温度，从视窗中看不到或很少有制冷剂流过，或者制冷剂很浑浊，则可能是储液干燥器中的滤网堵了或干燥剂散了并堵住了储液干燥器的出口。

2）检查易熔塞是否熔化，各接头处是否有油污。

3）检测视窗是否有裂纹，周围是否有油污。

2. 储液干燥器的拆卸与安装

储液干燥器一般安装在冷凝器旁或者其他通风好、散热好、远离热源的地方。安装时要尽量直立安装，倾斜度不要大于15°。如果倾斜度过大，液态与气态制冷剂就不能完全分离。**特别需要注意的是，在空调系统的安装维修中，储液干燥器必须最后一个被接到系统中，以防止空气进入干燥器，因为空气中的水分及其他不可冷凝的杂质等可能腐蚀金属，致使小的金属粒子剥落下来，造成系统堵塞。**安装前一定先要确定储液干燥器的进口端和出口端，否则容易装错。一般在其进、出口端作有标记，如进口端用英文“IN”（此端应与冷凝器出口相接）表示，出口接用“OUT”表示，或者直接打上箭头。

以桑塔纳3000轿车为例，介绍储液干燥器的拆装方法。

1）拆卸步骤（图 9-23）

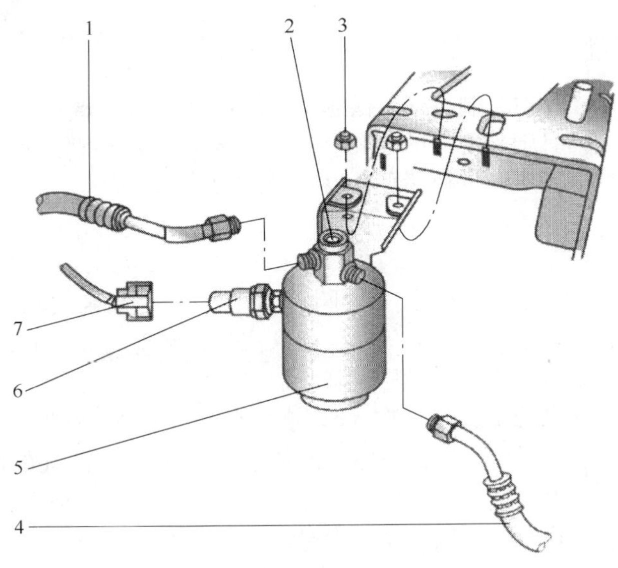

图 9-23　储液干燥器的拆装

1—L 管（储液干燥器至蒸发器）　2—视窗　3—坚固螺母　4—C 管（冷凝器至储液干燥器）　5—储液干燥器　6—组合开关 F129　7—连接插头

① 在拆卸之前，用制冷剂回收加注设备将制冷剂抽空。

② 拔下高低压开关连接插头（如图 9-24 中箭头 A 所示）。

③ 拆下 C 管（冷凝器至储液干燥器，如图 9-24 中箭头 B 所示），封住管口。

④ 拆下 L 管（储液干燥器至蒸发器，如图 9-24 中箭头 C 所示），封住管口。

⑤ 拆卸连接螺栓（如图 9-24 中箭头 D 所示），取出储液干燥器。

2）安装注意事项

① 安装顺序与拆卸顺序相反。

② 储液干燥器应垂直安装。

③ 安装后应从视窗处密切注视制冷剂的流动情况。

④ 更换安装完毕后确认前后接口无泄漏。

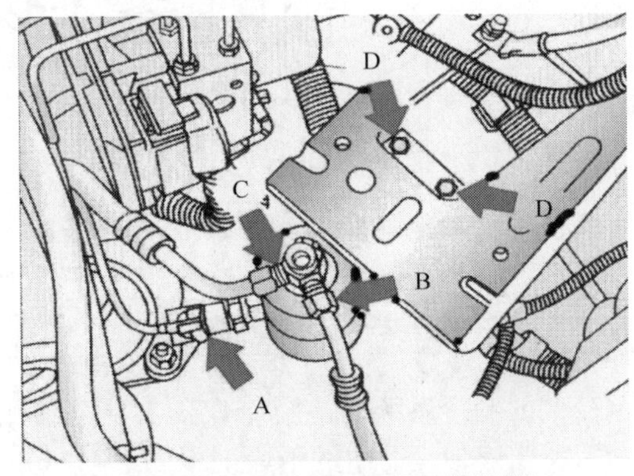

图 9-24　储液干燥器管路的拆卸

三、储液干燥器

由于汽车空调正常工作时，制冷剂的供应量大于蒸发器的需要量，所以高压侧液态制冷剂会有一定的储存量。而且随着季节的变化，在系统不运行或检修、更换系统内的零件时，可将系统中的制冷剂收到高压侧进行储存，以免制冷剂泄漏。因此，在汽车空调系统中需设置储液干燥器。

1. 储液干燥器的组成

(1) 储液罐　储液罐是制冷系统中不可缺少的部件。储液罐能临时性地存储一些在冷凝器中液化的制冷剂，当蒸发器负荷变化时，要求流量作相应变化，及时供给蒸发器。当系统中存在少量制冷剂泄漏时，需要及时补充制冷剂。因此，必须有一个能额外储存制冷剂的容器。储液罐的容量约为系统工质体积的1/3，罐体有钢制和铝制两种。

(2) 干燥剂　干燥剂是一种能从气体、液体或固体中去掉潮气的固体物质，如硅胶、分子筛等。在制冷剂及制冷系统中不可避免地存在着水分，水会对金属产生强烈的腐蚀作用以及影响制冷剂工作正常进行，所以需要干燥器。

(3) 过滤器　制造系统中没有处理干净的微量碎屑、尘土、制冷剂中的脏物及制冷剂对系统部件内壁发生侵蚀而脱落的杂质，如果积聚在膨胀阀（或塑料节流管）内，将阻碍制冷剂流通。因此，管路中必须安装过滤器，并需要经常清洗滤网（或更换过滤器）。

2. 构造

储液干燥器接收冷凝器排出的制冷剂。它装在冷凝器周围或膨胀阀之前，由储液干燥器体、过滤器、干燥剂、引出管和观察窗玻璃（有些空调系统具备）等构成，如图9-25所示。

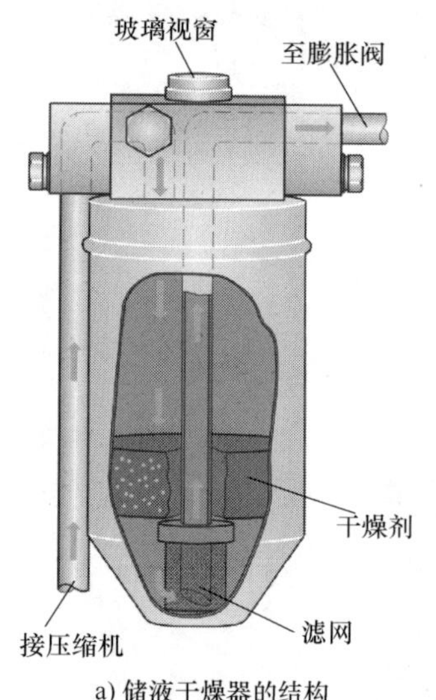

a) 储液干燥器的结构

b) 观察储液干燥器中制冷剂的流动状态

图9-25　储液干燥器

注意：使用R134a制冷剂的制冷系统的储液干燥器不能与使用R12制冷剂的制冷系统中的储液干燥器互换，两种储液干燥器中的干燥剂不同，R134a制冷剂使用沸石作为干燥剂，R12制冷剂使用硅胶作为干燥剂。

四、集液器（积累器）

集液器也叫积累器，用于膨胀管（孔管）式的制冷系统，其安装在蒸发器出口处低压侧的管路中。由于膨胀管无法调节制冷剂的流量，因此蒸发器出来的制冷剂不一定全部是气体，可能有部分液体。为防止液态制冷剂液击造成压缩机损坏，在蒸发器出口处安装一个集液器，一方面将制冷剂进行气液分离，另一方面起到与储液干燥器相同的作用，其结构如图9-26所示。制冷剂进入集液器后，液体部分沉在集液器底部，气体部分从上面的管路出去进入压缩机。在容器底部，出气管弯处装有带小孔的过滤器，允许少量的积存在管弯处的机油返回压缩机。但液体制冷剂不能通过，因而要用特殊过滤材料。

五、视液镜

视液镜也称观察窗，其功用是在加注制冷剂时，观察制冷剂加注量是否到位，也用来判断空调系统制冷量是否不足，是否由于制冷剂泄漏导致制冷剂减少，如图9-27所示。

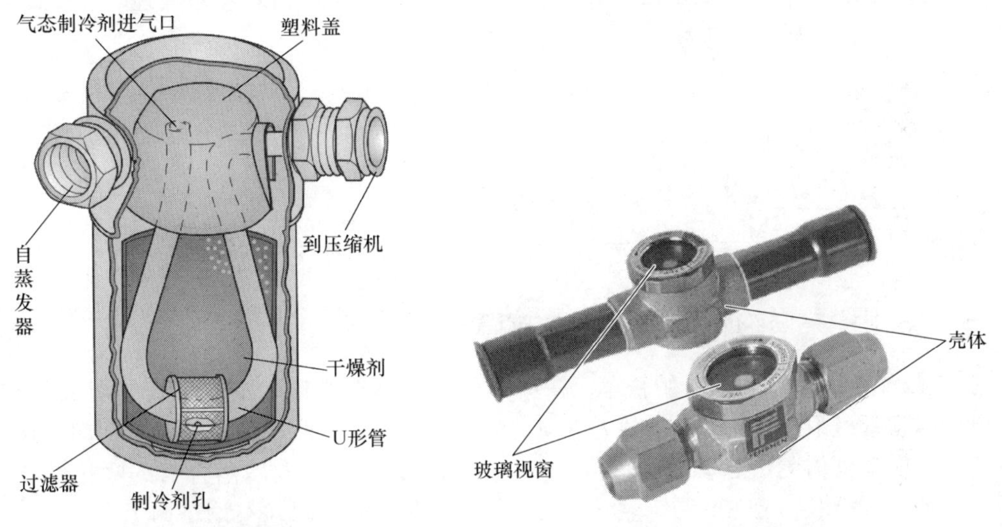

图9-26　集液器

图9-27　视液镜结构

视液镜由玻璃、壳体及连接管嘴三部分组成。玻璃必须耐压且耐高、低温，壳体和接管嘴一般连成一体，由钢锻件机加工而成。玻璃和壳体有两种连接方式：一种是螺母垫圈压接；另一种是直接烧结在壳体上，即在炉中达到一定温度熔接在壳体孔上。

在不少汽车空调系统中，视液镜多安装在储液干燥器上，优点是结构紧凑，可靠性较高。但在有些情况下，加注制冷剂时，在储液干燥器上观察制冷剂不方便或无法观察，视液镜则安装在高压管路系统上；另外采用CCOT系统时，由于气液分离器上不能装视液镜，视液镜安装在高压管路系统上。

特别提示

储液干燥器和集液器都是汽车空调制冷系统中的储液和干燥装置，其共同点是储液、干燥、过滤、提供缓冲空间等。其区别在于储液干燥器安装在冷凝器和膨胀阀之间的高压区，而集液器安装在蒸发器和压缩机之间的低压区。

你学会了吗?

1. 储液干燥器的作用和组成是怎样的?
2. 集液器与储液干燥器有哪些区别?
3. 如何对储液干燥器进行安装和维护?
4. 如何对储液干燥器进行拆装与检修?

第49天　认识制冷剂压力开关

学习目标

1. 了解制冷剂压力开关的类型。
2. 掌握高压压力开关、低压压力开关、三位压力开关的结构和控制原理。
3. 掌握压力开关的检测方法。

维修案例

一、案例：桑塔纳轿车空调电路故障

（1）故障现象　一辆桑塔纳轿车，在高速公路上空档滑行（空调工作）时突然熄火，再次起动时发动机不能起动。经驾驶人直观观察，发现发动机曲轴无法转动。关闭空调开关后再起动，发动机仍无法起动。进一步检查，发现空调压缩机电磁离合器的吸拉线圈已烧坏，烧坏的线圈松散后卡在空调压缩机主动带轮与吸盘之间，因此不论空调工作与否，空调压缩机都与发动机曲轴同转。

（2）故障诊断　按理说，即使是带动空调压缩机，发动机也应该能起动。于是驾驶人挂上倒档，向后推动车辆，然后松开离合器，此时发现发动机曲轴转动，但空调压缩机不转，空调传动带打滑。割断空调压缩机传动带，发现空调压缩机用扳手都无法转动。此时起动车辆，发动机顺利起动，起动后机油压力、冷却液温度、怠速、加速、减速一切正常，于是驾驶人将车开到维修厂检修。

将空调压缩机拆下（该车装备SD508型压缩机，制冷剂为R12）。分解空调压缩机后发现，由于缺油，其行星盘与中央支撑球形铰链已因粘着磨损而烧结为一体，造成压缩机无法转动。

更换空调压缩机，并检查压缩机润滑油量后装车，安装好压缩机传动带，用氮气打压至0.5MPa后检漏，60min后压力无损失，说明制冷系统无泄漏。起动发动机，打开空调开关，A/C开关指示灯点亮，但压缩机电磁离合器不吸合，发动机怠速不提升。经检查，发现怠速提升装置无动作，但冷凝器散热电动机工作（低速），送风机电动机也工作（最低速）。

根据空调系统电路图（图9-28）分析，打开空调开关后，A/C开关指示灯点亮，说明A/C开关是好的。测量空调压缩机电磁离合器线圈的电阻为3.5Ω，阻值正常，接地良好，电磁离合器不工作的原因是线圈未得电。冷凝器散热电动机工作，送风机电动机工作，说明空调继电器（驾驶人侧仪表板下）和环境温度开关（仪表板下送风电动机上）良好。发动机怠速不提升，电磁离合器不吸合，问题可能出在蒸发器温度开关和制冷系统低压开关上。

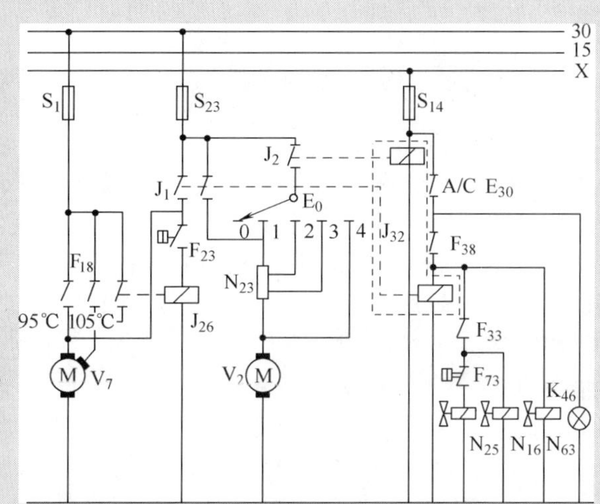

图 9-28　上汽桑塔纳轿车空调系统控制电路

S_1—冷却风扇熔断器　S_{14}—空调熔断器　S_{23}—鼓风机熔断器　K_{46}—空调指示灯　J_{32}—空调继电器　J_{26}—冷凝器风扇继电器　E_{30}—空调制冷开关　E_0—鼓风机开关　F_{73}—低压保护开关　F_{23}—高压开关　F_{18}—冷却风扇电动机温控开关　F_{33}—蒸发器温控开关　F_{38}—环境温控开关　V_7—冷却风扇电动机　V_2—鼓风机　N_{25}—空调电磁离合器　N_{16}—怠速提升电磁阀　N_{63}—新鲜空气翻板电磁阀　N_{23}—调速电阻

因为蒸发器温度开关在蒸发器上，检查和安装较费工时，所以先检查怠速提升电磁阀（在化油器后方）。经检查，怠速提升电磁阀的电阻为4Ω，正常；打开空调开关，检查该电磁阀两端的电压为0V，说明怠速提升电磁阀良好，故障原因是蒸发器温度开关损坏。拆下蒸发器温度开关（在前排乘客侧仪表板下，蒸发器后面），检查其电阻为∞，说明该开关损坏。更换蒸发器温度开关后，打开空调开关，怠速提升电磁阀得电，发动机怠速正常提升。此时发现空调压缩机电磁离合器虽然吸合，但存在明显的打滑现象。

在不起动发动机的情况下，打开空调开关，检查怠速提升电磁阀、空调电磁离合器两端的电压，分别为12.24V和8.57V。拔下空调电磁离合器插头后，测量电源侧电压为蓄电池电压。根据电路图分析，问题出在制冷系统低压开关上。该开关位于左前照灯后方、储液干燥器的下方，其上方为制冷系统高压开关。拔下低压开关上的两个插头，测量其电阻为17.8Ω，而正常值应为0Ω。将两插头短接后起动发动机，打开空调开关，压缩机电磁离合器吸合正常，不论发动机高、低速均不再打滑。更换低压开关（先泄压）后，再次用氮气打压、检漏，起动发动机，打开空调开关，除不制冷外，电路工作正常。

(3) 故障排除　由上述过程可见，该车因空调压缩机缺油造成压缩机磨损，运转阻力变大，最终导致电磁离合器打滑，产生大量热量，将电磁离合器吸拉线圈的绝缘层烧坏，使吸拉线圈的电阻骤减，电流剧增，从而烧坏了蒸发器温度开关和低压开关。烧坏的吸拉线圈松散后卡住电磁离合器，所以不论开不开空调开关，空调压缩机都与发动机一起运转，最终导致压缩机烧坏。

但是，如果电流增大，按理应首先烧坏空调熔丝。找到该车的空调熔丝（仪表板下方，14号熔丝），发现是用粗铜丝连接的（应为20A熔丝），可能是原来维修时违章操作。更换空调熔丝，抽真空、注氟，试车一切正常。

第九章

二、空调压力开关的检测

1. 压力开关的检查

① 将歧管压力表组件和软管接到高、低压检修阀上。当系统中制冷剂压力高于 0.21MPa 时，低压开关就应接通。否则为性能不良，应予更换。

② 在制冷系统工作时，用纸板或其他板挡住冷凝器的散热，以恶化其冷却效果，这时冷凝器的温度会逐渐升高，当高压侧压力达到 2.1～2.5MPa 时，电磁离合器应立即断电，然后拿开纸板，待高压侧压力降低到 1.9MPa 时，电磁离合器应立即通电，使压缩机工作，否则为性能不良。

③ 高压开关的触点是常闭式。用万用表测量其两个接线端，如果是断路，说明已损坏，如果电阻为零，则说明性能良好。

④ 低压开关的触点，在没有压力的作用下是常开的。用万用表测量其两接线端，如果性能正常的话，应该是断路，否则为性能不良。

⑤ 在有压力的情况下检测压力开关准确度较高。低压开关一般在 0.2MPa 左右触点闭合；高压开关在 2.65MPa 左右触点断开。

2. 桑塔纳 3000 空调压力开关的检查

① 装上歧管压力表组件。

② 使发动机在大约 2000r/min 的转速下运转。

③ 用万用表检查压力开关的工作情况。压力开关插接器如图 9-29 所示。

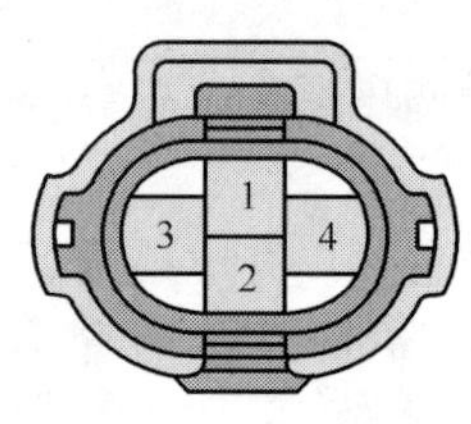

a) 空调压力开关插接器外形

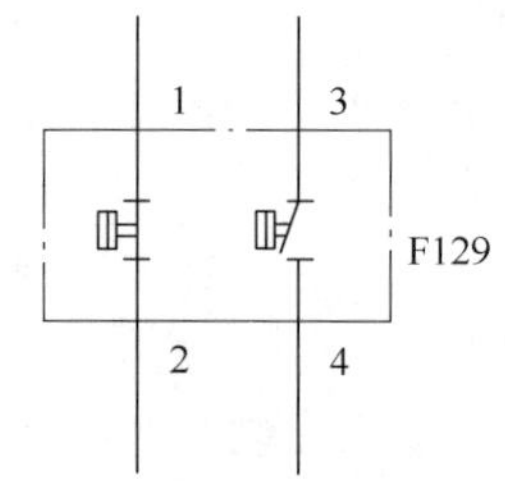

b) 空调压力开关插接器内部线路

图 9-29 空调压力开关插接器

3. 控制电磁离合器

① 制冷剂压力变化时，检查压力开关端子 1 与端子 2 间的导通性。

② 低压侧：压力降至 0.196MPa 时应不导通，压力升高至 0.225MPa 时应导通。高压侧：压力升至 3.14MPa 时应不导通，压力降至 2.25MPa 时应导通。

4. 控制冷却风扇

① 制冷剂压力变化时，检查压力开关端子 3 与端子 4 间的导通性。

② 压力升至 1.77MPa 时应导通，风扇高速运转；压力降至 1.37MPa 时应不导通，风扇又恢复低速运转。如果导通情况不符合要求，说明压力开关性能不良，应更换。

三、制冷剂压力开关

压力开关也称为压力继电器或压力控制器，分为高压开关、低压开关和高、低压双向复合开关（三位压力开关）三种，安装在制冷系统高压管路或低压管路上。高压开关又分为触点常闭型和触点常开型两种，如图9-30所示。高、低压开关的结构与外形大同小异。当制冷系统由于某种原因而导致管路内制冷剂压力出现异常时，压力开关便会自动切断压缩机电磁离合器电路而使压缩机停止工作，或控制冷凝器风扇的高速档运转，使冷凝器强制散热，保护制冷系统不损坏。

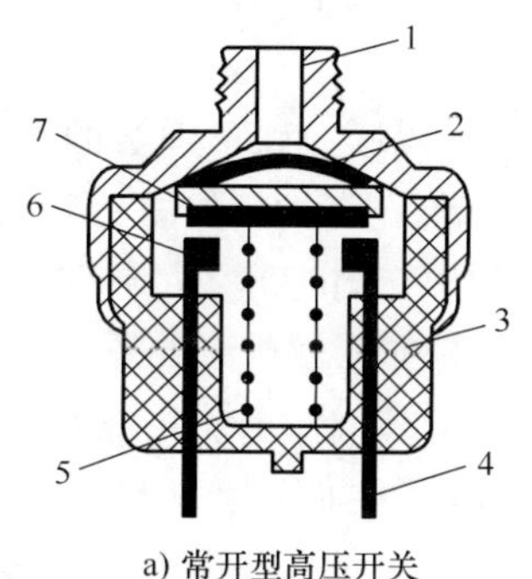

a) 常开型高压开关

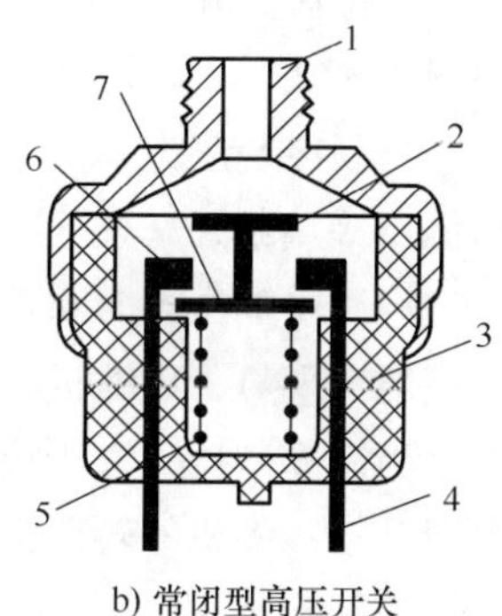

b) 常闭型高压开关

图9-30　高压保护开关

1—管路接头　2—膜片　3—外壳　4—接线柱　5—弹簧　6—固定触点　7—活动触点

1. 高压开关

一般系统压力过高的原因有以下几种：一是冷凝器过脏阻塞了冷却风道，导致冷凝器无法充分冷却；二是维修中制冷剂添加过多，导致压力过高；三是由于系统管路发生堵塞。

触点常开（动合）型压力开关的结构如图9-30a所示，其功用是当制冷系统压力升高到一定值时，接通冷凝风扇高速档电路高速运转，增强冷凝器的散热效果，降低制冷剂温度与压力。如奥迪100型轿车用触点常开型高压开关的触点闭合压力为（1.58±0.17）MPa，（恢复）断开压力为（1.335±0.17）MPa。

触点常闭（动断）型压力开关的结构如图9-30b所示，其常闭触点串联在空调压缩机电磁离合器线圈电路中，当制冷系统压力升高到一定值时，作用在膜片上的制冷剂压力推动推杆使触点断开，切断电磁离合器线圈电路，从而使压缩机停止运转，避免制冷剂压力进一步升高而损坏压缩机或制冷部件。当高压管路的压力恢复正常值时，触点在复位弹簧作用下恢复闭合状态，压缩机又可正常工作。触点常闭型压力开关触点的断开压力和（恢复）闭合压力依车而异，断开压力一般为2.1～3.5MPa，（恢复）闭合压力一般为1.6～1.9MPa。

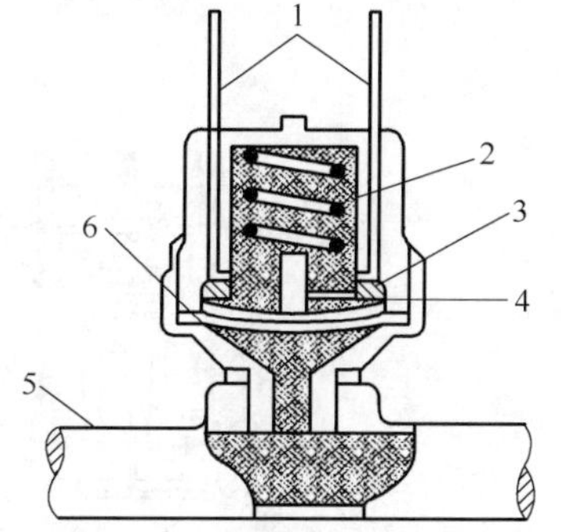

图9-31　低压保护开关

1—导线　2—弹簧　3—动触点　4—支座　5—压力导入管　6—膜片

2. 低压开关

低压开关又称为制冷剂泄漏检测开关，其触点为常闭触点，并与空调压缩机电磁离合器线圈电路串联。低压开关的功用是在制冷系统严重缺少制冷剂，导致高压侧压力低于一定值（一般为0.2MPa，如桑塔纳2000轿车空调系统为0.196MPa±0.1MPa）时，触点断开切断电磁离合器线圈电路使压缩机无法运转，防止压缩机在没有润滑保障的情况下运转而损坏，低压保护开关的结构如图 9-31 所示。

3. 三位压力开关

近年来，不少汽车空调倾向于采用设在高压回路中的三位压力保护开关，如上海桑塔纳 2000 轿车、南京依维柯客车的汽车空调系统就采用了三位压力开关。

三位压力开关一般安装在储液干燥器上，感受制冷剂高压回路的压力信号，其工作过程如图 9-32 所示（以 R134a 制冷剂为例）。

当制冷剂压力不大于 0.196MPa 时，由于隔膜、碟形弹簧的弹力大于制冷剂压力，因此高低压接点断开（OFF），压缩机停转，实现低压保护，如图 9-32a 所示。

当制冷剂压力为 0.2～3MPa 时，制冷剂压力高于开关的弹簧压力，弹簧挠曲，高低压接点接通（ON），压缩机正常工作，如图 9-32b 所示。

当制冷剂压力大于或等于 3.14MPa 时，制冷剂压力大于隔膜、碟形弹簧压力，高低压接点断开，压缩机停转，实现高压保护，如图 9-32c 所示。

当制冷剂压力大于 1.77MPa 时，压力就大于隔膜弹力，隔膜会反转，将轴推上，以接通冷凝器的风扇高速接点，风扇以高速运转，实现中压保护，如图 9-32d 所示。当压力降至 1.37MPa 时，隔膜恢复原状，轴下落，接点断开，冷凝器风扇又以低速运转。

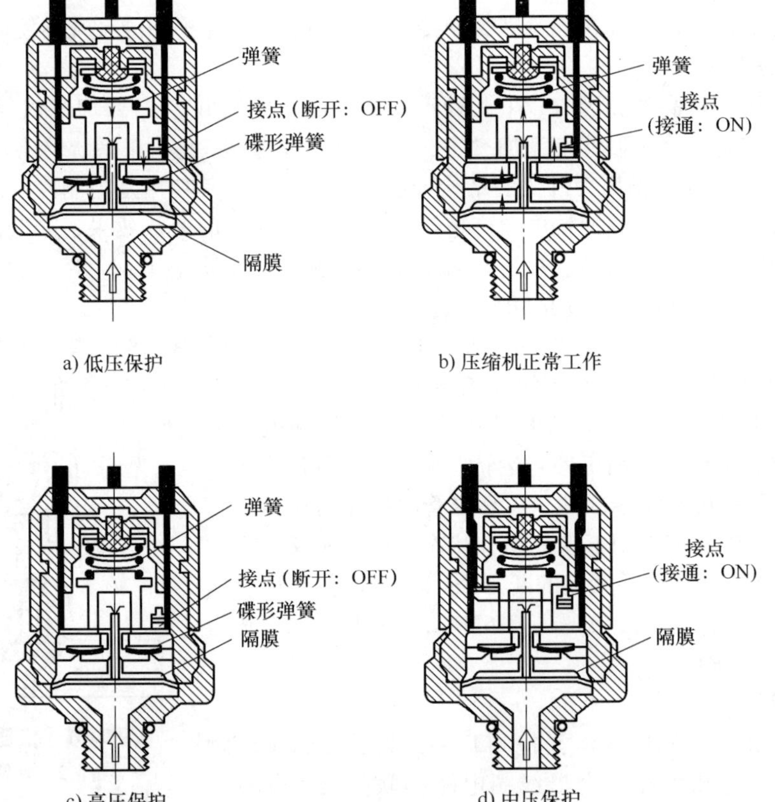

图 9-32 三位压力开关

三位压力开关的工作情况示意如图 9-33 所示。

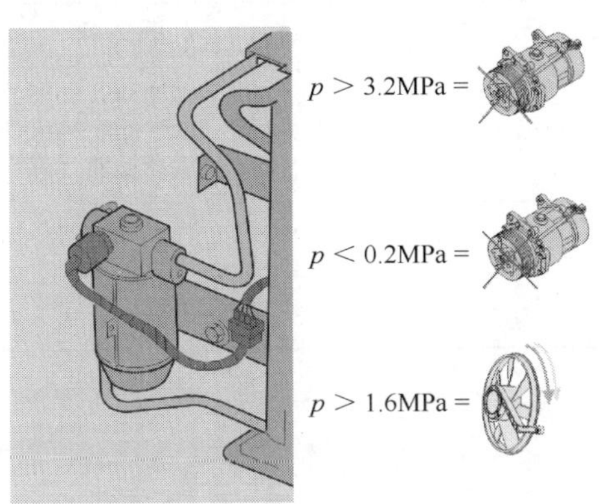

图 9-33　三位压力开关的功能

常见压力开关的开关形式及作用见表 9-5，其有关技术参数见表 9-6。

表 9-5　压力开关的开关形式及作用

序　号	种　类	开关形式	特　性	作　用
A	低压开关	Ⓒ—开关—接地，$Ⓗ_l$	常闭	高压回路压力低于规定值时，使压缩机停转
B	高压开关	Ⓒ—开关—接地，$Ⓗ_h$	常闭	高压回路压力高于规定值时，使压缩机停转
C	低压开关	Ⓓ—开关—接地，Ⓛ	常开	低压回路压力低于规定值时，接通除霜电磁阀
D	高压开关	Ⓕ—开关—接地，$Ⓗ_h$	常开	高压压力高于规定值时，使冷凝风扇高速运转
E	高低压力复合压力	$Ⓗ_l$，Ⓒ—开关—开关—接地，$Ⓗ_h$		是 A、B 两种形式的组合，设在高压回路中，也可以是 A、D 两种形式的组合
F	高中低三位压力开关	Ⓕ—开关，$Ⓗ_m$；$Ⓗ_l$，Ⓒ—开关—开关—接地，$Ⓗ_h$		是 A、B、D 三种形式的组合，设在高压回路中
说明	Ⓒ—压缩机　Ⓓ—除霜电磁阀　Ⓕ—冷凝风扇　$Ⓗ_h$—高压回路中的高压力　Ⓗ—高压压力　Ⓛ—低压压力　$Ⓗ_l$—高压回路中的低压力　$Ⓗ_m$—高压回路中的中等压力			

注：“↑”为压力升高的动作方向，“↓”为压力降低的动作方向。

第九章

表 9-6　压力开关的技术参数

压力开关性质	开　关　值	开关动作	作　　用
高压	压力≥3.14MPa	电路断开（关）	压缩机停转
中压	压力≥1.77MPa	电路接通（开）	冷凝风扇高速运转
	压力≥1.37MPa	电路又断开（关）	冷凝风扇回到低速运转
低压	压力≥0.196MPa	电路断开（关）	压缩机停转

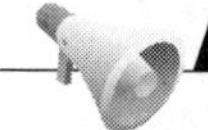

特别提示

空调系统的高压压力开关包括两种类型，均安装在制冷系统的高压管路上，一种是触点常开型，当制冷系统高压管路的压力超过一定值时常开触点闭合，接通空调系统冷凝器风扇的高速档，使冷凝器风扇高速运转，加快散热；另一种是触点常闭型，当制冷系统高压管路的压力超过一定值时常闭触点打开，切断空调压缩机电磁离合器电路，使空调系统停止工作，保护制冷系统管路。

你学会了吗?

1. 常用制冷剂压力开关的类型和作用是怎样的?
2. 简述高压压力开关、低压压力开关、三位压力开关的结构和控制原理。
3. 如何对各种类型的压力开关进行检测?

第 50 天　认识空调电磁离合器

学习目标

1. 熟悉通过案例判断空调电磁离合器故障的思路。
2. 掌握电磁离合器的结构。
3. 掌握电磁离合器的拆装和检修方法。

维修案例

一、案例：雷克萨斯轿车空调工作不正常

(1) 故障现象　一辆 2005 款雷克萨斯 RX300 轿车，出现空调工作不正常的现象。客户反映该车空调系统在工作时压缩机曾经有几次喷出液体。在其他修理厂对该故障进行过维修，但未能从根本上排除故障。

(2) 故障诊断　起动发动机并开启空调系统，空调系统开始工作，先将空调设定温度调到最高，然后再调到最低。将空调鼓风机转速先调到最低，然后再调到最高。将风向依次调节到吹脚、吹头、吹风窗玻璃等位置，感觉空调系统工作基本正常。

断开点火开关，同时按下空调控制面板上的 AUTO 开关和 R/F 开关，将点火开关转到 ON 位，空调指示灯开始闪亮，空调系统自动进入故障自诊断模式。空调屏幕上显示的故障码：23—空调压力开关电路故障；99—多路通信系统电路故障。接着按下空调面板上的 FR DEF 开关和 RR DEF 开关。空调系统开始对鼓风机、进气风门、通气风门、空气混合门、空调电磁离合器和继电器进行检测。检查结果表明，这些部件均工作正常。

对于故障码 99 的含义难以理解，于是将丰田原厂检测仪 INTELLIGENT Ⅱ（以下简称检测仪）连接到该车的 DLC3 OBD-Ⅱ检测接口上，接通点火开关，调取所有电控系统的故障码，结果该车各电控系统均无故障码。用检测仪进入多路通信系统进行多路通信总线检查，检查结果表明，多路通信系统总线工作正常。看来 99 故障码可能是偶然因素造成的，暂时不予考虑。

接着针对空调系统的故障码 23 进行检查。将空调歧管压力表组连接到该车空调系统的高、低压检测阀上，对空调系统压力进行检测，低压侧压力读数在正常范围（0.15 ~ 0.25MPa）内，高压侧压力读数也在正常范围（1.37 ~ 1.57MPa）内。

怀疑该车空调系统制冷剂中有水分或杂质，发生了冰堵现象，导致空调管路堵塞。于是将该车空调制冷剂回收，空调系统管路抽真空后将新制冷剂加注到该车空调系统中，起动发动机，打开空调试车，经过长时间运转，该车空调系统工作一直正常，似乎故障已经排除。可在继续试车过程中发现空调系统高压侧的压力继续上升，并接近了空调系统许可的上限压力（3.14MPa），同时观察到空调冷凝器冷却风扇已经停转。于是立即断开点火开关，将发动机熄火，防止损坏空调系统和发动机。

用红外线测温仪测得空调冷凝器的温度超过 80℃，看来是由于冷却风扇停转，造成空调冷凝器散热器散热不良，使空调系统内的制冷剂压力升高。

接着查找冷却风扇不转的原因。查看冷却风扇电路图得知，两个冷却风扇电动机直接由冷却风扇控制单元控制，而冷却风扇控制单元受发动机电控单元控制，发动机电控单元输出方波脉冲信号给冷却风扇控制单元，后者再根据接收到的方波脉冲信号的脉宽大小，输出不同的驱动电流使冷却风扇根据需要以不同的转速运转。当空调开启时，空调压力开关闭合，如果空调制冷剂压力正常，或发动机冷却液温度超过 97℃，发动机电控单元就会发指令给冷却风扇控制单元驱动冷却风扇电动机运转。

怀疑空调压力开关出了故障，造成冷却风扇不转。于是检查空调压力开关。发现其连接导线的绝缘胶皮有被剥开的痕迹，说明以前检修时已经检查过。接着检查空调冷却风扇控制单元，发现它是新的。难道发动机电控单元出了故障造成冷却风扇不转？如果发动机电控单元出了故障，当发动机冷却液超过 97℃时，冷却风扇也有可能不转，造成发动机高温，但该车发动机并未发生过高温的情况。

再次起动发动机并接通空调系统，却发现冷却风扇又运转正常了，而空调出风口的温度也很低，说明空调系统的工作也恢复正常了。冷却风扇间歇性不工作的原因到底是什么呢？故障排除至此陷入困境。

根据故障现象再次分析故障原因，认为有必要检查空调压缩机电磁离合器。因为当空调制冷剂压力超过上限时，空调压力开关就会断开，接到空调压力开关断开信号后，发动机电控单元就会断开空调电磁离合器电磁线圈的电流，使空调电磁离合器失去电磁力而不吸合，使得空调压缩机不再工作。正常情况下不可能有空调制冷剂压力继续升高直至极高后冲开空调系统安全泄压阀的情况发生。如空调电磁离合器断电后不能断开，空调压缩机就会继续工作，空调制冷剂压力就会持续升高直至冲开空调系统安全泄压阀。

接着对空调系统反复试验，等待故障再现。当再次出现冷却风扇停转、空调系统制冷剂压力上升超过上限时，立即断开空调开关，发现空调电磁离合器不能断开，空调压缩机还在继续工作。只得使发动机熄火，拔下空调电磁离合器导线插接器，尔后起动发动机，发现空调压缩机还在随着发动机一起旋转。

于是拆下空调压缩机，用手转动其带轮，发现空调压缩机电磁离合器压盘跟着带轮一起旋转。观察空调压缩机带轮、电磁离合器和空调压缩机本身等，均无碰撞痕迹，也没发现变形的情况，不知为何空调电磁离合器会分离不开。

原来由于空调压缩机电磁离合器线圈断电后，电磁离合器有时会分离不开，空调压缩机持续工作，再加上冷却风扇已停转，造成空调制冷剂压力持续上升并冲开空调系统安全泄压阀泄压。

(3) 故障排除　更换空调压缩机总成后试车，上述故障排除。

实际操作

二、电磁离合器的检修

① 检查压盘是否变色、剥落或损伤。如果有损坏，更换离合器装置。

② 用手转动传动带，检查带轮轴承的间隙和阻力，如图 9-34 所示。如果出现噪声或发现间隙过大、阻力过大，则更换离合器。

③ 用百分表测量带轮（A）与压盘（B）之间的间隙，如图 9-35 所示。将百分表归零，然后给压缩机离合器施加 12V 电压。在施加电压时，测量压盘的位移。如果间隙不在规定的范围内（间隙约为 0.35 ~0.6mm），则需要使用调整垫片进行调整。调整垫片有多种厚度可供选择，如 0.1mm、0.3mm 和 0.5mm 等。另外，还可以用塞尺来测量间隙，如图 9-36 所示。

④ 测量电磁线圈的电阻，如图 9-37 所示。如果电阻不符合技术要求（正常电阻为 4 ~5Ω，20℃），则更换电磁线圈。

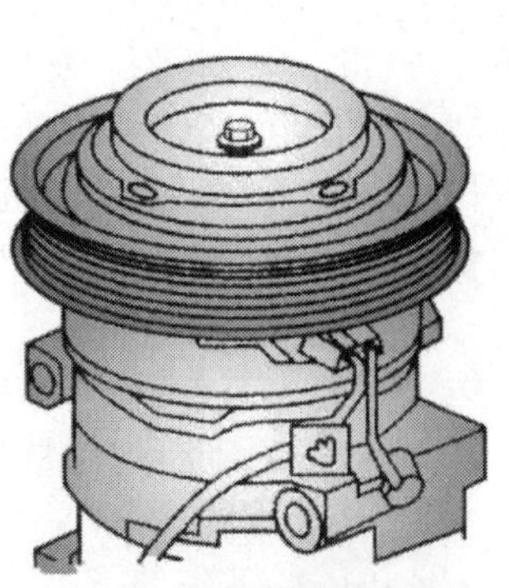

图 9-34　检查带轮轴承的间隙和阻力

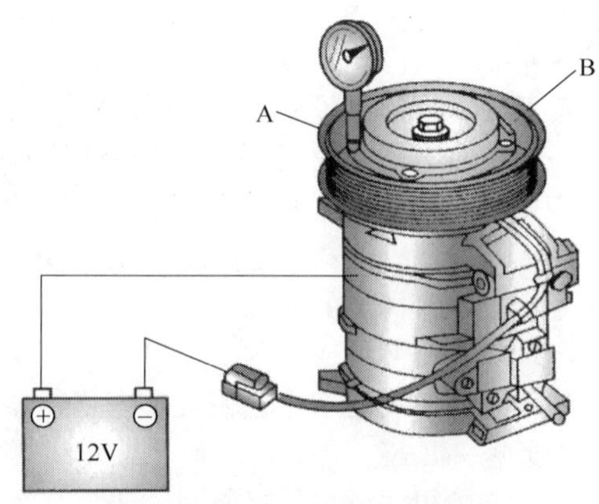

图 9-35　测量带轮与压盘之间的间隙（百分表）

第九章

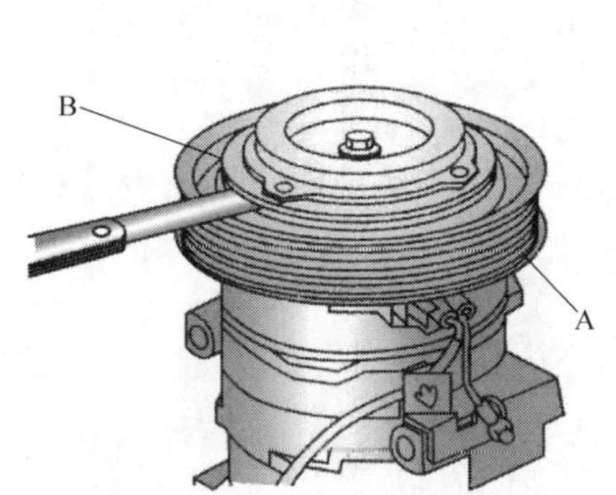

图 9-36　测量带轮与压盘之间的间隙（塞尺）

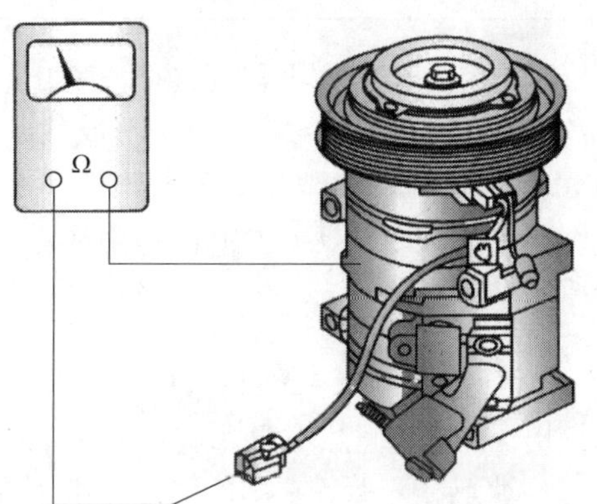

图 9-37　测量电磁线圈电阻

基础知识

除大型独立式汽车空调机组以外，一般汽车空调压缩机都是通过电磁离合器与发动机主轴发生联系的。压缩机的停、开都是由电磁离合器的吸合与释放决定的，因此电磁离合器是汽车空调自动控制系统中的执行部件，受温度开关（恒温器）、压力开关（压力继电器）、车速继电器和电源开关等元件的控制，它一般装在压缩机前端。

三、电磁离合器的结构

1. 电磁离合器的种类及工作原理

电磁离合器由离合器压力板、带轮（转子）及电磁线圈组成，其分解图如图 9-38 所示。

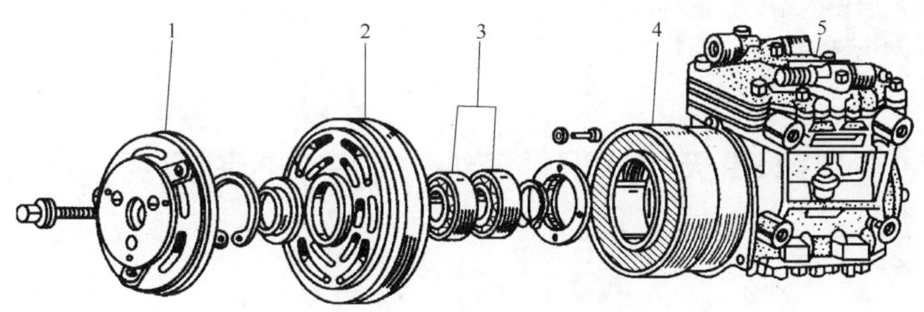

图 9-38　电磁离合器分解图

1—压盘　2—转子　3—转子轴承　4—定子　5—压缩机

电磁离合器有固定线圈式和旋转线圈式两种，前者电磁线圈固定在压缩机壳体上不转动，后者电磁线圈与带轮连在一起是转动的。

第九章

2. 电磁离合器的使用注意事项

① 由于电磁离合器的接合与脱开是高速进行的，在吸铁板和转子表面会有很多离合的痕迹。这些痕迹对工作不会造成危害，是允许的。

② 要引起重视的是对电磁线圈要施加合适的电压。对于 12V 电压的电磁线圈，若加在 6V 电压的系统中，则不能产生足够的磁场，会使吸铁打滑，缩短离合器的寿命，并降低制冷量。反之，若把一个 6V 的线圈加到 12V 电压的系统中，线圈寿命将缩短。

③ 线圈和转子之间的间隙很重要，线圈与转子应靠得尽量近，以便获得更强的磁场作用，但是此间隙不能过小，以免转子拖曳线圈（对定圈式离合器而言）。

④ 转子和吸铁之间的间隙也很重要。假如此间隙太小，当离合器脱开时，转子要拖曳吸铁。但假如此间隙太大，则当离合器工作时，它们之间接触太少。这两种状态都可以造成离合器性能不良。两者之间的合理间隙应该是当离合器无电流时，两者不发生拖曳现象；当离合器有电流时，能保证不发生打滑现象。

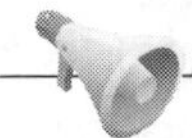

特别提示

电磁离合器是空调压缩机的控制部分，但它并不属于空调压缩机的一部分，电磁离合器接收各种控制开关及控制电脑的信号，从而控制制冷系统的工作。

你学会了吗?

1. 电磁离合器的结构是怎样的?
2. 如何对电磁离合器进行拆装和检修?

第 51 天　认识桑塔纳轿车空调控制电路

学习目标

1. 熟悉通过案例判断桑塔纳轿车空调不制冷的思路。
2. 掌握桑塔纳 3000 轿车空调控制电路原理。
3. 桑塔纳轿车空调系统制冷不良的故障诊断。

第九章

维修案例

一、案例：桑塔纳3000轿车自动空调不制冷

（1）故障现象　一辆桑塔纳3000轿车，配备自动空调，行驶里程2800km。打开空调后，压缩机不工作，不制冷，其他功能正常。

（2）故障诊断与排除　首先检测空调系统内制冷剂的压力，发现压力正常、制冷剂充足。对发动机舱内的一些与空调有关的插接件进行初步检查，未发现松动、脱落。随即将车发动，打开空调，进行进一步检查。打开位于发动机舱左侧的“继电器-熔丝盒”（图9-39），拔下位于RL2位的电磁离合器继电器J44（147B继电器），用试灯测量继电器座上的2/30号端子无电（图9-40），使用一根导线由蓄电池向插座的5/87a号端子直接供电，压缩机正常工作制冷，说明147B继电器至压缩机线路正常，空调系统本身也没有问题，故障出在控制线路上。

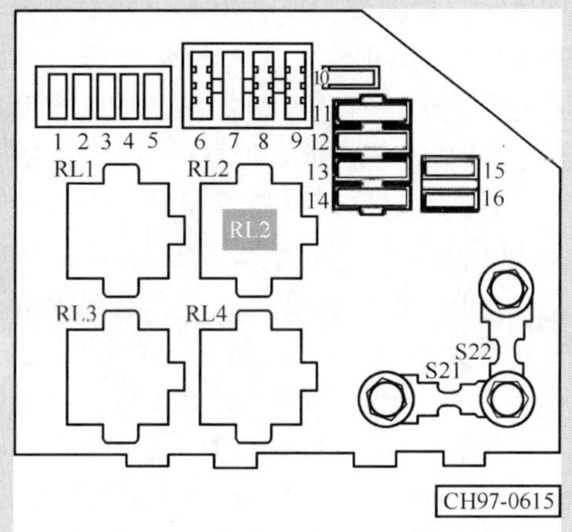

图9-39　发动机舱继电器-熔丝盒

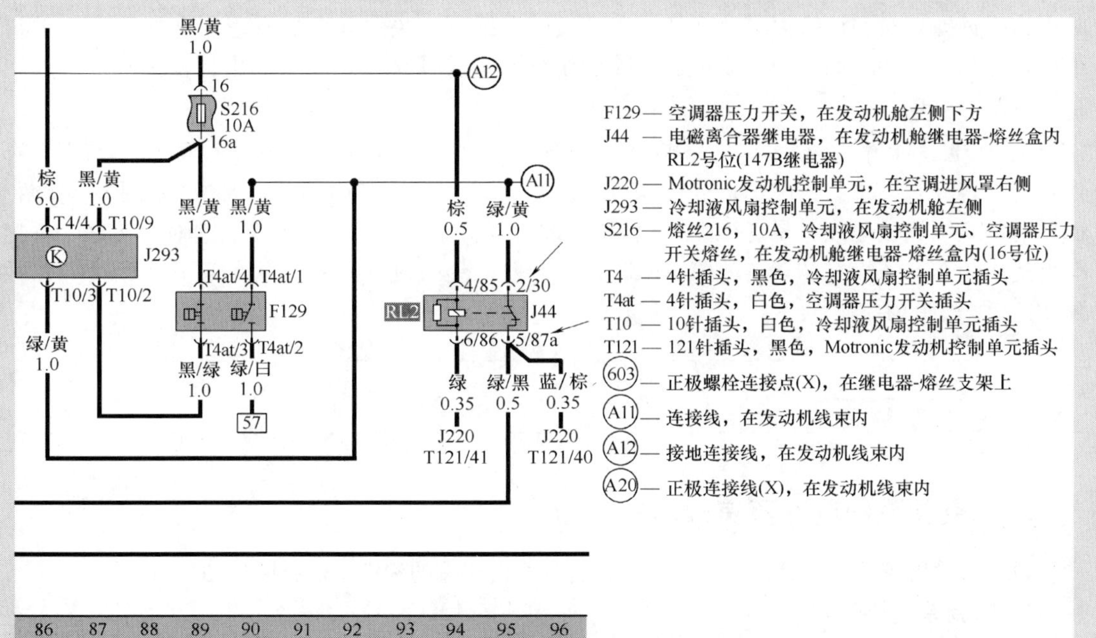

图9-40　继电器控制电路

继续对线路进行检查，由图9-40可知，147B继电器的2/30号端子通过位于干燥罐上的空调压力开关F129供电。拔下插头T4at，测量2号端子无电，因该线通向空调控制单元J127的T32e/23端子（图9-41），故先对J127经行检查，检查过程中发现控制面板显示的各项状

第九章

态都很正常，于是激活自动空调的读数据块功能进行查看。检查车内外温度、蒸发器温度、冷却液温度、太阳光辐射（采样值1/20）、进气口温度、车速（采样值1/5）都正常，未有异常问题。于是又激活空调的自诊断功能。经检查也未有任何故障提示。拆下空调控制单元，无意晃动空调控制单元时，内部发出异物响声，如同有东西在里面脱落了。于是分解控制单元J127，发现脱落的异物竟然是一枚电路板上的贴片电阻。安装好新的空调控制单元后，空调仍不工作。又将空调控制单元拆下，用12V电直接向T32e/23端子供电（T32e/23端子内插入一枚大头针），压缩机开始工作，正常制冷。怀疑还是线路有问题，再次直接向T32e/23端子供电，在连接的一瞬间冒出了巨大的火花，插入T32e/23端子内的大头针也被熔化了，说明线路中存在严重的接地短路现象。于是将仪表板的下饰板拆掉，对空调线束进行仔细检查，最后在拆下中央熔丝盒后发现空调的线束被缠进了离合器踏板支架上的轴内，线束已经被挤压得严重破损了，将线束取出包扎完毕后，起动空调试车，空调开始制冷工作了，故障彻底排除。

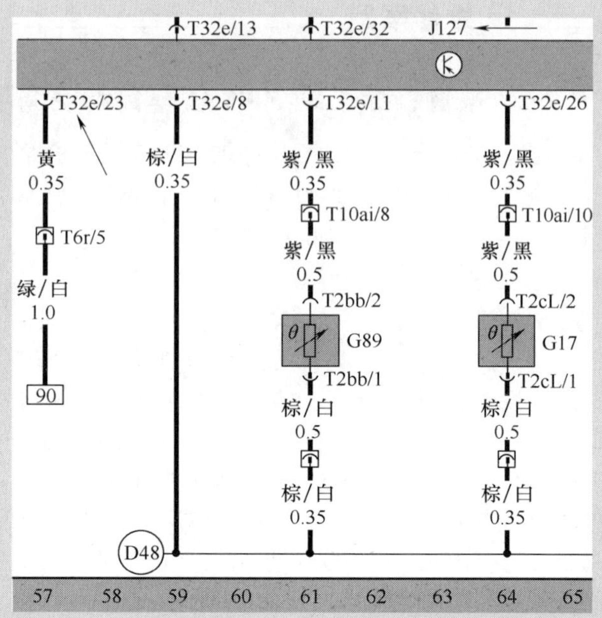

图9-41　空调控制单元电路

(3) 维修总结　该车在出厂装配时，不慎将空调线束缠进离合器踏板的转动轴内，在离合器的转动过程中线束破损造成接地短路，使控制单元J127内部电阻因短路造成焊锡熔化而脱落。又因该接地点不是总处在接地短路状态，而是随着离合器踏板支撑轴的转动，不定时地造成短路，从而在初期的故障诊断时，没能及时地发现线路接地短路现象，为排除该故障制造了一定的困难。

实际操作

二、空调系统制冷不良故障的诊断

以普通桑塔纳轿车为例，介绍空调系统制冷不良故障的诊断，电路图如图9-42所示。

1. 空调系统不制冷

空调系统一般存在三类故障：电路、机械、制冷剂及润滑油失常等故障。当出现故障时，应首先排除机械和制冷剂的故障，再根据空调电路的基本原理排除电路故障。空调系统不制冷可按图9-43中程序检查。

2. 空调系统制冷量不足

空调系统工作时，凡是能使膨胀阀出口的制冷剂流量下降的因素，都可能使系统制冷量下降。另外，凡能引起系统内高压、低压两侧的温度和压力超过或低于标准值的一切因素也

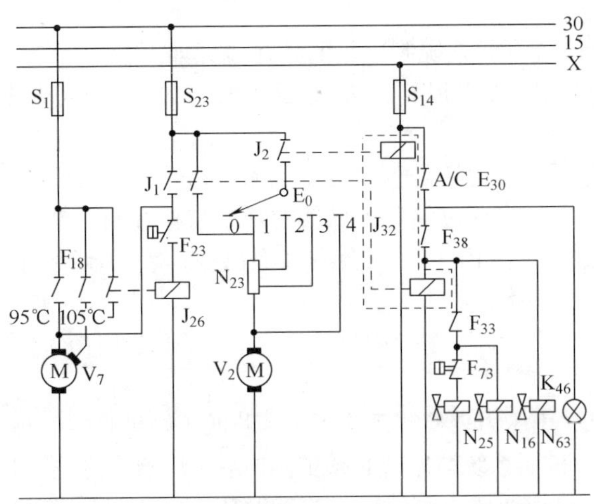

图 9-42　桑塔纳轿车空调系统控制电路

S_1—冷却风扇熔断器　S_{14}—空调熔断器　S_{23}—鼓风机熔断器　K_{46}—空调指示灯　J_{32}—空调继电器　J_{26}—冷凝器风扇继电器　E_{30}—空调制冷开关　E_0—鼓风机开关　F_{73}—低压保护开关　F_{23}—高压开关　F_{18}—冷却风扇电动机温控开关　F_{33}—蒸发器温控开关　F_{38}—环境温控开关　V_7—冷却风扇电动机　V_2—鼓风机　N_{25}—空调电磁离合器　N_{16}—怠速提升电磁阀　N_{63}—新鲜空气翻板电磁阀　N_{23}—调速电阻

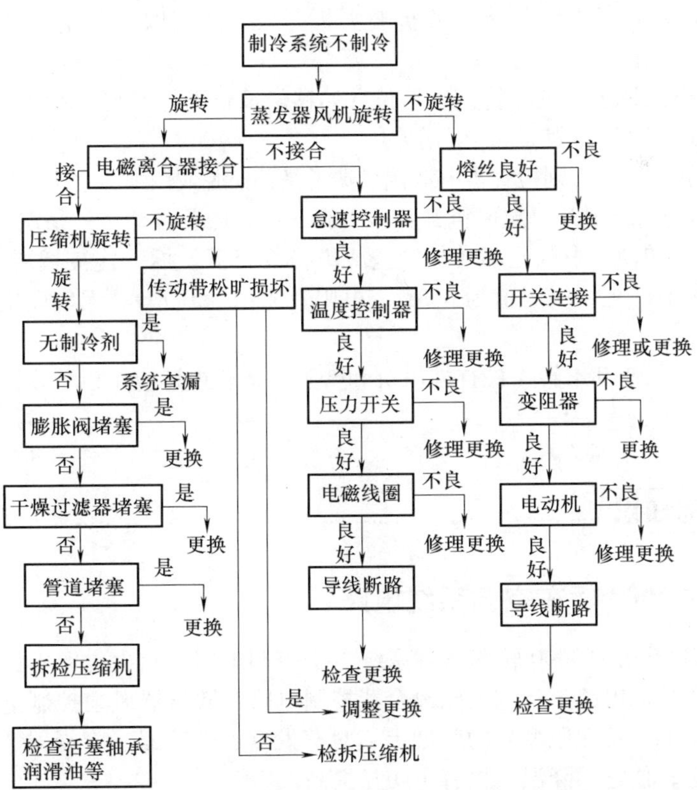

图 9-43　空调系统不制冷故障诊断程序图

第九章

会引起系统制冷不足。检查空调系统制冷量的具体步骤如下：

1）开启空调后，首先检查出风口风量是否正常，如出风口风量正常按下述程序进行检查。

① 先检查空调系统压缩机运转是否正常，压缩机运转不正常，应拆检压缩机。

② 若压缩机运转正常，先通过储液干燥器的观察窗检查制冷剂是否符合要求。

若从观察窗中可观察到每隔 1 ~2s 就会有气泡出现，表明制冷剂不足。制冷剂不足或制冷剂有泄漏，造成制冷效果降低。

若观察到大量气泡，说明制冷系统中进入空气，必须更换储液干燥器，检漏、抽真空后重新补充制冷剂。

③ 制冷剂符合要求，用压力表检测系统压力，若低压侧呈真空，高压侧也低，储液干燥器或膨胀阀前后管路挂霜，说明系统堵塞，必须更换储液干燥器或清洗、调整膨胀阀。

④ 系统压力正常，检查通风口密封性。检查循环活门关闭是否严密，关闭不严会使车外热空气进入车厢内。检查活门电磁阀是否动作，真空管是否漏气，根据情况更换损坏的电磁阀或漏气的真空管。

⑤ 检查送风部分，若有漏风现象，必须用密封胶进行密封，并重新固定暖风散热器外壳与驾驶室固定支架。

2）开启空调后，出风口风量不正常，按下列程序进行检查：

① 检查鼓风机是否转动，鼓风机如果转动正常，检查空气过滤器是否堵塞，若堵塞，拆下压力舱护板，松开夹板的定位装置并折叠夹板。从壳体上取下灰尘和花粉滤清器，进行清理。

② 检查蒸发器通风道空气导管是否移位，如移位重新进行安装。若空气导管被灰尘杂物堵塞，应清理风道、蒸发器表面灰尘和杂物。

③ 若鼓风机转动缓慢，则检查蓄电池接线端子是否松脱或锈蚀，并进行修理和紧固。

3）鼓风机不转动，则开启鼓风机开关检查高、中、低速各档运转情况。

① 若高速时能转动，中低速不转，检查或更换变阻器。拆下连接板夹子，打开连接板，用万用表电阻档检查，电阻 1 阻值为 3.3Ω，电阻 2 阻值为 0.8Ω。无串联电阻时，鼓风电动机应导通。

② 若高、中、低速都不转，检查鼓风机和变阻器，若损坏应予以更换。

第九章

三、桑塔纳 3000 轿车空调系统电路

图 9-44 所示为桑塔纳 3000 轿车空调系统电子控制电路，它由电源电路、进气门电磁阀控制电路、鼓风机控制电路、空调电磁离合器控制电路、散热器风扇控制电路以及空调保护电路等组成。该空调系统在原型号的基础上，对蒸发器、储液器、冷凝器、压缩机等总成和零件作了很大改进，使它的降温效果有了明显提高。

桑塔纳 3000 轿车空调系统的工作受发动机控制，发动机必须能正常工作，发动机 ECU（J220）的 T80/8 端输出高电平时，压缩机切断继电器 J26 才能吸合，制冷系统才能工作。

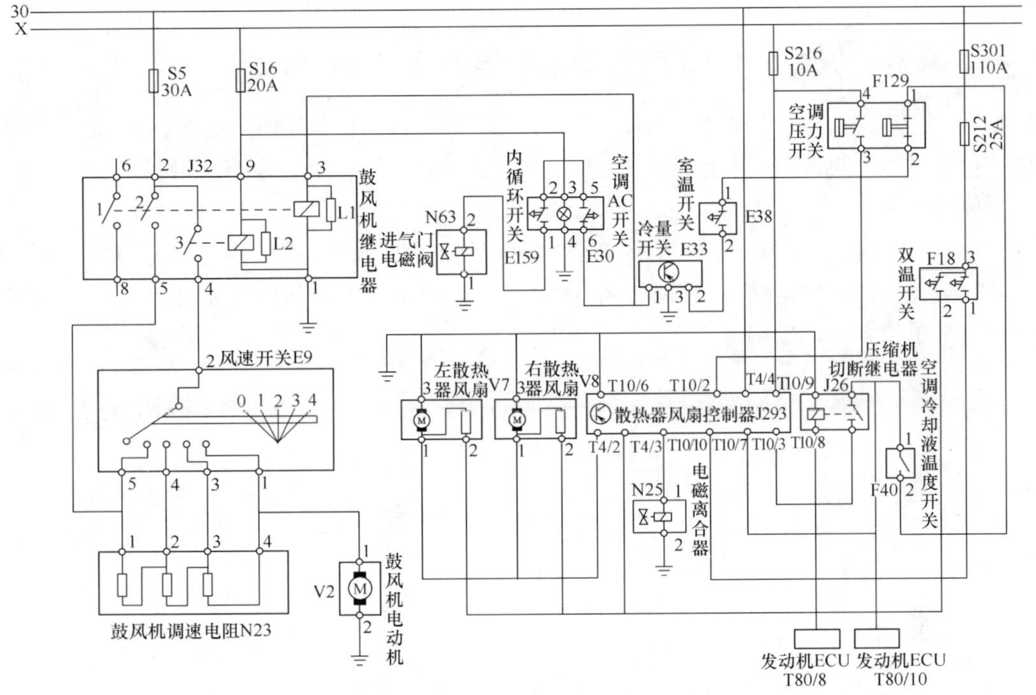

图 9-44　桑塔纳 3000 轿车空调系统电子控制电路

特别提示

一般汽车空调系统的控制电路包括电源控制电路、鼓风机控制电路、冷凝器风扇控制电路和空调压缩机控制电路等几个部分，我们在进行维修和诊断时，一般也是从这几个部分下手来分析和解决问题。

你学会了吗？

1. 简述桑塔纳 3000 空调控制电路原理。
2. 如何对桑塔纳空调系统制冷不良进行故障诊断？

第 52 天　认识汽车的散热器风扇控制电路

学习目标

1. 掌握通过案例排除散热器风扇故障的方法。
2. 掌握常见车型散热器风扇的控制电路的故障查找方法。
3. 熟悉常见车型散热器风扇的控制电路。

维修案例

一、案例：捷达王 GTX 型轿车散热器风扇故障的排除

(1) 故障现象　一辆捷达王 GTX 型轿车，装用 AHP 型 20 气门的电控多点燃油喷射发动机，行驶里程 8.3 万 km。只要发动机开始运转，无论冷却液温度高低，散热器风扇都高速运转不停。

(2) 电路分析　捷达王轿车的风扇、空调控制电路如图 9-45 所示。与普通捷达轿车相比，其散热器风扇控制电路较为复杂，它增加了一个风扇和空调控制器，并且发动机的控制单元也参与了空调机的控制。

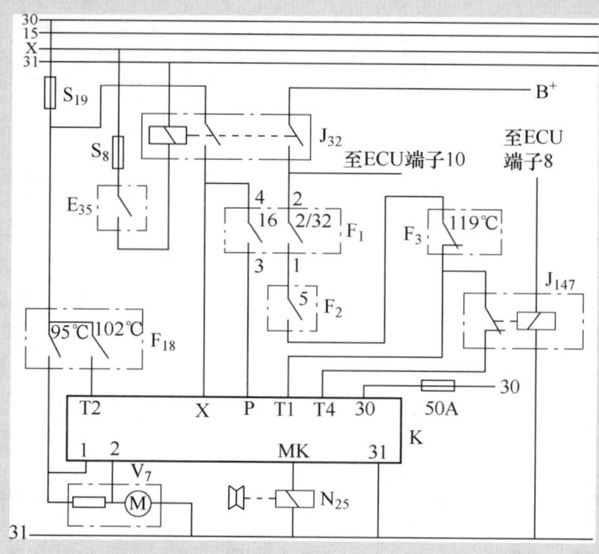

图 9-45　捷达王轿车风扇、空调控制电路

E_{35}—空调开关　F_1—空调高低压组合开关　F_2—环境温度开关　F_3—冷却液温度开关　F_{18}—双温度热敏开关　J_{32}—空调继电器　J_{147}—空调切断继电器　K—风扇、空调控制器　N_{25}—空调电磁离合器　V_7—散热器风扇

由风扇、空调控制电路可知，风扇运转状况如下：

1）当发动机冷却液温度达 95℃时，热敏开关 F_{18} 内的低温触点闭合，12V 电压经触点接通风扇电动机的低速档，风扇低速运转。

2）当发动机冷却液温度达 102℃时，热敏开关 F_{18} 内的高温触点闭合，12V 电压经闭合的触点到风扇控制器的端子 T_2，控制器端子 2 输出 12V 电压，风扇高速运转。

3）当开启空调后，风扇控制器端子 T_1、T_4 为 12V 高电平，如果管路压力低于 1.6MPa，控制器端子 P 为低电平，在此前提下，端子 1 输出 12V 电压，风扇低速运转。

4）当空调管路压力超过 1.6MPa 时，位于空调高压管上的高低压组合开关 F_1 的端子 3、4 闭合，12V 电压经闭合的触点到风扇控制器端子 P，控制器端子 2 输出 12V 电压，风扇高速运转。

(3) 故障诊断与排除　根据以上风扇运转状况的分析，可以看出导致散热器风扇高速运转不停的原因有以下几点：①风扇控制器损坏；②双温度热敏开关的高温触点粘连不能断开；③空调管路上的高低压组合开关闭合（该开关的 3、4 端子导通）。

首先拔下位于散热器下方的热敏开关插头，风扇不能停转，证明故障不在此。当拔下空调高低压组合开关 F_1 插头，风扇停止转动。在空调管路上用万用表测量高低压组合开关 F_1 的端子 3、4 已导通，而此时并没有开启空调，证明空调高低压组合开关 F_1 有故障，内部粘连，不能断开。更换空调高低压组合开关 F_1 后，散热器风扇运转正常，故障排除。

空调高低压组合开关以针阀的形式与空调管路相连，拧 F_1 时管路上的针阀关闭，制冷剂 R134a 不会泄漏。拆下压力开关后，再测其端子 3、4 已断开，说明故障原因并不是其内部的触点粘连不能断开，而是它的闭合压力误差太大。在管路压力还不到 1.6MPa 时，其触点就已闭合。

在日常修车实践中，因双温度热敏开关、空调高低压组合开关、风扇控制器三个零件的损坏而引起散热器风扇高速运转不停是经常发生的故障。

实际操作

二、风扇电动机控制电路的检测

1. 夏利轿车风扇电动机电路故障查找

对于夏利轿车风扇电动机电路，当出现冷却液温度较高而散热器风扇电动机不转的故障时，应先检测风扇继电器的供电状况。用一试灯，一端接地，另一端分别触接继电器座的插孔，从图 9-46 中可以看出，风扇继电器座两个插孔应有电。如果无电，检查熔丝和相关线路；如果有电，用一导线短接继电器的电源线插孔和向散热器风扇电动机供电线的插孔。此时如果电动机转，插好继电器，用一导线一端接地，另一端接继电器上温度控制开关的接线，如果散热器风扇电动机转，在温度控制开关处把开关线直接接地。如果散热器风扇电动机转，则是温度控制开关有问题；如果散热器风扇电动机不转，则是继电器到温度控制开关间线路断路。当在继电器处把温度控制开关的接线接地后，如果散热器风扇电动机不转，则是风扇继电器有问题；如果在短接继电器的电源线插孔和向风扇电动机供电线的插孔时散热器风扇电动机不转，取下电动机处的插头，用一试灯分别接电动机接线的两个插头，如果试灯亮，则是电动机有问题；如果试灯不亮，检查继电器到电动机间线路和接地线。

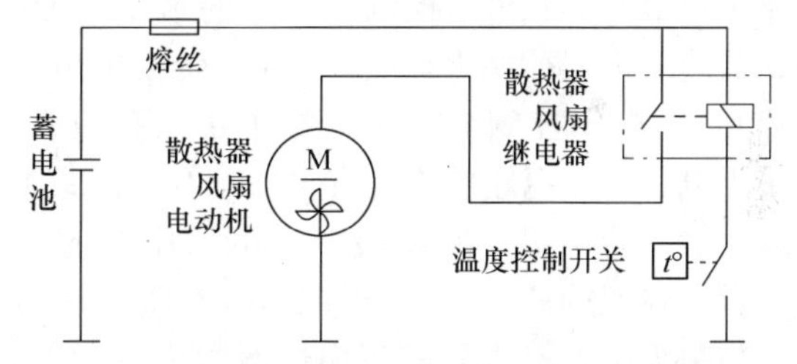

图 9-46　夏利轿车散热器风扇电动机控制电路原理图

2. 桑塔纳轿车散热器风扇电动机电路的故障查找

当出现冷却液温度较高而散热器风扇电动机不转的故障时，拔下温度控制开关插头，用试灯检测电源状况。从图 9-47 中可以看出，温度控制开关上的电源线是常有电线，检测时电源线如果无电，检查熔丝和熔丝盒到温度控制开关间线路，如果有电，用导线分别短接电源线和另外两个插孔。如果电动机转，则是温度控制开关不通；如果电动机不转，拔下电动机上的接线插头，用试灯一端接粗的棕色线插孔，另一端分别接另外两个插孔，在温度控制开关处供电。如果试灯亮，则是电动机有问题；如果试灯不亮，检查电动机到温度控制开关间线路。

第九章

实际工作中，温度控制开关的故障率最高。维修中有时也会出现发动机的温度很高（出现“开锅”现象），而散热器上半部热、下半部不热，散热器风扇电动机不转，这种情况一般是节温器打不开所致。当节温器打不开时，散热器内的水不循环，温度控制开关感受不到发动机的冷却液温度，没达到接通温度，所以散热器风扇电动机不转。

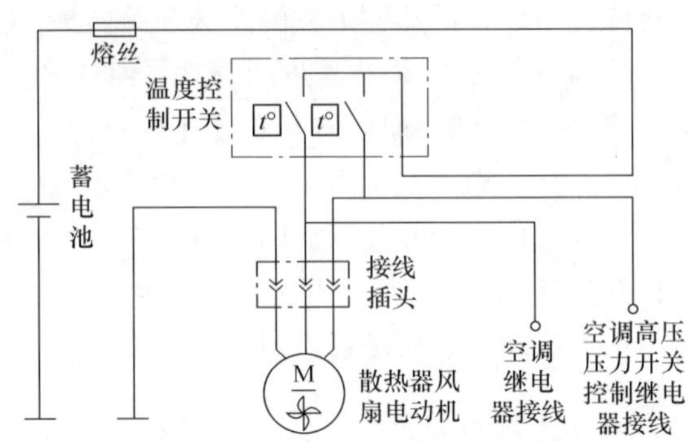

图 9-47　桑塔纳轿车散热器风扇电动机控制电路原理图

温度控制开关好坏的判别：将温度控制开关拆下放入加热的水中，用万用表的电阻档检测，一只表笔接电源供给端子，另一表笔分别接其他两个端子，当冷却液温度达到（92±2）℃时，电源端子应与低速端子接通，冷动液温度达到105℃时，电源端子应与高速端子接通；当冷却液温度下降到（87±2）℃时，电源端子应与低、高速端子断开，否则，则是温度控制开关有问题。

3. 雪铁龙轿车散热器风扇电动机电路的故障查找

当散热器风扇电动机控制电路正常时，接通点火开关，拔下温度传感器的插头后，两个电动机应能高速运转，否则，则是控制电路有问题。雪铁龙轿车散热器风扇电动机控制电路常出现故障现象有以下几种情况：

（1）当冷却液温度较高时两个风扇电动机都不转　雪铁龙轿车散热器风扇电动机控制电路中继电器座和电子控制盒插座的示意图如图 9-48 所示。正常时在点火开关断开的情况下，低速继电器插座上插孔 a 和 c、转换继电器座上插孔 c、电子控制盒插座上端子 4 插孔应有电。如果无电，参考电路图检查有关熔丝及线路；如果有电，接通点火开关后，转换继电器座的插孔 a、高速继电器座的插孔 a、电子控制盒的插孔 15 应有电。如果无电，检查驾驶室内熔丝盒内 F3 和另一插座盒上的暖风机继电器及相关线路。如果供电都正常，在继电器盒处拔下低速继电器，用导线短接插孔 c 和 d，如果此时两个电动机低速运转，把高速继电器拔下插到低速继电器座上。如果此时电动机转，则是低速继电器有问题；如果电动机还不转，插高速继电器时感觉不到继电器的吸合动作，检查继电器插孔 b 接线到电子控制盒间线路是否断路，如果线路良好则是电子控制盒有问题；如果把高速继电器插到低速继电器座上时有继电器吸合的响声，拔下转换继电器，用一导线一端接地，另一端接转换继电器座插孔 e，此时电动机 A 应转。如果电动机 A 不转则是它断路或插头不良；如果电动机 A 转，再用导线短接转换继电器插孔 c 和 d，如果电动机 B 转，则是转换继电器有问题，如果电动机 B 不转，则是电动机 B 有问题或是电动机插头接触不良。

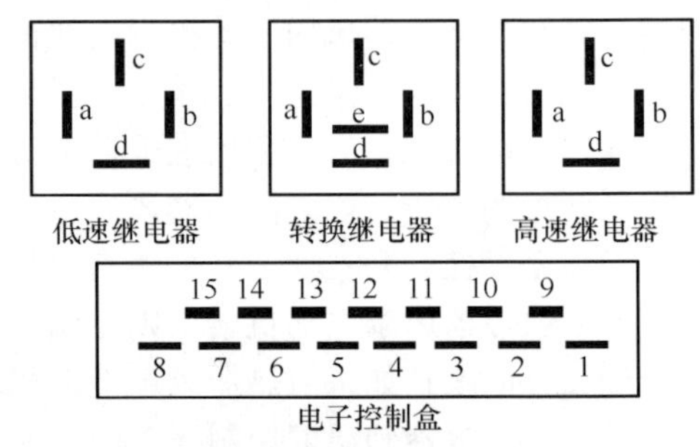

图 9-48　雪铁龙轿车散热器风扇电动机控制继电器座和电子控制盒座示意图

（2）没有高速　在检查了继电器座和电子控制盒插座供电都正常的情况下，在电子控制盒插座处，用导线一端接地，另一端接端子10接线。如果有高速，则是电子控制盒有问题；

如果没有高速，检查电子控制盒到继电器间线路。

(3) 接通点火开关后风扇就高速运转 引起此种故障现象的原因有：温度传感器接线不良或温度传感器的接线断路，电子控制盒端子15线断电，继电器触点粘接等。维修时可参考电路图逐个检查。

汽车散热器风扇电动机控制电路的形式还有多种，但都大同小异，有些电喷车给风扇电动机供电的继电器由ECU控制（如别克车等），但控制原理却和电子控制盒式相似，维修时可参考相关技术资料和电路图进行。

基础知识

现代的微型客车和轿车散热器的散热，普遍采用电动机驱动式风扇抽风散热。车辆刚起动时，由于温度较低，散热器风扇不转，发动机快速升温，当温度达到一定的时候散热器风扇自动转动。散热器风扇开始工作的温度由车型而定。散热器风扇的电动机为直流电动机，有单速和双速两种。微型客车多使用单速电动机，轿车多使用双速电动机。

1. 夏利轿车散热器风扇电动机电路

夏利系列轿车的散热器风扇电动机控制电路原理图如图9-46所示。发动机刚发动时，风扇电动机不转，当发动机的冷却液温度达到85℃左右，温度控制开关接通，风扇继电器线圈的电路接通，风扇继电器工作，其触点吸合后向散热器风扇电动机供电，散热器风扇电动机开始转动；当发动机的冷却液温度下降到一定温度后，温度控制开关断开，风扇继电器触点断开，散热器风扇电动机因断电而停止转动。反复如此，使发动机的冷却液温度一直保持在一定的范围内。散热器风扇不受点火开关控制，可以保证在发动机散热器和空调系统的冷凝器高温时随时接通工作。

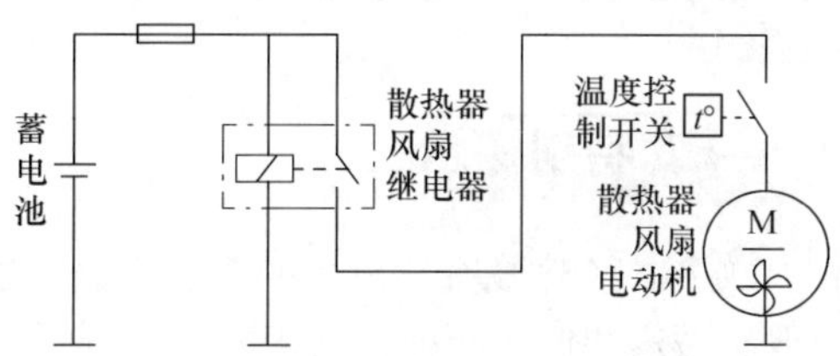

图9-49 长安SC6331系列微型汽车散热器风扇电动机控制电路原理图

长安SC6331系列微型汽车散热器风扇电动机控制电路原理图如图9-49所示。其控制原理和图9-46相似，只是温度控制开关控制的元器件不一样。

2. 桑塔纳轿车散热器风扇电动机电路

桑塔纳轿车散热器风扇电动机控制电路原理图如图9-47所示。此电路中的温度控制开关是一个双速温控开关，电动机为双速。当发动机冷却液温度达到95℃时，散热器风扇电动机开始低速运转，停转温度为88~95℃；当冷却液温度达到105℃时，散热器风扇电动机开始高速运转，高速停转的温度为93~98℃。若冷却液温度达到120℃时，散热器风扇电动机不转，则说明散热器风扇电动机或相关线路有故障或冷却液不足。

3. 雪铁龙轿车散热器风扇电动机电路

雪铁龙轿车散热器风扇电动机控制电路原理图如图9-50所示。此种控制电路与前述的几种有所不同，散热器风扇电动机低速运转时，两个散热器风扇电动机是串联工作，因串联时两个电动机各得到了一半的蓄电池电压，电动机低速运转；散热器风扇电动机高速工作时，两个散热器风扇电动机是并联工作，两个电动机同时得到的是蓄电池的端电压，所以两个电动机同时高速运转。具体工作过程如下：

当发动机工作时，随着冷却液温度的升高，发动机冷却液温度传感器的电阻值也随着增大，当温度传感器的阻值增大到一定值时，电子控制盒内的电子电路使端子 1 通过其内的电子元件搭铁，低速继电器吸合，电流由蓄电池正极→熔丝→低速继电器触点→风扇电动机 A→转换继电器常闭触点→风扇电动机 B→搭铁，构成回路，两个电动机串联，开始低速运转。

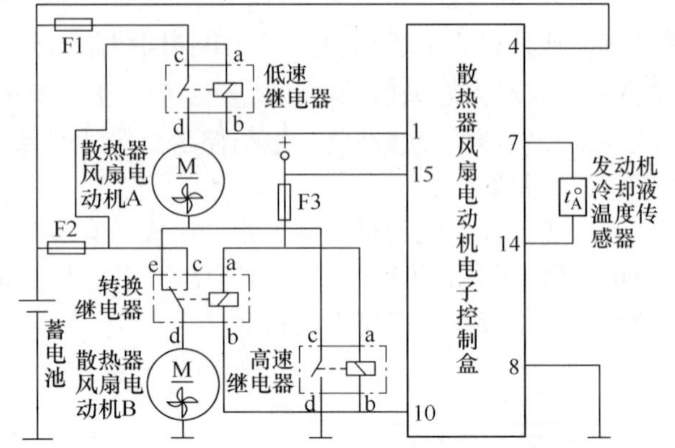

图 9-50　雪铁龙轿车散热器风扇电动机控制电路原理图

随着发动机冷却液温度的进一步的升高，温度传感器的阻值继续增大，当温度传感器的阻值达到一定值时，电子控制盒内的电子电路使端子 10 通过其内的电子元件也接地，使转换继电器和高速继电器吸合，低速继电器同时还保持吸合。风扇电动机 A 通过高速继电器的触点接地，其工作电压为蓄电池的端电压；与此同时，转换继电器的常闭触点断开，常开触点接通，风扇电动机 B 得蓄电池的端电压，风扇电动机 A 和风扇电动机 B 呈并联工作状态，两个电动机高速运转。

特别提示

散热器（冷凝器）风扇的控制电路一般分为单电动机式和双电动机式；在控制速度方面一般有高速和低速两种，近年来又出现了三速电动机，如别克英朗；在电动机控制方面，早期一般采用安装于散热器上的温度控制开关或空调系统的高压开关，近几年的新车型多采用电子控制模块或发动机电脑（PCM）进行控制，但其控制机理和早期是一样的。

你学会了吗?

1. 简述不同类型散热器风扇的控制原理。
2. 如何查找不同控制类型散热风扇的电路?

第十章

你是否真的了解汽车辅助电器系统

第 53 天　认识汽车刮水系统

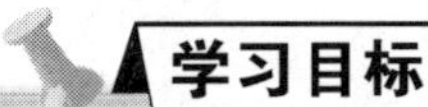

学习目标

1. 了解刮水系统的部件结构及组成。
2. 掌握正刮刮水电动机和负刮刮水电动机的复位过程。
3. 掌握刮水电动机的检修。

维修案例

一、案例：奔驰 R350 轿车刮水器不动作

（1）故障现象　一辆奔驰 R350 轿车（采用 W251 底盘），接通刮水器开关，刮水器无任何反应。

（2）故障诊断　用故障检测仪测试前控制单元（SAM），无任何故障记录。采用故障检测仪激活的方式对刮水器电动机进行激活测试，能听到刮水器电动机继电器吸合的声音，但刮水器电动机仍不动作。于是维修人员断定为刮水器电动机有故障，更换刮水器电动机后试验，故障依然存在。

接手该车后，首先检查前 SAM（刮水器电动机的主控单元），未发现有故障记录，激活测试也确实能听到刮水器电动机继电器吸合的声音。因为刮水器电动机已经更换过，前 SAM 也已经发出控制信号，怀疑问题可能出现在线路上。查阅该车刮水器控制电路（图 10-1），30 号常电源经继电器 KB 后过熔丝 F100 再由继电器 KA 分别给刮水器电动机 M6/1 的不同档位。首先检查熔丝 F100，未熔断；用万用表检查继电器 KA 的端子 86，电压正常，用故障检测仪激活时 KA 继电器就能够闭合。接着检查继电器 KB 的端子 86 和端子 87，发现端子 86 上无电压，端子 86 应该接 15 号电源，也就是说接通点火开关该端子上就应该有电。检查熔丝盒中的熔丝 F60，发现已经熔断，测量与该熔丝相连的线路对接地的电阻，小于 2Ω，说明与接地存在短路的现象。那么接下来只要找到短路点即可排除故障。

根据电路图（图 10-2）可以看出，熔丝 F60 同时给后 SAM、继电器 KB、杂物箱照明灯（E13/2）和紧急电话系统 N123/4 供电。短路现象有可能存在于其中一个分支。因为 N123/4

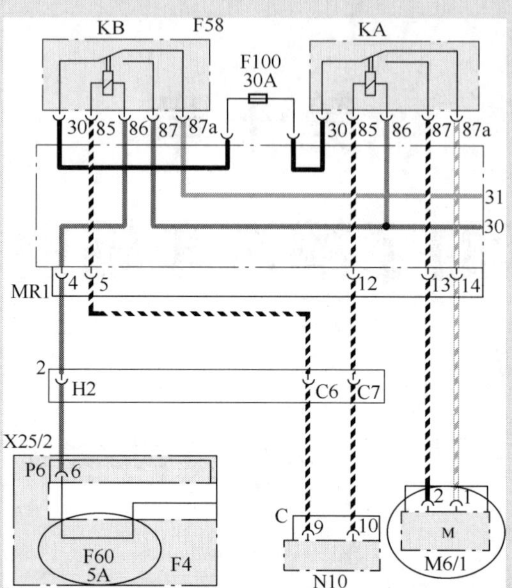

图 10-1　奔驰 R350 轿车部分刮水器控制电路

在美国版车上才有，而该车不带此系统，因此不需要考虑。接下来断开导线插接器 X18，熔丝 F60 相连的线路上的电阻马上恢复正常。看来短路点在插接器 X18 到 E13/2 上。

（3）故障排除　拆开杂物箱检查照明灯，发现有一个金属卡扣掉在灯座处引起了短路。取出该卡扣，故障排除。

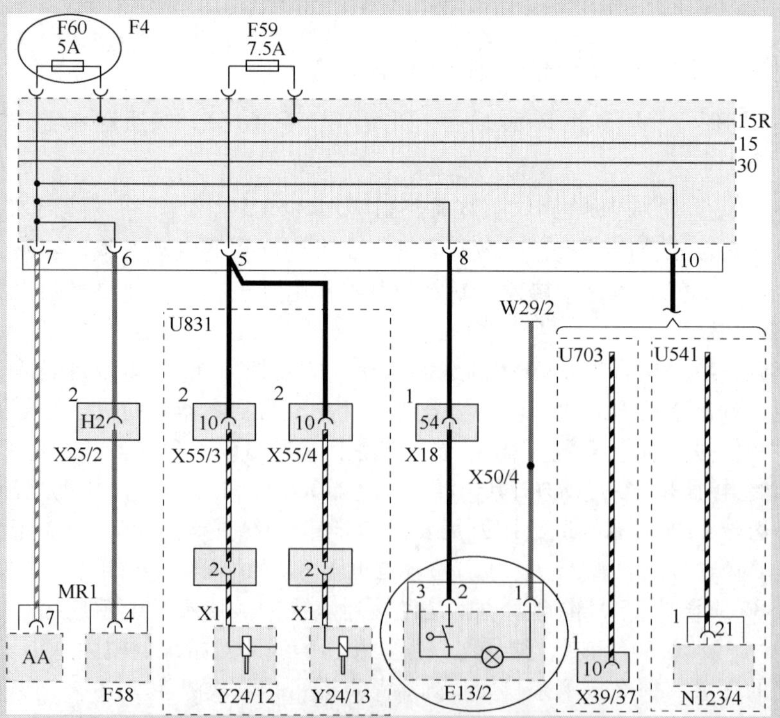

图 10-2　奔驰 R350 轿车熔丝 F60 控制的部分电路

二、汽车刮水系统使用维修

1. 正确使用刮水器电动机

因刮水器电动机有正刮、负刮之分，在使用时应当区分二者的不同使用范围、使用要求。如果通过改变刮水器电动机引出线的连接方法，来实现对电动机正刮、负刮的更改，势必会造成刮水器电动机输出轴旋转方向的改变。

2. 正确使用减速机构的蜗轮

1）更换刮水器电动机蜗轮时，应当注意齿轮的斜走方向是否一致。

2）更换刮水器电动机蜗轮时，应当测量蜗轮的齿数和外径是否一致，否则会引起蜗轮齿的打坏或无法安装。

3）确保刮水器电动机蜗杆、蜗轮准确啮合。蜗杆端头有一带弹子的调整螺栓，用于调整蜗杆的径向窜动；蜗轮输出轴上也有调整垫片或调整螺栓，用来调整蜗轮轴的径向窜动，其目的是使蜗轮、蜗杆工作时有可靠的啮合状态。

3. 确定刮水器电动机的额定功率是否足够

对于大客车，由于其曲面玻璃面积大，刮水片长，运动阻力大，特别在车辆高速行驶时，风阻造成的阻力更大，如果配置的电动机功率太小，容易引起电动机的烧毁。

4. 避免引起刮水器电动机烧毁的因素

注意由于外部传动机构阻力太大引起刮水器电动机烧毁的因素。严禁刮水片干刮，一则引起刮水片的损坏，二则干刮阻力太大会引起刮水器电动机烧毁；检查刮水器连动机构有无锈阻，如果运动阻力太大会引起电动机的烧毁；检查刮水片、连动杆有无碰擦的痕迹，对于安装两个运动方向相反的刮水臂就要注意二者工作时不碰擦，否则容易引起刮水电动机的烧毁。像厦门金龙 XMQ6885 装用两个运动方向相反的刮水臂，由于刮水臂调整不当或连动杆的松动，使二者工作时相碰擦（俗称打架），使刮水臂卡住，引起刮水器电动机的烧毁。

5. 确保有一定容量的熔丝

单独有一熔丝用于防止刮水器电路过载，给予刮水器保护作用。更换熔丝时，不要装用容量太大的熔丝，否则一旦外部连动机构卡住时造成电动机大负荷却不能烧断熔丝，熔丝失去熔断作用，势必会造成刮水器电动机的烧毁。像 ZD2732. 24V. 150W 刮水器电动机，计算额定电流为 6A，按照熔丝熔断特性的要求，应当选用 10A 熔丝，所以不建议采用 15A、20A 熔丝。

6. 定期保养刮水器电动机，必要时更换润滑脂

经过一定工作时间之后，刮水器电动机衬套、齿轮需要润滑，电刷、换向器需要清洁，复位机构触点需要清洁、打磨工作。这些都离不开对刮水器电动机的保养。曾有一苏州金龙 KLQ6885 已行驶了 20 万 km，装用 ZD2732 24V 150W 刮水器电动机，使用一段时间后，刮水器无法复位，检查刮水器间歇继电器、刮水器开关、控制线路都是正常的，测量刮水器电动机复位机构三根引出线，发现常开触点因为太脏造成接触不良，保养了刮水器电动机后，装复一切正常。

基础知识

汽车刮水器作为汽车辅助电器设备，目的是使驾驶人有一个清晰的驾驶视野，提高安全行驶。汽车刮水器有真空式、气动式和电动式三种。其中电动式刮水器采用永磁三刷二速刮水器电动机，具有结构简单、操作方便、自动复位、噪声小、耗电少的优点，因此得到广泛应用。

三、汽车刮水器电动机的组成

汽车刮水器电动机是由永磁直流电动机、减速机构、复位机构组成的一个整体，其功率从 30～150W 不等。

1. 永磁直流电动机

刮水器永磁直流电动机在通电后，载流导体在铁氧永久磁铁形成的磁场作用下，受到电磁力的作用，电枢就按左手定则的方向旋转起来，电枢转动的同时在电枢绕组内产生反电动势，它的方向与电枢电流方向相反，在电枢旋转时，外加电压几乎等于反电动势时，电枢转速才趋于稳定。利用三个电刷来连接电枢绕组中串联线圈的不同匝数，可高低速运转，改变电刷间的正负极性可改变电动机输出轴的旋转方向。所以刮水器电动机可分为正刮刮水器电动机和负刮刮水器电动机两种。

（1）正刮刮水器电动机　永磁三刷二速电动机中，一刷直接接地，另外两刷分别通以电流，实现高低速运转。在外形上表现为电动机内部（电刷架）引出线为两根（或引出线为三根，其中一根直接在电动机外壳上接地）。如图 10-3 所示，分别对刮水电动机的电刷 B_1、B_2 通以电流使其运转，实现对电动机正极的控制。像苏州金龙 KLQ6883 采用的 ZD2732 24V 150W 就是属于正刮刮水器电动机。

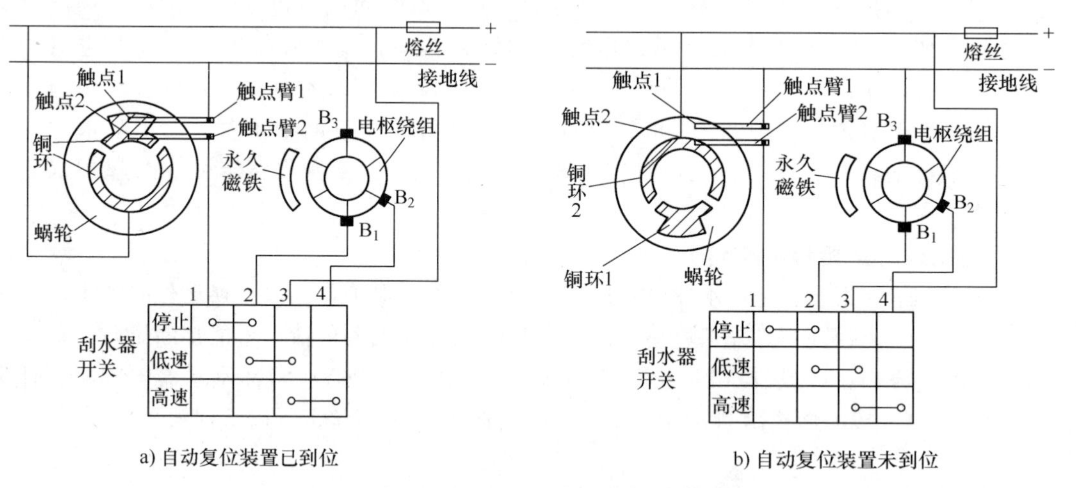

图 10-3　正刮刮水器电动机工作原理图

（2）负刮刮水器电动机　永磁三刷二速电动机，通过控制电动机的接地线实现高低速运转，在外形上表现为电动机内部（电刷架）引出线为三根，其中一根电刷引出线不是直接接地而是通以不受刮水器开关控制的电流，另外两根电刷引出线分别经刮水器开关或控制继电器接地构成工作回路，使电动机运转。如图 10-4 所示，常电刷 B_3 依靠 B_1、B_2 分别接地构成工作回路。电动机内部（电刷架）引出线都为三根，是通过控制刮水电动机的负极来实现的。像 EQ145 采用的 ZD2631C 24V 70W 就是属于负刮刮水器电动机。

第十章

（3）性能特点　在使用上，正刮刮水器电动机和负刮刮水器电动机具有不同的性能、特点。

1）正刮刮水器电动机中，引出线经常为两根，接地线采用直接内部接地或引出线接地，只要对控制线通以电流就可以使电动机运转，那么受控制的刮水器开关或继电器必须选用控制电源线的方法。一旦刮水器电动机控制线接地会使熔丝熔断，使刮水器不工作。

2）负刮刮水器电动机中，引出线都为三根，其中两根为控制线，一根为常电线，只要对控制线接地就可以使电动机运转。刮水器开关或继电器必须选用控制接地线的方法。一旦刮水电动机控制线接地会造成刮水器电动机无法关闭，电动机将长期运转。

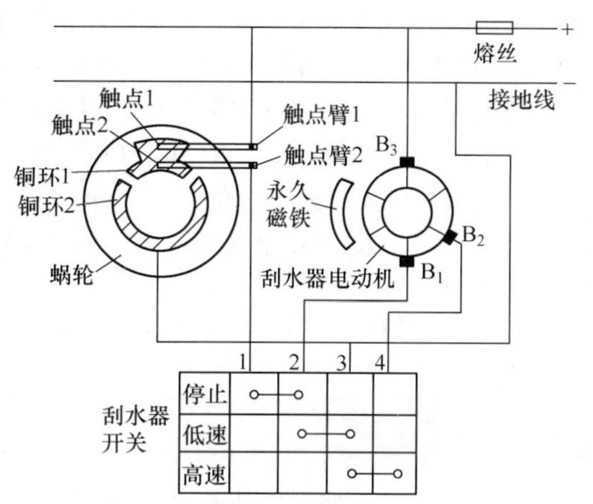

图 10-4　负刮刮水器电动机工作原理图

3）正、负刮刮水器电动机中，外壳上未标识有刮水器电动机输出轴旋转方向的，可以改变刮水电动机电刷架上的三根引出线和复位机构引出线的连接，将其改装成具有正、负刮刮水器电动机的功能。像 ZD-2732 24V 150W 负刮刮水器电动机，电刷架上引出到外部有三根线，依照图 10-3、图 10-4 所示的工作原理，焊接这三根线和复位机构上引线的连接，能够改成具有苏州金龙 KLQ6883 使用的 ZD2732 正刮刮水器电动机的功能，这样只会改变刮水器电动机输出轴的旋转方向，并不会影响其性能和使用寿命。

2. 刮水器电动机减速机构

由尼龙或铜制作的蜗轮，依靠刮水器电动机蜗杆转动并带动蜗轮工作构成减速器，蜗轮大多采用具有良好工作平顺性的斜齿轮，其旋转方向有的有要求，在一些刮水器电动机的外壳上用箭头标示的，表示输出轴的旋转方向，此时必须采用此旋转方向。

3. 刮水器电动机复位机构

刮水器电动机复位机构的作用是当刮水臂工作在风窗玻璃上部时，即使断开刮水器开关，刮水臂也能通过复位机构，使其停留在风窗玻璃的下方，不会影响驾驶人的视线。复位机构由安装在刮水电动机减速蜗轮上的铜环和触点臂构成。铜环上嵌有两个铜片，如图 10-3 所示，面积小的为定位片，面积大的为回位片，回位片接电源线。触点臂用磷铜片或其他弹性材料制成，一端分别铆有触点和焊有引出线。当蜗轮转动时，触臂触点和蜗轮铜环上的两个铜片保持接触。对于大客车大功率（100W 以上）刮水器电动机，铜环、触臂触点接触无法承受大电流的要求，采用在蜗轮上装一销子，使其旋转时带动一对常开常闭触点工作。像苏州金龙 KLQ6883 使用的 ZD2732 24V 150W 刮水器电动机就是采用这种结构。

复位机构需要通过外部开关电路构成回路，实现复位。刮水器电动机在工作时外加电压几乎等于电枢反电动势时，电枢才能稳定旋转。刮水器工作后断开开关，刮水片还未到达风窗玻璃的下方，复位机构如图 10-3b 所示，此时触点 2 和铜环 2 接触，电流经熔丝→铜环 2→触点 2→触点臂 2→刮水器开关 1 柱→刮水器开关 2 柱→电刷 B_1→电枢绕组→电刷 B_3→接地（−）形成工作回路，电动机还会低速运转一定角度到达图 10-3a 所示，刮水臂已到达风窗玻璃的最下方，刮水电动机电枢仍有惯性转动的趋势，此时电刷 B_1、B_3 已处于等电位状态，已断开了外部电流回路，电枢绕组内部反电动势构成电流回路，产生反转力矩，克服转动的趋势实现制动，这就是刮水电动机准确复位的原因。

复位机构常有3根引出线，有的复位机构上的定位片已经直接接地了，实际引出线仅为2根，为电源线和复位线。像柳州五菱微型车刮水电动机ZD1334 12V 30W就属于这种机构。

刮水器电动机复位机构实乃是一组受控制的常开常闭触点，工作原理可以理解为一小型继电器中的常开常闭触点，像JD2914继电器中，30、87a是对常闭触点，30、87是对常开触点，理解成87、87a接电源的正、负极，30接刮水器开关上的复位线或刮水器继电器的复位线，如图10-3、图10-4所示触点臂2理解为87端子，其他连接的正线（+）、接地线（-）则理解为30、87a端子。

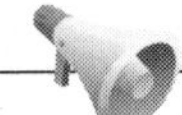

特别提示

刮水器电动机的复位功能是靠刮水开关来实现的，即在刮水器开关关闭的瞬间，刮水器开关给正在运转的刮水器电动机提供一条慢速通路，使刮水器电动机继续旋转直至到复位位置，到复位位置时，通路被切断，刮水器电动机停在复位位置。刮水开关是不同于一般开关的，这一点要引起注意。

你学会了吗?

1. 刮水系统的部件结构及组成是怎样的?
2. 正刮和负刮刮水器电动机的复位过程是怎样的?
3. 如何进行刮水器电动机的检修?

第54天　认识凯越轿车刮水及洗涤系统

学习目标

1. 熟悉通过案例判断凯越轿车刮水器不工作的思路。
2. 掌握凯越轿车有和无雨量传感器的风窗刮水系统及洗涤系统的结构和工作原理。
3. 掌握凯越轿车风窗刮水系统和洗涤系统的检修。

维修案例

一、案例：凯越轿车刮水器自动档不工作

（1）故障现象　一辆2007款别克凯越旅行车，雨天行车，将刮水器开关处于自动档时，刮水器不工作。

（2）故障分析　上汽别克凯越1.8L轿车采用雨量自感应式刮水器，该系统主要由组合式刮水器开关、刮水器电动机、刮水器电动机控制模块、雨量传感器、雨量传感器控制装置、喷水电动机和线束等组成。凯越轿车的刮水器除了可手动操纵高、低速外，还有一个特殊功能，即只要将操作开关置于自动档（AUTO），就会自动开启刮水器并根据雨量的大小来控制刮水器的速度。雨量传感器安装在前风窗玻璃上，靠近内视镜，传感器按45°向前风窗玻璃发出近红外光。如果玻璃干燥，大部分光将反射到前风窗玻璃前部的传感器。如果玻璃上有水滴，就会以不同的方向反射。玻璃上的水越多，反射回传感器的光越少。当反射回传感器的光量下降到预先设定的值时，传感器中的电子器件和软件将起动刮水器。当刮水器开关处于自动（AUTO）位置时，该装置可按任何速度操作刮水器。软件根据刮水操作时水的积累速度设定刮水器速度。该系统时常根据需要调节速度，以适应水聚积速度的变化。其控制电路如图10-5所示。

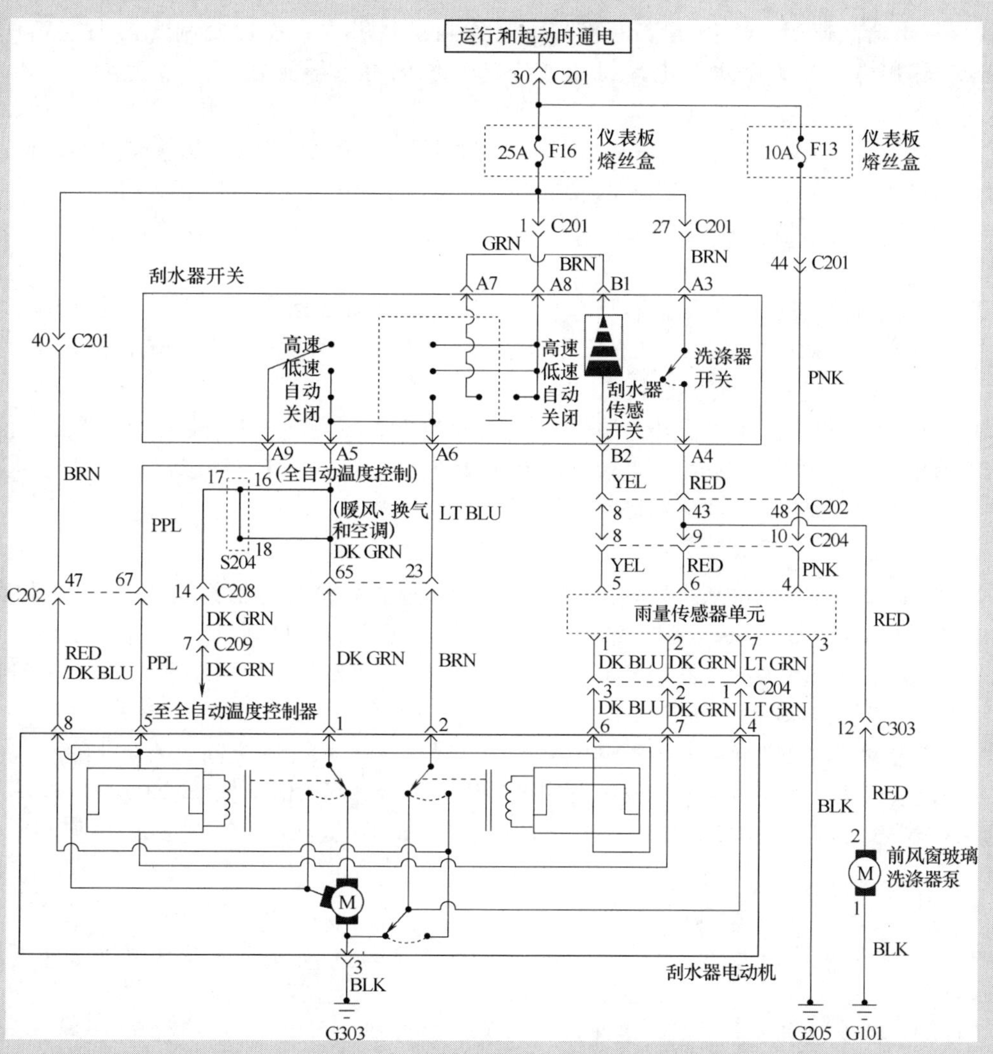

图10-5 有雨量传感器的风窗刮水系统及洗涤系统控制电路

在刮水器电动机内有两个继电器，左侧的控制刮水器的高/低速，受雨量传感器端子2的控制；右侧的是低速/间歇继电器，受雨量传感器端子1的控制，雨量传感器通过端子1、2控制刮水器电动机总成内部继电器的接地。雨量传感器可自动控制间歇时间长短和刮水时是高速还是低速。雨量传感器端子7用于检测回位脉冲，以正确进行间歇控制。

1）刮水器低速/间歇工作：当雨量传感器控制刮水器电动机低速工作时，其端子1接地，刮水器电动机总成内部的右侧继电器工作，触点吸合，则有如下电流通路：点火电源→F16熔丝→刮水器电动机端子8→刮水电动机内部右侧闭合的继电器触点→刮水器电动机端子2→刮水器开关端子A6→刮水器开关端子A5→刮水器电动机端子1→刮水器电动机总成内部左侧继电器的常闭触点→刮水器电动机低速端→接地，此时电动机低速运转。低速工作时，雨量传感器端子1的电压约在5.1～10.8V间变化。雨量传感器端子1电压为5.1V时，间歇时间最长；为10.8V时，间歇时间最短。当间歇时间调至最短时，刮水器电动机起动高速档。

2）刮水器高速工作：当雨量传感器感应到雨量足够大，需控制刮水器高速工作时，其端子2输出低电平，刮水器电动机总成内部左侧的继电器工作，内部触点吸合到高速端；与此同时，刮水器电动机总成内部右侧的继电器仍工作，则刮水器工作在高速状态，电流路径：点火电源→熔丝F16→刮水器电动机端子8→刮水器电动机总成内部右侧继电器闭合的触点→刮水器电动机端子2→刮水器开关端子A6→刮水器开关端子A5→刮水器电动机端子1→刮水器电动机总成内部左侧闭合的继电器触点→刮水器电动机高速端→接地。

3）回位脉冲检测：雨量传感器只有收到刮水器电动机的回位信息后，才能正确控制间歇时间。刮水器电动机端子7是回位脉冲输出端，将回位信号送到雨量传感器的端子2，回位脉冲至下一个触发脉冲是间歇时间。

4）自动空调控制：刮水器开关端子A5向自动空调控制器端子B7输出刮水器工作信号，当刮水器电动机工作约60s时，如果自动空调处于自动（AUTO）状态，则自动起动除湿功能。

（3）诊断程序

1）接通点火开关，将刮水器开关拧到自动档，检查雨量传感器控制装置插接器端子5上的电压，如果电压值为12V则进行步骤4）；如果电压值小于11V，则进行下一步。

2）检查刮水器开关插接器端子B2和雨量传感器控制装置插接器端子5之间是否断路，如果断路，则进行步骤3）；如果没有断路，则更换刮水器开关。

3）修理刮水器开关插接器端子B2和雨量传感器插接器端子5之间的断路故障。

4）接通点火开关，将刮水器开关拧到自动位置，检查刮水电动机控制模块插接器端子2上的脉动电压，如果电压值为12V，则进行下一步；如果电压值小于11V，则更换刮水器电动机。

5）接通点火开关，检查刮水器开关插接器端子A6上的电压，如果电压值为12V，则更换刮水器开关；如果电压值小于11V，则修理刮水器开关与刮水器电动机之间的断路故障。

6）刮水器不返回停止位置。接通点火开关，检查刮水器电动机控制模块插接器端子8上的电压，如果电压值为12V，则更换刮水器电动机；如果电压值小于11V，则修理刮水器电动机控制模块插接器端子8和熔丝F16之间的断路故障。

（4）故障排除 经检测发现，刮水器开关插接器端子B2和雨量传感器插接器端子5之间断路，修复后故障排除。

（5）维修总结 在对故障进行诊断与排除时，首先我们要掌握系统的结构原理与诊断程序，有了正确的思路，才能有效地排除故障。

实际操作

二、风窗刮水系统和洗涤系统的检修

1. 风窗刮水系统不工作

风窗刮水系统不工作，应进行以下项目的检修。

1）熔丝 F9 是否熔断。

2）刮水器/洗涤器开关的端子 A8 与电源间的电路是否有故障。检查方法：将一端接地良好的测试灯的另一端接到刮水器/洗涤器开关的端子 A8，点火开关转至接通位置时，测试灯若不亮，则此电路有故障（包括断路、电路中电阻过大、接触不良或对地短路）。

3）刮水器/洗涤器开关是否有故障。检查方法：把刮水器/洗涤器开关置于高速位置，将一端接地良好的测试灯的另一端接到刮水器/洗涤器开关端子 A9，点火开关转至接通位置时，测试灯若不亮，则刮水器/洗涤器开关有故障。

4）刮水器电动机是否有故障。检查方法：脱开刮水器电动机导线侧插接器，将测试灯一端接到刮水器电动机导线侧插接器的端子 5，另一端接到刮水器电动机导线侧插接器的端子 3。把点火开关转至接通位置时，若测试灯亮，则刮水器电动机有故障。

5）刮水器电动机的端子 3 与接地间电路是否有故障。检查方法：断开刮水器电动机导线侧插接器，将一端接蓄电池正极的测试灯的另一端接到刮水器电动机导线侧插接器的端子 3，若测试灯不亮，则此电路有故障。

2. 风窗刮水系统无高速档

风窗刮水系统无高速档，应进行以下项目的检修。

1）刮水器/洗涤器开关是否有故障。检查方法与上述 3）中所述相同。

2）刮水器/洗涤器开关的端子 A9 与刮水器电动机的端子 5 之间电路是否有故障。检查方法：将一端接地良好的测试灯的另一端接至刮水器电动机的端子 5。当点火开关接通，且把刮水器/洗涤器开关置于高速位置时，若测试灯不亮，则此电路有故障（包括断路、电路中电阻过大、接触不良或对地短路）。

3）刮水器电动机是否有故障。检查方法如上述 4）中所述相同。

3. 风窗刮水系统无低速档

风窗刮水系统无低速档，应进行以下项目的检修。

1）刮水器/洗涤器开关是否有故障。检查方法：将一端接地良好的测试灯的另一端接至刮水器/洗涤器开关的端子 A5，当点火开关接通时，若测试灯不亮，则刮水器/洗涤器开关有故障。

2）刮水器/洗涤器开关的端子 A5 与刮水器电动机的端子 1 之间电路是否有故障。检查方法：将一端接地良好的测试灯的另一端接至刮水器电动机的端子 1，当点火开关接通，且刮水器/洗涤器开关置于低速位置时，若测试灯不亮，则此电路有故障（包括断路、电路中电阻过大、接触不良或对地短路）。

3）刮水器电动机是否有故障。检查方法：断开刮水器电动机导线侧插接器，将测试灯一端接到刮水器电动机导线侧插接器的端子 1，另一端接到刮水器电动机导线侧插接器的端子 3。点火开关转至接通位置时，若测试灯亮，则刮水器电动机有故障。

4. 风窗刮水系统无间歇档

风窗刮水系统无间歇档，应进行以下项目的检修（图 10-5）。

1）刮水器/洗涤器开关是否有故障。
2）刮水器/洗涤器开关的端子 A7 与 B1（B2）间电路是否有故障。
3）刮水器/洗涤器开关的端子 B2（B1）与刮水器电动机的端子 2 间电路是否有故障。
4）熔丝 F9 与刮水器电动机端子 8 间电路是否有故障。
5）刮水器电动机是否有故障。

5. 风窗刮水系统无自动档

风窗刮水系统无自动档，应进行以下项目的检修（图 10-5）

1）熔丝 F12 是否熔断。
2）插头 C201 的端子 30 与雨量传感器的端子 4 间电路是是否有故障。
3）雨量传感器的端子 3 与接地间电路是否有故障。
4）刮水器/洗涤器开关是否有故障。
5）刮水器/洗涤器开关的端子 A7 与 B1（B2）间电路是否有故障。
6）刮水器/洗涤器开关的端子 B2（B1）与雨量传感器的端子 5 间电路是否有故障。
7）雨量传感器是否有故障。
8）雨量传感器的端子 1 与刮水器电动机的端子 6 间电路是否有故障。
9）刮水器电动机是否有故障。

基础知识

别克凯越轿车配备的风窗刮水系统有无雨量传感器和有雨量传感器两种。下面分别介绍这两种风窗刮水系统及洗涤系统。

三、无雨量传感器的风窗刮水系统及洗涤系统

1. 系统的组成和功能

无雨量传感器的风窗刮水系统及洗涤系统主要由刮水器电动机、刮水器臂、刮水片、刮水器/洗涤器开关、洗涤液罐、电动洗涤液泵、喷嘴和软管等组成。

该系统具有刮水器高速、低速或间歇动作，刮水器关闭，刮水片复位，洗涤风窗和自动空调控制等功能。

2. 系统的操作

通过刮水器/洗涤器开关可以实现刮水器的高速、低速或间歇动作，刮水器关闭和洗涤功能外，在刮水器/洗涤器开关关闭时，还可以实现刮水片的自动复位功能。通过间歇开关还可以实现刮水器动作时间间隔的调节。当风窗刮水系统处于工作状态，且自动空调系统处于自动控制时，自动空调系统能够自动切换至除雾模式。

3. 系统的控制原理

系统的控制电路如图 10-6 所示。系统各种功能的控制原理如下：

（1）刮水器的高速控制　当把刮水器/洗涤器开关切换至高速位置时，即可实现刮水器的高速动作。刮水器的高速控制电路为 15 号线→插接器 C201 的端子 30→熔丝 F9→插接器 C201 的端子 1→刮水器/洗涤器开关的端子 A8→刮水器/洗涤器开关的端子 A9→插接器 C202 的端子 67→刮水器电动机的端子 5→刮水器电动机→刮水器电动机的端子3→接地点 G303。

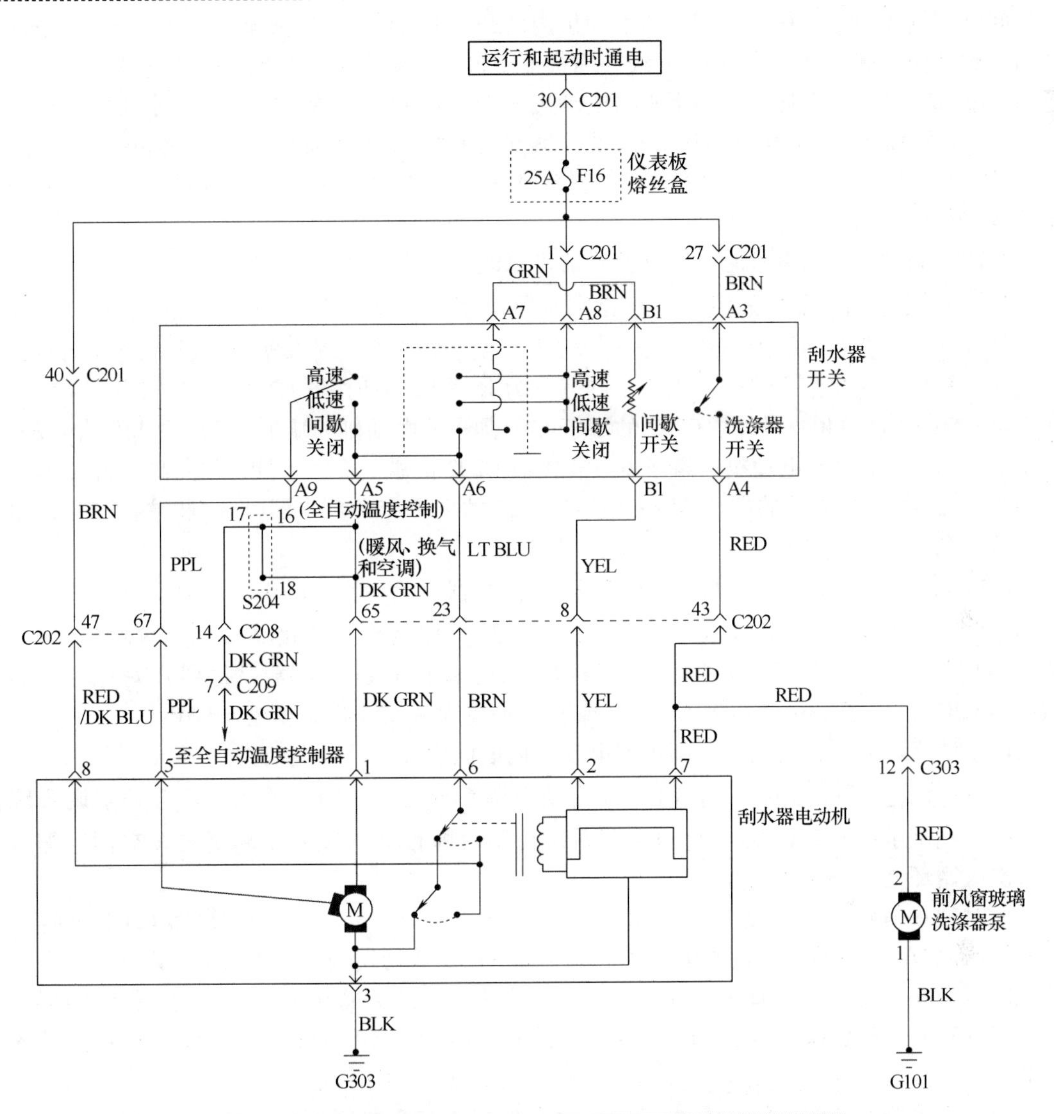

图 10-6　无雨量传感器的风窗刮水系统及洗涤系统控制电路

(2) 刮水器的低速控制　当把刮水器/洗涤器开关切换至低速位置时，即可实现刮水器的低速动作。刮水器的低速控制电路为 15 号线→插接器 C201 的端子 30→熔丝 F9→插接器 C201 的端子 1→刮水器/洗涤器开关的端子 A8→刮水器/洗涤器开关的端子 A5→插接器 C202 的端子 65→刮水器电动机的端子 1→刮水器电动机→刮水器电动机的端子 3→接地点 6303。

(3) 刮水器的间歇动作控制　当把刮水器/洗涤器开关切换至间歇位置时，即可实现刮水器的间歇动作。刮水器的间歇动作控制电路为 15 号线→插接器 C201 的端子 30→熔丝 F9→插接器 C201 的端子 1→刮水器/洗涤器开关的端子 A8→刮水器/洗涤器开关的端子 A7→刮水器/洗涤器开关的端子 B1 (B2) →间歇开关→刮水器/洗涤器开关的端子 B2 (B1) →插接器 C202 的端子 8→刮水器电动机的端子 2→间歇控制器→刮水器电动机的端子 3→接地点 G303。

第十章

间歇控制器通电动作，使刮水器电动机内的开关Ⅰ从位置1切换至位置2，刮水器电动机开始间歇动作。其控制电路为15号线→插接器C201的端子30→熔丝F9→插接器C201的端子40→插接器C202的端子47→刮水器电动机的端子8→开关Ⅰ的端子2→刮水器电动机的端子6→插接器C202的端子23→刮水器/洗涤器开关的端子A6→刮水器/洗涤器开关的端子A5→插接器C202的端子65→刮水器电动机的端子1→刮水器电动机→刮水器电动机的端子3→接地点6303。

当改变间歇开关的电阻时，间歇控制器可以改变刮水器动作的时间间隔。

（4）刮水片自动复位的控制 当把刮水器/洗涤器开关切换至关闭位置时，若刮水片没有复位，则刮水器电动机内的开关Ⅱ从位置1切换至位置2。刮水器电动机将继续动作，直至刮水片复位。此时刮水器电动机的控制电路为15号线→插接器C201的端子30→熔丝F9→插接器0201的端子40→插接器0202的端子47→刮水器电动机的端子8→开关Ⅱ的端子2→开关Ⅰ的端子1→刮水器电动机的端子6→插接器C202的端子23→刮水器/洗涤器开关的端子A6→刮水器/洗涤器开关的端子A5→插接器C202的端子65→刮水器电动机的端子1→刮水器电动机→刮水器电动机的端子3→接地点G303。

（5）电动洗涤液泵的控制 当把刮水器/洗涤器开关切换至洗涤位置时，电动洗涤液泵动作，同时刮水器动作。电动洗涤液泵的控制电路为15号线→插接器C201的端子30→熔丝F9→插接器C201的端子27→刮水器/洗涤器开关的端子A3→刮水器/洗涤器开关的端子A4→插接器C202的端子43→插接器C303的端子12→电动洗涤液泵→接地点G101。

电动洗涤液泵动作的同时，刮水器电动机内的间歇控制器通电动作。

（6）自动空调除雾模式的控制 在自动空调系统处于AUTO模式，且自动空调系统控制器接收到刮水信号1min后，自动空调系统控制器即自动切换至除雾模式（空调压缩机工作，空气循环处于外循环状态）。

此时刮水信号电路为15号线→插接器C201的端子30→熔丝F9→插接器C201的端子40→插接器C202的端子47→刮水电动机的端子8→开关Ⅱ的端子2→开关Ⅰ的端子1→刮水电动机的端子6→插接器C202的端子23→刮水器/洗涤器开关的端子A6→刮水器/洗涤器开关的端子A5→插接器C208的端子14→插接器C209的端子7→自动空调系统控制面板的端子B7。

由于刮水器的动作，使开关Ⅱ有规律地在位置1与2之间切换。刮水信号电压也在OV与12V之间有规律地变化。

在刮水器停止动作20s后，自动空调系统回复至原来状态。

四、有雨量传感器的风窗刮水系统及洗涤系统

该系统除常规风窗刮水系统及洗涤系统的组成和功能外，还有以下特点：刮水器电动机内间歇控制器由原来的一个增加为两个，刮水器/洗涤器开关的间歇位置由自动位置取代，刮水器/洗涤器开关内的间歇开关改为雨量传感器开关，并配置了雨量传感器。雨量传感器安装在风窗玻璃内侧，紧靠后视镜位置。雨量传感器能产生红外线，并以45°照射到风窗玻璃上。若风窗玻璃干燥，则被反射回的红外线较多。若风窗玻璃上有水，则被反射回的红外线较少。风窗玻璃反射回的红外线随风窗玻璃上水的多少而相应变化，雨量传感器就是根据风窗玻璃反射回的红外线多少来感知雨量大小的。当刮水器/洗涤器开关置于AUTO位置时，刮水器能根据雨量传感器感知的雨量大小自动改变动作速度的快慢。其控制电路如图10-5所示。

当刮水器/洗涤器开关置于 AUTO 位置时，雨量传感器的控制电路为 15 号线→插接器 C201 的端子 30→熔丝 F9→插接器 C201 的端子 1→刮水器/洗涤器开关的端子A8→刮水器/洗涤器开关的端子 A7→刮水器/洗涤器开关的端子 B1（B2）→雨量传感器开关→刮水器/洗涤器开关的端子 B2（B1）→插接器 C202 的端子 8→插接器 C204 的端子 8→雨量传感器的端子 5→雨量传感器。

雨量传感器的端子 5 上有电压时便处于工作状态。当改变雨量传感器开关的位置时，雨量传感器端子 5 的电压也相应变化。而雨量传感器根据其端子 5 电压的高低，在相同雨量时，控制刮水器动作速度也相应变化。

当雨量小时，雨量传感器通过控制刮水器电动机端子 6 的电压（0V 或 12V）来控制间歇控制器 A 的间歇时间。当间歇控制器 A 工作时，开关 I 从位置 1 切换至 2，刮水器以较慢的速度工作。此时刮水器控制电路为 15 号线→插接器 C201 的端子 30→熔丝F9→插接器 C201 的端子 40→插接器 C202 的端子 47→刮水器电动机的端子 8→开关 I 的端子 2→刮水器电动机的端子 2→插接器 C202 的端子 23→刮水器/洗涤器开关的端子A6→刮水器/洗涤器开关的端子 A6→插接器 C202 的端子 65→刮水器电动机的端子 1→开关Ⅱ的端子 2→刮水器电动机→刮水器电动机的端子 3→接地点 G303。

当雨量大时，间歇控制器 A 工作的同时，雨量传感器通过控制刮水器电动机的端子 7 的电压（0V 或 12V）来控制间歇控制器 B 的间歇时间。当间歇控制器 B 工作时，开关Ⅱ从位置 2 切换至 1，刮水器以较快的速度工作。此时刮水器控制电路为 15 号线→插接器 C201 的端子 30→熔丝 F9→插接器 C201 的端子 40→插接器 C202 的端子 47→刮水器电动机的端子 8→开关 I 的端子 2→刮水器电动机的端子 2→插接器 C202 的端子 23→刮水器/洗涤器开关的端子 A6→刮水器/洗涤器开关的端子 A5→插接器 C202 的端子 65→刮水器电动机的端子 1→开关Ⅱ的端子 1→刮水器电动机→刮水器电动机的端子 3→接地点 G303。雨量传感器的端子 7 用来反馈刮水器动作的快慢。

特别提示

凯越轿车有雨量传感器的新型风窗刮水及洗涤系统的典型特点是增加了雨量传感器用来检测雨量的大小用以控制间歇时间的长短，这是目前刮水与洗涤系统的一种主流配置，随着汽车技术的发展，将会有越来越多的车型采用有雨量传感器的自动刮水系统。

你学会了吗？

1. 凯越轿车无雨量传感器的风窗刮水系统及洗涤系统的控制过程是怎样的？
2. 凯越轿车有雨量传感器的风窗刮水系统及洗涤系统的控制过程是怎样的？
3. 如何对凯越轿车风窗刮水系统和洗涤系统进行检修？

第 55 天　认识电动天窗

学习目标

1. 了解电动天窗的作用功能与特点。
2. 掌握电动天窗的部件结构。
3. 掌握电动天窗电路的控制过程。
4. 掌握电动天窗部件的检测。

维修案例

一、案例：别克林荫大道轿车天窗无法工作

一辆上海通用别克林荫大道（Park Avenue）3.0L 轿车，行驶里程 12302km。驾驶人反映此车天窗没用过几次，天窗怎么也打不开。

天窗开关的功能包括：三个通风口位置、六个打开位置、关闭位置、手动操控。接车后首先操作了一遍开关各个功能位置，并进行天窗的初始化和自学习，但天窗仍无反应。初始化和自学习后，可以肯定是系统某元件或是连接线、电源存在短路或断路现象。因为此车天窗在元件及控制电路正常的情况下，做初始化和自学习天窗会上下移动。这样我们就排除了不当操作或程序出错引起的问题。参照电路图（图 10-7）检查天窗控制模块端子 6、9 电源电压，正常。天窗控制模块端子 1 接地线良好。天窗控制模块端子 2、3、4、5 与天窗开关对应的端子 2、3、5、6 各连接线电阻均小于 1Ω，正常。对天窗开关检测，可以用对换法来证明开关是好是坏，或通电测试静态时每个档位指示的针脚是否导通。下面对天窗开关测试，见表 10-1。

表 10-1　检测各端子的通断情况

开关位置	端子 1 和端子 2	端子 1 和端子 3	端子 1 和端子 4	端子 1 和端子 5	端子 1 和端子 6
通风孔 3		断路	断路	断路	断路
通风孔 2	断路		断路	断路	断路
通风孔 1			断路	断路	断路
关闭			断路	断路	
滑开 1	断路		断路	断路	
滑开 2	断路	断路	断路	断路	
滑开 3		断路	断路	断路	
滑开 4		断路	断路		
滑开 5	断路	断路	断路		
滑开 6	断路		断路		

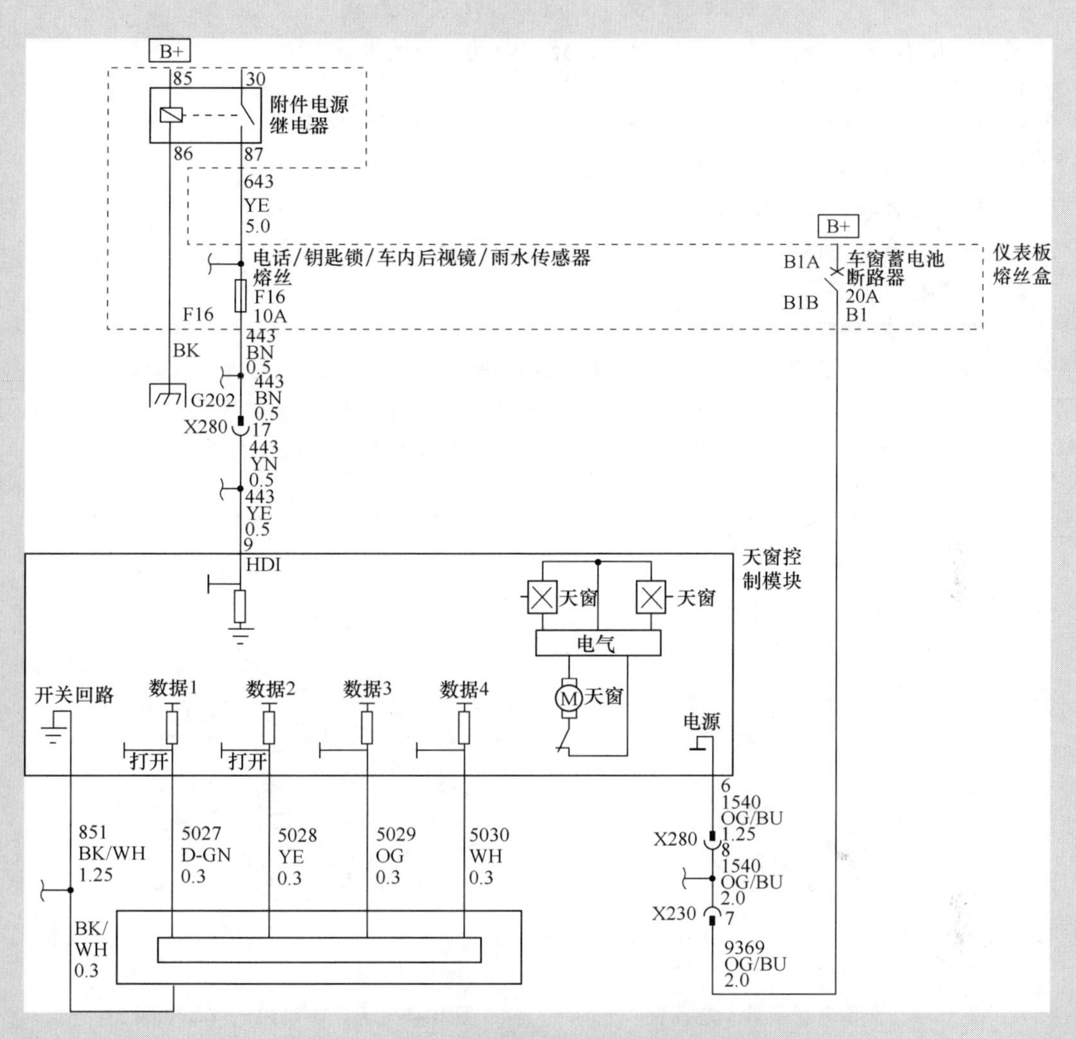

图 10-7 别克林荫大道轿车天窗控制系统电路

测试开关每个位置所指示的端子、导通性是否符合以上测试结果，如测试结果不相符，请更换控制开关，天窗开关正常则需要进行天窗控制模块检查。在天窗控制模块上可以看到一个六角螺孔，用一个小内六角扳手转动天窗玻璃有移动或翘起，证明天窗拉线无发卡。这时基本可以确定天窗控制模块故障。更换后重新做初始化和自学习，功能恢复正常。

天窗控制模块初始化和学习方法：

1）旋转开关至完全天窗玻璃板起翘位置。

2）往下按住中心按钮并保持 8s 以上，这时玻璃板逐步上移完全起翘位置。

3）松开中心按钮。

4）在开后 2s 内再次按住中心按钮，这时玻璃板会迅速移动至关闭位置。

5）松开中心按钮。

6）3s 以后天窗具有所有功能。

实际操作

现以广州本田雅阁轿车电动天窗为例，介绍电动天窗的维修方法。

1. 电动天窗开关的检测

1）拆下驾驶人侧仪表板下盖及膝垫。

2）小心地将开关从仪表板中撬出，如图 10-8 所示。

3）从开关处断开 6 芯插头。

4）按照表 10-2 所列，检查天窗开关处于不同位置时，其各端子之间的导通情况。

2. 天窗电动机的检测

1）拆下车顶内衬。

2）从天窗电动机上断开 2 芯插头，如图 10-9 所示。

3）根据表 10-3 所列，将 2 芯插头的两端子分别与蓄电池的正、负极相连接，以检测天窗电动机的工作情况。如果天窗电动机不运转，则说明其有故障，应予更换。

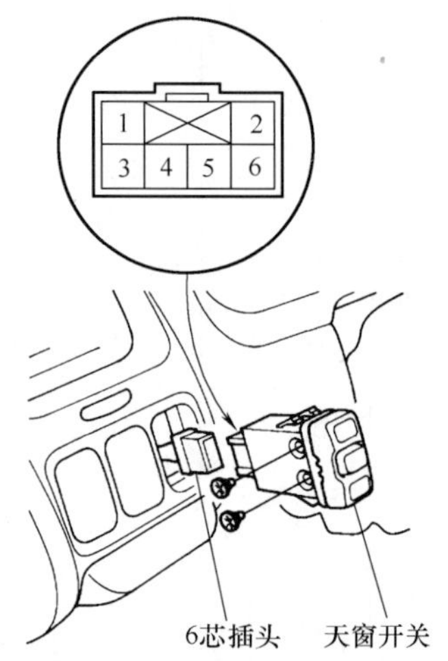

图 10-8 天窗开关及其 6 芯插头

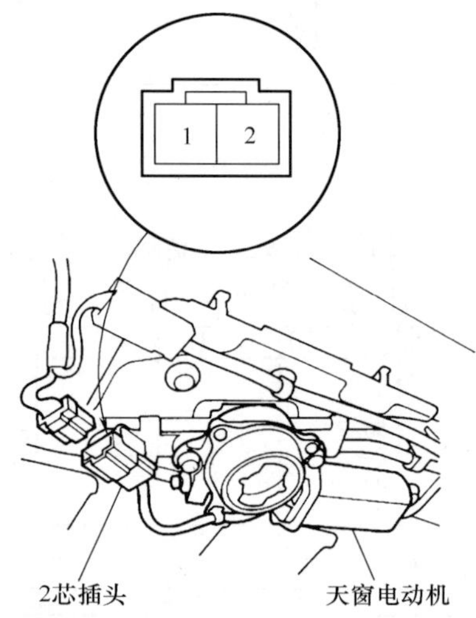

图 10-9 天窗电动机及其 2 芯插头

表 10-2 天窗开关处于不同位置时各端子之间的导通情况

<table>
<tr><th>端子
位置</th><th>1</th><th></th><th>3</th><th>2</th><th>4</th><th>5</th><th>6</th></tr>
<tr><td>关闭</td><td rowspan="3">○</td><td rowspan="3">(开关符号)</td><td rowspan="3">○</td><td>○</td><td>○</td><td></td><td></td></tr>
<tr><td>倾斜</td><td>○</td><td></td><td>○</td><td></td></tr>
<tr><td>开启</td><td>○</td><td></td><td></td><td>○</td></tr>
</table>

表 10-3 天窗电动机工作情况的检测

端子 位置	1	2
开启	⊕	⊖
关闭	⊖	⊕

基础知识

汽车的天窗有100多年的历史，已成为汽车文化的一部分。近几年，我国不少汽车厂也开始生产带天窗的轿车，如上海通用别克系列、一汽大众的宝来和奥迪、上海大众的帕萨特、广州本田的雅阁、北京现代的索纳塔等都有了“天窗版”。

图 10-10　电动天窗外形

在满足功能性、安全性的基础上，人们希望汽车能带给他们心理上的满足，安装汽车天窗能够提升汽车内部环境的舒适性和个性。天窗的特别结构，能使混浊的空气迅速被排出车外，同时又能阻挡车外灰尘的进入；新鲜的空气从天窗进入车厢，没有摇下侧窗换气产生的风噪；辅助调节温度，减少空调使用时间，节省油耗；车厢内光线明亮，亲近自然，电动天窗的外形如图10-10所示。

二、电动天窗的作用、功能与特点

1. 电动天窗的分类及作用

汽车天窗按驱动方式的不同可分为手动式和电动式；按开启方向的不同可分为内藏式、外倾式和敞篷式等。手动天窗主要有外倾式和敞篷式，此类天窗结构比较简单，价格也较便宜，且便于安装；电动天窗主要有内藏式、外倾式，此类天窗档次较高，价格较贵，安装时由于要布线，安装难度较大。汽车天窗有如下作用：

(1) 通风换气　换气是汽车加装天窗最主要的目的。没有天窗的汽车，遇到车内空气污浊，如废气、吸烟、夏季车内霉变等，通常只能打开侧窗给车内换气，这种方法不仅使乘客感到不舒服，同时效果也不理想，而且车外污浊的空气和噪声也会进入车内。

(2) 节能　夏日里汽车在阳光下暴晒，车内温度可高达60℃，这时打开天窗比开空调降温速度快2~3倍，亦可节约能耗30%左右。

(3) 除雾　春夏两季雨水多、湿度大，前风窗玻璃常有雾气，车内空气也容易污浊，这时打开天窗至后翘通风位置，顷刻间雾气消失，空气清新，又无雨水进入车内，增加了舒适性与安全性。

(4) 开阔视野　天窗可以使我们的视野开阔，并且能够亲近自然和沐浴阳光，驱除被封在车厢内的压抑感。

2. 汽车电动天窗的功能

点火开关打开后，天窗通过旋转开关来开闭，或者通过推、拉开关来倾斜和关闭。在点火开关关闭后，天窗仍然可以开关。

(1) 自动关闭功能　当关闭点火开关大约4s后，天窗会自动关闭。在天窗完全关闭前按动按钮（任何方向），此功能会被取消，玻璃会停留在开启位置上。如果想关闭天窗，无需打开点火开关，只需按动关闭按钮（开关前部）即可，操作方式可以是手动的或全自动的。

(2) 防夹功能　天窗在全自动关闭过程中，遇到障碍物后会自动返回，直到障碍物消除再关闭。在点火开关关闭后，天窗的自动关闭过程中，此项功能依然有效。

3. 天窗的特点

1）天窗前部的控制模块可使天窗玻璃停留在全闭、倾斜通风或外倾打开位置，并使天窗具有自动关闭和防夹的功能。

2）在天窗电动机内设定有一个压力感应装置，当天窗在移动过程中遇到过大的阻力或者处于超负荷状态时，压力感应器会在6s内自动断电，以保护天窗各部件的完好和不受损坏。

3）电动型天窗开关为双位摇杆型，电动操作天窗。

4）天窗在经历过安装或熔丝被移动等断电事件后，都必须重新做一次编程。否则，天窗的全自动操作、自动关闭和防夹功能等将暂时无法实现，而只能用手动操作的方式来控制天窗。

5）天窗上框架内侧近玻璃板处装配有密封条，用以对玻璃板和天窗上框架之间的间隙进行密封。

6）天窗上框架翻边的沟槽内装有密封胶条，用以对天窗上框架和车顶盖之间的间隙进行密封。

三、电动天窗的结构

以电动天窗为例说明天窗的基本结构。电动天窗主要由滑动机构、驱动机构、开关和控制系统等组成，如图10-11所示。

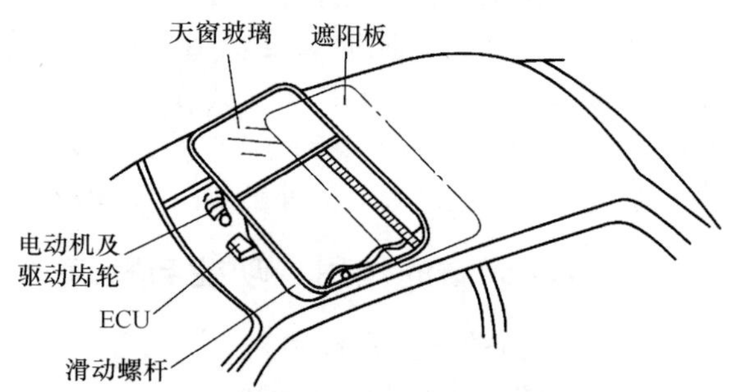

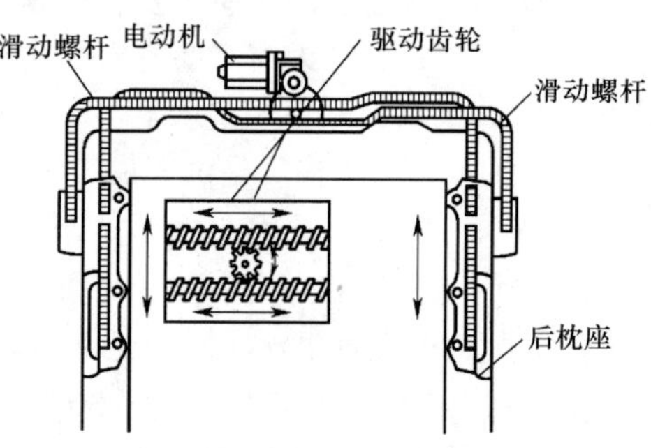

图10-11 电动天窗组成

1. 滑动机构

电动天窗滑动机构主要由导向块、导向销、连杆、托架和前、后枕座等组成。

2. 驱动机构

电动天窗驱动机构主要由电动机、传动机构和滑动螺杆等组成。

（1）电动机　通过传动装置为天窗的开闭提供动力。电动机能双向转动，即通过改变电流的方向来改变电动机的旋转方向，实现天窗的开闭。

（2）传动机构　传动机构主要由蜗轮蜗杆传动机构、中间齿轮传动机构（主动中间齿轮、过渡中间齿轮）和驱动齿轮等组成。齿轮传动机构接受电动机的动力，改变旋转方向，并减速增矩后将动力传给滑动螺杆，使天窗实现开闭；同时又将动力传给凸轮，使凸轮顶动限位开关进行开闭。主动中间齿轮与蜗轮固装在同一轴上，并与蜗轮同步转动；过渡中间齿轮与驱动齿轮固装在同一输出轴上，被主动中间齿轮驱动，使驱动齿轮带动玻璃开闭。

3. 控制系统

控制单元（ECU）是一个数字电路，设有定时器、蜂鸣器和继电器等，其作用是接收开关输入的信息，通过数字电路进行逻辑运算，确定继电器的动作，控制天窗的开闭。

4. 开关

电动天窗的开关由控制开关和限位开关组成。

(1) 控制开关　如图 10-12 所示，控制开关主要包括滑动开关和斜升开关。滑动开关有滑动打开、滑动关闭和断开（中间位置）三个档位。斜升开关也是有斜升、斜降和断开（中间位置）三个档位。通过操作这些开关，可使天窗驱动机构的电动机实现正反转，使天窗实现不同状态。

(2) 限位开关　如图 10-13 所示，限位开关（又称行程开关）主要是用来检测天窗所处的位置。限位开关是靠凸轮转动来实现断开和闭合的，凸轮安装在驱动机构的动力输出端。当电动机将动力输出时，通过驱动齿轮和滑动螺杆减速以后带动凸轮转动，于是凸轮周缘的突起部位顶动限位开关使其开闭，以实现对天窗的自动控制。

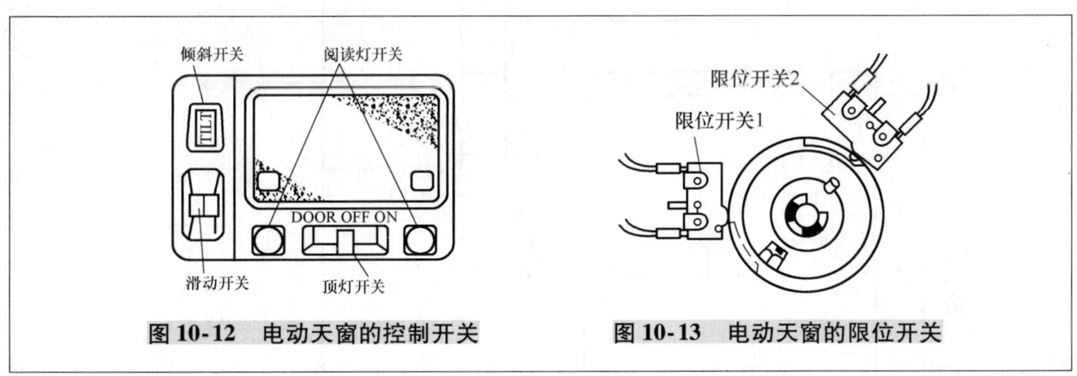

图 10-12　电动天窗的控制开关　　**图 10-13　电动天窗的限位开关**

四、电动天窗控制电路分析

现以广州本田雅阁轿车电动天窗的控制电路为例，分析电动天窗的工作过程。

广州本田雅阁轿车电动天窗的玻璃具有遮挡视线（避免由外向内看）和前后倾斜的功能。在没有打开任何车门的情况下，将点火开关从 ON（Ⅱ）位置旋转至 OFF 位置时，电动天窗仍可工作约 10min。因此，一旦车辆发生意外，车内乘员能有更多的途径脱离危险。

广州本田雅阁轿车电动天窗的控制元件在车上的安装位置如图 10-14 所示，其控制电路如图 10-15 所示。

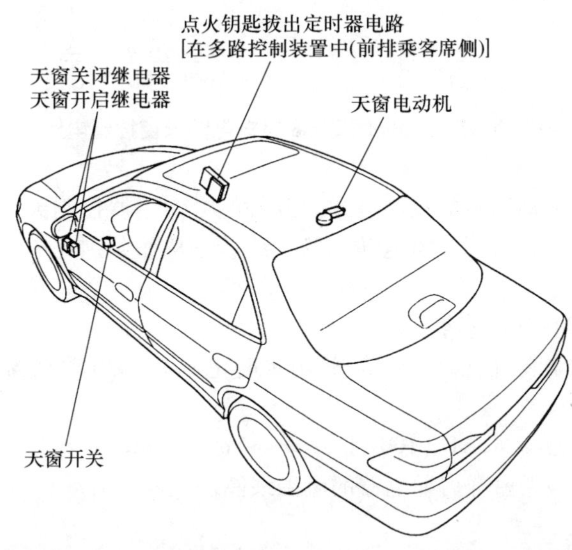

图 10-14　广州本田雅阁轿车电动天窗的控制元件在车上的安装位置

第十章

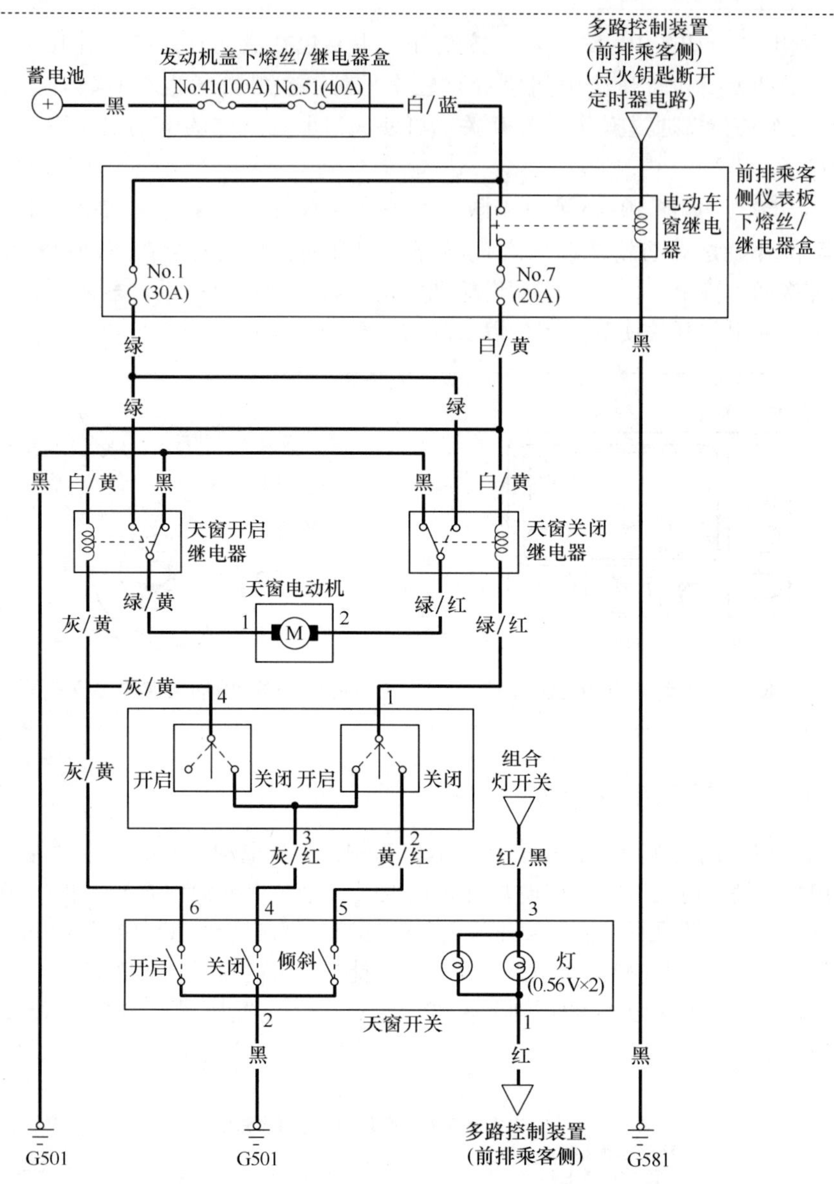

图 10-15　广州本田雅阁轿车电动天窗控制电路

广州本田雅阁轿车电动天窗的控制方式为开关配合继电器控制天窗电动机，通过改变天窗电动机的工作电流方向，实现天窗电动机的正反转，从而分别完成天窗的开启、关闭及倾斜功能。

1. 关闭天窗的延时工作电路

控制电路：多路控制装置（点火开关关闭定时电路）→电动车窗继电器的电磁线圈→G581 接地→蓄电池负极。

主电路：蓄电池正极→No. 41（100A）熔丝→No. 51（40A）熔丝→电动车窗继电器的触点→No. 7（20A）熔丝→天窗开启继电器的电磁线圈。

2. 天窗开启电路

将天窗开关拨至开启位置时，天窗开启继电器的控制电路如下：

蓄电池正极→No. 41（100A）熔丝→No. 51（40A）熔丝→电动车窗继电器的触点→No. 7（20A）熔丝→天窗开启继电器的电磁线圈→天窗开关（此时开启触点闭合）→G501 接地→蓄电池负极。此时，天窗开启继电器的电磁线圈通电，常开触点闭合，接通天窗电动机电路。

天窗电动机工作电路：天窗开启继电器线圈通电后触点闭合，天窗电动机通电工作，带动开窗开启，电流路线：蓄电池正极→No. 41（100A）熔丝→No. 51（40A）熔丝→No. 1（30A）熔丝→天窗开启继电器触点（此时常开触点通电闭合）→天窗电动机端子 1→天窗电动机→天窗电动机端子 2→天窗关闭继电器触点（常闭触点闭合）→G501 接地→蓄电池负极。

3. 天窗倾斜电路

在天窗关闭状态时，如将天窗开关拨至倾斜档时，天窗关闭继电器的控制电路如下：

蓄电池正极→No. 41（100A）熔丝→No. 51（40A）熔丝→电动车窗继电器的触点→No. 7（20A）熔丝→天窗关闭继电器的电磁线圈→状态开关端子 1→状态开关的关闭触点→状态开关端子 2→天窗开关端子 5→天窗开关倾斜触点→天窗开关端子 2→G501 接地→蓄电池负极。此时，天窗关闭继电器的电磁线圈通电，常开触点闭合。

此时，天窗电动机的主电路如下：

蓄电池正极→No. 41（100A）熔丝→No. 51（40A）熔丝→No. 1（30A）熔丝→天窗关闭继电器触点（此时常开触点通电闭合）→天窗电动机端子 2→天窗电动机→天窗电动机端子 1→天窗开启继电器触点（常闭触点闭合）→G501 接地→蓄电池负极。

特别提示

电动天窗作为汽车档次的一种标志，早期在很多的中高级轿车有所应用，本田雅阁作为常见的一种典型的天窗版汽车，可作为学习电动天窗知识的典型车型。

你学会了吗?

1. 电动天窗的作用功能与特点有哪些?
2. 简述电动天窗的各部件结构。
3. 电动天窗电路的控制过程是怎样的?
4. 如何进行电动天窗各部件检测?

第 56 天　认识中控门锁

学习目标

1. 了解中控门锁系统的工作原理。
2. 掌握桑塔纳 2000 中控门锁系统的工作过程。
3. 掌握别克中控门锁系统的工作过程。
4. 掌握中控门锁系统部件的检测方法。

维修案例

一、案例：新赛欧轿车电子防盗中控门锁失效

（1）故障现象　一辆2005年的雪佛兰新赛欧手动变速器SLX轿车，配置有电动车窗、ABS、中控门锁、安全气囊等，行驶里程为4.8万km。无论从车内还是车外仅能打开左前车门，中控系统失效。

（2）故障诊断与排除　新款赛欧轿车所选用的电子防盗中控门锁系统是由萨基姆（SAGEM）公司开发和制造的新一代电子中央控制门锁系统。可以实现当驾驶人锁住驾驶人侧车门的时候，其他几个车门能同时锁住，当打开驾驶人车门时，其他几个车门能同时打开，仍可以用各车门的机械锁开关门，并且具有防盗锁死功能，即处于电子防盗锁定状态时，除非用钥匙在左前门打开车锁，其他方法都打不开车锁。

新款赛欧轿车电子防盗中控门锁系统的工作原理如图10-16所示。系统中的M18、M19、M20、M32、M37和M60依次分别为驾驶人侧车门电动机、左后车门电动机、右后车门电动

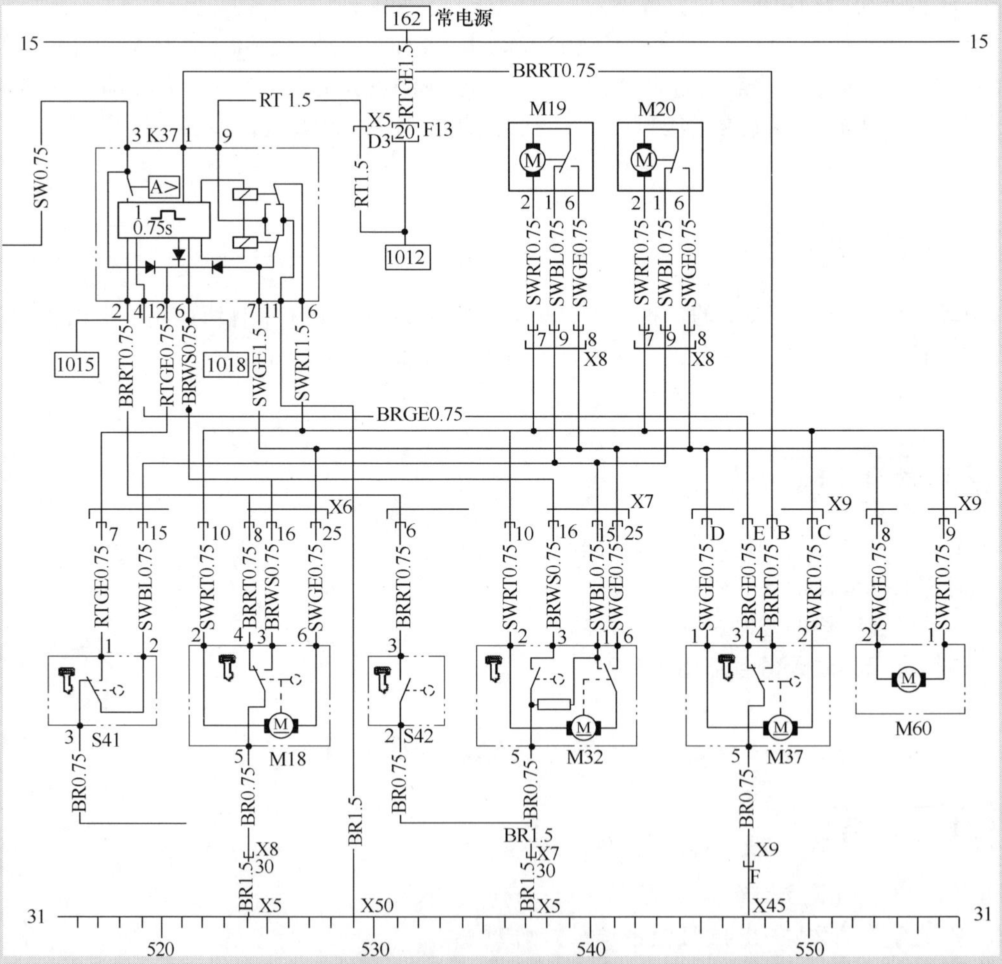

图10-16　新赛欧轿车电子防盗中控门锁系统工作原理图

第十章

机、前排乘客车门电动机、行李厢车门电动机和举升门电动机（其中举升门电动机为旅行车才带有，本车中只有行李厢车门电动机），这些电动机均为双向直流电动机，当电动机的电流方向改变时，电动机的转向就发生改变，用于执行开锁、闭锁的命令。S41、S42 分别是驾驶人和前排乘客侧钥匙控制开关，当从外面用钥匙开门和关门时，钥匙控制开关便发出开门或锁门的信号给门锁 ECU。K37 是中控锁控制模块，为门锁执行机构提供锁开脉冲电流。

根据故障现象，怀疑可能的原因有线路问题、中控模块故障和 S41 开关故障等。检测时遵循由简单到复杂，由外围到内部的原则，先对线路进行检测，然后检测中控模块，最后检测 S41 开关。

首先用钥匙对行李箱进行开锁和上锁的操作，结果行李箱锁工作状态正常。打开左前车门进入车厢内，拆卸中控模块。根据中央控制门锁系统的电路图，用试灯一端接 12V 电源，另一端测量中控模块的端子 7，当钥匙转动左前门锁芯于开锁位置时试灯能够亮，转回时试灯又熄灭了，更换另一侧右前门重复以上的测试，结果一样，说明有开锁信号向中控门锁模块传送。再用试灯测量中控模块的端子 8，试灯一端接地，另一端接端子 8，结果试灯不亮，说明中控模块并未有正确的开锁信号输入。可能原因有两个：一是中控模块内部失效，更换中控模块之后故障依然存在，故排除中控模块故障；二是中控系统进入了防盗模式，不对任何输入信号作反应，而左前门锁的防盗仅仅是依靠机械防盗并没有电子锁定防盗，所以该侧的车锁仍可以自由开锁和锁定。根据原理使中控门锁进入防盗设定并且保持这种状态的方法就是开关 S41 中端子 1 和 2 接通，很有可能是开关 S41 故障。拆卸下左前门外拉手连锁芯总成上的开关 S41 的连接插头，然后用钥匙开锁车门都打开了，中控系统恢复正常。当重新插回插头后，中控系统又重现了先前的故障。

将防盗死锁开关拆卸下来，测量后发现开关的端子 1 和 2 粘接在一起，导致了中控模块长期处于防盗死锁状态，即便接受到了开锁的信号也由于执行了内部程序将信号忽略，所以电子锁定了其余 3 个车门。更换防盗死锁开关，故障彻底解决。

（3）维修总结　汽车中控门锁系统的控制原理通常是操控主、副门锁开关都可以实现门锁的集中控制，据此，当出现“左前门锁可以开关，而其他门锁无反应”的故障时，我们首先从主观上会排除门锁开关故障的可能性，这是因为主副门锁开关同时损坏的可能性很小，然而，本案例的故障原因恰恰就在主驾驶的门锁开关上，这主要缘于赛欧轿车门锁具备死锁功能的特殊性。

实际操作

二、中控门锁部件的检测

1. 车门锁电动机的检测

（1）驾驶人侧车门锁电动机的检测

① 卸下驾驶人侧车门面板。

② 断开电动机处的 2P（2 芯）插接器插头，如图 10-17 所示。

③ 将电动机端子接上蓄电池电压，检查其工作情况。正常情况如下：端子 1 接蓄电池“+”极，端子 2 接地时，车门锁锁定；端子 2 接蓄电池“+”极，端子 1 接地时，车门锁开锁。

④ 如果电动机工作不符合规定要求，则应更换驾驶人侧车门锁电动机。

注意：蓄电池电压应以碰触的方式（接通时间很短）施加于两端子之间，以免烧坏电动机。

（2）乘员侧车门锁电动机的检测　乘员侧车门锁电动机的检测与驾驶人侧车门锁电动机的检测方法基本相同。

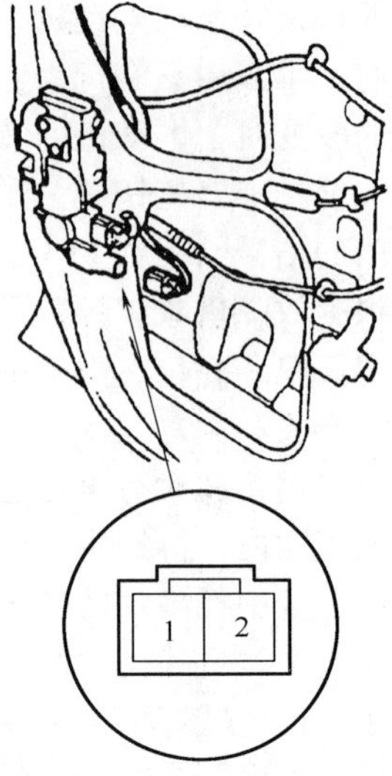

图 10-17　断开驾驶人侧车门锁电动机处的 2P 插头

2. 门锁把手开关的检测

1）驾驶人侧车门锁把手开关的检测

① 卸下驾驶人侧车门面板。

② 如图 10-18 所示，断开电动机 3P（3 芯）插接器的连接。

③ 检查端子之间的导通性。在门锁把手开关处于 LOCK（锁止）位置时，端子 2 与 3 之间应当导通，在开关处于 UNLOCK（开锁）位置时不导通。在门锁把手开关处于 UNLOCK 位置时，端子 1 与 3 之间应当导通，在开关处于 LOCK 位置时不导通。

④ 如果导通性不符合规定要求，应更换门锁电动机。

2）前乘员侧车门锁把手开关的检测

① 卸下前乘员侧车门面板。

② 断开电动机 3P 插接器的连接（图 10-18）。

③ 检查端子之间的导通性。在门把锁开关处于 UNLOCK 位置时，端子 1 与 3 之间应当导通，开关处于 LOCK 位置时不导通。

④ 如果导通性不符合规定要求，则更换门锁电动机。

3）后车门锁把手开关的检测

① 卸下左、右侧后车门面板。

② 如图 10-19 所示，断开电动机 3P 插接器的连接。

③ 检查端子之间的导通性。在门锁把手开关处于 UNLOCK 位置时，端子 1 与 3 之间应当导通，在开关处于 LOCK 位置时不导通。

④ 如果导通性不符合规定要求，则更换车门锁电动机。

3. 车门锁芯开关的测试

① 卸下驾驶人侧车门面板。

② 如图 10-20 所示，断开锁芯开关的 3P 插接器连接。

③ 检查端子之间的导通性。在锁芯开关处于 LOCK 位置时，端子 2 与 3 之间应当导通。在锁芯开关处于 UNLOCK 位置时，端子 2 与 3 之间应当不导通，端子 1 与 2 之间应当导通。在锁芯开关处于中间或 LOCK 位置时，端子 1 与 2 之间应当不导通。

④ 如果导通性不符合规定要求，则应更换车门锁芯总成。

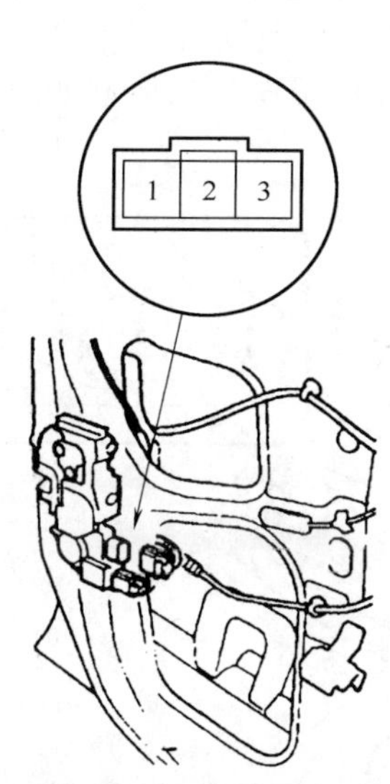

图 10-18　断开驾驶人侧车门锁电动机 3P 插接器

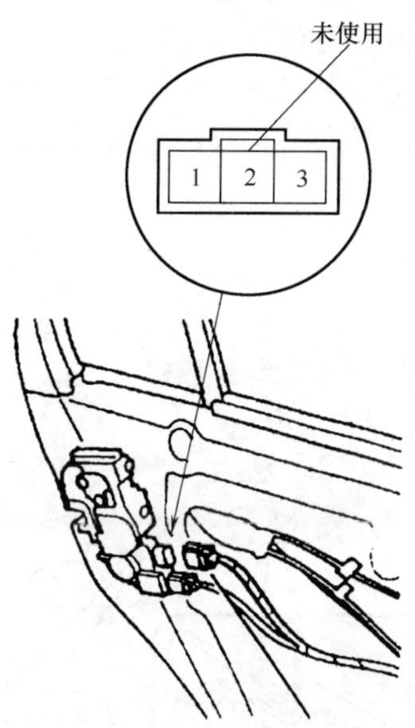

图 10-19　断开后车门锁电动机 3P 插接器

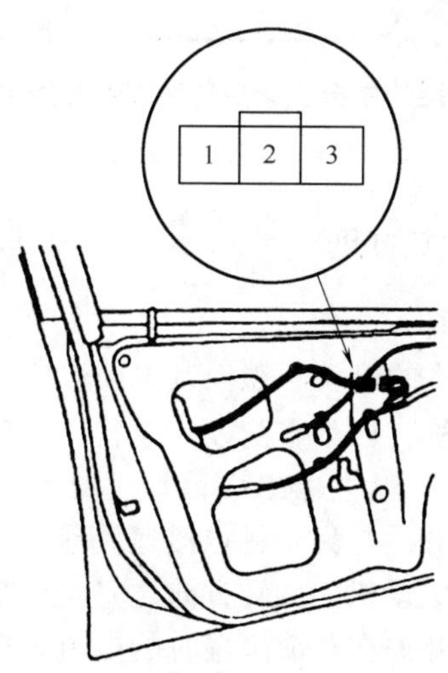

图 10-20　断开车门锁芯开关 3P 插接器

基础知识

现代轿车多数都选装了中央集控门锁，它可使驾驶人更加方便、安全地使用汽车。当驾驶人用锁扣或钥匙锁定左前门时，其他三个车门及行李箱门也同时被锁好，打开时可单独开左前车门，也可同时打开所有车门及行李箱门。

中央集控门锁按结构形式的不同，一般有双向空气压力泵式和微型直流电动机式两种；按控制方式不同分为不带防盗系统的中控门锁和带防盗系统的中控门锁。

我们以不带防盗系统的微型直流电动机式中控门锁为例进行讲解。直流电动机式中控门锁利用控制直流电动机的正反转来实现门锁的开、关动作，它主要由门锁开关、双向直流电动机、传动机构、执行机构及继电器和导线等组成。图 10-21 所示为典型的中控门锁控制系统及其组件的安装位置。

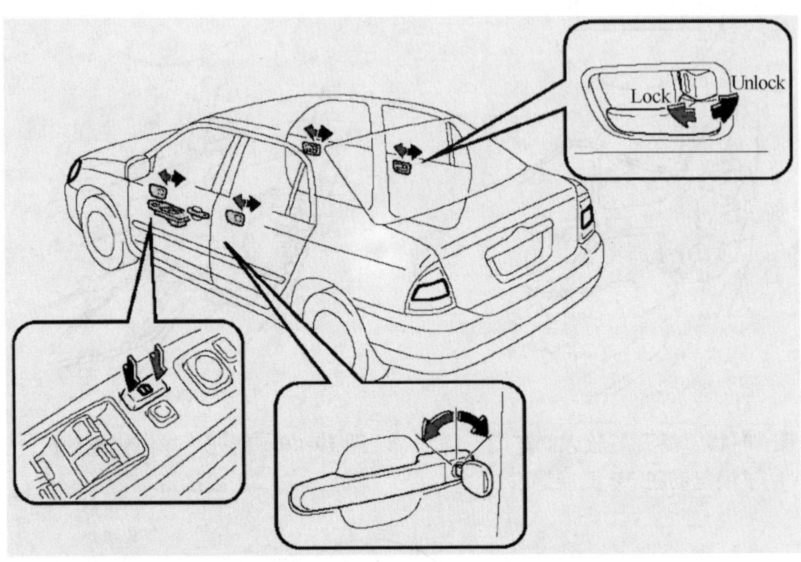

图 10-21　典型的中控门锁控制系统及其组件的安装位置

三、中控门锁的基本工作原理

1. 中控门锁的基本工作原理

如图 10-22 所示是一种最基本的电动门锁控制电路。它主要由两个门锁开关 S_1、S_2，门锁继电器 K，五个双向直流电动机（四个车门及一个行李箱门）及导线和熔丝等组成。门锁继电器实际上是由开锁和锁定两个继电器组成，其线圈不通电时，动触点都和接地触点接通；通电时动触点与接地触点断开，与另一触点接通。通过触点位置的改变，来改变电路及电动机中的电流方向，从而改变电动机的旋转方向，完成对车门的锁定和开锁动作。

如图 10-23 所示是左前门锁开关在开锁位置时的电流方向示意图。将左前门锁开关掷于开锁位置时，电源通过左前门锁开关给开锁继电器线圈供电，继电器动作，使其常闭触点打开，常开触点闭合。电动机的一端经该触点与电源正极接通，另一端经锁定继电器的常闭触点接地，电动机转动将四个车门锁及行李箱门锁打开。当门锁开关断开电源时（开关回到中间位置），开锁继电器释放。

将开关掷于锁定位置时，锁定继电器线圈通电，继电器吸合，其常闭触点打开，常开触点闭合。电动机一端经触点与电源正极接通，另一端经开锁继电器触点接地，电动机中的电流方向与图 10-22 中的方向相反，电动机反向转动，将四个车门锁及行李箱门锁锁定。当门锁开关断开电源时（开关回到中间位置），锁定继电器释放。

2. 中控门锁实例

（1）桑塔纳2000 型轿车中控门锁系统　桑塔纳 2000 型轿车采用的电动门锁装置为集中控制形式，一个集中控制的门锁开关（左前门上的门锁提钮）由驾驶人控制，驾驶人可以通

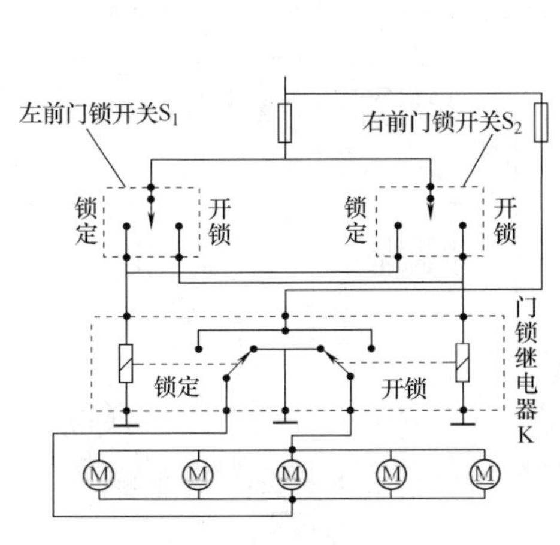

图 10-22 电动门锁控制电路

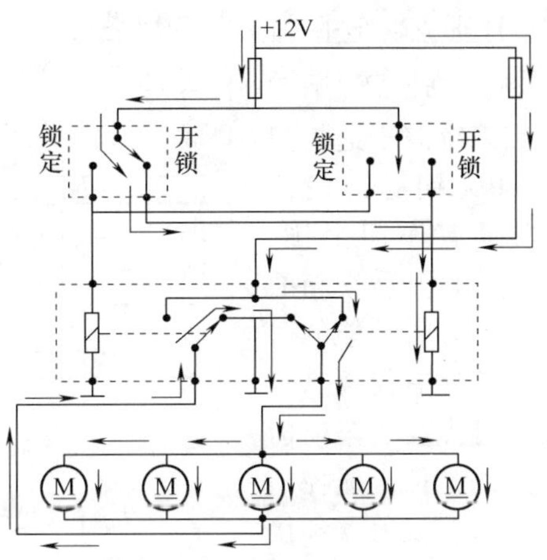

图 10-23 左前门锁开关在开锁位置时的电流方向

过按下或提起左前门上的门锁提钮或操纵该车门上的门锁钥匙对四个车门门锁集中控制，把所有的车门锁住或打开；乘客只能操作单独的门锁开关（右前、右后和左后车门上的门锁提钮）以开启或锁闭这三个车门的门锁。控制电路如图 10-24 所示，V_{30}、V_{31}、V_{32}分别是右前、左后、右后门锁电动机，J_{59}是包含集控开关的集中控制继电器。集中控制过程如下：

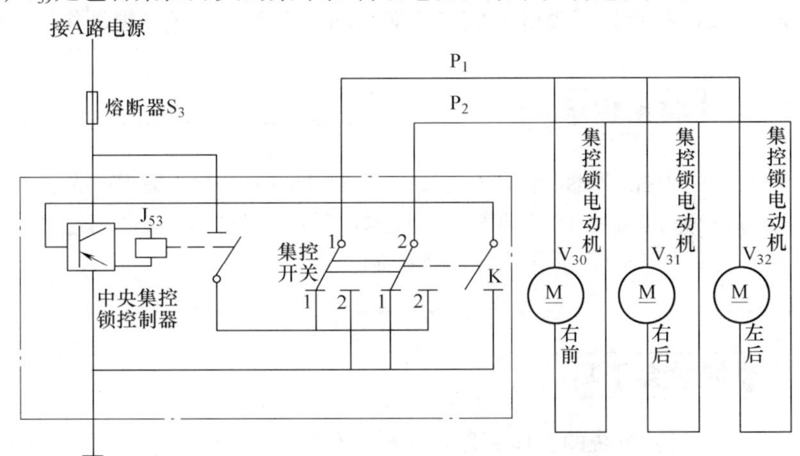

图 10-24 桑塔纳 2000 轿车电动门锁控制电路

1）门锁锁定过程：压下左前门门锁提钮使集控开关第 2 位接通过程中，集控开关的附带触点 K 被短暂闭合，因而，集控继电器 J_{53} 的触点闭合，接通门锁电动机电路，电动机反转，带动各门锁闭锁。电路为 A 路电源→熔断器 S_2→J_{53} 的闭合触点→集控开关第 2 掷第 2 位→P_2→电动机 V_{30}、V_{31}、V_{32}→P_1→集控开关第 1 掷第 2 位→接地→电源负极。此时，集控继电器 J_{53} 控制其触点闭合后断开，切断 A 路电源与电动机的通路，电动机停转，使门锁保持锁定状态。

2）门锁开启过程：将左前门门锁提钮提起，使集控开关第 2 位触点断开，第 1 位触点闭合。在提钮被提起的过程中，触点 K 又被短暂闭合，从而使集控继电器 J_{53} 的触点再次闭合，A 路电源→熔断器 S_2→J_{53} 的闭合触点→集控开关第 1 掷第 1 位→P_1→电动机 V_{30}、V_{31}、V_{32}→P_2→集控开关第 2 掷第 1 位→接地→电源负极。加在电动机上的电源极性改变，电动机 V_{30}、V_{31}、V_{32}正转，带动门锁开启。集控继电器 J_{53} 控制其触点闭合 1 ~ 2s 后断开，切断 A 路电源与电动机的通路，电动机停转，使门锁保持锁定状态。

(2) 别克轿车中控门锁系统 别克轿车的中控门锁系统属于遥控门锁装置（无钥匙进门系统），它具有车门上锁、车门开锁、打开行李箱的功能。具有警告功能的遥控门锁系统还有使喇叭鸣响、车内灯点亮、车前前照灯点亮的功能。遥控门锁装置由遥控发射器和接收器组成。遥控门锁接收器位于仪表板上，由蓄电池通过仪表线束供电。它接收并判断遥控门锁发射器发来的指令信号，并将该信号送入车身控制模块（BCM），其基本电路如图 10-25 所示。它主要由车身控制模块（BCM）、驾驶人开锁继电器、熔丝、门锁电动机及导线等组成。它的开锁、上锁指令不是通过机械开关完成的，而是通过接收信号指令，经过 BCM 处理，然后 BCM 再发出指令使门锁电动机按要求转动，实现上锁或开锁动作。

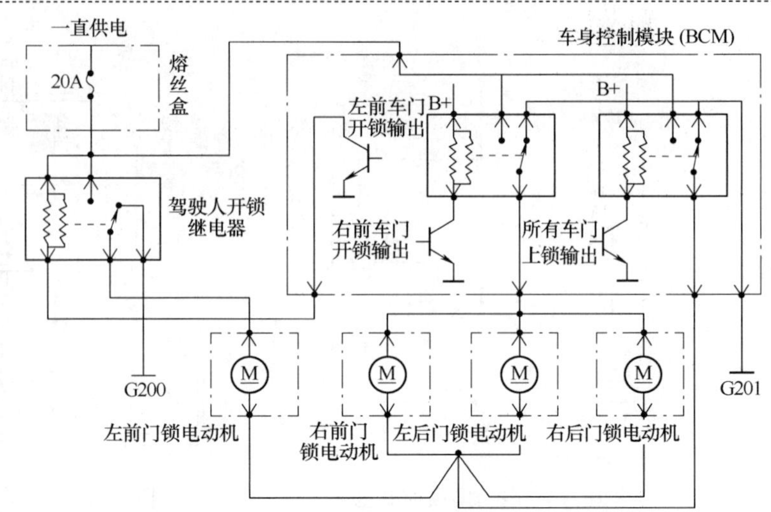

图 10-25 别克轿车遥控门锁系统电路

特别提示

基本的中控门锁系统即为通过驾驶人侧车门开关来集中控制其他车门门锁的动作，其他车门可以进行单独控制。随着汽车技术的发展，现在普遍采用通过遥控器来控制全部门锁的开闭，包括行李箱，即为摇控门锁控制。

你学会了吗?

1. 中控门锁系统的工作原理是怎样的?
2. 简述桑塔纳 2000 型轿车中控门锁系统的工作过程。
3. 简述别克中控门锁系统的工作过程。
4. 如何检测中控门锁系统部件?

第 57 天 认识别克轿车遥控门锁

学习目标

1. 了解别克遥控门锁系统的工作原理。
2. 掌握别克遥控门锁系统的设定和编程。
3. 掌握别克遥控门锁系统的故障诊断。

维修案例

一、案例：别克轿车遥控门锁系统用遥控器不能开锁

(1) 故障现象　一辆2008款上海通用别克新凯越轿车，配置1.6L L91发动机、81-40LE自动变速器、远程遥控起动系统，行驶里程，84877km。用遥控器不能开锁和解锁，四门门锁频繁动作，用遥控器能开行李箱。

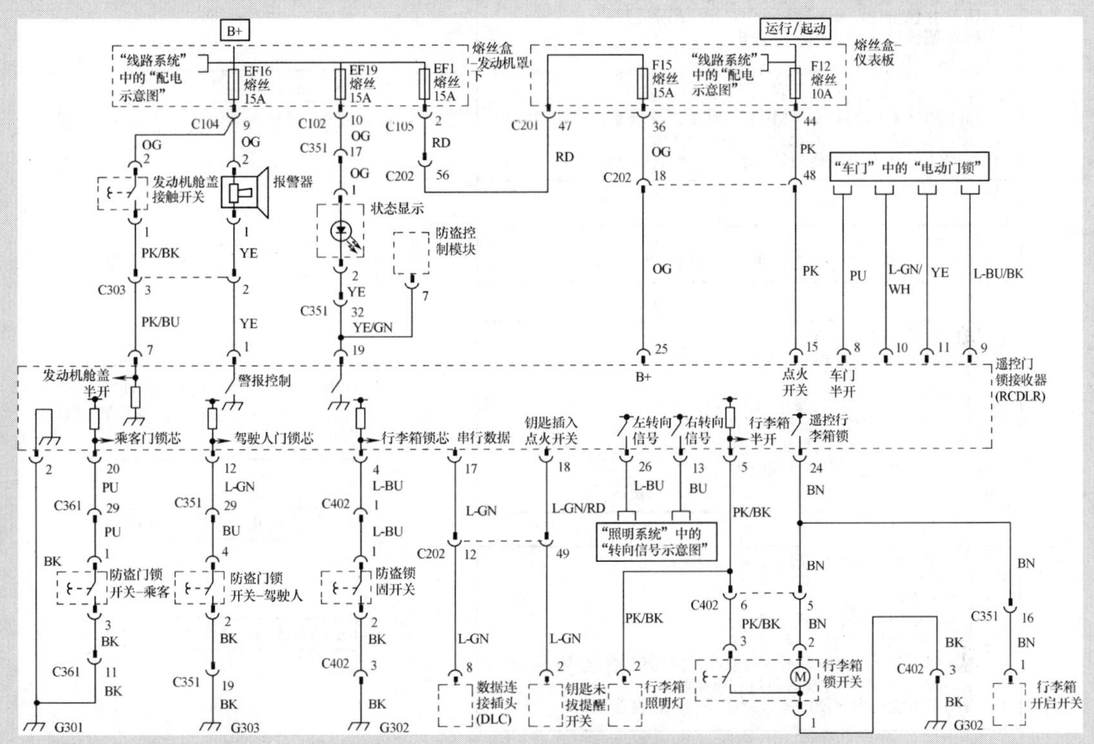

图10-26　凯越遥控门锁接收器电路图

(2) 故障诊断与排除　此车是事故车，左侧两个车门受撞击变形。图10-26所示为遥控门锁接收器电路图，首先检查了C351插接器，无损伤和进水的情况。检查中控门锁模块的电源和接地，正常。更换中控门锁模块，故障依旧。断开遥控门锁接收器插接器，用钥匙解锁和上锁车门和用门锁开关解锁和上锁车门功能均正常，且四门不再频繁动作。更换遥控门锁接收器，并匹配遥控器，故障排除。应该是钣金焊接作业时忘记断蓄电池将防盗控制单元损坏。

实际操作

二、遥控门锁（RKE）系统不工作的故障诊断

如果遥控门锁系统出现不工作故障，则应根据故障现象，结合遥控门锁系统的电路图（图10-26），对遥控门锁系统进行故障排除。遥控门锁（RKE）系统不工作的故障诊断如图10-27所示。

第十章

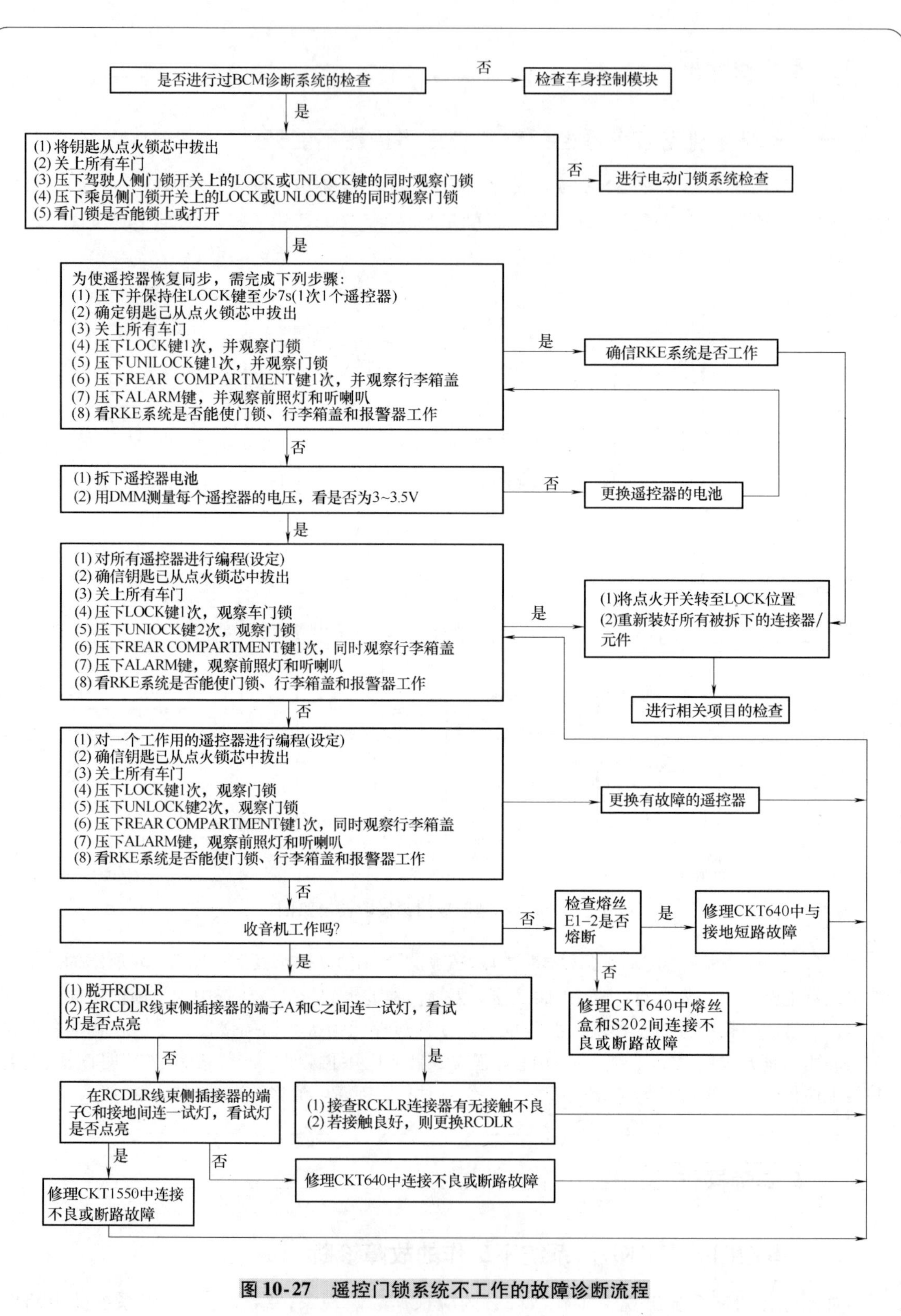

图 10-27　遥控门锁系统不工作的故障诊断流程

基础知识

三、别克轿车遥控门锁（BKE）系统的设定与编程

别克轿车遥控门锁（BKE）系统具有锁闭车门、开锁车门、打开行李箱盖的功能，具有报警功能的遥控门锁系统还有使喇叭鸣响、车内灯点亮、车辆前照灯点亮的功能。别克轿车遥控门锁系统主要由车身控制模块（BCM）、遥控车门锁接收器（BCDLR）、门锁开关、门锁执行电动机、驱动器开锁继电器、行李箱盖锁释放继电器、行李箱盖锁释放执行器、遥控器等组成。遥控车门锁接收器位于仪表板上，由车辆蓄电池通过仪表线束供电。遥控车门锁接收器判断车门遥控器正在传送的指令，并将该信号送入 BCM，BCM 再对执行器电动机发出指令，使车门锁打开或锁闭。别克轿车遥控门锁系统的控制电路如图 10-28 所示。

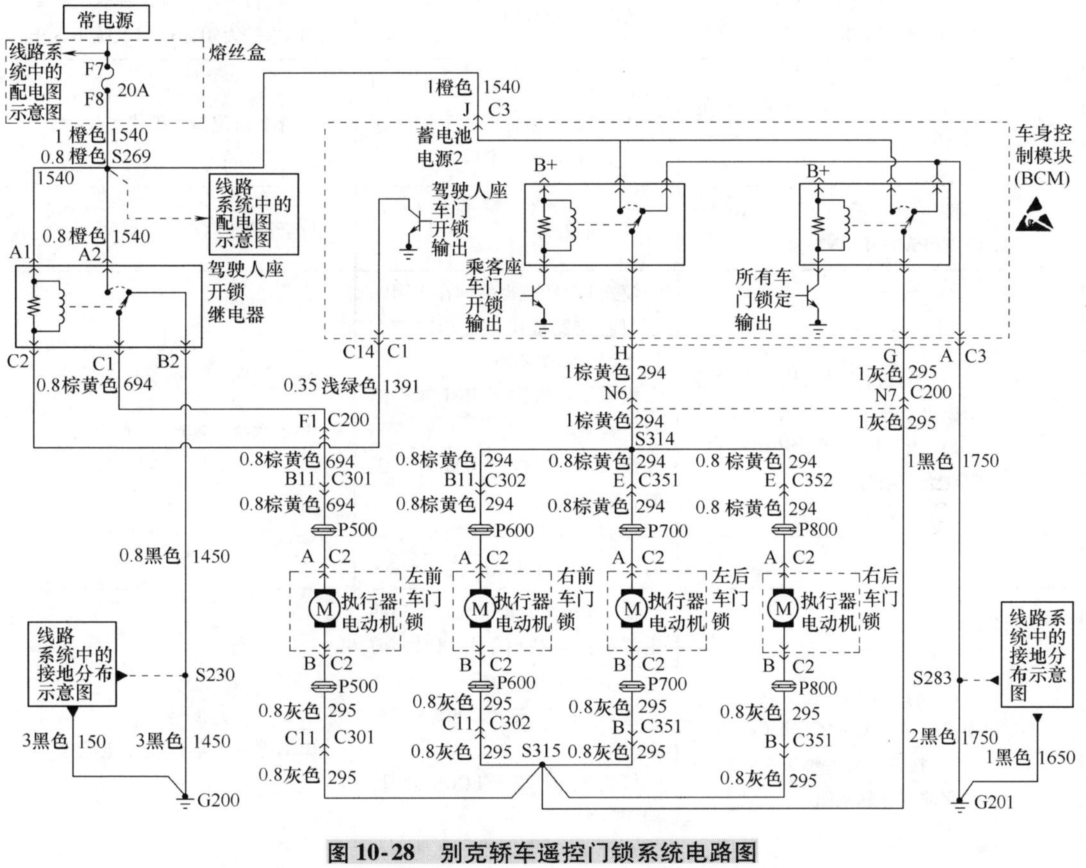

图 10-28　别克轿车遥控门锁系统电路图

1. 遥控门锁系统的检查

遥控门锁系统最常见的故障是遥控车门锁接收器不能接收遥控器发出的信号。出现这种故障，一般应对遥控门锁系统进行检查，然后根据检查结果，对遥控门锁系统进行设定，或对遥控器进行编程。遥控门锁系统的检查方法见表 10-4。

2. 遥控开锁控制的设定

遥控门锁开锁控制设定有 4 种模式，模式 1：遥控门锁不起作用；模式 2：仅喇叭响；模式 3：仅前照灯亮；模式 4：喇叭和前照灯均工作。遥控门锁开锁控制设定方法有两种，即不

表 10-4　遥控门锁系统的检查

步　骤	操作方法	正常结果	不正常结果
1	1）确保前照灯 IP 变光开关处于 OFF 位置 2）从点火锁芯中拔下钥匙，关闭所有车门 3）按下进门遥控器上的 LOCK 键 1 次	1）所有车门均锁上 2）门控灯熄灭	1）仅行李箱盖释放模式工作 2）门控灯一直点亮
2	按下进门遥控器上的 UNLOCK 键 1 次	1）驾驶人侧车门打开 2）门控灯保持点亮 36～44s	1）仅行李箱盖释放模式工作 2）门控灯一直点亮 3）遥控无钥匙进门系统不工作
3	在 5s 内按下进门遥控器上的 UNLOCK 键 2 次	所有车门均打开	1）仅行李箱盖释放模式工作 2）遥控无钥匙进门系统不工作
4	按下进门遥控器上的 ALARM 键	前照灯闪烁且喇叭鸣响，间隔 2min 或直到再次按下进门遥控器上的 ALARM 键	仅行李箱盖释放模式工作
5	按下进门遥控器上的 REAR COMPPARTM-ENT 键	行李箱盖打开	行李箱盖不打开
6	1）确认钥匙已被从点火锁芯中拔出，并关上所有车门 2）按下 UNLOCK 键 1 次，同时观察前照灯和喇叭	模式 1：性能丧失。在无钥匙进门遥控器被用于开门时，大灯不闪且喇叭不响 模式 2：当按下 UNLOCK 键时，喇叭响 模式 3：当按下 UNLOCK 键时，前照灯亮 模式 4：当按下 UNLOCK 键时，喇叭响且前照灯亮	RKE 系统不能改变规定模式
7	1）确认钥匙已被从点火锁芯中拔出，并关上所有车门； 2）按下 LOCK 键 1 次，同时观察前照灯和喇叭	模式 1：性能丧失。在无钥匙进门遥控器被用于开门时，前照灯不闪且喇叭不响 模式 2：当按下 LOCK 键时，喇叭响 模式 3：当按下 LOCK 键时，前照灯亮 模式 4：当按下 LOCK 键时，喇叭响且前照灯亮	RKE 系统不能改变规定模式

用专用工具和用专用工具的方法。

方法 1：不用专用工具设定遥控开锁

注意：在这一过程中，如果将点火开关拨到 OFF（关闭）位置或车门打开，遥控开锁设定会中止且系统将保持最新模式。

具体步骤如下：

1）坐驾驶人位置，并关闭所有车门。

2）将点火开关拨到 RUN（运行）位置。

3）将车门 LOCK（锁闭）开关按至 UNLOCK（开锁）位置并保持。

4）按遥控器上的 UNLOCK（开锁）按钮，报警装置会发出 1 ~ 4 次的声响，与当前设定模式相等，指示车辆处于哪种模式，每次按下遥控器上 UNLOCK（开锁）按钮时，模式数都会增加，当模式 4 发生转变时会从模式 1 开始重复。

5）当报警装置指示所需模式时，由 UNLOCK（开锁）位置松开车门 LOCK（锁闭）开关。

6）将点火开关拨到 OFF（关闭）位置，并确认设定模式工作是否正常。

方法 2：用 Tech2 扫描工具设定遥控开锁

用扫描工具 Tech2 可以设定遥控开锁，当然用类似的扫描工具也可完成这一程序。具体步骤如下：

1）将扫描工具 Tech2 与数据连接插头（DLC）相连，并将点火开关拨到 ON（接通）位置。

2）在 Application（应用）菜单屏幕上选择“F5-Personalization”（个性化）。

3）在 Personalization 主菜单屏幕上选择“F0-Set Options”（设置选项）。

4）在 Set Options 主菜单屏幕上选择“F2-Verify Unlock Mode”（确认开锁模式）。

5）读取 Setting Options（设定选项）屏幕，选择“Done”（完成）。

6）在 Set Options 屏幕上，用上、下箭头按钮将加亮显示标志移到所需的模式位置。

7）选择 Active Options（启动选项）后，再选择“Save Options”（保存选项）。

8）不断按 Exit（退出）按钮，直到出现 Application（应用）屏幕。

9）将扫描工具与附加功能端口和车辆数据连接插头断开，并确认通过运行该程序被选择的功能（模式）已启动。

3. 遥控锁闭控制的设定

遥控门锁锁闭控制设定也有 4 种模式，模式 1：遥控门锁不起作用；模式 2：仅喇叭响；模式 3：仅前照灯亮；模式 4：喇叭和前照灯均工作。遥控门锁系统锁闭控制设定方法也有两种，即不用专用工具和用专用工具的方法。遥控门锁系统锁闭控制设定的两种方法与遥控开锁控制设定方法基本相同，只是门锁开关位置和按下遥控器上的键改为 LOCK 键，具体操作就不再赘述。

4. 遥控器的编程

如果一个遥控器丢失，换一个新的遥控器，则需要对新的遥控器进行编程，最多可编程 4 个遥控器。编程的方法有两种：即不用专用工具和用专用工具。

方法 1：不用专用工具对遥控门锁遥控器编程

1）坐在驾驶人位置，将点火起动钥匙从点火锁芯中拔出，并关闭所有车门。

2）按住门锁开关上的 UNLOCK（开锁）按钮。

3）将门锁开关保持在“开锁”位置，插入并拔出点火起动钥匙两次，但不要转动点火锁芯。

4）第三次插入点火起动钥匙时，将钥匙保留在点火锁芯中（在其余程序中，点火装置必须保持在 LOCK 位置上）。

5）松开门锁开关，将听到 3 声鸣响，该鸣响表示遥控器编程正在启动。

6）同时按遥控门锁遥控器上的 UNLOCK 和 LOCK 按钮并保持 12s，直到听到 2 声鸣响，该鸣响表示遥控器编程已经成功。

7）对其余遥控器（共 4 个遥控器）重复步骤 6）。

8）将点火起动钥匙从点火锁芯中拔出，退出编程程序。

方法 2：用 Tech2 扫描工具对遥控门锁遥控器编程

1）将扫描工具 Tech2 与数据连接插头（DLC）相连，并将点火开关拨到 ON（接通）位置。

2）在 Application（应用）菜单屏幕上选择“F0-BCM”（车身控制模块），并在“车身控制模块”菜单屏幕上选择“F2-Special function”（特殊功能）。

3）在 Special function（特殊功能）菜单屏幕上选择“F3-Programe function”（编程功能），并按照扫描工具 Tech2 屏幕上的提示对遥控器进行编程。

4）不断按 Exit（退出）按钮，直到出现 Application（应用）屏幕。

5）将扫描工具与附加功能端口和车辆数据连接插头断开。

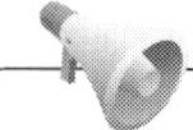

特别提示

别克轿车遥控门锁系统的控制功能可以仅开驾驶人门，也可以打开所有车门（需在 5s 内按两次开锁按钮），也可以锁闭所有车门，同时还有松开行李箱门的功能，前提是车辆变速器驱动机构处于驻车状态。对于别克车的报警功能，单按发射器左下的报警按钮，可点亮车内灯，喇叭间断鸣响，同时前照灯闪亮约 10s 或直到再按动报警按钮或将点火开关旋到 RUN 位置。

你学会了吗?

1. 别克遥控门锁系统的结构是怎样的?
2. 简述别克遥控门锁系统的设定和编程步骤。
3. 如何进行别克遥控门锁系统的故障诊断?

第 58 天　认识 2007 款别克林荫大道轿车防盗系统

学习目标

1. 了解别克林荫大道防盗系统的结构原理。
2. 掌握别克林荫大道防盗系统的操作和编程。
3. 掌握别克林荫大道防盗系统的故障诊断。

维修案例

一、案例：林荫大道轿车发动机不能起动，仪表板上的防盗指示灯“SECURITY”闪烁

(1) 故障现象　一辆通用别克林荫大道（Park Avenue）3.8L 轿车，发动机不能起动，且仪表板上的防盗指示灯“SECURITY”闪烁。

(2) 故障诊断　通用别克林荫大道轿车的点火钥匙本身带有一定的电阻和防盗密码，当防盗识别系统 ECU 检测到点火钥匙的电阻值不对或信号不正常时，将使点火或起动线路锁死，或者不给发动机 ECU 点火及喷油信号，使车辆无法起动，以实现对车辆的防盗作用。该车发动机不能起动，且防盗指示灯闪烁，说明防盗识别系统出了故障。

该车的防盗识别系统为 PASS-KEY 系统，它通过先检测点火钥匙信号是否正确，然后再给起动继电器线圈和发动机 ECU 提供相应的控制信号来实现对起动和喷油线路的控制。

如图 10-29 所示，根据该车防盗识别系统的电路原理分析，故障原因为防盗系统线路故障或点火钥匙本身故障。首先拔下 PASS-KEY 系统 ECU 的插接器（A、B 处），用万用表电阻档检查 PASS-KEY 系统线路。转动点火钥匙，同时观察万用表的变化。经检查，确认 PASS-KEY 系统线路无断路、短路或接触不良故障。

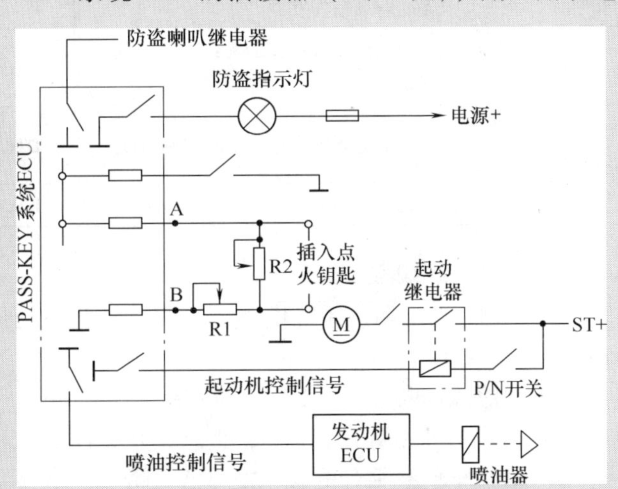

图 10-29　防盗识别系统电路原理

点火钥匙本身有故障主要是指其本身的电阻值发生了变化。如果怀疑点火钥匙的电阻变小，可找一只阻值在 300 ~ 1500Ω 的可调电阻 R1，将其串联在图 10-29 所示的位置上，并把点火钥匙转到第 2 档（RUN 档），这时防盗指示灯开始闪烁。将 R1 由大到小调动，同时观察防盗指示灯，当防盗指示灯熄灭时，该防盗识别系统电路所确定的电阻值即被重新设定。记住该 R1 的电阻值，再用同样阻值的固定电阻取代 R1，则此时 PASS-KEY 系统电路所确认的电阻值为 R1 与点火钥匙本身的电阻之和。因为 PASS-KEY 系统电路仍能对点火钥匙的电阻值进行判别和确认，所以点火钥匙仍具有防盗功能。

在上述操作中，如果防盗指示灯始终不熄灭，则可能是点火钥匙的电阻值与假设的情况相反（即点火钥匙的电阻值变大），这时可将可调电阻 R2 并联在图 10-29 所示的位置上，再转动点火钥匙到第 2 档（RUN 档），防盗指示灯开始闪烁。此时将可调电阻 R2 由大到小调动，同时观察防盗指示灯，直到指示灯熄灭。该 PASS-KEY 系统电路所确认的电阻值为 R2，且 R2 已接在点火钥匙电阻的位置上。用万用表测量 R2 的电阻值，然后用一固定电阻代替 R2 并安装好。从图 10-29 可以看出，此时的点火钥匙已不再具有防盗功能了。

(3) 故障排除　如果经过上述检修后仍不能排除防盗识别系统的故障，则说明 PASS-KEY 系统 ECU 有故障，应更换 PASS-KEY 系统 ECU。经检查判定，该车的故障属于第一种情况，按上述方法串联一合适电阻后，用点火钥匙起动车辆，发动机正常起动，故障排除。

实际操作

二、别克林荫大道轿车防盗系统故障诊断及编程

1. 防盗系统故障诊断

当防盗系统出现故障时，仪表上的安全警告灯会一直点亮，此时应用别克轿车专用诊断仪器 Tech2 对防盗系统进行诊断，根据读取故障码的内容进行故障排除，别克林荫大道轿车防盗系统故障码见表 10-5。

表 10-5　别克林荫大道轿车防盗系统故障码表

故障码	含义	故障码	含义
DTC B0996	车辆识别号检查错误	DTC B3948	安全数据未编程
DTC B1424	蓄电池电压过低	DTC P0513	防盗系统钥匙不正确
DTC B302A	远程通信请求防盗系统	DTC P0633	防盗系统钥匙未编程
DTC B3031	安全系统控制器处于读入模式	DTC P1629	防盗系统未接收到燃油启用信号
DTC B3055	无线电频率收发器不能调制或没有无线电频率收发器	DTC P1632	防盗系统接收到燃油禁用信号
DTC B3060	接收到没有编程的无线电频率收发器钥匙识别码	DTC P1648	防盗装置-错误安全码
DTC B3935 DTC B3957	无线电频率收发器钥匙识别错误	DTC P1631	防盗系统燃油启动信号不正确
DTC B3976	无线电频率收发器钥匙防盗未配置	DTC P1649	无编程的钥匙/安全码

2. 防盗系统编程

(1) 刷新新的防盗系统模块　在更换防盗系统模块（TDM）时，设置新的防盗系统模块的操作步骤如下：

1）将故障诊断仪 Tech2 连接至车辆。

2）在发动机关闭的情况下，将点火开关置于 ON 位置。

3）确保车辆上所有用电装置都已关闭。

4）使用故障诊断仪 Tech2，在“Service Programming System（维修编程系统）”下选择“Request Info.（请求信息）”，并按故障诊断仪屏幕上的指示进行操作。

5）从车辆上断开故障诊断仪，并将故障诊断仪连接至带有最新维修编程系统（SPS）软件的 Techline 终端上。

6）在 Techline 终端上，选择“Service Programming System（维修编程系统）”并按 Techline 终端屏幕上的说明进行操作。根据更换或编程的部件，确保选择正确的编程选项。对于该程序，选择“TDM（防盗系统模块）”菜单选项。

7）从 Techline 终端上断开故障诊断仪，并重新连接故障诊断仪至车辆。

8）在发动机关闭的情况下，将点火开关置于 ON 位置。

9）使用故障诊断仪，在“Service Programming System（维修编程系统）”下选择“Program ECU（编程电子控制单元）”，并按屏幕上的指示进行操作。

10）将点火开关置于 OFF 位置。

(2) 自动学习程序　在同时更换新的防盗模块和新钥匙时，应先对新的防盗模块进行刷新软件，然后对新钥匙编程，操作步骤如下：

1）插入第一把新钥匙，将点火开关置于ON，等待5s，将点火开关置于OFF。

2）在10s内插入另一把新钥匙，将点火开关置于ON，等待5 s，将点火开关置于OFF。

3）重复步骤1）和2），最多可编10把钥匙。

(3) 快速学习程序 如果仅更换新的防盗模块，而没有更换钥匙时，应对旧钥匙进行编程，操作步骤如下：

1）将Tech2连至车辆。

2）插入一把钥匙，将点火开关置于ON。

3）选择“Body（车身）”中的“Theft Deterrent Module（防盗模块）”。

4）选择“Programming（编程）”中“Link to ECM（连至Ⅱ）”。

5）Tech2显示“Need TIS approval（需要TIS授权）”，获取TIS授权，TIS授权可通过点击TIS 2000程序选项屏幕上的安全访问图标获得。

6）按照Tech2显示完成两把钥匙编程。

(4) 10min后重新读入程序

1）在更换车辆钥匙后使用此程序。

2）将故障诊断仪Tech2连至车辆。

3）用新钥匙将点火开关置于ON。

4）确保车辆上其他用电装置关闭。

5）使用Tech2，选择“Body（车身）”中的“Theft deterrent module（防盗模块）”。

6）选择“Programming（编程）”中的“Reprogram all transponder Keys（重编所有钥匙）”。

7）Tech2提示需要“TIS-approval”，获取TIS approval。

8）重复步骤2）~6），按照Tech2提示操作。

9）观察Tech2，进入编程后Tech2会提示等待10min。大约10min后，Tech2提示“Programming successful，Turn OFF Ignition（编程成功，点火开关置于OFF）”。

10）根据Tech2提示，继续编第2把钥匙。

11）将点火开关置于OFF，稍等一会儿。

12）起动车辆。

13）关闭发动机，点火开关置于ON，使用Tech2清除所有故障码。

(5) 添加钥匙 在已编程的两把钥匙存在的前提下，如果想要添加钥匙，应按下列步骤操作：

1）在发动机关闭情况下，保持点火开关位于ON。

2）使用Tech2，进入“Body（车身）”中的“Theft Deterrent Module（防盗模块）”。

3）选择“Program additional transponder keys（添加钥匙）”。

4）根据Tech2提示完成操作。

5）测试所有钥匙。

(6) 更换新的ECM后的防盗编程 如果更换了发动机控制模块（ECM），应对防盗模块进行编程，否则，防盗系统将不正常工作，具体操作步骤如下：

1）点火开关至于ON。

2）使用Tech2，进入“Body（车身）”中的“Theft Deterrent Module（防盗模块）”。

3）选择“Programming（编程）”中“Link to ECM（连接至发动机控制模块）”。

4）获取TIS approval，重复步骤1）~3）。

5）按照Tech2指示完成操作。

6）使用Tech2清除故障码。

基础知识

三、别克林荫大道轿车防盗系统结构与操作

2007 款别克林荫大道防盗系统主要由车身控制模块（BCM）、防盗系统模块（TDM）、发动机控制模块（ECM）、点火开关钥匙（无线电频率收发器）和安全警告灯等组成。其部件安装位置如图 10-30 所示，其控制电路如图 10-31 所示。

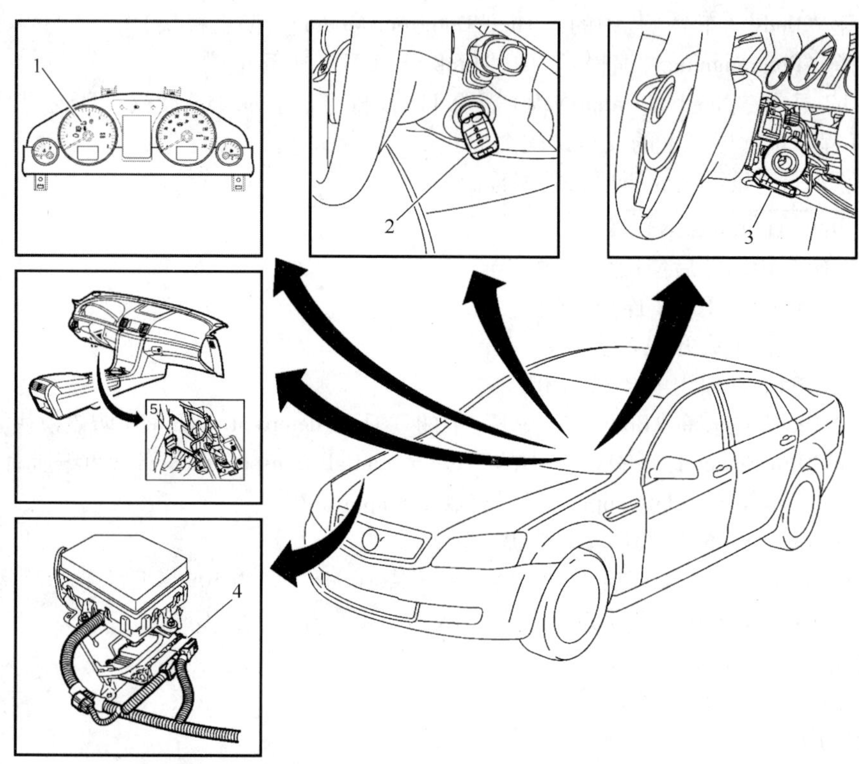

图 10-30　2007 款别克林荫大道轿车防盗系统部件视图

1—安全警告灯　2—点火钥匙（无线电频率收发器）　3—防盗系统模块（TDM）
4—发动机控制模块（ECM）　5—车身控制模块（BCM）

1. 工作原理

车辆防盗（VTD）系统功能由防盗系统模块（TDM）和发动机控制模块（ECM）提供。当点火钥匙插入点火锁芯并且点火开关置于 ON 位置时，嵌入在钥匙头部的无线电频率收发器将通过点火锁芯上的振荡线圈通电，振荡线圈是防盗系统模块的一部分。通电的无线电频率收发器发射一个包含其特征值的信号，该信号被防盗系统模块接收，防盗系统模块将此值与存储器中存储的值进行比较。如果点火钥匙识别为有效，在仪表板组合仪表（IPC）、车身控制模块（BCM）、信息娱乐单元（IRC）、后排座椅娱乐系统（RSE）和传感器诊断模块（SDM）控制单元检查的地方，防盗系统模块执行模块替换法检查。如果这些被识别为有效部件，防盗系统模块将使用 GM LAN 由车身控制模块向发动机控制模块发送燃油启用密码。如果无线电频率收发器特征值不正确或检测到模块替换，防盗系统模块将发送燃油禁用密码至发动机控制模块。当发动机控制模块接收到防盗系统模块燃油启用密码，发动机控制模块

第十章

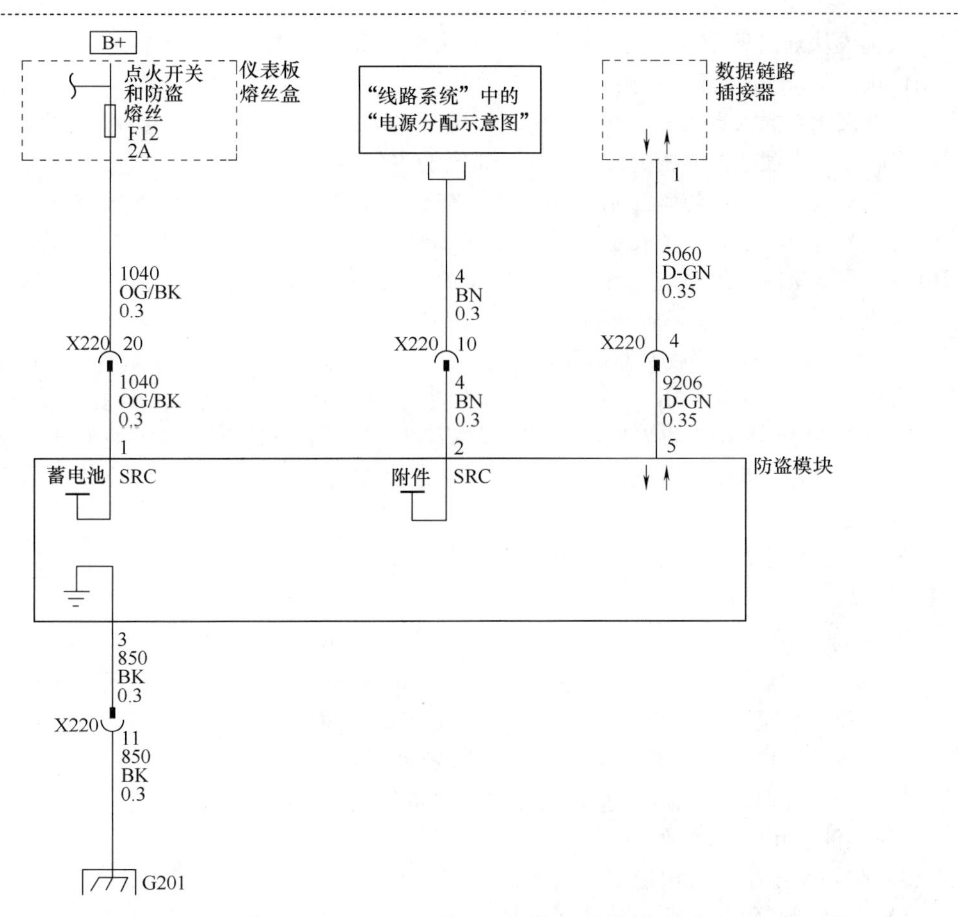

图 10-31　2007 款别克林荫大道轿车防盗系统控制电路示意图

将校验该密码。发动机控制模块使用 GM LAN 由车身控制模块发送校验口令至防盗系统模块，发动机控制模块和防盗系统模块对此校验口令执行计算。如果防盗系统模块计算结果与发动机控制模块计算结果匹配，发动机控制模块将允许车辆起动。

（1）车身控制模块（BCM）　安全防盗系统是车身控制模块（BCM）的一个内部功能，车身控制模块利用串行数据和各种开关输入执行安全防盗系统的功能。当车身控制模块检测到有人企图非法进入车辆时，将会触发喇叭和车外灯。当车身控制模块检测到有人企图非法从驾驶人侧车门进入时，首先会进入预警模式，预警模式将指令喇叭发出短促的"啁啾"声，10s 后如果非法进入车辆状况仍然存在，车身控制模块将切换至警报模式，喇叭鸣响和灯断续接通 30s，30s 报警后为一个 5s 暂停，安全防盗系统将重新启动。

安全防盗系统使用车门锁闩集成车门未关开关作为触发警报的一种方法。车身控制模块利用每个车门未关严开关的离散输入信号监视所有车门未关开关。在安全防盗系统启动时，如果车身控制模块收到一个车门未关开关的接地信号，车身控制模块就会触发警报。

车身控制模块通过监视驾驶人和乘客侧车门未关开关、发动机舱盖未关开关、行李箱盖未关开关、发射器 LOCK/UNLOCK（锁止/解锁）等输入信号，从而控制喇叭继电器和车外灯。

（2）防盗系统模块（TDM）　点火开关安装在转向柱上的车辆，振荡器集成在转向柱内的防盗系统模块（TDM）中。防盗系统模块最多能读入10把钥匙（无线电频率收发器值），防盗系统模块通过监视蓄电池电压、点火开关电压和接地电路等输入信号，从而实现发动机控制模块（ECM）的密码交换和校验口令响应。

当点火钥匙插入点火锁芯并且点火开关置于 ACC 位置时，嵌入在钥匙头部的无线电频率收发器将通过点火锁芯上的振荡线圈通电。通电的收发器发射一个包含其特征值的信号，该信号被防盗控制模块接收，防盗控制模块将此值与存储器中的已读入钥匙代码进行比较。如果点火钥匙识别为有效，在仪表板组合仪表（IPC）、车身控制模块（BCM）、信息娱乐单元（IRC）、后排座椅娱乐系统（RSE）和传感诊断模块（SDM）控制单元检查的地方，防盗系统模块执行模块替换法检查。防盗控制模块随后执行以下功能：

1）如果无线电频率收发器值和控制单元与存储在防盗系统模块存储器中的值和识别号匹配，防盗系统模块使用 GMLAN 由车身控制模块发送燃油启用信息至发动机控制模块。

2）如果无线电频率收发器特征值与存储在防盗系统模块存储器中的值或识别号其中一个或全部不匹配，防盗系统模块使用 GMLAN 通过车身控制模块发送燃油禁用信息至发动机控制模块。

3）如果防盗系统模块不能获取点火钥匙无线电频率收发器值，防盗系统模块将不会发送任何信息至发动机控制模块。

(3) 发动机控制模块（ECM） 当发动机控制模块（ECM）接收到防盗系统模块（TDM）的燃油启用密码，发动机控制模块将校验该密码。发动机控制系统通过串行数据电路发送校验口令至防盗系统模块，发动机控制模块和防盗系统模块对此校验口令执行计算。如果防盗系统模块计算结果与发动机控制模块计算结果匹配，发动机控制模块将允许车辆起动。如果下面任何情况出现，发动机控制模块将禁止车辆起动：

1）燃油启用密码无效。

2）防盗系统模块发出燃油禁用密码。

3）未收到密码，无法与防盗系统模块通信。

4）防盗系统模块响应校验口令的计算值与发动机控制模块执行的计算值不匹配。

5）发生了模块的替换。

(4) 点火钥匙（无线电频率收发器） 配备 Passkey III +（PK3 +）的车辆，其点火钥匙是标准点火钥匙，其塑料钥匙头内安装有一个无线电频率收发器。该无线电频率收发器值是固定的，不能改变。车辆防盗（VTD）系统使用点火钥匙无线电频率收发器值确定用来起动车辆的点火钥匙是否有效，大约有 3 万亿个可能的无线电频率收发器值。没有可见的电触点，点火钥匙有黑色的塑料头，可以执行车辆的全部进入操作。点火钥匙可以执行起动车辆、锁止/解锁所有车门锁和行李箱、锁止/解锁所有储物箱等功能。

(5) 安全警告灯 当安全防盗系统启动时，安全警告灯闪烁（大约 1 次/s）。

(6) 模块替换检测 模块替换检测通过建立由五个控制单元（仪表板组合仪表（IPC）、车身控制模块（BCM）、信息娱乐单元（IRC）、后排座椅娱乐系统（RSE）、传感和诊断模块（SDM））组成的包含车辆识别号的防盗模块链来实现。当点火开关置于 ACC 位置，防盗系统模块将发出请求并将每个控制单元的识别号与防盗系统模块存储器中存储的识别号做比较，这称为模块替换检查。至少需要五个控制单元的两个正确车辆识别号响应才能允许起动车辆。因此，如果只有一个单元丢失或报告为不正确的车辆识别号，车辆仍然可以起动。

2. 防盗系统操作

(1) 启动安全防盗系统 使用以下程序来启动该系统：

1）将点火开关置于 OFF 位置。

2）下车。

3）使用发射器的 LOCK（锁止）按钮或驾驶人侧车门外钥匙锁芯锁止车门。该系统将直接变为锁止状态且指示灯保持点亮。如果请求锁止时车门打开，喇叭将发出 5 次“啁啾”声警告。此外，如果请求锁止时驾驶人侧车门打开，驾驶人侧车门将先锁止，然后立即解锁。

4）该系统进入锁止状态约需要 30s。当指示灯变为缓慢闪烁时，系统启动完成。

（2）解除已启动系统　如果遥控门锁发射器已经请求启动系统，则该系统必须解除。手动解锁车门不会解除安全防盗系统启动模式。而且断开蓄电池或拉出熔丝也不能解除启动模式，因为车身控制模块（BCM）存储器中存储了安全防盗系统的状态。只有以下任一操作可以解除安全防盗系统：

1）按下遥控门锁发射器上的“UNLOCK（开锁）”按钮。

2）将有效的钥匙插入点火开关并起动车辆。

（3）模拟启用模式　如果车辆保持解除状态，所有车门和行李箱盖都关闭超过一定的时间（60s），安全防盗系统将进入模拟启用模式。在模拟启用模式下，该系统起动警报指示灯并慢慢闪烁，以重复启用模式。然而，如果电源模式改变或任何车门或行李箱盖打开，安全防盗系统将熄灭警告灯且不启动警报。

特别提示

汽车防盗系统是为了防止汽车本身或车上的物品被盗所设的系统。汽车防盗系统实质上是一种安装在车上，用来增加盗车难度、延长盗车时间的装置。当盗贼碰触车辆时，防盗系统会被触发，报警装置立即发出刺耳的声响和忽明忽暗闪烁的灯光，以恐吓盗贼，增加盗贼的心理压力，使其主动放弃盗车行为，同时也提醒行人和车主采取相应的措施。随着汽车技术的发展，现代汽车防盗技术越来越先进。

你学会了吗？

1. 别克林荫大道防盗系统的结构原理是怎样的？
2. 怎样对别克林荫大道防盗系统进行操作和编程？
3. 怎样诊断别克林荫大道防盗系统的故障？

第 59 天　认识电动后视镜

学习目标

1. 了解电动后视镜的各项不同的配置功能。
2. 掌握电动后视镜的基本工作原理。
3. 掌握电动后视镜的检测。

维修案例

一、案例：马自达6轿车外后视镜折回功能失灵

(1) 故障现象　一辆马自达6轿车外后视镜折回功能失灵进站检修。经检查发现控制外后视镜折回开关时外后视镜左右两侧均不动作但后视镜镜片角度调节功能正常。

(2) 故障诊断与排除　常规检查副熔丝盒内的MIRROR 5A熔丝，正常，左右两侧外后视镜侧线束插头也正常。首先分析该折回功能控制原理：ACC（附件）电源经（MIRROR 5A）熔丝、控制开关至左右两侧外后视镜线束插头（左右两侧外后视镜与控制开关属并联关系）。当外后视镜折回控制开关按下（折回）用万用表测量外后视镜线束侧插头电压时发现，P/B色线为12V，P色线也为12V。根据原理分析，外后视镜不论内部电控结构如何它都属于一个负载。当有电流流过负载时，在负载两端应该产生一定压降而不会是相等电位，从这点看有两种可能：①有可能后视镜内部电控系统短路用万用表测量阻值不存在短路现象。②有可能是后视镜线束侧插头至接地回路处有断路现象，此电路在控制开关与后视镜之间只有常用接插件和控制开关内部接点。综合分析，第一种可能被排除，只有围绕第二种可能进行检查。

用万用表对后视镜控制开关进行检测，当复位时（开关不按下）O色线与P/B色线导通；P色线与B色线导通；当折回时（开关按下）O色线与P色线导通，P/B色线与B色线导通，根据电路图分析均正常。开关正常，负载（后视镜）正常，问题只与线束和常用接插件有关。测量开关端P色线与左侧后视镜线束插头P色线的导通情况，正常。当检测开关端P/B色线与左侧后视镜线束插头P/B色线时，阻值为无穷大。由于该线之间只有一个常用接插件（该接插件在中控面板下部），当检查接插件时发现，该线插脚腐蚀，接触不良，处理后插牢，左右两侧外后视镜折回功能恢复正常。通过询问车主得知，由于不慎将饮料洒入该部位，当时没有发现异常就没在意。

实际操作

广州本田雅阁轿车的后视镜为电动可折回式，驾驶人在车内即可方便地调整后视镜的倾斜角度，同时，当车辆驶入自动洗车房或在狭窄的车位及路边停放时，其后视镜可以向后折合收回，以避免不必要的刮伤。

二、电动后视镜部件检测

1. 电动后视镜功能的检测

若电动后视镜工作不正常，应先拆下驾驶人侧车门板，再拆开电动后视镜开关的10芯插头，如图10-32所示，然后根据故障情况进行具体的检测。

(1) 左、右后视镜的综合检测　如果左、右后视镜均不工作，则应首先进行此项综合检查。

1）接通点火开关（ON或Ⅱ），用万用表直流电压档检测1号端子与车体接地之间的电压，其值应为蓄电池电压。如果被测电压很小或为零，则应检查：

① 驾驶人侧仪表板下的熔丝/继电器盒中的4号（7.5A）熔丝是否熔断。

② 检查图10-32所示与端子1相连接的黄/黑导线是否断路。

2）如果上述检测的电压为蓄电池电压，则应用万用表电阻档检测端子2与车体接地之间的导通情况。如果检测结果为不导通，则应作以下检查：

① 检查图10-32所示与端子2相连接的黑色导线是否断路。

② 检查G551是否接地不良。

③ 如果检测结果为导通，则应按上述方法分别检查左、右后视镜的工作情况。

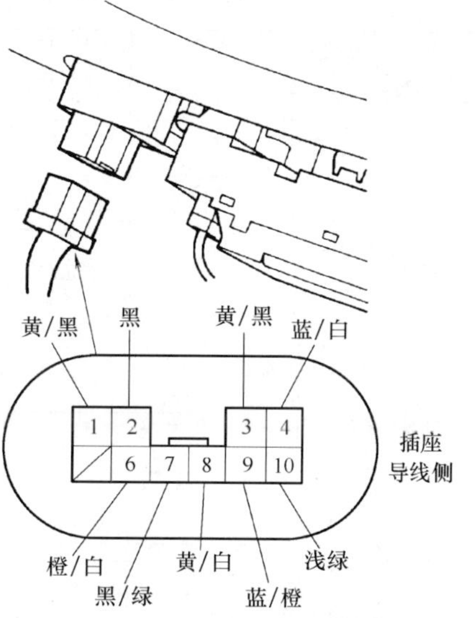

图10-32　拆开电动后视镜开关的10芯插头

(2) 左后视镜的检测　使用跨接线将端子1与7相连，再将端子4（或9）与车体接地线相连接。接通点火开关（ON或Ⅱ），此时，左后视镜应向下倾斜（或向左转）。

1）如果左后视镜不能向下倾斜（或向左转），则应检查左后视镜与10芯插头之间的蓝/白（或蓝/橙）导线是否断路。如果导线正常，则检查左后视镜起动器的工作是否正常。

2）如果左后视镜既不能向下倾斜也不能向左转，则说明其黑/绿导线有短路或断路故障。

3）如果后视镜工作正常，则应检查左后视镜开关是否有故障。

(3) 右后视镜的检测　使用跨接线将端子1与8相连接，再将端子4（或10）与车体接地相连接。接通点火开关（ON或Ⅱ），此时右后视镜应向下倾斜（或向左转）。

1）如果右后视镜不能向下倾斜（或向左转），则应检查右后视镜与10芯插头之间的蓝/白（或浅绿）导线是否断路。如果导线正常，则检查右后视镜起动器的工作是否正常。

2）如果右后视镜既不能向下倾斜也不能向左转，则说明其黄/白导线有短路或断路故障。

3）如果右后视镜工作正常，则应检查右后视镜开关是否有故障。

2. 电动后视镜开关的检测

1）拆下驾驶人侧车门板。

2）从电动后视镜开关上拆开图10-33所示的10芯插头。

3）按照表10-6所列，检测电动后视镜开关在各开关位置时端子之间的导通情况。

4）按住电动后视镜可折回开关，检测端子1与5之间的导通情况，其结果应为导通。

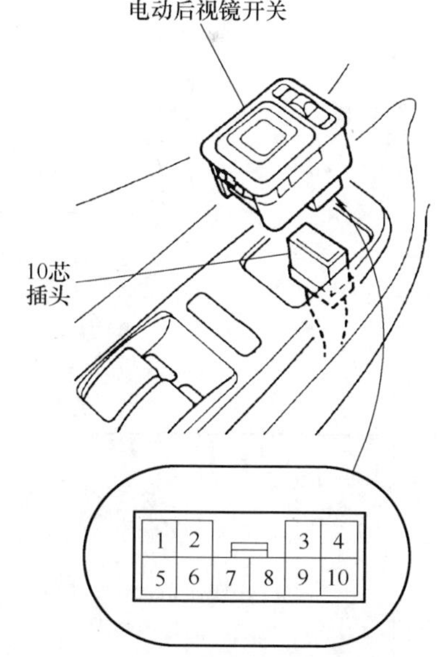

图10-33　电动后视镜开关的10芯插头

如果检测的结果与上述要求不符，则应检查相应端子的连接导线是否有断路故障，必要时更换被检测的开关。

3. 电动后视镜控制装置的检测

1）拆下驾驶人侧车门板。

表 10-6　电动后视镜开关在各开关位置时端子之间的导通情况

开关位置 \ 端子		1	2	4	7	8	9	10
左(L)	上	○	—	○				
			○	—	○			
	下	○	—	—	○			
			○	○				
	左	○	—	—	○			
			○	—	—	—	○	
	右	○	—	—	—	—	○	
			○	—	○			
右(R)	上	○	—	○				
			○	—	—	○		
	下	○	—	—	—	○		
			○	○				
	左	○	—	—	—	○		
			○	—	—	—	—	○
	右	○	—	—	—	—	—	○
			○	—	—	○		

2）拆开图 10-34 所示电动后视镜控制装置的 7 芯插头。

3）检查插头和插座端子，确认端子本身及其与插头的接触情况良好。

4）按照表 10-7 所列，对电动后视镜控制装置的 7 芯插头端子进行检测。

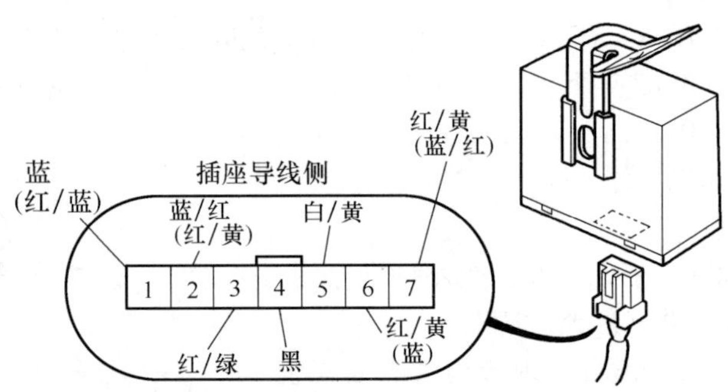

图 10-34　电动后视镜控制装置的 7 芯插头

表 10-7　电动后视镜控制装置的检测

端　子	连接导线颜色	检 测 方 法	正 常 结 果	异常结果及可能的故障原因
4	黑	在任何情况下，检测端子与车体接地之间的导通情况	导通	1. 接地线 G501、G551 接地不良 2. 端子连接导线断路
5	白/黄	在任何情况下，检测端子与车体接地之间的电压	蓄电池电压	1. 前乘客侧仪表板下的熔丝/继电器盒中的 13 号(7.5A)熔丝熔断 2. 端子连接导线断路

第十章

（续）

端　子	连接导线颜色	检 测 方 法	正 常 结 果	异常结果及可能的故障原因
1	蓝	用跨接线将蓝端子与白/黄端子相连接，将蓝/红端子与黑端子相连接	右后视镜应折回	1. 右折回起动器故障 2. 端子连接导线断路
2	蓝/红	用跨接线将蓝/红端子与白/黄端子相连接，将蓝端子与黑端子相连接	右后视镜应伸出	
6	红/蓝	用跨接线将红/蓝端子与白/黄端子相连接，将红/黄端子与黑端子相连接	左后视镜应折回	1. 左折回起动器故障 2. 端子连接导线断路
7	红/黄	用跨接线将红/黄端子与白/黄端子相连接，将红/蓝端子与黑端子相连接	右后视镜应伸出	

为了便于驾驶人调整后视镜的角度，许多轿车安装了电动后视镜（又称自动后视镜），驾驶人坐在座椅上通过电动机就可以方便快捷地对左右后视镜的后视角度进行随意调节。电动后视镜由调整开关、电动机、传动和执行机构等组成。

三、电动后视镜的功能

目前，中、高档汽车上使用较多的是电动后视镜，其功能主要有以下几个方面：

(1) 后视镜的记忆存储功能　每个驾驶人可根据个人身高与驾驶习惯的不同，以及座椅及转向盘的最佳舒适性，来调节后视镜的最佳视角，然后进行记忆存储。当其他人驾驶汽车后，或被他人调整已记忆的视角后，由于存储的信息存在，驾驶人都可以非常轻松地开启记忆存储功能，使所有内在设施恢复至最佳设定状态。

(2) 后视镜的自动折叠功能（图 10-35a、b）　该功能可防擦伤及缩小停车泊位空间，保证在后视安全性上把损害程度降低到最小限度。有的后视镜设计成为电动折叠方式，驾驶人在车内就可方便地调节。

(3) 带刮水器、洗涤器的后视镜（图 10-35a）　有些后视镜增设了刮水器和洗涤器，用于刮去外后视镜上的雨、雪、泥浆及灰尘等，可以在各种情况下清晰地观察到汽车外部情况。

(4) 后视镜的加热除霜功能（图 10-35c）　有的后视镜增设了加热除霜功能，例如采用了电加热除霜镜片，驾驶人可以开启加热除霜功能，清洁镜面的积雾、冬天积霜和雨水等。

(5) 自动调节的内后视镜　当照到内后视镜上的光线太强时，将导致驾驶人的视觉不舒服，此时自动调节的内后视镜将自动翘起，以减弱照到内后视镜上的光线。自动调节的内后视镜，在后视镜镜片内装有两块电池，其中一块是用来测定车内光线的强度，另一块是用来测定后视镜受光照的强度，若照到内后视镜的光线强度大于车内光线的强度，并且超过设定值，则驱动内后视镜的电磁线圈被励磁，将内后视镜翘起。

(6) 自动防炫目（电控变色）的后视镜（图 10-35d） 防炫目后视镜通常作为内后视镜，安装在驾驶室中央顶部，其结构通常是在 CH 液晶里面放置偏光板，玻璃板被放置在经过真空镀铝的反光镜后面。防炫目或非防炫目交替切换不用人工操作，自动进行操作。反光镜本体的一部分装有光敏二极管的照度传感器，能检测后方车辆的前照度并可进行切换控制。

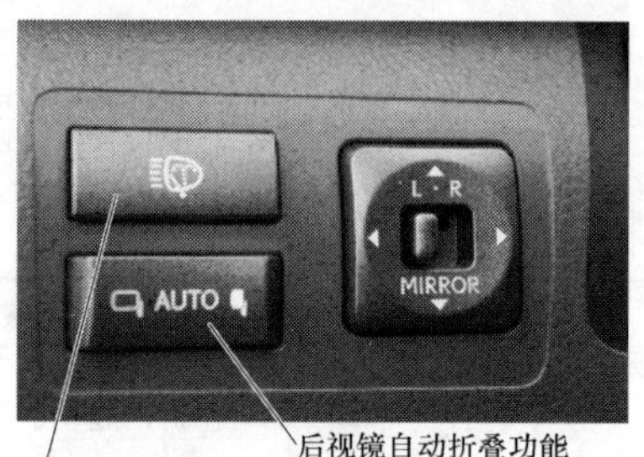

a) 丰田雷克萨斯电动后视镜开关

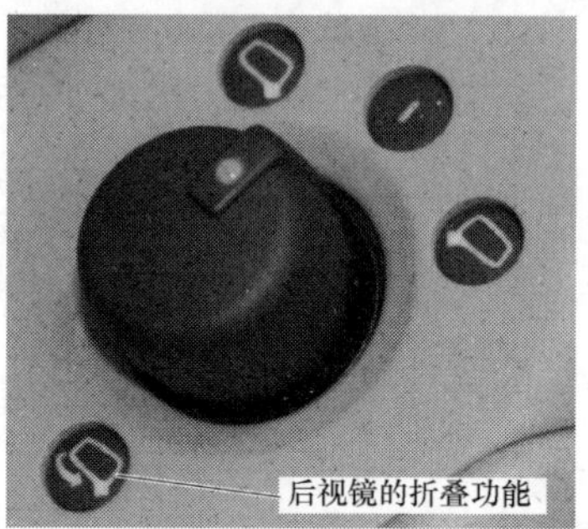

b) 奥迪A8后视镜开关

c) 加热除霜功能的后视镜开关

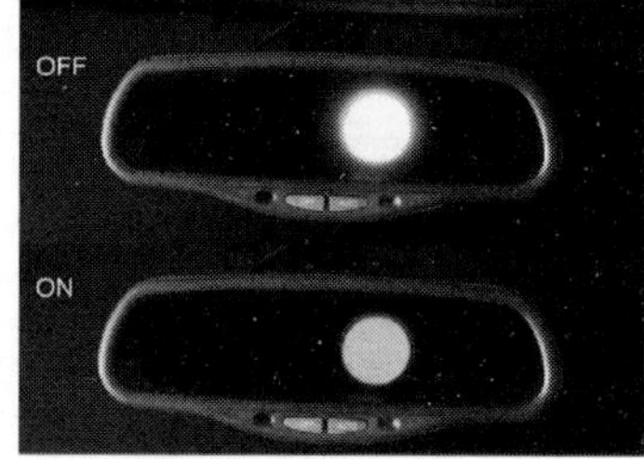

d) 自动防炫目后视镜

图 10-35 多功能后视镜开关及后视镜

(7) 具有测距和测速功能的后视镜 为提高视认性而安装的测距和测速用后视镜。驾驶人可通过这种特殊的后视镜，看清后面跟随而来的车辆的距离，并估计出其行驶的速度，保证汽车安全行驶。

四、电动后视镜的原理与控制电路

1. 电动后视镜的基本原理

在左右两个后视镜的背后各装有两套永磁电动机驱动系统，其中一套电动机能使后视镜作上下运动或转动，另一套能使后视镜作水平方向的倾斜运动。后视镜的运动方向由开关控制，当开关在不同位置时，由于流经电动机的电流方向不同，电动机的转向就不同，从而使后视镜向不同的方向运动。图 10-36 所示为电动后视镜控制系统的基本原理。

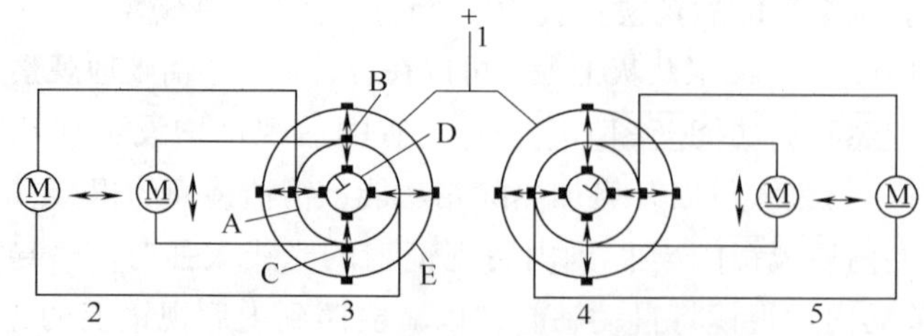

图 10-36 电动后视镜控制系统的基本原理

1—接电源 2—左后视镜 3—左后视镜开关

4—右后视镜 5—右后视镜开关

将开关向下扳时，触点 B 与 D、触点 C 及 E 分别相接，电流经电源→触点 E→触点 C→电动机→触点 B→触点 D→接地，电动机即转动使后视镜作垂直方向运动；将开关向上扳时，触点 B 与 E、触点 C 与 D 分别接地，电流经电源→触点 E→触点 B→触点 C→触点 D→接地，由于流过电动机的电流发生改变，因此电动机反方向转动，后视镜作反方向运动。电动后视镜的典型电路如图 10-37 所示。

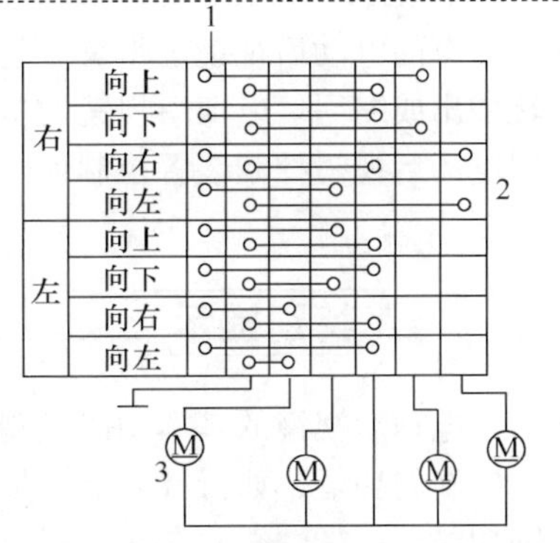

图 10-37　电动后视镜的典型电路

1—接电源　2—电动后视镜开关　3—电动后视镜电动机

2. 本田雅阁轿车电动后视镜控制电路（带除霜器）

图 10-38 所示为本田雅阁轿车电动后视镜的控制电路，下面以左侧后视镜为例简单分析其工作过程。此电动后视镜开关中上面的四个开关为共用的后视镜方向调节开关，下面两个开关为控制左侧或右侧电动后视镜的联动分开关。

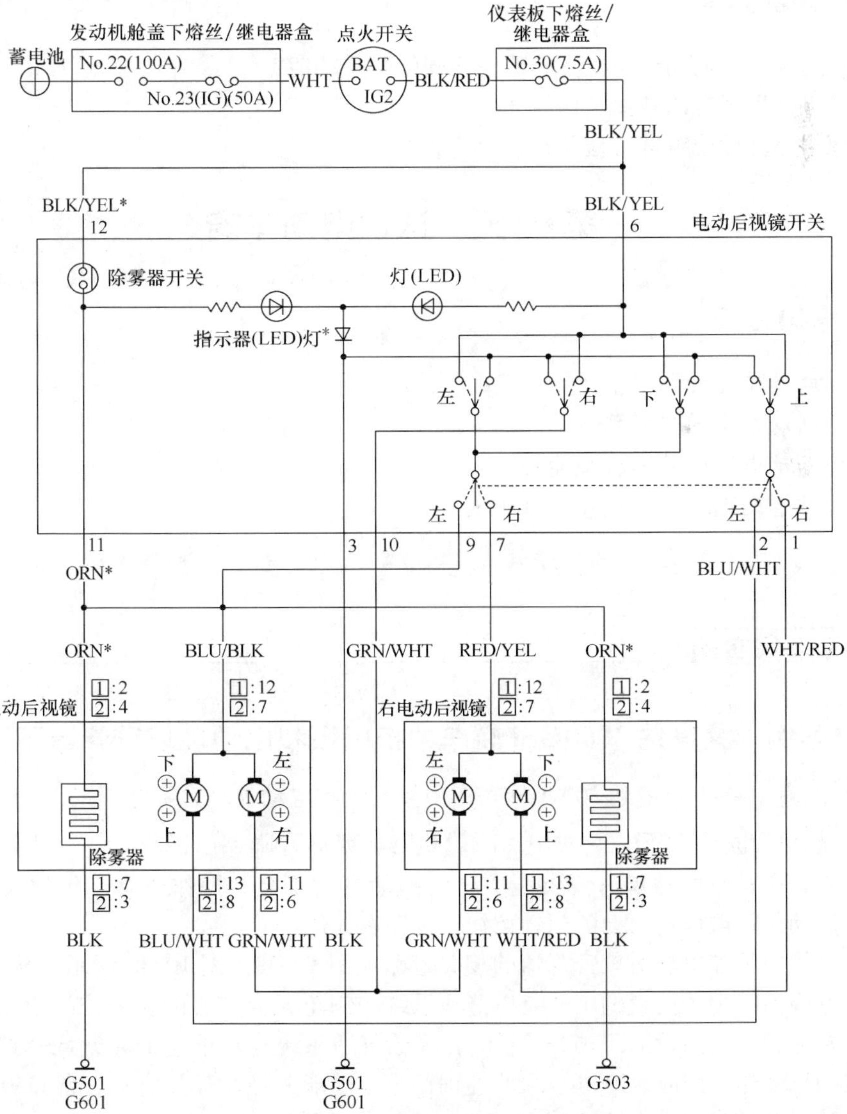

图 10-38　本田雅阁轿车电动后视镜电路

有的电动后视镜还带有可折回功能，由折回开关控制折回电动机工作，使整个后视镜回转伸出或缩回。电动后视镜的折回是通过电动镜开关上的折回开关控制的，该开关通过可折回电动后视镜控制装置控制使左右两镜伸缩电动机工作，来完成折回功能。

特别提示

电动后视镜的基本功能是观察车后方视野，但随着汽车技术的发展，电动后视镜具备了一些新的功能，如折叠功能、加热除霜功能、自动防炫目功能等，同时电动后视镜还具有装饰功能。

你学会了吗?

1. 中、高级轿车电动后视镜具有哪些不同的配置功能?
2. 简述电动后视镜的基本工作原理。
3. 如何对电动后视镜进行检测?

第 60 天　认识电动车窗

学习目标

1. 了解电动车窗的组成。
2. 了解电动车窗的新功能。
3. 掌握电动车窗的基本控制电路。
4. 掌握桑塔纳电动车窗的基本工作过程。

维修案例

一、案例：桑塔纳 2000GSi 轿车中控门锁和电动玻璃升降器不工作

(1) 故障现象　桑塔纳 2000GSi 轿车中控门锁和电动玻璃升降器不工作。

(2) 故障排除　接车后，对中控门锁和电动玻璃升降器故障进行了初步检查。打开点火开关，检查所有车门玻璃升降器开关上的指示灯均不亮，操作所有车门的玻璃升降器开关，均不能动作；操作前门上的门锁按钮，也没有任何反应。

该车中控门锁和电动玻璃升降器的相关电路如图 10-39、图 10-40 所示，从电路图可知，电动玻璃升降器和中控门锁的工作是以舒适系统控制单元为核心的。中控门锁在开锁和闭锁操作后，左前和右前门锁的闭锁开关信号传递给舒适系统控制单元 J330，J330 控制四门的中控门锁电动机动作。同时，J330 也接收左前门电动玻璃升降器开关信号。当 J330 收到左前门玻璃升降器开关信号时，直接控制左前门电动玻璃升降器电动机工作。另外，当右前门玻璃

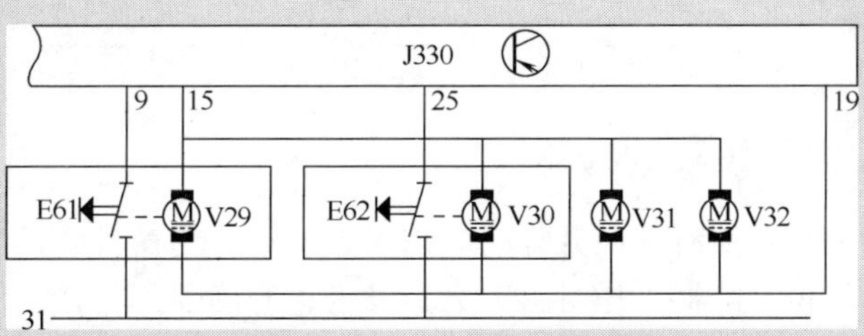

图 10-39　中控门锁相关电路图

J330—舒适系统控制单元　E61—左前门中控开关　E62—右前门中控开关　V29—左前门中控电动机　V30—右前门中控电动机　V31—左后门中控电动机　V32—右后门中控电动机

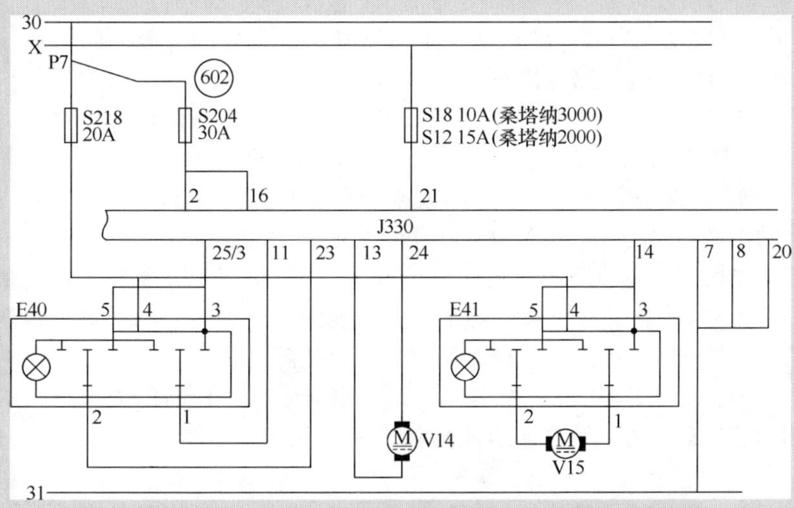

图 10-40　电动玻璃升降器相关电路图

J330—舒适系统控制单元　E40—左前门玻璃升降器开关　E41—右前门玻璃升降器开关　V14—左前门玻璃升降器电动机　V15—右前门玻璃升降器电动机

升降器和后门玻璃升降器工作时，玻璃升降器电动机的负极回路也受 J330 控制才完成。

根据电路图可知，该车故障的可能原因：① J330 损坏；② J330 的电源电路有短路或断路现象。首先拆下仪表板左下护板，检查 J330 的供电熔丝 S204，发现已经熔断。更换新的 30A 熔丝，分别操作中控门锁和玻璃升降器开关使其工作。当操作左前门玻璃升降器开关时，左前门和其他玻璃升降器开关指示灯突然熄灭，中控门锁和玻璃升降器再次停止工作，拆下熔丝 S204，熔丝又断了，从而说明故障是由于左前门玻璃升降器电路某处有故障，致使 J330 供电熔丝熔断而停止工作，从而使中控门锁和玻璃升降器无法正常工作。

接着拆下左前门内衬板检查左前门玻璃升降器电路。拆下内饰板后，拔下玻璃升降器电动机插接器时，发现左前门限位器的塑料外罩脱掉，玻璃升降器电动机 V14 的一条电路被夹入左前门限位器内，致使电路接地短路，导致 J330 供电熔丝熔断。

（3）故障排除　将损伤的电路包扎处理后，换上新的熔丝，故障排除。

实际操作

二、电动车窗常见故障的检修

电动车窗常见的故障：所有车窗升降功能均失效；某一车窗升降功能失效；某一车窗只能向一个方向运动；车窗升降器工作时阻力大、发卡；升降器不工作，但电动机运转正常和某车窗升降异常等。其具体检修方法如下：

1）所有车窗升降功能均失效。导致所有车窗升降功能均失效的故障原因可能是组合开关接地线脱开，总电源线断裂、脱开，车窗继电器触点接触不良、损坏或线圈损坏，安全开关接触不良或未接通等（指被安全开关控制的车窗控制功能失效）。

检修方法：检修此类故障时，应先检查电源线与接地线是否断脱，以及检查车窗继电器等。

2）某一车窗升降功能失效。导致某一车窗升降功能失效的故障原因可能是控制该车窗的开关、电动机、升降器等断路或损坏。

检修方法：先操作相应的组合开关（或分开关），若车窗工作正常，则说明分开关（或组合开关）损坏。若车窗仍不动作，则可能是相应的电动机、升降器或相应的连线有问题。

3）某一车窗只能向一个方向运动。导致某一车窗只能向一个方向运动的故障原因可能是开关触点接触不良、控制导线或车窗升降器不良等。

检修方法：先操作相应的组合开关（或分开关），若车窗升降器均正常，则说明分开关（或组合开关）触点有接触不良现象。若车窗仍只能向一个方向运动，则应检查分开关到组合开关之间的控制导线是否断路，车窗升降器是否有故障。

4）车窗升降器工作时阻力大、发卡。导致车窗升降器工作时阻力大、发卡的故障原因可能是导轨凹槽部位有污物，导轨变形或损坏，钢丝绳磨损打滑或损坏，电动机局部损坏，驱动功率不足等。

检修方法：对导轨凹槽内的污物进行清理，修理或更换损坏的零部件。

5）升降器不工作，但电动机运转正常。导致升降器不工作，但电动机运转正常的故障原因可能是钢丝绳折断，滑动支架断裂或支架内的传动钢丝夹铆接点松动等。

检修方法：对于折断的钢丝绳，只有更换新的；对于松动的传动钢丝夹，则要将其拆下来重新对其接点铆接。

6）车窗升降器升降时出现异常响声。导致车窗升降器升降时出现异响的原因是卷丝筒内钢丝绳出现了跳槽，滑动支架内的传动钢丝夹转动，电动机盖板或固定架与玻璃相碰擦，机械系统污物过多等。

检修方法：先对车窗升降器进行清洗、调整，看故障是否清除（主要是调整升降器的安装螺钉以及卷丝筒内钢丝绳的位置），然后再检查安装支架的弧度是否正确。

基础知识

所谓电动车窗，一般是指其玻璃升降器能自动升、降车窗玻璃，即使在行车过程中也能方便地开、关车窗的车窗控制系统，所以电动车窗又叫自动车窗，过去仅装在高级轿车上，而在现代轿车上已被普遍采用。

电动车窗系统是通过开关操作开闭车窗的系统，当电动车窗开关操作时，电动车窗电动机旋转，车窗开闭调节器把电动车窗电动机的旋转运动转换成上下运动打开或关闭车窗。

一般汽车电动车窗系统的组成部件有电动车窗电动机、电动车窗总开关（由电动车窗开关和车窗锁止开关组成）、电动车窗开关、点火开关、门控开关（驾驶人侧）等组成，其在车上的布置如图 10-41 所示。

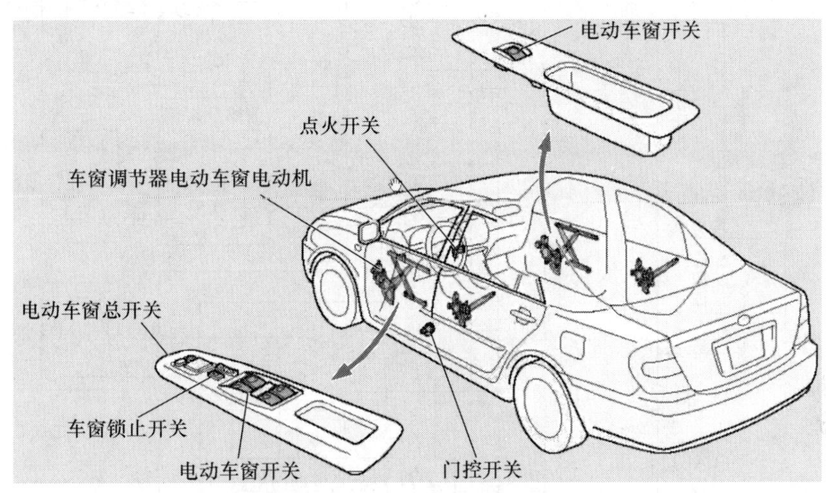

图 10-41　电动车窗系统组成

三、电动车窗的组成

汽车电动车窗主要由升降控制开关、电动机、升降机构和继电器等组成，它是利用开关控制电动机的电流方向，实现车窗的升（关）降（开）。

车窗电动机的旋转方向都是双向的，分永磁式和双绕组串励式两类。永磁式直流电动机是通过改变输入电枢绕组的电流方向使电动机以不同的方向旋转。双绕组串励式直流电动机有两个绕向相反的磁场绕组，一个称为上升绕组，另一个称为下降绕组，通电后产生相反方向的磁场，即可改变电动机的旋转方向。一般使用双向永磁绕线（双绕组串联）式电动机。

所有电动车窗都有两套控制装置，一套为总开关，可由驾驶人通过总控制开关操纵四个车窗的升降；另一套为分开关，分别装在每个车窗中部，可由乘客操纵身边车窗的升降。总开关和分开关互不干涉，均可独立控制。

四、电动车窗的基本控制电路

1. 永磁式电动机电动车窗的控制电路

永磁式电动机通过升、降开关控制其电流的方向，电动车窗控制电路如图 10-42 所示，电路的控制功能及工作方式如下：

1）接通点火开关后，电动车窗继电器线圈通电，其触点闭合，接通了电动车窗控制电路的电源，电动车窗可随时工作。

2）主开关安装于驾驶人侧车门处或仪表板处，主开关包括控制四个车窗玻璃升降的电动车窗开关和车窗锁止开关。车窗锁止开关在接通状态时，各车窗升降控制开关均可操纵车窗玻璃的升降；车窗锁止开关断开时，则只有驾驶人侧车窗可进行开、关操作。

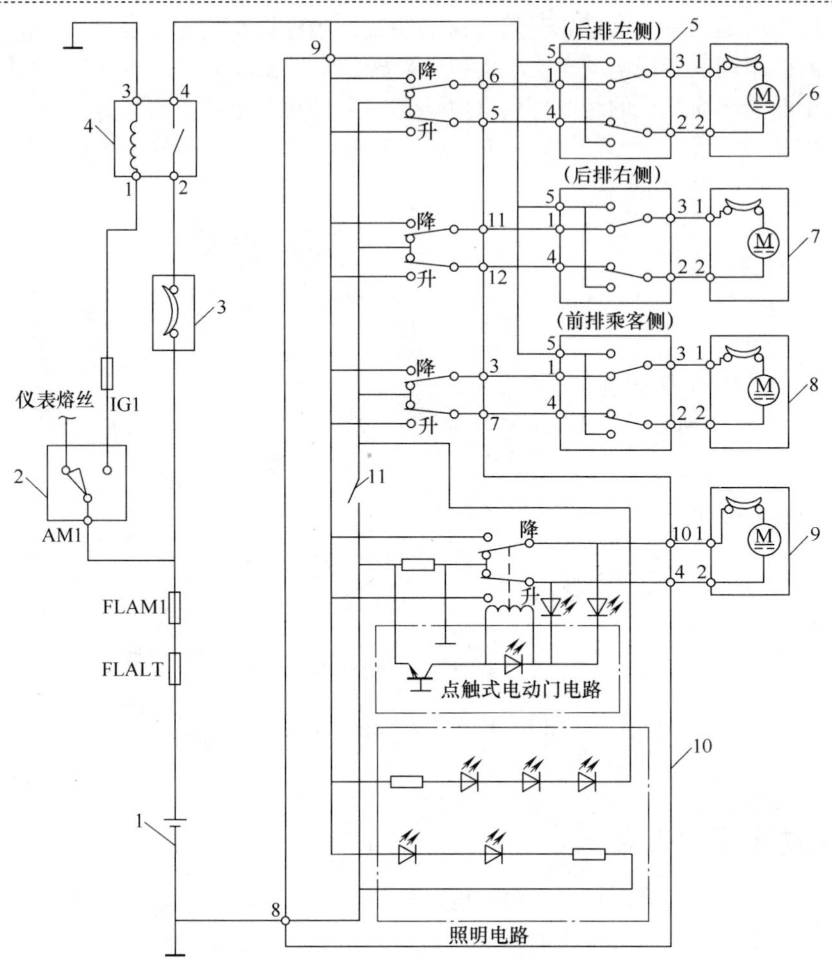

图 10-42　永磁式电动机电动车窗的控制电路图

1—蓄电池　2—点火开关　3—热敏开关　4—电动车窗继电器　5—电动车窗开关
6、7、8、9—车窗驱动电动机　10—电动车窗主开关　11—车窗锁止开关

3）各车窗电动机电路都装有热敏开关，当车窗完全关闭、完全打开或由于车窗玻璃上结冰、卡滞等引起车窗玻璃无法移动时，电路的电流会增大，使热敏开关变热而自动打开，以防止电路过载。

2. 励磁式电动机电动车窗的控制电路

双绕组串励式电动机的两个磁场绕组绕向相反，通过升降开关控制通电的磁场绕组，其中一个绕组通电时电动机的转动使车窗上升，另一个绕组通电时电动机则反向转动使车窗下降。使用这种电动机的车窗控制电路如图 10-43 所示。

五、电动车窗的新功能

（1）手动开/关的功能　如图 10-44 所示，当电动车窗开关被推或拉到一半时，窗户打开或关闭直至开关被松开。

（2）单触式自动开/关功能　如图 10-44 所示，当电动车窗开关被推或拉到底时，窗户全开或全关。有些车型只有自动打开的功能，有些车型只有驾驶人窗有自动开关功能。

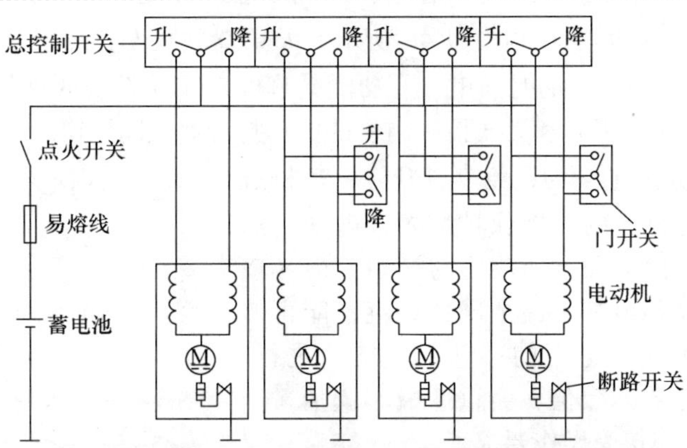

图 10-43　双绕组串励式电动机电动车窗的控制电路图

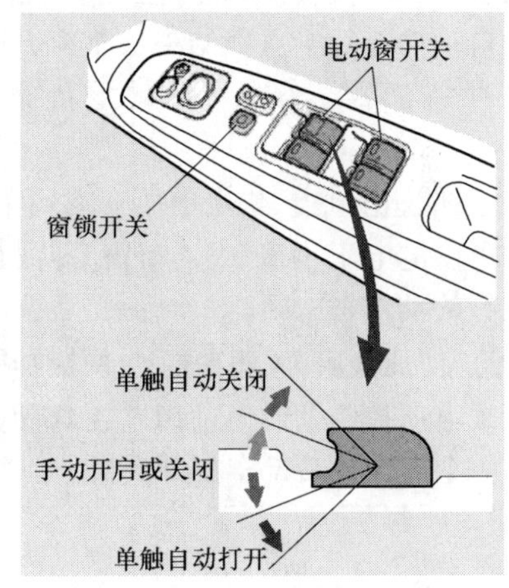

图 10-44　驾驶人侧门边开关

(3) 车窗锁止功能　如图 10-44 所示，当车窗锁止开关打开时，除驾驶人车窗外，所有车窗打开和关闭功能失效。

(4) 防夹保护功能　如图 10-45a 所示，在单触式自动关窗期间，如果异物卡在窗内，此功能自动停止电动车窗，并将车窗玻璃向下移动大约 50mm。

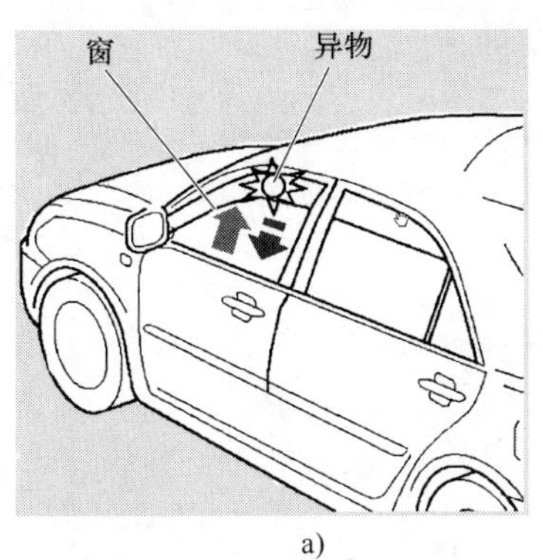

a)

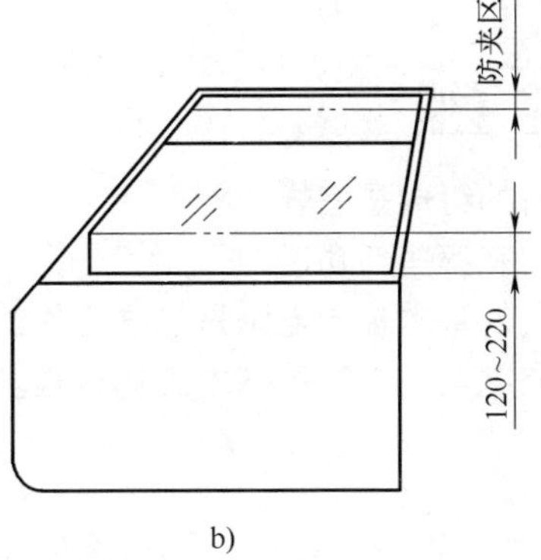

b)

图 10-45　防夹保护功能

(5) 无钥匙电动窗功能　如图 10-46 所示，如果驾驶人车门不打开，在点火开关置到 ACC 或 LOCK 位置后大约 45s 的时间里，此功能允许电动车窗系统的操作。驾驶人车门锁芯联动功能按照驾驶人车门锁芯和无线控制门锁的操作打开和关闭车窗。

(6) 电动机热敏保护　为避免车窗升降电动机过热，每个电动机都有自己的热敏保护装置，电动机运行时间在一个计数器内累加，计数器的初始值由环境温度确定。如果计数器超过了一个阈值，就不能再接受新的操作功能，但正在进行的移动仍可继续进行，如果电动机关闭了计数器数值，会重新减小阈值，当减小到小于阈值后又能接受操作要求了。

图 10-46　无钥匙电动窗功能

(7) 负荷中断　为保护蓄电池，车窗升降机在起动发动机时不能操作。每个正在进行的动作（如打开或点动自动功能）会立即结束，车窗升降机停止运行。起动过程结束后，车窗可通过重新操纵而完全恢复功能。

(8) 低压断电　供电电压在本地车门模块内被监控，如果供电电压小于 9V，车窗升降机将闭锁，每个正在进行的动作将中断。

(9) 便捷开启/关闭功能　便捷功能用于上车前或下车后能够关闭或打开所有车窗，借助于无线电遥控钥匙或通过钥匙在驾驶人侧车门锁上的机械操作，可以触发便捷开启/关闭功能。每个车窗按后部车窗升降机、前部车窗升降机的顺序依次关闭。

特别提示

电动车窗是目前汽车上的标准配置，其结构相对比较简单，随着汽车技术的发展，电动车窗增加了一些新的功能，如防夹功能、无钥匙电动车窗功能、便捷开启与关闭功能、负荷中断功能、低压断电功能等。在日常的维修中，电动车窗是使用频率较高的部件，也是维修较多的部件。

你学会了吗?

1. 电动车窗的组成是怎样的?
2. 电动车窗有哪些新功能?
3. 电动车窗的基本控制电路是怎样工作的?
4. 简述桑塔纳电动车窗的基本工作过程。

参考文献

[1] 杨智勇. 汽车电器 [M]. 北京：人民邮电出版社，2011.
[2] 王爱国. 汽车电器的构造与检修 [M]. 北京：人民邮电出版社，2011.
[3] 刘春晖. 汽车电源系统故障检修与案例精解 [M]. 北京：机械工业出版社，2011.
[4] 刘春晖. 汽车电气设备检修与技术详解 [M]. 北京：机械工业出版社，2011.
[5] 胡光辉. 汽车电器设备构造与检修 [M]. 2 版. 北京：机械工业出版社，2011.
[6] 纪光兰. 汽车电器设备构造与维修 [M]. 北京：机械工业出版社，2008.
[7] 刘春晖. 汽车空调系统原理与检修 [M]. 北京：机械工业出版社，2012.
[8] 张明国. 汽车电气设备与维修 [M]. 北京：机械工业出版社，2012.
[9] 黎亚洲. 汽车电气系统维修技术 [M]. 北京：机械工业出版社，2009.
[10] 齐峰. 汽车电控发动机构造与维修 [M]. 北京：人民邮电出版社，2011.
[11] 张焦军. 汽车预热电路和熄火控制电路的故障查找 [J]. 汽车电器，2009 (04)：39-41.
[12] 石强. 桑塔纳 3000 自动空调不制冷 [J]. 汽车维修与保养，2010 (08)：58-59.
[13] 周后瑜. 苏州金龙客车刮水器无复位功能 [J]. 汽车维护与修理，2010 (12)：50.
[14] 周后瑜. 汽车刮水电动机的使用及维修 [J]. 汽车电器，2008 (07)：32-34.
[15] 李金学. 奥迪 100 型轿车车速里程表的故障检修 [J]. 汽车电器，2004 (04)：27-29.
[16] 杨增雨. 桑塔纳 2000 型轿车仪表报警灯控制电路原理分析 [J]. 汽车维修，2009 (09)：19-20.
[17] 刘志忠，赵学勇. 丰田佳美点火反馈信号故障 [J]. 汽车维修与保养，2005 (08)：71.
[18] 宗俊平. 别克君越轿车冷却液温度过高故障 [J]. 汽车维修，2009 (12)：34-35.
[19] 罗美萍. 桑塔纳 2000GSi 型轿车雾灯不工作故障排除 [J]. 汽车维修，2009 (05)：30.